Faszination Weite

Für Wolfgang Oehme

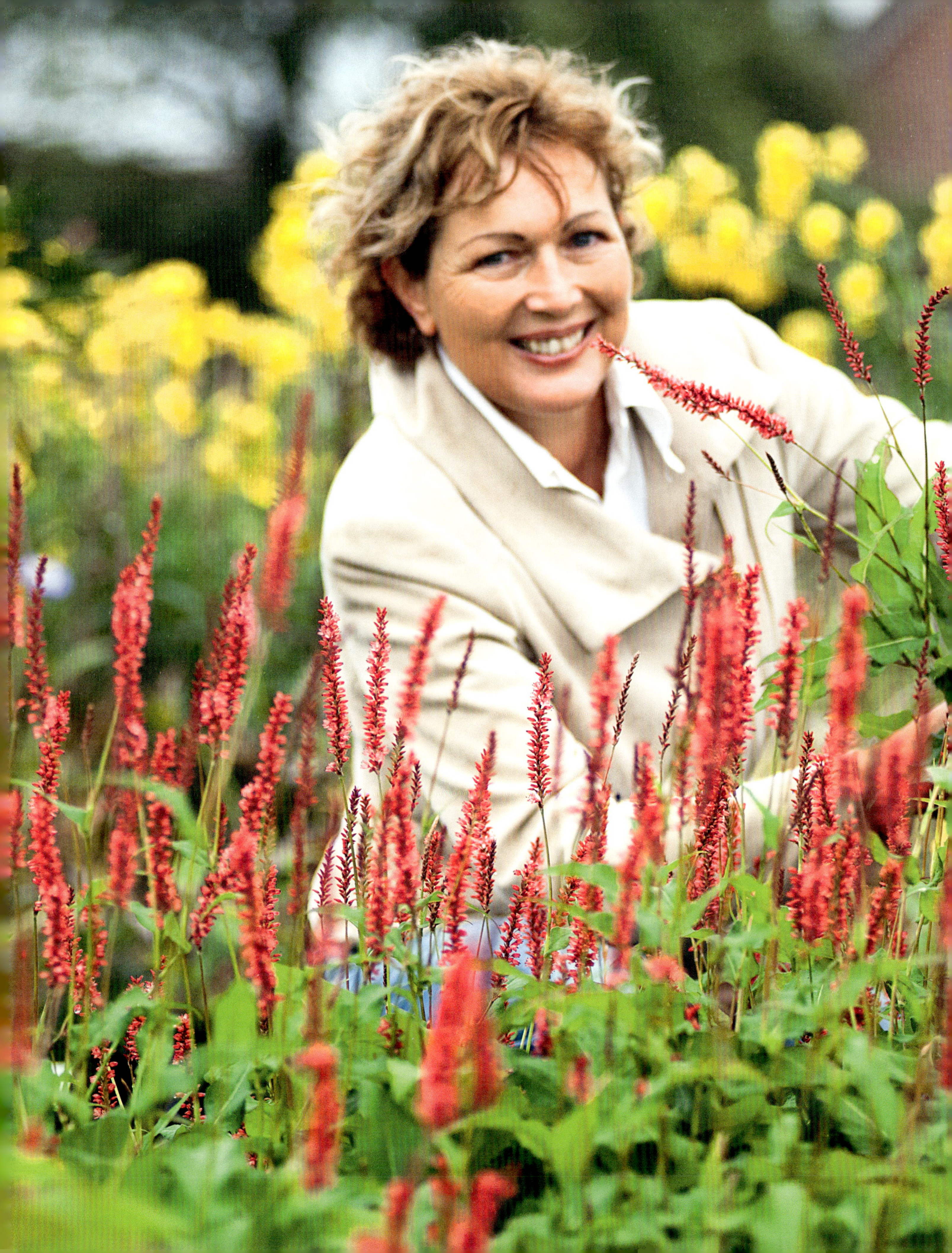

Petra Pelz

Faszination Weite

Die modernen Gärten der Petra Pelz

Herausgegeben von Ulrich Timm

Ulmer

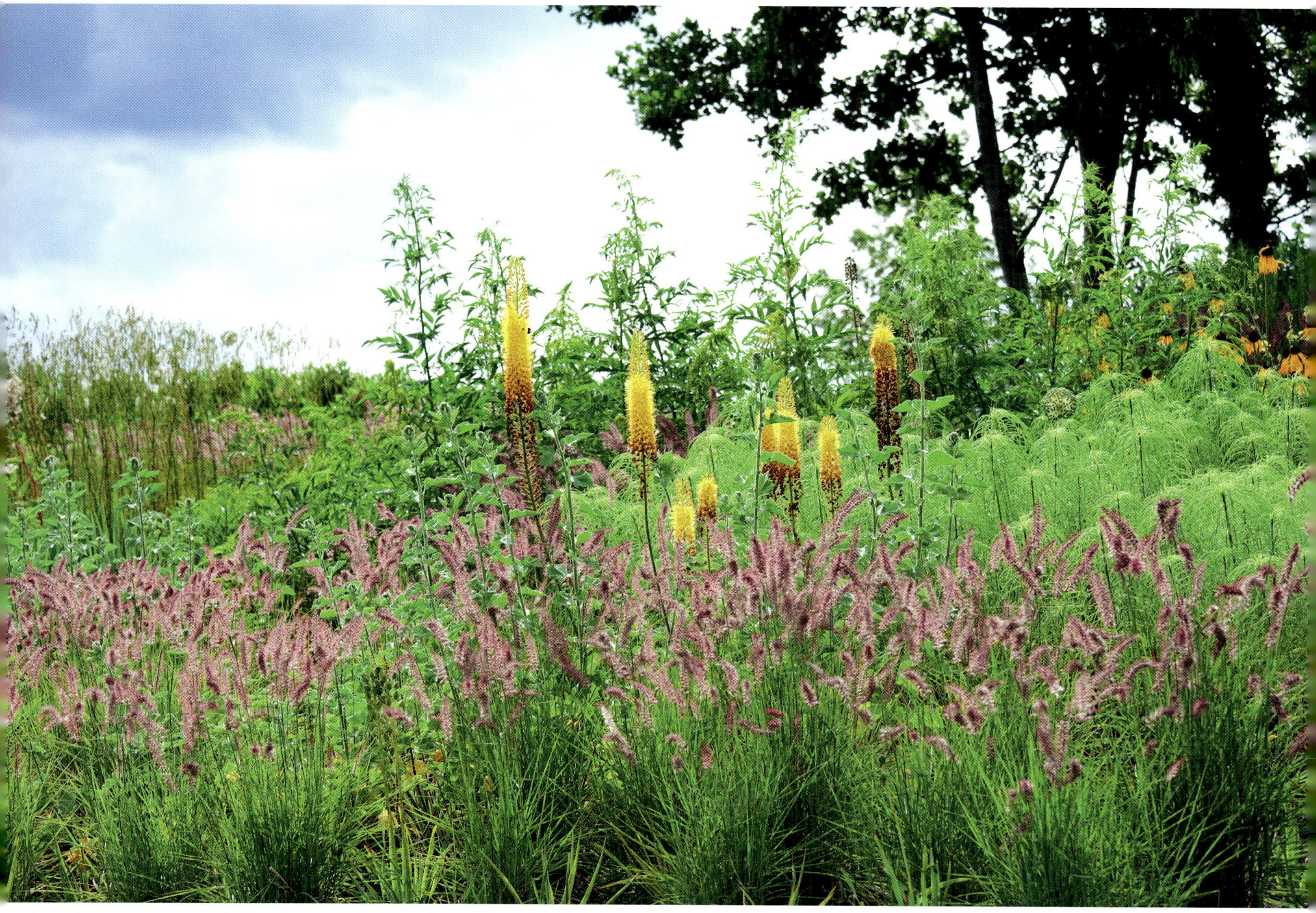

Die Pflanzenentdeckerin

Anfänglich ließ sich Petra Pelz von der Großzügigkeit der amerikanischen Staudenverwendung inspirieren. Inzwischen hat sie längst ihren eigenen Stil gefunden: eine klare und großzügige, aber im Detail dennoch subtile Art der Pflanzenverwendung, die sie gekonnt und stetig weiterentwickelt hat. Akzentuierende Großstauden und Gräser geben ihren Pflanzungen Maßstab und Rhythmus und vermitteln gleichzeitig den Eindruck ungezwungener Natürlichkeit. Insbesondere der freundschaftliche Kontakt zu dem Pionier der amerikanischen Staudenverwendung, Wolfgang Oehme (1930–2011), mit dem sie in Magdeburg eines ihrer ersten Projekte realisierte, lenkte ihren Blick auf in Deutschland bis dahin kaum beachtete Pflanzen. Diese sorgfältig ausgewählte Palette nicht alltäglicher Stauden und Gräser wurde zu ihrem Markenzeichen.

Um mit unkonventionellem Pflanzenmaterial arbeiten zu können, ließ Petra Pelz anfänglich sogar einige Neuheiten aus den USA importieren und dann die erforderlichen Stückzahlen für ihre Projekte eigens in Staudenbetrieben vermehren. Zu den Charakterpflanzen, die durch ihre zahlreichen Pflanzplanungen auf Bundes- und Internationalen Gartenschauen ins Rampenlicht gerückt wurden, zählen *Aconogonon speciosa* 'Johanniswolke', *Cephalaria gigantea, Packera aurea, Pycnanthemum muticum, Aster mongolicus* und die grünlaubige Form von *Haconechloa macra*. Für ihre qualitätvolle und innovative Pflanzenverwendung auf der IGA Rostock zeichnete die amerikanische Perennial Plant Association (PPA) Petra Pelz 2005 mit dem Landscape Design Award aus.

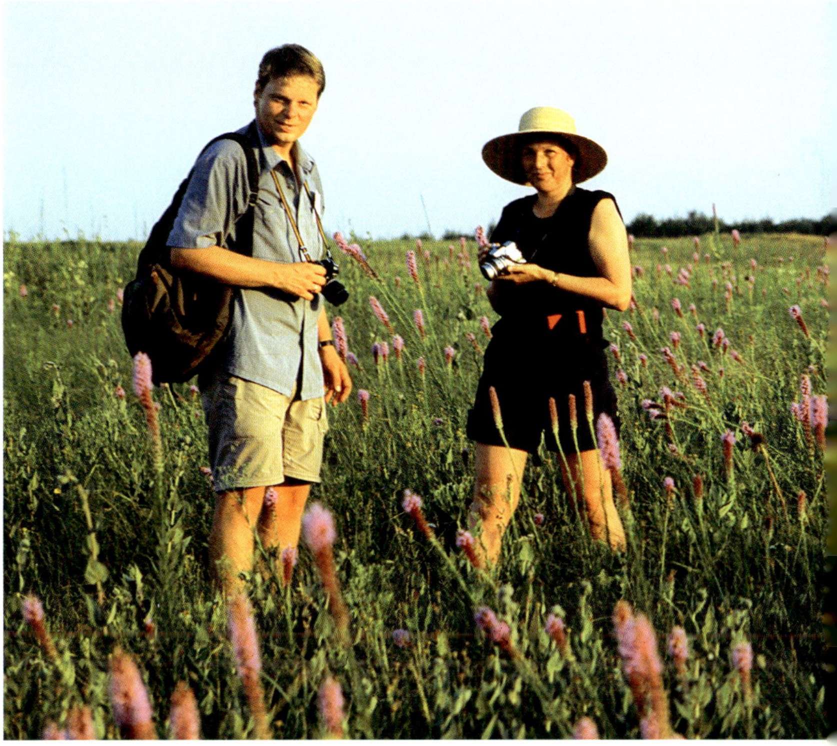

Neben dem lang anhaltenden optischen Erscheinungsbild sind für Petra Pelz auch immer der Pflegeaspekt und die Dauerhaftigkeit wesentliche Kriterien für die strenge Pflanzenauswahl. Das hebt ihre Art der Pflanzenverwendung wohltuend ab von den auf Gartenschauen nicht selten präsentierten modisch gestylten Eventpflanzungen mit meist nur kurzer Lebenserwartung.

Prof. Cassian Schmidt
Hochschule RheinMain, Fachbereich Geisenheim, Landschaftsarchitektur

Inhalt

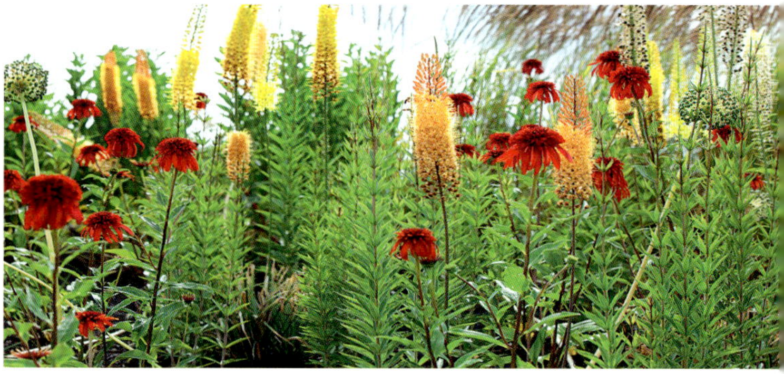

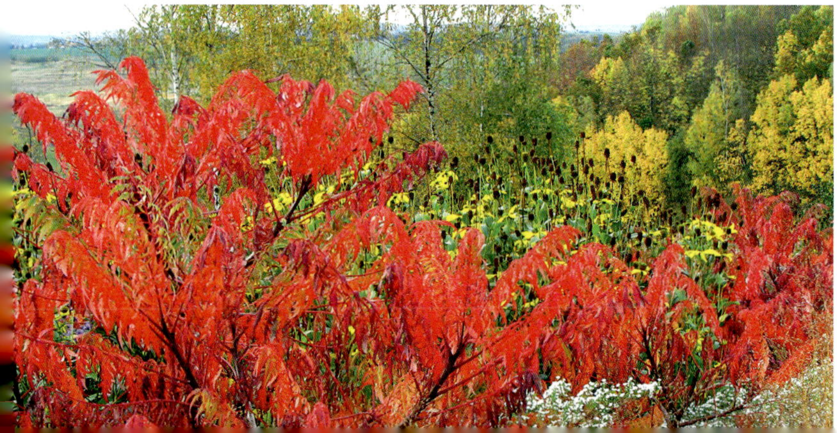

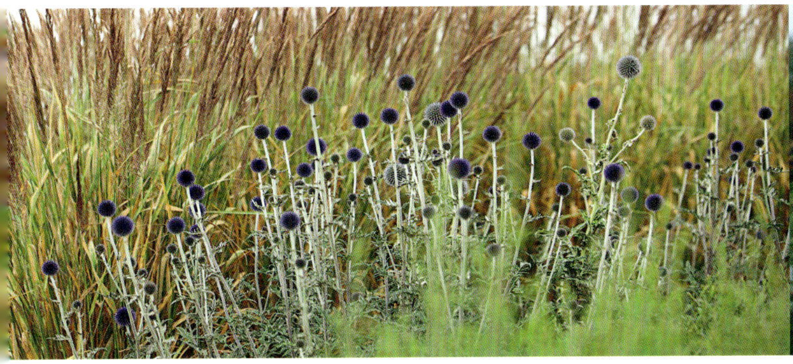

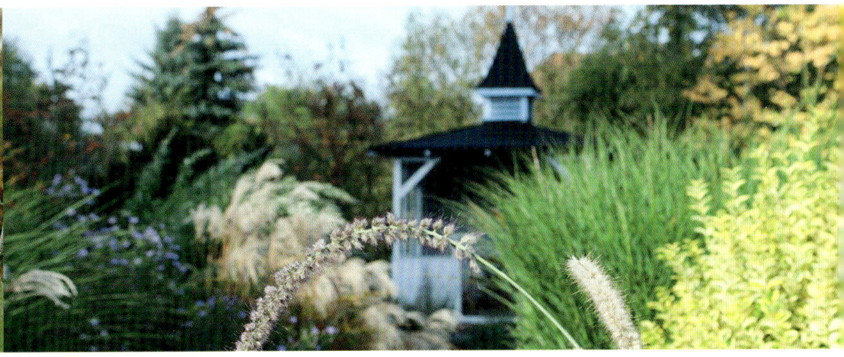

Meine Projekte 100

Mein ganz privater Schaugarten 170

Service 187

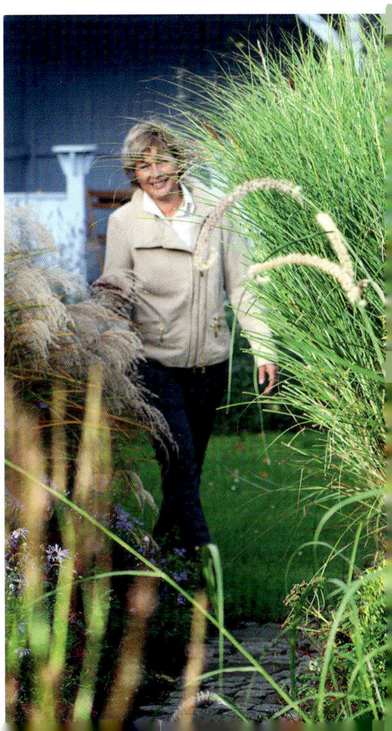

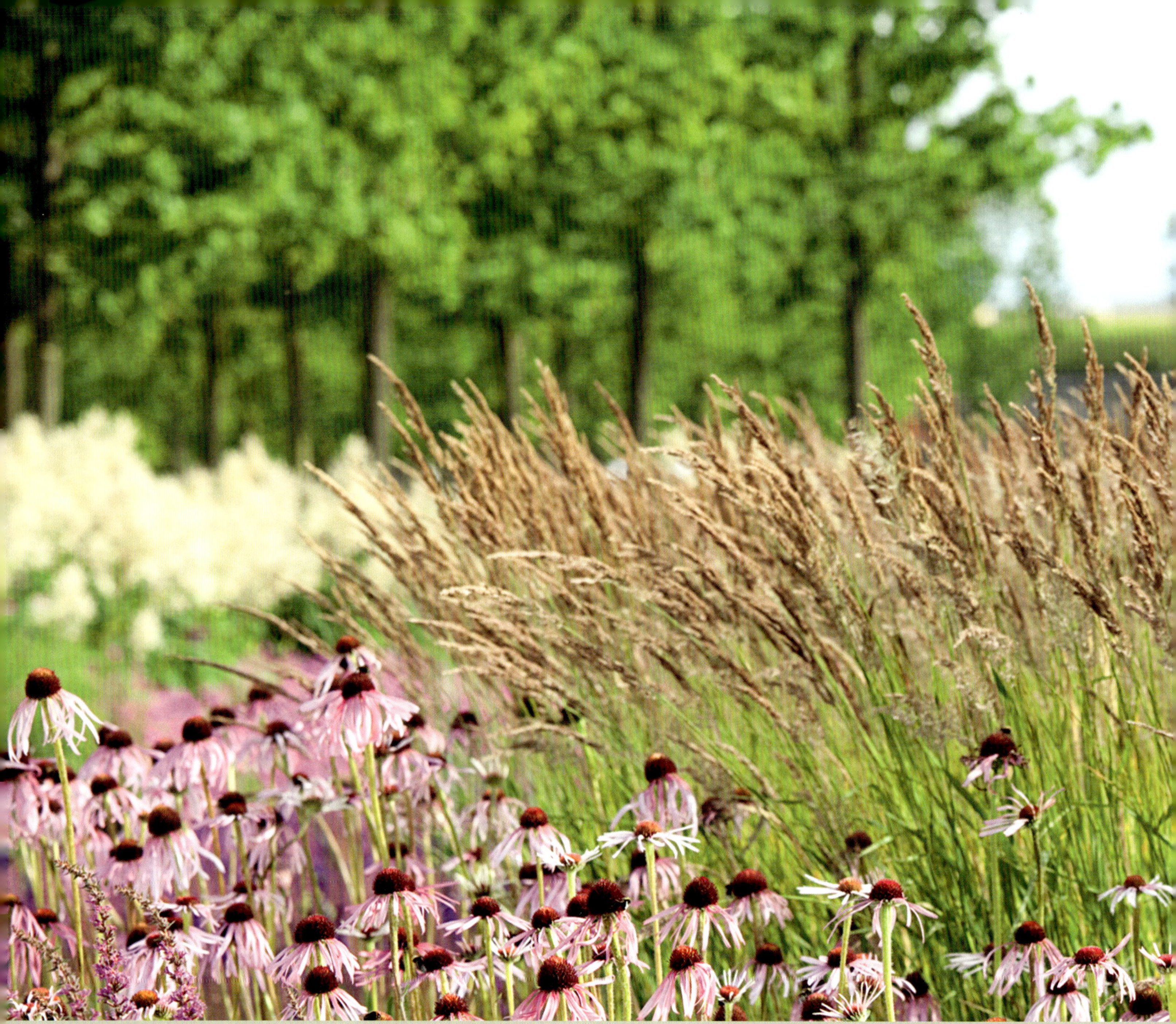

Wild- und Präriestauden, wie hier Scheinsonnenhut (*Echinacea*), Reitgras (*Calamagrostis*) und Johanniswolke (*Aconogonon*) sind für mich großartige Pflanzen, mit denen ich gerne arbeite. Deren großflächige Verwendung lässt schnell den Eindruck von Natürlichkeit und Weite entstehen.

Meine

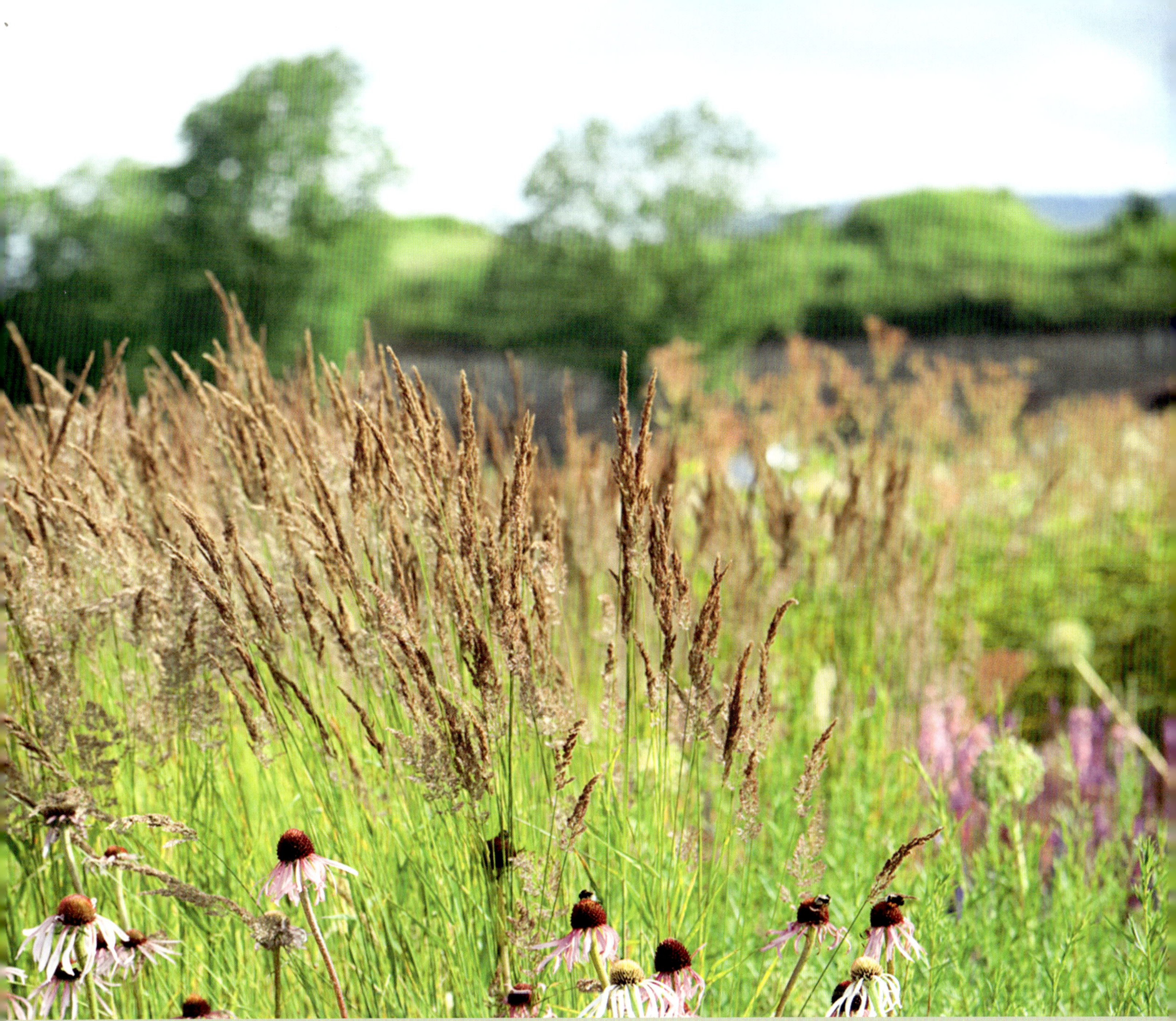

Inspirationen

Tausend Polygonum polymorphum musst du pflanzen!

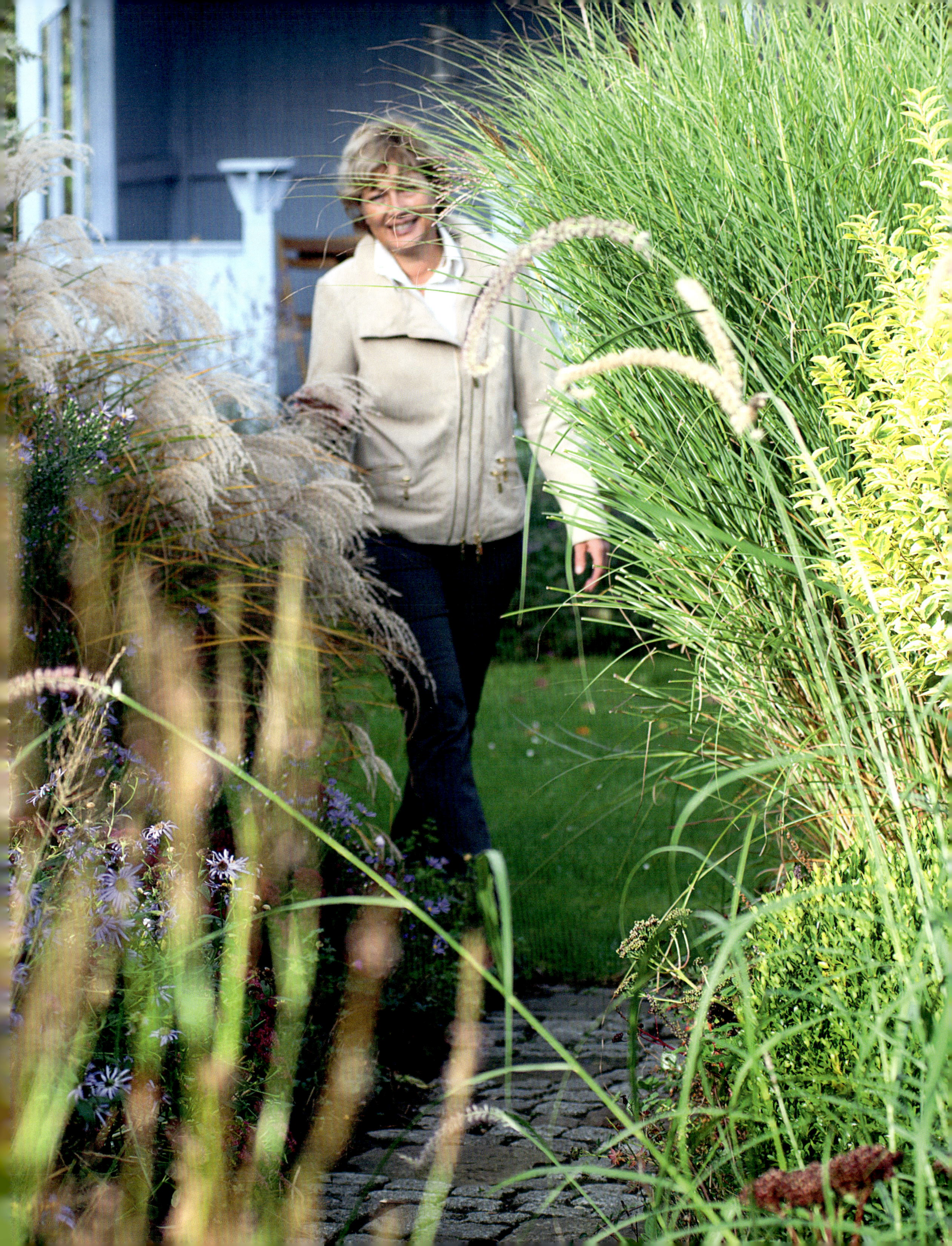

Wenn ich groß bin, werde ich …

Nein, so war es bei mir ganz und gar nicht. Die Frage war, wie ich als 15-jähriger Teenager einen Beruf finde, der auch meiner Berufung entsprechen würde. Schließlich sollte es ein Beruf fürs ganze Leben sein. So war es üblich in der DDR, wo ich aufwuchs. Ich jedoch hatte keinerlei Vorstellung.

Mein Garteninteresse war geflunkert

Meine Mutter, eine Frau mit vielerlei Interessen, hatte Freude an Pflanzen und Gärten. Zwischen ihr und ihren Freundinnen wechselten im Sommer Einladungen von Garten zu Garten. Dadurch entstand eine kleine Gartengemeinde, die Pflanzen bewunderte, tauschte und Ideen besprach. Dabei schnappte ich die ersten Gartenbegriffe auf. Diese Begegnungen beeinflussten letztendlich sogar meine Berufswahl. Mit meinem sehr guten Zeugnis bewarb ich mich mit den Worten: „Ich möchte Landschaftsgärtnerin werden, da Gartenarbeit mein Hobby ist und mich Pflanzen sehr interessieren.“ Dass das nicht stimmte, wusste nicht nur ich, sondern auch meine Mutter, denn Gartenarbeit bedeutete für mich Unkraut zupfen oder Rasen abharken. Das machte mir natürlich keinen Spaß.

Mein Garten, mein Labor, mein Experimentierfeld …
Hier kann ich mein Faible für Pflanzen ausleben und neue, ausgefallene Kombinationen ausprobieren.

Aber wegen meiner fehlenden Vorstellungskraft für einen Beruf ließ ich mich darauf ein. Auch weil ich mir vornahm, nach der zweijährigen Berufsausbildung zu studieren und anschließend Gärten selbst zu gestalten. Bevor man jedoch zum Studium zugelassen wurde, war vorgeschrieben, ein Jahr praktisch zu arbeiten, beispielsweise im städtischen Grünflächenbetrieb. Da ich die Lehre sehr gut abschloss, versuchte ich, dieses Jahr einzusparen und bewarb mich eigenständig um einen Studienplatz – auch wenn ich dadurch das Anrecht auf eine garantierte Anstellung nach dem Studium verlor. Und es klappte! An der Ingenieurschule für Gartenbau in Erfurt, der heutigen Fachhochschule Erfurt, wurde ich 1979 angenommen und studierte drei Jahre Garten- und Landschaftsgestaltung mit dem Ingenieur-Diplom als Abschluss.

Nach dem Studium war es wegen des enormen Wohnraummangels nicht einfach, eine Arbeitsstelle andernorts zu finden. Deshalb blieb ich in Magdeburg, wo ich bei meinen Eltern wohnen konnte, um mir in Ruhe eine eigene Wohnung zu suchen. Da ich keine Mietwohnung fand, nahm ich eine günstige Gelegenheit wahr und kaufte für 13.000 DDR-Mark ein Haus – mein heutiges Zuhause. Ich musste 3.000 Mark selbst aufbringen, für den Rest bekam ich einen zinslosen Kredit. Das war die Politik der DDR. Schließlich fand ich Arbeit in einem volkseigenen Betrieb für Tief-, Verkehrs- und Freiflächenbau. Hier arbeite ich für den experimentellen Wohnkomplex Magdeburg Olvenstedt und war verantwortlich für die Ausstattung mit individuell angefertigten Bänken, Zäunen, Pergolen, Spiel-

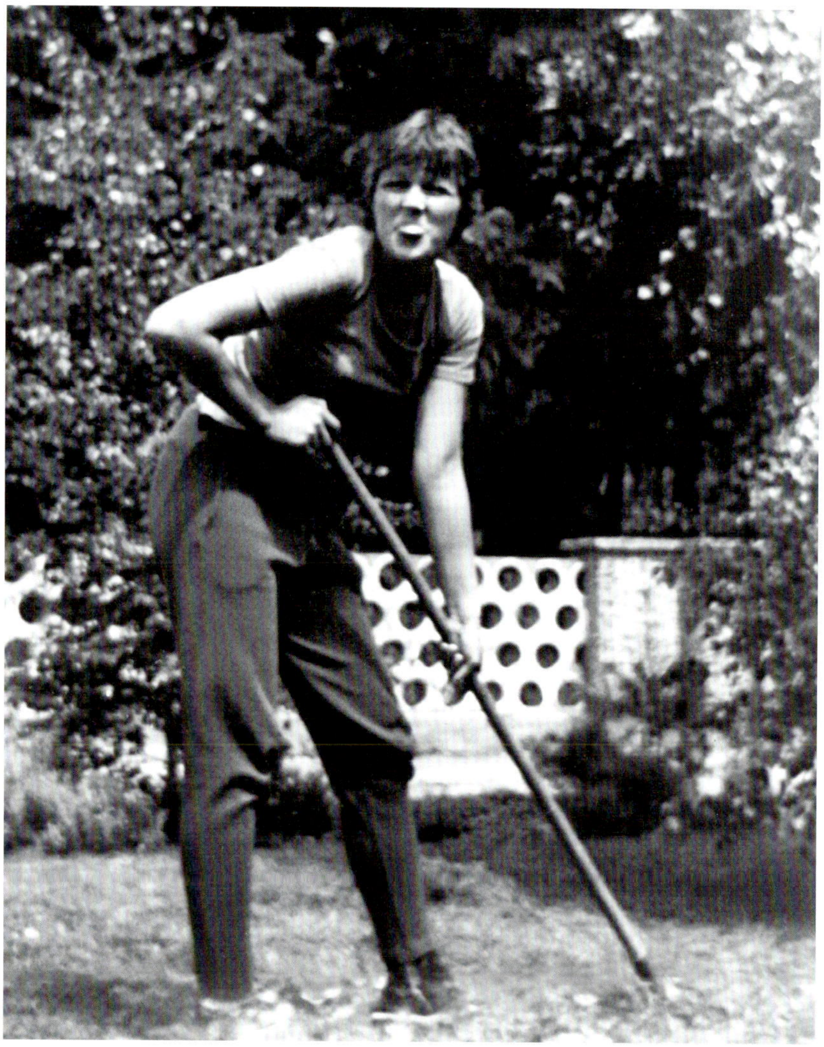

Früher gab es noch keine Gartenlust, es war eher Gartenfrust. Denn wer harkt schon gern im Alter von 16 Jahren den Rasen im elterlichen Garten? Ich nicht!

geräten sowie Kunstwerken. Ich leitete eine Schlosser-, Maler- und Tischlerbrigade, die die Ausstattungen anfertigte und komplettierte. Meine Kollegen waren Bauleiter für Gleisbau und Tiefbau. Das war ungewohnt, aber ich mochte sie alle, auch wenn sie hin und wieder den Charme einer Planierraupe hatten. Es wurde viel gearbeitet und viel geraucht. Besonders dick war die Luft in dem volkseigenen Dienstwagen der Marke Moskwitsch, weshalb ich mich schnell um ein Dienstfahrrad bemühte.

Ich lernte zu improvisieren

Als junge Frau hatte ich ehemalige Kraftfahrer zu beaufsichtigen, die wegen der Kraftstoffkrise widerspenstig an die Schippe mussten, wo sie doch viel lieber hinter einem Lenkrad gesessen hätten. Das war eine Herausforderung für mich. Auch die Mangelwirtschaft in der DDR stellte mich vor schwierige Aufgaben. Beispielsweise sollten Zäune nach einer Farbkarte braun gestrichen werden. Braun gab es aber nicht. Deshalb mischten wir Grün und Rot mit etwas Schwarz. Ein anderes Mal setzte ich mich in den Zug und fuhr in eine Schraubenfabrik nach Erfurt, um dort dringend benötigtes Material persönlich abzuholen. Holz für die Pergolen gab es zwar, aber nur Pappelholz in schlechter Qualität, krumm und schief als gesägte Schwarten. So bat ich den Tischler um Hilfe. Wir fuhren mit seinem Moped und einer Flasche Schnaps in eine nahe gelegene Russenkaserne. Dort baten wir den Kommandanten, unser Holz durch das Sägegatter zu schieben. Ich wusste, dass es dort solch eine Maschine zum Schneiden von Brettern und dicken Holzschwarten gab, weil ich sie häufig aus dem Zug gesehen hatte.

Veränderungen

Nach drei Jahren wollte ich mich verändern. 1986 wechselte ich in das städtische Gartenamt. Hier saß ich in der Planungsabteilung und kümmerte mich um Straßenbaumpflanzungen und kleinere Planungen. Die Geburt meiner Tochter Carolin fiel in diese Zeit. Kurze Zeit später, im November 1989, kam es dann glücklicherweise zum Mauerfall. Das Amt wurde aufgelöst und meine Kollegen wechselten in den Grünflächenbetrieb, der später zum neuen Grünflächenamt wurde. Für kurze Zeit arbeitete ich ebenfalls dort, bevor meine zweite Tochter Theresa geboren wurde.

Auf eigenen Beinen

Nach der Mutterschaftspause reifte der Entschluss, mich selbstständig zu machen. Das war 1993. Mein Mann Joachim, studierter Maschinenbauingenieur für Fördertechnik, ermutigte mich dazu und wir wagten aufgrund der florierenden Bauwirtschaft gemeinsam unsere Selbstständigkeit. Viele Bauherren, meist aus den alten Bundesländern, brachten die Architekten ihres Vertrauens für die anstehenden Planungsaufgaben mit. Dagegen suchten sie die Freiflächenplaner hier vor Ort. Wir wurden häufig engagiert und erarbeiteten Ausgleichspläne für verschiedene Bauvorhaben. Diese Pläne sind für die Baugenehmigung von Gebäuden notwendig, um sicherzustellen, dass die später versiegelten Flächen durch Grün ausgeglichen werden.

Unsere Selbstständigkeit begannen wir mit einfachsten Mitteln und opferten dafür sogar unser Wohnzimmer. Für eineinhalb Jahre war unser Büro unser Lebensmittelpunkt, in dem wir zwischen Drehstühlen und Akten auch Weihnachten und Geburtstage feierten. Unsere beiden Töchter saßen auf kleinen Hockern vor dem Fernseher und sahen zwischen den Akten hindurch das „Dschungelbuch". Ich konnte diese Situation gut akzeptieren, da ich wusste, es war nur ein Übergang. Es herrschte Aufbruchsstimmung. In diesem Jahr 1993 lernte ich Wolfgang Oehme kennen, der mein berufliches Leben völlig verändern sollte …

Es herrschte Aufbruchstimmung …

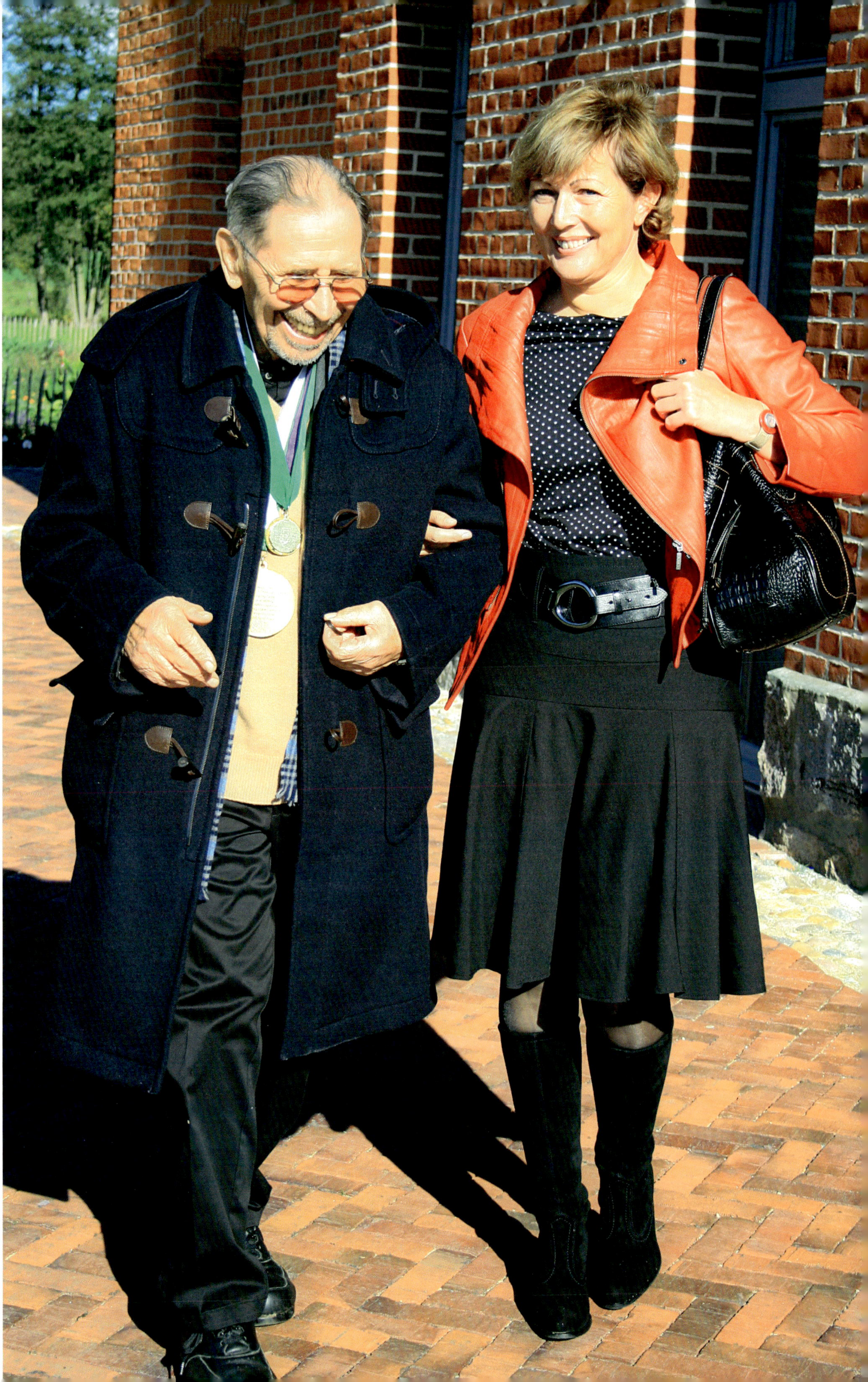

Wolfgang Oehme war mein Lehrer und Mentor, mein einzigartiger, aber auch eigenartiger Pflanzenfreund.

Wolfgang Oehme – ein grüner Revolutionär

Unglaublich, ein Gartenbuch hat mein Leben völlig verändert! „Die neuen romantischen Gärten. Moderne Gartenkunst in der Neuen Welt" von Wolfgang Oehme und James van Sweden gab ungewohnte Einblicke in eine wirklich neue Gartenszene jenseits des Atlantiks. Das Buch erschien genau zu der Zeit, als ich mich gerade zusammen mit meinem Mann selbstständig gemacht hatte. Dieses so ganz andere Werk hielt ich eines Tages in den Händen und war einfach nur fasziniert von den amerikanischen Gärten, die die beiden Gartendesigner geplant und angelegt hatten. Großartig! Überbordende Pflanzenmengen von Stauden und wogenden Gräsern zwischen riesigen Häusern hatte ich in dieser Fülle noch nie gesehen. Und ich fragte mich, wie so etwas wohl in unserem Umfeld und Klima aussehen würde. Das müsste doch möglich sein. Denn schließlich haben wir auch in Deutschland große Flächen zwischen den Häusern, auf Plätzen und an Straßen – aber meist Rasen, der einfach nur Langeweile ausstrahlt. Das wollte ich sehr gerne ändern. In den gezeigten Pflanzungen kam es überhaupt nicht auf das Detail, die einzelnen Blüten an, sondern nur auf die Wirkung der gesamten Gartenanlage.

Ich hatte das Gefühl, den Autoren umgehend schreiben zu müssen, um ihnen meine Begeisterung und Bewunderung für ihre Arbeiten mitzuteilen. Deshalb verfasste ich einen Brief an Wolfgang Oehme, den deutschen Partner des Büros Oehme Van Sweden Landscape Architects, Washington D.C. Er antwortete mir tatsächlich und stand wenige Monate später mit einem alten Schulfreund aus Chemnitz vor unserer Haustür. Damit hätte ich nie im Leben gerechnet.

„Wulfgäng", wie sie Wolfgang Oehme in Amerika nannten, war fast zwanzig Jahre mein Begleiter, Ratgeber und Freund. Das letzte Mal traf ich ihn im Oktober 2011 zu einem Vortrag in der Gartenakademie auf Gut Zichtau.

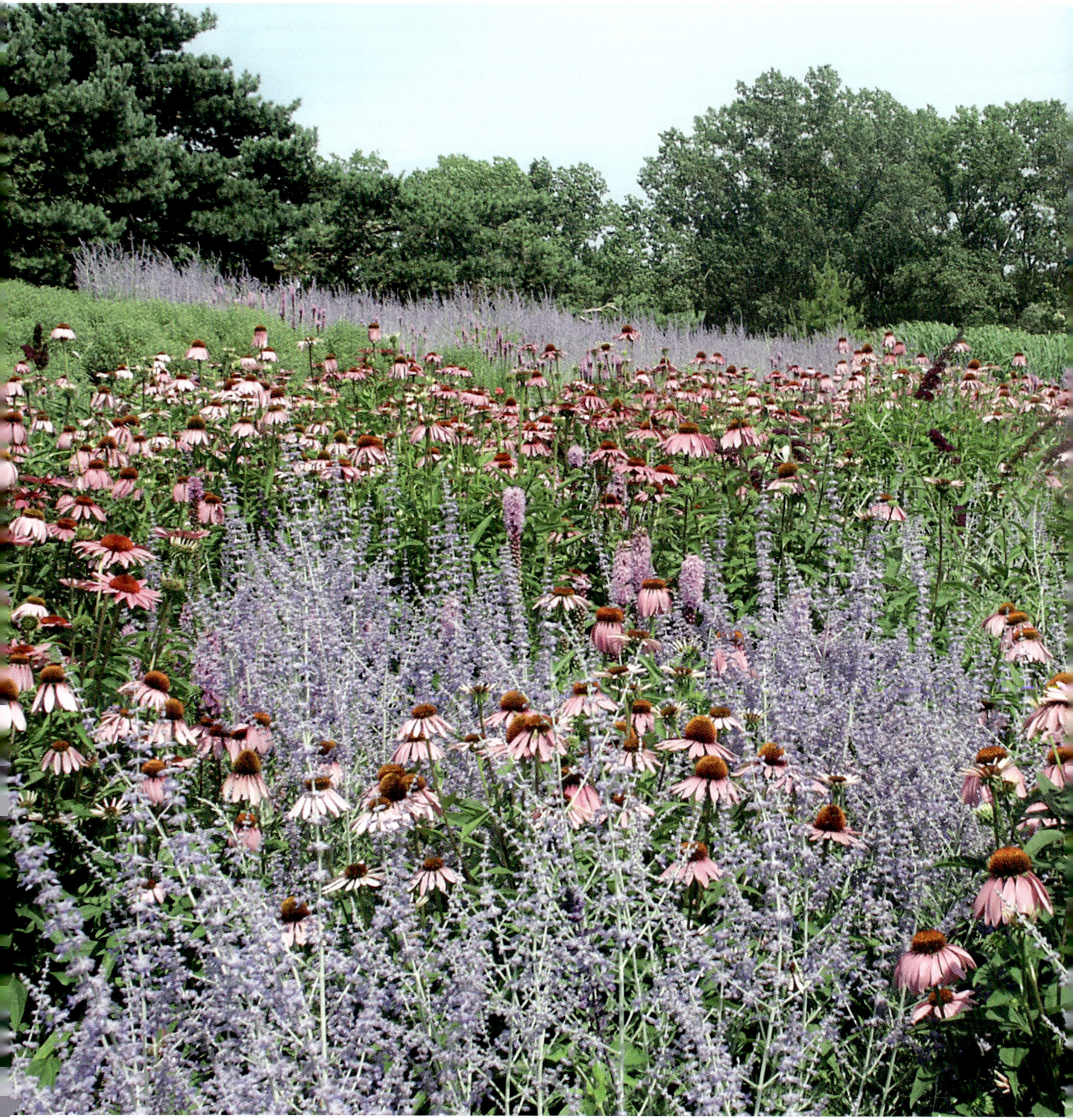

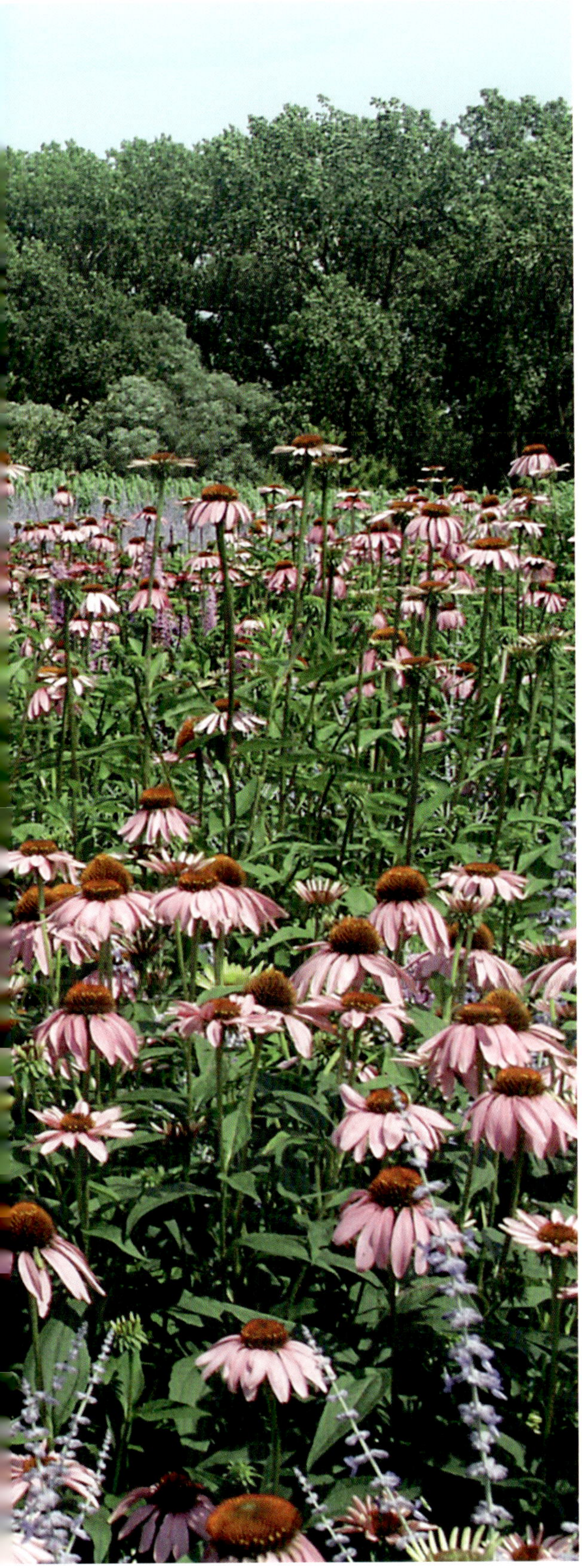

Das Markenzeichen des Büros Oehme Van Sweden Associates waren diese unglaublich großräumigen Pflanzenlandschaften mit wenigen Arten – wie hier im Botanischen Garten von Chicago.

Ein deutsch-amerikanisches Projekt

Beeindruckt von seiner sympathischen und natürlichen Art kamen Wolfgang Oehme und ich schnell ins Gespräch, in dem er mir schließlich eine Zusammenarbeit anbot. Das war unglaublich! Der neue Stil des amerikanischen Büros, nämlich Pflanzen großflächig einzusetzen, war inzwischen in den USA zu ihrem Markenzeichen geworden. Wolfgang Oehme wollte diesen Erfolg nach den vielen Jahren in Amerika in seine Heimat übertragen, die er als junger Mann vor mehr als vierzig Jahren verlassen hatte.

Was könnte ein gemeinsames Projekt sein? Zum Glück konnte ich gleich einen passenden Vorschlag unterbreiten. Wir bearbeiteten gerade ein Vorhaben für einen Investor in Magdeburg. Das Gelände war eine baumbestandene Fläche von 800 m² am Haupteingang des Allianz-Versicherungsgebäudes. Das war die Gelegenheit für eine spannende, neue Erfahrung und Zusammenarbeit. Und so kam es. Unser Magdeburger Büro übernahm die Gesamtplanung, die neuen amerikanischen Partner kümmerten sich um die Bepflanzung. Wir schickten unsere Unterlagen nach Washington und bekamen ungewöhnliche Pflanzpläne zurück. Darin waren für uns ziemlich unbekannte Pflanzen verwendet worden und dies vor allem in ungeahnt hohen Stückzahlen: 150 Knöterich *Persicaria filiforme* und 300 Kerzen-Wiesenknöterich *Bistorta amplexicaulis*, 40 Herzförmige Aralien *Aralia cordata* sowie 300 Mandel-Wolfsmilch *Euphorbia amygdaloides* 'Robbiae' und 350 Wiesenknöterich *Bistorta officinalis* 'Superbum' gehörten dazu.

Damals war es sehr problematisch, diese Pflanzenarten und -sorten zu beschaffen. Ich kannte lediglich die Gärtnerei Weinreich. Sie hatte ein traditionelles Sortiment und konnte zu dieser Zeit die Pflanzen nicht liefern. Zufällig hatte ich mit der Baumschule Wohlt in Pinneberg zu tun. Dessen Geschäftsführer erzählte ich von unserem deutsch-amerikanischen Projekt. Dieses Vorhaben gefiel ihm so gut, dass er nach kurzem Nachdenken anbot, die Zusammenstellung der Pflanzen zu übernehmen. Wir waren erleichtert. Für ihn wurde es schließlich äußerst mühsam und sein Aktenordner füllte sich schnell mit umfangreicher Korrespondenz, denn es war schwieriger als vermutet, die gewünschten Stauden zu bekommen. Deshalb mussten wir uns um Alternativen kümmern. Ich war ständig im Kontakt mit dem Büro Oehme Van Sweden Landscape Architects, um Ersatzpflanzen zu diskutieren und hier zu klären, ob sie zu bekommen waren. Wir alle hatten nicht geahnt, auf welch abenteuerliche Pflanzensuche wir uns eingelassen hatten. Nach etlichen Kompromissen war es dann geschafft und ein Pflanzensortiment zusammengestellt, das unsere amerikanischen Partner zufriedenstellte. Die Mitarbeiter von Haltern und Kaufmann, der ausführenden Firma für Garten- und Landschaftsbau, staunten nicht schlecht,

Wolfgang war Vegetarier. Wenn es weder Äpfel noch Bananen oder Möhren gab, schmeckten ihm auch die Blätter, die er beim Unkrautzupfen gerade in die Finger bekam. Vor allem hatte er großen Spaß daran, die umstehenden Leute zu verblüffen.

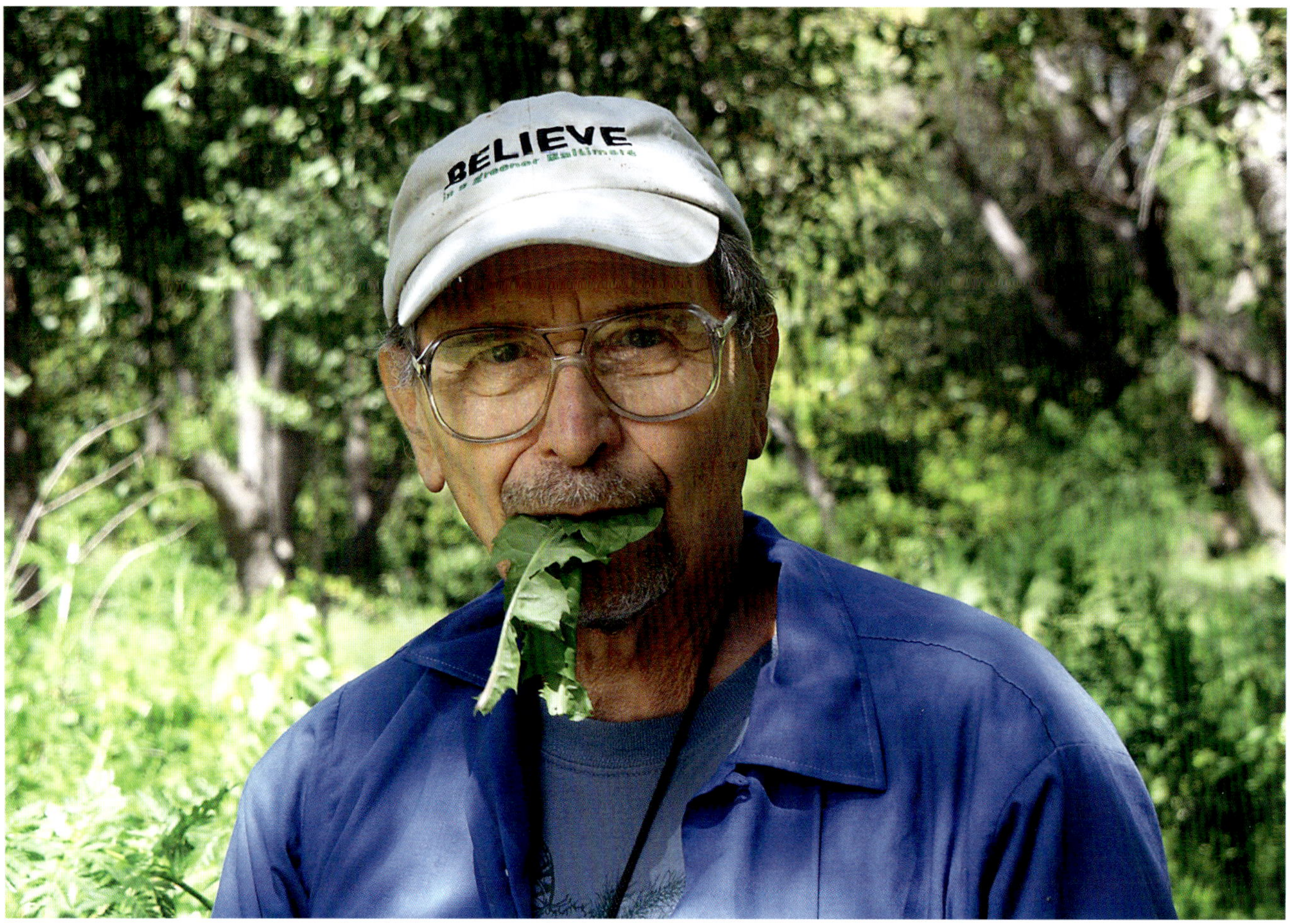

Wolfgang war ein liebenswerter Verrückter, der in seiner eigenen Pflanzenwelt lebte. Viele haben durch ihn die Liebe zu Stauden und Gräsern entdeckt.

dass die beiden Landschaftsarchitekten Wolfgang Oehme und James van Sweden aus dem fernen Washington D.C. persönlich eingeflogen waren, um die Stauden und Gräser in Magdeburg eigenhändig auszulegen. Unsere Pflanzung wurde ein Highlight und ist nach beinahe 20 Jahren bis heute ein Vorzeigeprojekt in der Stadt.

Unsere Zusammenarbeit hat tiefe Wurzeln geschlagen: Wolfgang Oehme und ich wurden enge Freunde. Wöchentlich, manchmal sogar täglich rief er an, um mir neue Pflanzen vorzustellen. Einmal pro Jahr kam er nach Deutschland, um die verschiedenen Stationen seiner Kindheit und Jugend in Bitterfeld und Chemnitz zu besuchen. Auf diesen Reisen besuchte er mich regelmäßig. Gemeinsam gingen wir dann auf die Suche nach interessanten Gärtnereien wie die von Christian Baltin in Wolfsburg oder schauten in Botanischen Gärten nach geeigneten Stauden, wobei ich viel von ihm lernte.

Einmal besuchten wir den Berggarten, den Botanischen Garten im Areal der Herrenhäuser Gärten in Hannover. Bei dem Spaziergang durch den Park tauschten wir unsere Erfahrungen mit Pflanzen aus, als Wolfgang vor den entsetzten Augen anderer Besucher Lindenblätter vom Baum riss und sich in den Mund stopfte. Dieser Vorfall endete schließlich in einem amüsanten Gespräch über gesunde und vegetarische Ernährung. Ein anderes Mal stürzte er sich während eines Gespräches in die Pflanzfläche, um Unkraut zu ziehen, dass er ebenfalls kurzerhand aufaß. Das verblüffte natürlich die umstehenden Besucher, woraufhin er auch ihnen einen Vortrag hielt. Es bereitete ihm immer wieder allergrößtes Vergnügen, seine naturbezogene Sicht der Dinge anderen Menschen näher zu bringen.

Irgendwann kam uns die Idee, dass er in Magdeburg Vorträge halten könnte, um zum Beispiel städtischen Mitarbeitern die Möglichkeiten seiner Staudenverwendung im öffentlichen Grün aufzuzeigen. Dieser Vorschlag fiel auf fruchtbaren Boden und die Kollegen in den Grünflächen- und Stadtplanungsämtern waren von den Beispielen der großzügigen Pflanzungen in Amerika begeistert. Dadurch wurde es auch für mich leichter, in künftigen Planungen in Magdeburg, wie für den Pechauer Platz (siehe Seite 103), neue Stauden und Gräser nach amerikanischem Vorbild sehr großzügig zu verwenden.

Gegenbesuche in Amerika

Es blieb nicht nur bei Wolfgangs Besuchen im Alten Europa. Seit 1994 reiste ich mehrmals mit meinem Mann an die amerikanische Ostküste, um mir Gärten und Parks im Original anzusehen, die von Oehme Van Sweden Landscape Architects geplant worden waren. Es waren immer unterhaltsame, sehr abwechslungsreiche Ausflüge, die wir gemeinsam mit den beiden Landschaftsarchitekten unternahmen. Ich traf gartenbegeisterte Menschen als Kunden, Auftraggeber oder Kollegen, sah riesige Anwesen mit ebenso großräumigen Bepflanzungen am Meer und im Wald und besuchte die Gärtnerei von Kurt Bluemel, der für Wolfgang Oehme diese großen Pflanzenmengen heranzog. Ich bepflanzte mit Wolfgang einen Mittelstreifen, dessen Pflanzen ein Garten-Club gespendet hatte, nahm an einer Unkrautparty teil, die er anlässlich seines Geburtstages organisierte, fuhr nachts falsch in eine Einbahnstraße, nur um eine bestimmte Pflanze in einem Vorgarten zu sehen, oder hielt auf einer Autobahn, um mit Wolfgang einen Zwerg-Holunder auszugraben. Wir haben, ähnlich wie beim heute modern gewordenen Guerilla Gardening, nachts Pflanzen wie die Japanische Pestwurz in wildfremde Vorgärten und an Mauern gepflanzt. Jede Begegnung mit ihm steckte voller Überraschungen.

Durch Wolfgang lernte ich ungeahnt viele neue Pflanzen kennen, zum Beispiel Johanniswolke (*Aconogonon speciosa*, siehe Seite 85), Großblättrige Wucherblume (*Tanacetum macrophyllum*), Sumpf-Wolfsmilch (*Euphorbia palustris*, siehe Seite 89), Ruten-Hirse (*Panicum virgatum* 'Cloud Nine') und das Kreuzkraut (*Packera aurea,* früherer Name: *Sencio aureus*). Alle diese Pflanzen konnte ich ausprobieren und habe dabei beobachtet, wie sie bei uns wachsen, welche Partner ihnen gut stehen und welchen Platz sie beanspruchen. Danach wusste ich, welche Stauden für meine Pflanzungen in Privatgärten, Parks und Gartenschauen geeignet sind.

Tausend Polygonum

Wolfgangs letzter Besuch in Deutschland fand im Sommer 2011 statt. Im Rahmen der Eröffnung der Gartenakademie Sachsen-Anhalt in Zichtau war Wolfgang Oehme von Christa Ringkamp, der Initiatorin und Gründerin der Gartenakademie, eingeladen worden, einen Vortrag zu halten. Da er schon sehr krank war, konnte er dies nicht mehr selbst übernehmen. Geschmückt mit seinen vielen Medaillen hörte er dem Vortrag seiner Partnerin Carol Oppenheimer zu, nickte gelegentlich und warf ab und zu Kommentare in die Runde. Als es um „seine" Staude, die Johanniswolke, ging, zeigte er spontan mit dem Finger auf mich in der ersten Reihe, blinzelte fröhlich und sagte voller Überzeugung: „Tausend *Polygonum polymorphum* musst du pflanzen, Petra! Mach' es so wie ich und pflanze tausend *Polygonum polymorphum*!" Dies verstand ich damals als Vermächtnis.

Wenige Monate später benachrichtigte mich Carol, dass sein Leben zu Ende gehen würde. Am 16. Dezember 2011 verstarb er im Alter von 81 Jahren. Die Welt ist um einen liebenswürdigen Pflanzenkenner und wissbegierigen Eigenbrötler ärmer geworden.

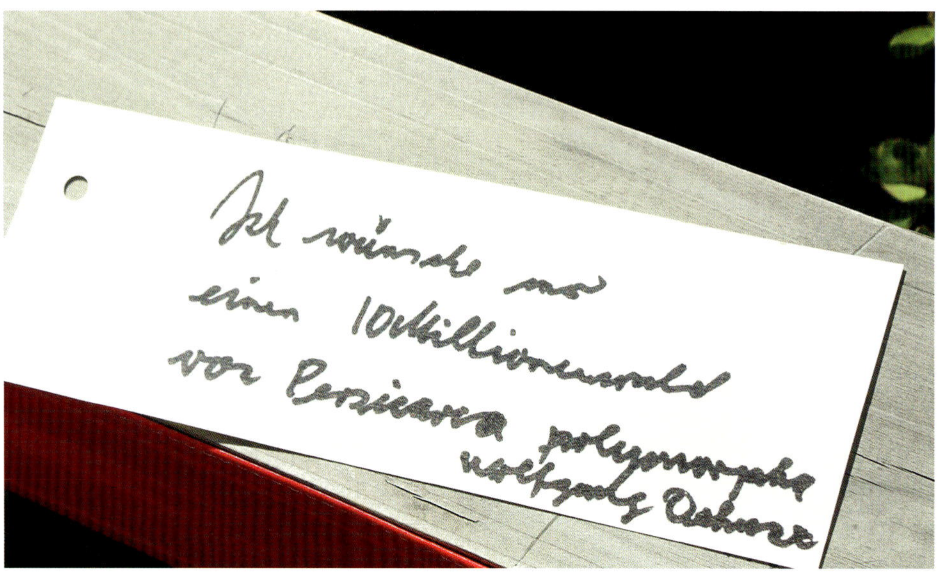

Wolfgang konnte ich nicht immer ernst nehmen. Allerdings steckte auch immer ein Fünkchen Wahrheit in seinen oft lustigen Botschaften …

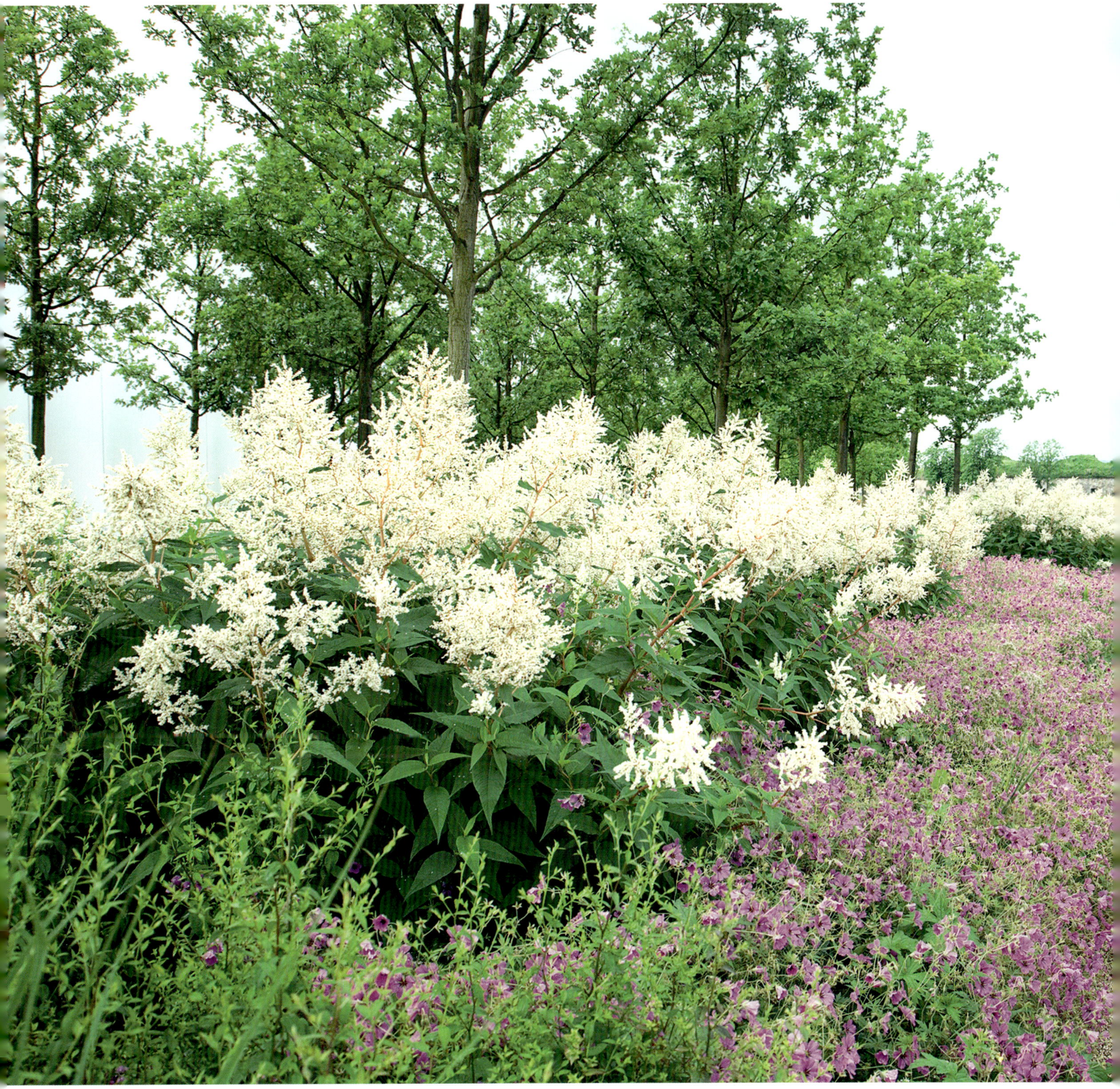

... So pflanzte ich zwar nicht „10 Millionen Johanniswolken", wie er mir riet, aber doch viele auf der Bundesgartenschau 2011 in Koblenz.

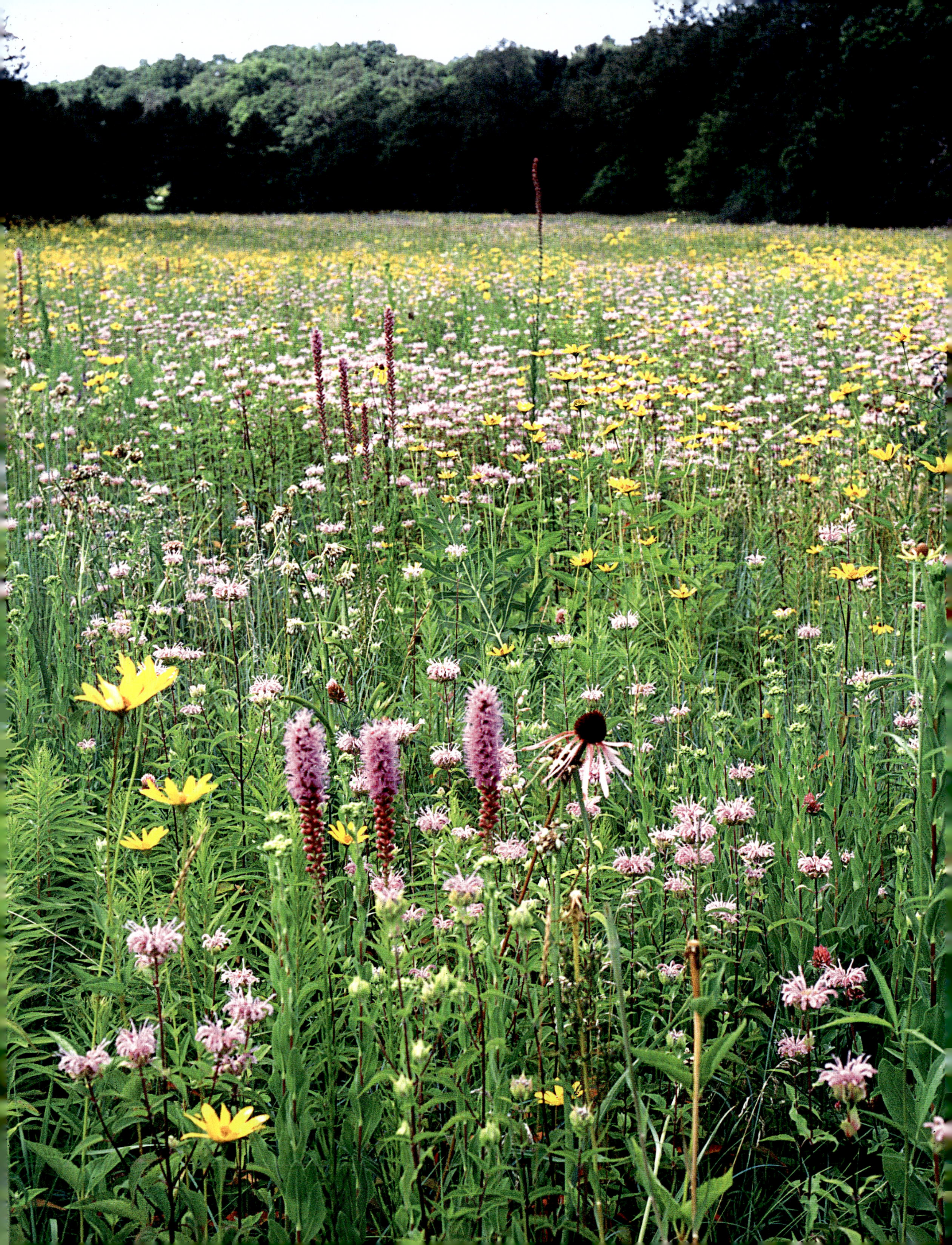

Meine Studienreisen

Wolfgang Oehme hatte mein Interesse für Präriepflanzen geweckt. Aber auch Cassian Schmidt, Leiter des Schaugartens Hermannshof in Weinheim und Honorarprofessor der Hochschule RheinMain, der sich mit dem Vegetationstyp der Präriepflanzen sehr beschäftigt und im Schaugarten entsprechende Pflanzungen anlegt hatte, machte mich neugierig. Ich fragte mich: Wie wachsen eigentlich diese Wildpflanzen in der freien Natur und gibt es noch andere mir nicht bekannte Arten, die ich für meine Planungen gut verwenden könnte? Wie ist die Artenzusammensetzung unter den jeweiligen klimatischen und geologischen Bedingungen?

Vorbilder aus Nordamerika

Ich arbeitete gerade an dem Konzept für die Bundesgartenschau Gera Ronneburg 2007 und fand das Thema der Präriegärten für die Neue Landschaft in Ronneburg aufgrund der landschaftlichen Weite für überaus passend. In diesen Wochen entstand zum Glück die Idee unter uns befreundeten Kollegen, eine Studienreise nach Nordamerika zu planen. Ziel würden die Naturstandorte und Rekonstruktionen der Hochgasprärien sein. Endlich die natürlichen Standorte dieser Pflanzen kennenlernen! Zu unserer kleinen Reisegruppe im Juli 2004 gehörten Cassian Schmidt und seine Frau Bettina Jaugstätter, ebenfalls Landschaftsarchitektin, der Landschaftsarchitekt Christian Meyer und Prof. Dr. Norbert Kühn, Fachgebietsleiter für Vegetationstechnik und Pflanzenverwendung an der Technischen Universität Berlin.

Hochgrasprärien – prächtig und farbenfroh. Bei unseren Streifzügen lernten wir nicht nur neue Pflanzen kennen, sondern entdeckten auch überwältigende und ungeahnte Zusammenstellungen in den Wiesen.

Lernen von der Hochgrasprärie

Wir, die normalen Pflanzenverwender – damit sind Christian Meyer und ich gemeint – hatten keine konkreten Erwartungen an unsere erste Exkursion in die Hochgrasprärie Amerikas. Dagegen wussten die Botaniker Norbert Kühn und Cassian Schmidt genau, welche Pflanzen sie an welchen Standorten erwarten konnten. Sie kannten viele der dort heimischen Pflanzen aus der Literatur. Auf unseren Ausflügen freuten sie sich immer, wenn sie was „Grünes“ in einer Wiese aufblitzen sahen. Für uns waren es undefinierbare Gewächse, die nicht mal eine Blüte hatten.

Originale Prärien sind in den USA kaum noch zu finden. Meist handelt es sich um Rekonstruktionen, die mithilfe staatlicher Programme initiiert werden. Unsere erste Station war der Botanische Garten in Chicago, wo wir sechs unterschiedliche Präriepflanzungen besichtigten, wie die Hochgrasprärie, die vor 20 Jahren angelegt worden war. Dort entdeckten wir viele der uns inzwischen sehr vertrauten Pflanzen, wie Bestände der Amerikanischen Bergminze (*Pycnanthemum virginicum*) oder des Virginischen Arznei-Ehrenpreises (*Veronicastrum virginicum*). An einer eher trockenen Hanglage fanden wir beispielsweise das Hohe Haarschotengras (*Bouteloua curtipendula*) und das Präriegras (*Schizachyrium scoparium*), die dort riesige Flächen bildeten. Einen weiteren Höhepunkt bot das Ufer des Michigan-Sees. Auf dessen Sanddünen staunten wir über uns bekannte Gehölze wie Strauch-Fingerkraut (*Potentilla fruticosa*) und Kriech-Wacholder (*Juniperus horizontalis*), aber auch über die weiten Flächen von Amerikanischer Wolfsmilch (*Euphorbia corollata*) und Amerikanischer Prachtscharte (*Liatris aspera*).

Einen großartigen Anblick hatten wir im Paintbrush Prairie Nature Preserve: Prärie-Prachtscharten (*Liatris pycnostachya*) soweit das Auge sehen konnte. Christian und ich waren wie im Rausch und völlig begeistert von diesen Massen in Pink. Die Landschaft war in ihrer Topografie leicht bewegt. Die aufrechten Kerzen leuchteten im Gegenlicht geheimnisvoll und in der Weite ergab dies ein grafisch ausdrucksstarkes, grandioses Bild, das sich mir stark einprägte. Nachdem wir die Wiese verließen und in eine Senke kamen, löste sich mein inneres *Liatris*-Bild langsam auf und verwob sich mit herrlich violett blühender Indianernessel (*Monarda*), bis diese Art mein Blickfeld völlig beherrschte.

Ich spürte gleich, dass sich eine solche Situation gestalterisch auch in einem größeren privaten Garten oder auf Gartenschauen in unserem mitteleuropäischen Klima auf ideale Weise umsetzen ließ. Es entstanden vielgestaltige, aber dennoch kraftvolle Pflanzenbilder vor meinem geistigen Auge. Der optische Gewinn einer solchen Bepflanzung ist, dass blockartige Anordnungen von Stauden am Rand lockerer werden und sich dann auflösen und in eine reizvoll verwobene Pflanzung übergehen. Dieser Wechsel – erst die Konzentration, dann die Überschneidung und Auflösung weniger Arten oder Sorten innerhalb eines Beetes – schafft einen großzügigen Verlauf und reizvolle und opulente Aspekte. Die Pflanzung wirkt großräumig, so wie ich sie liebe. Die beeindruckenden Pflanzenbilder, die Benachbarung uns bekannter und unbekannter Arten am Naturstandort haben uns völlig in den Bann gezogen. Nach unserer zehntägigen Exkursion war uns allen klar, dass wir solch eine gemeinsame Reise im nächsten Jahr wiederholen möchten, allerdings mit anderen Zielen, zu anderen Pflanzengesellschaften, die uns zu neuen Ideen inspirieren würden.

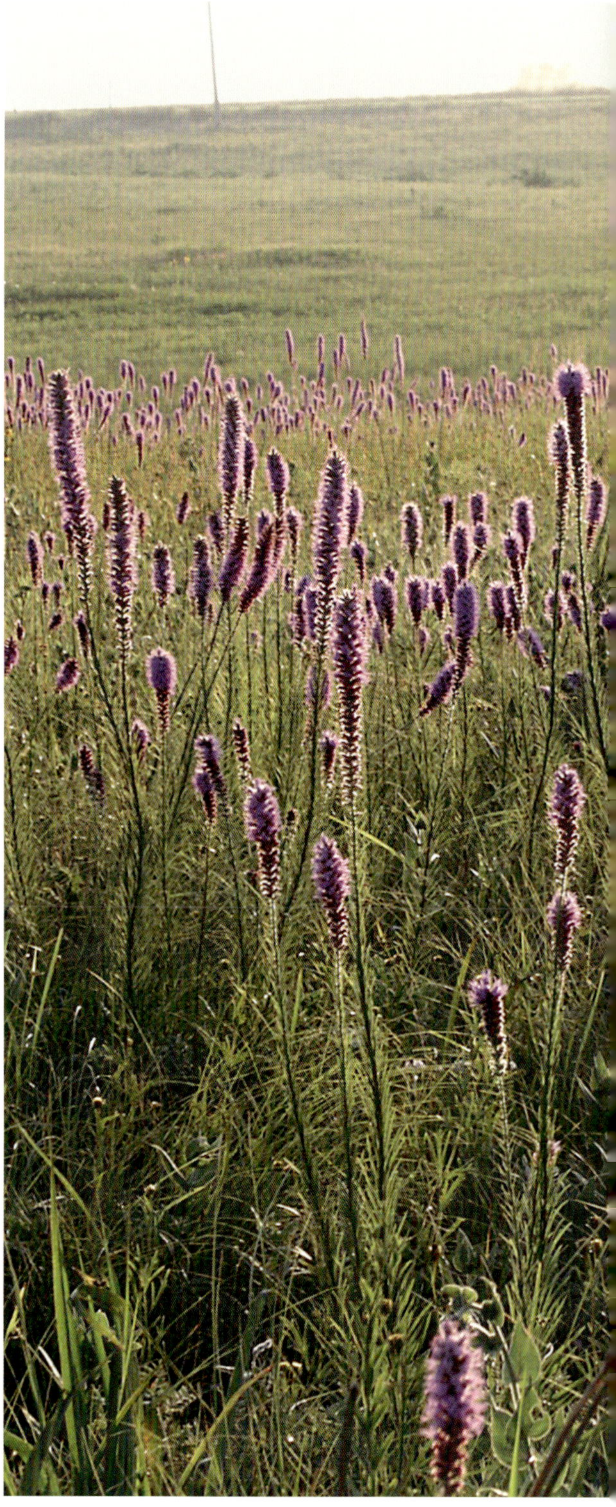

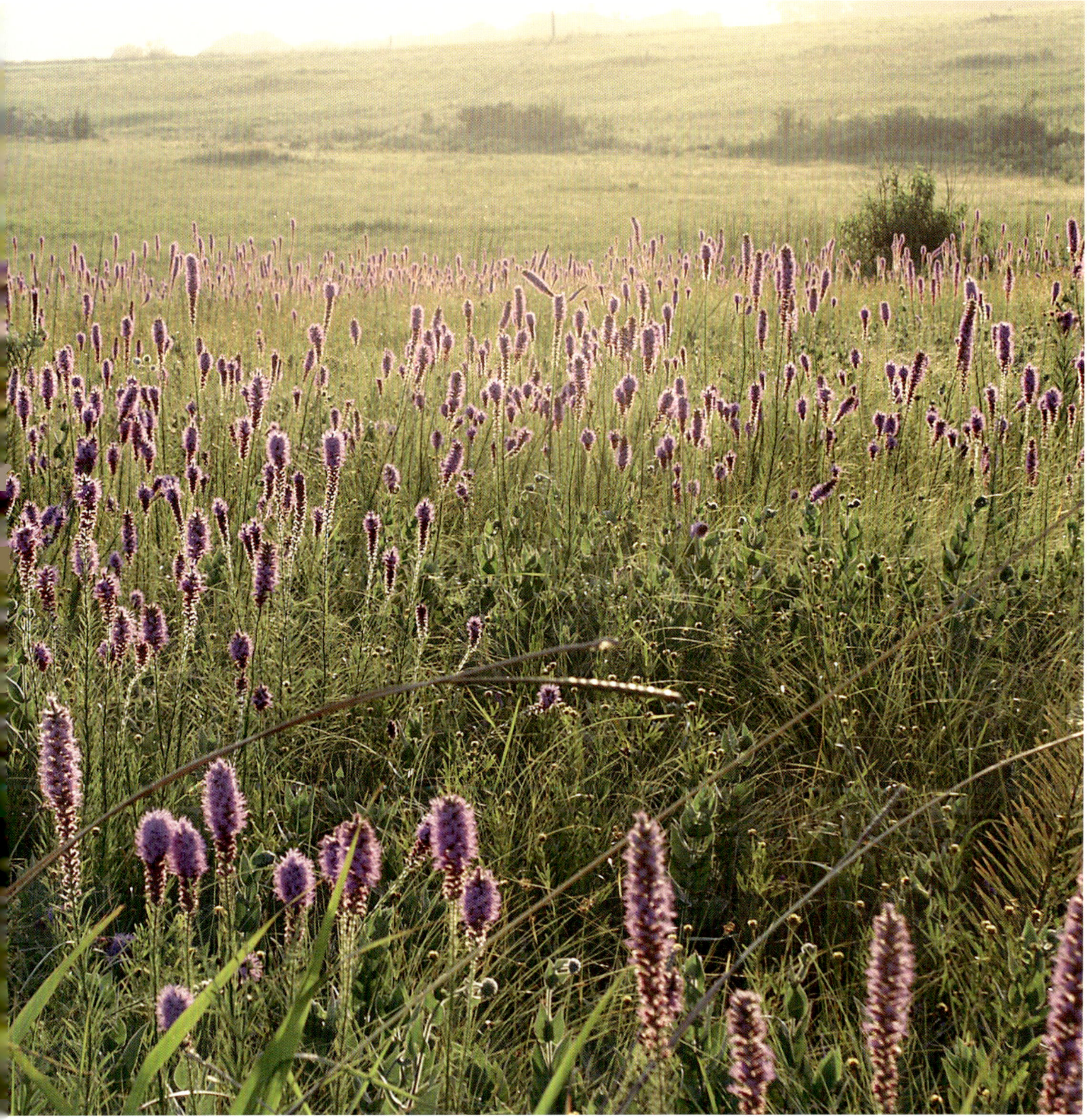

Prachtscharte (*Liatris*) so weit das Auge reicht in der Paintbrush Prairie. Das sind beeindruckende Bilder mit Wow-Effekt und der Erkenntnis: Wir sind zur richtigen Zeit am richtigen Ort.

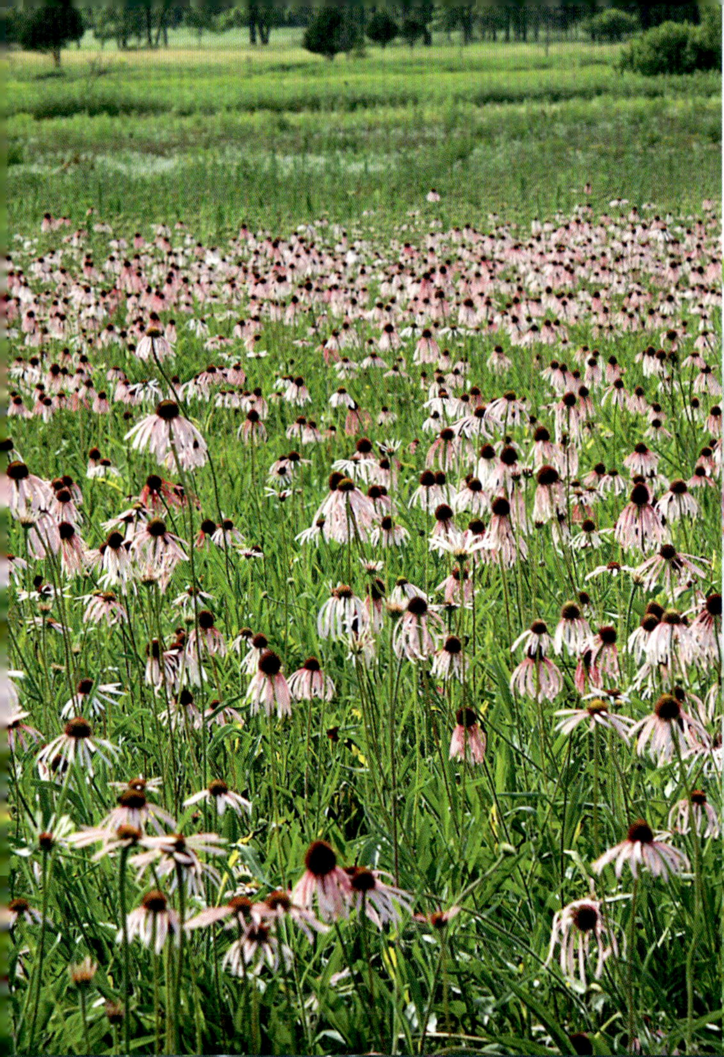
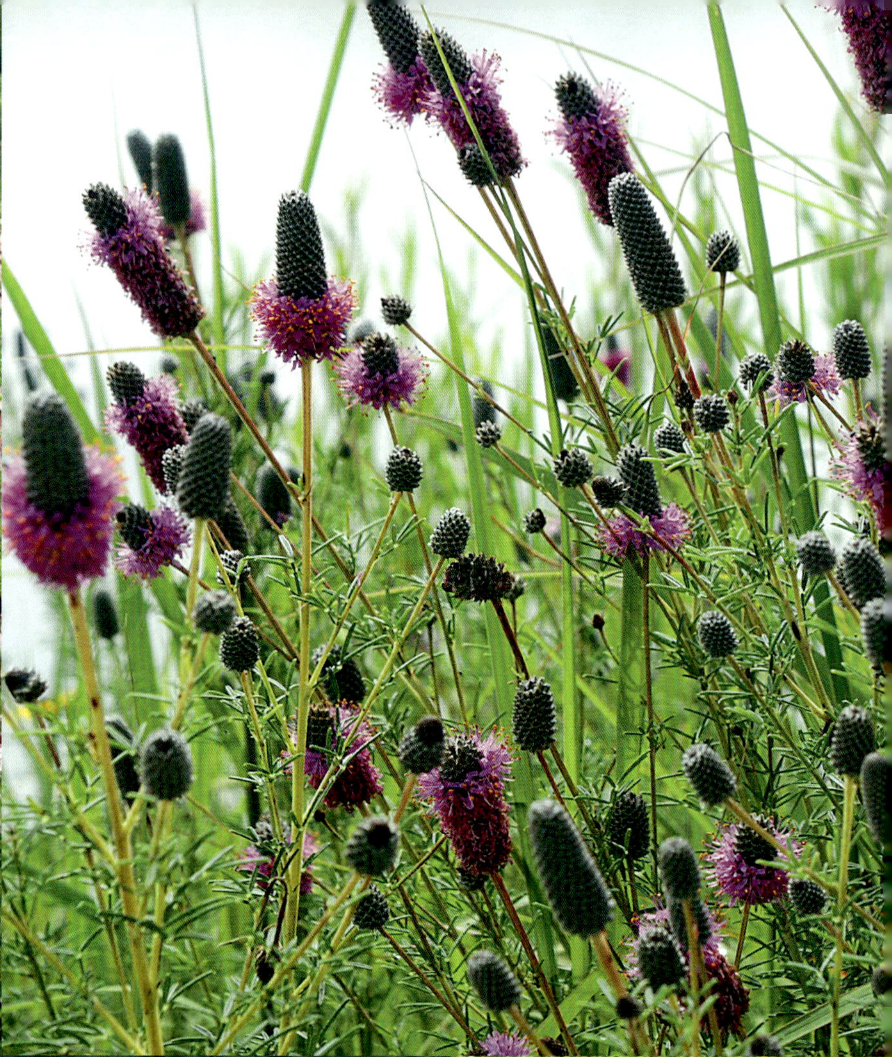
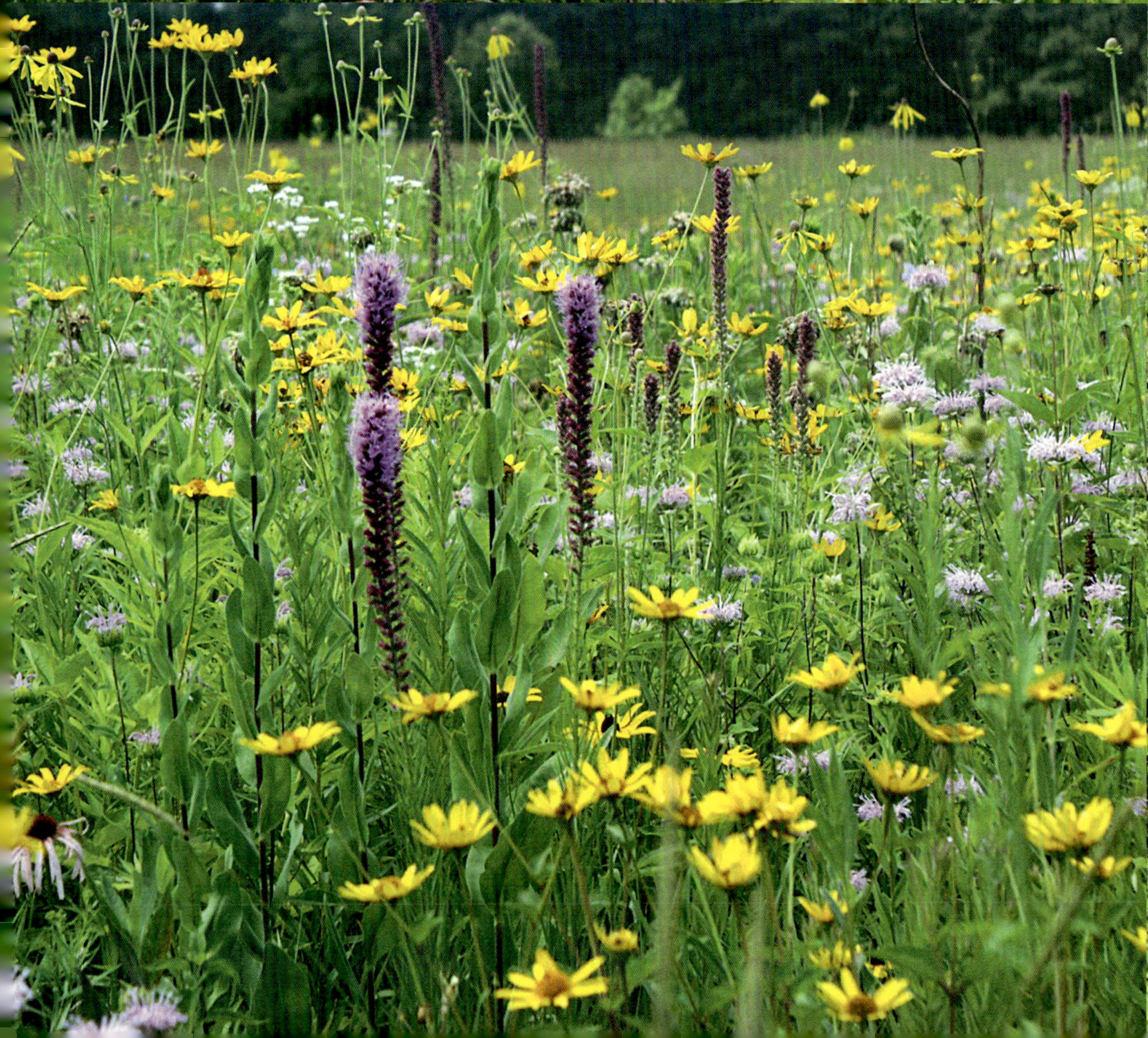
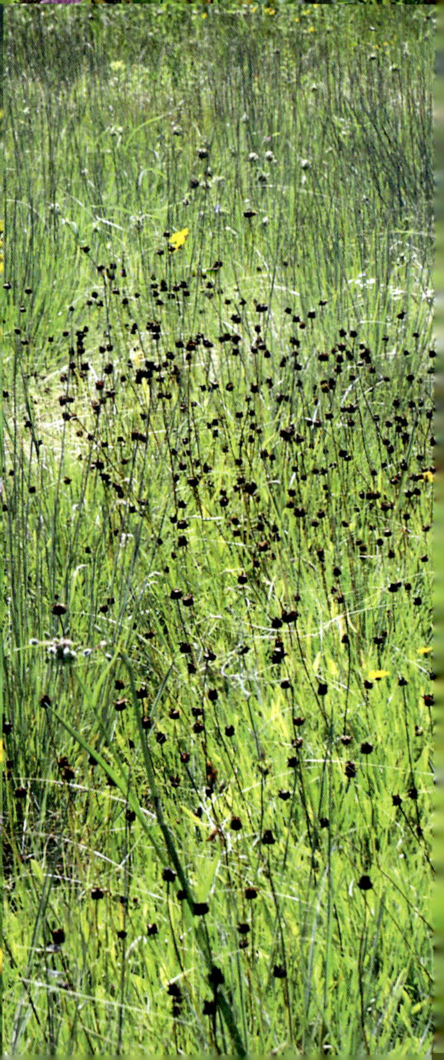

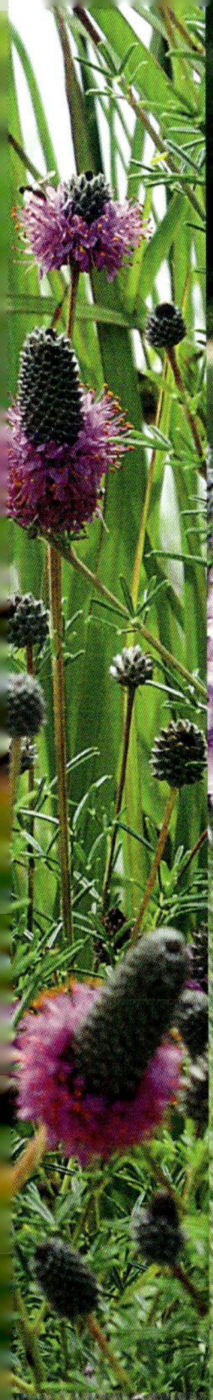

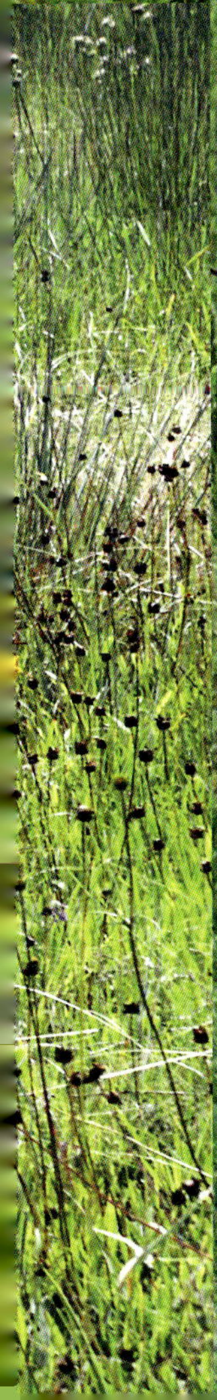

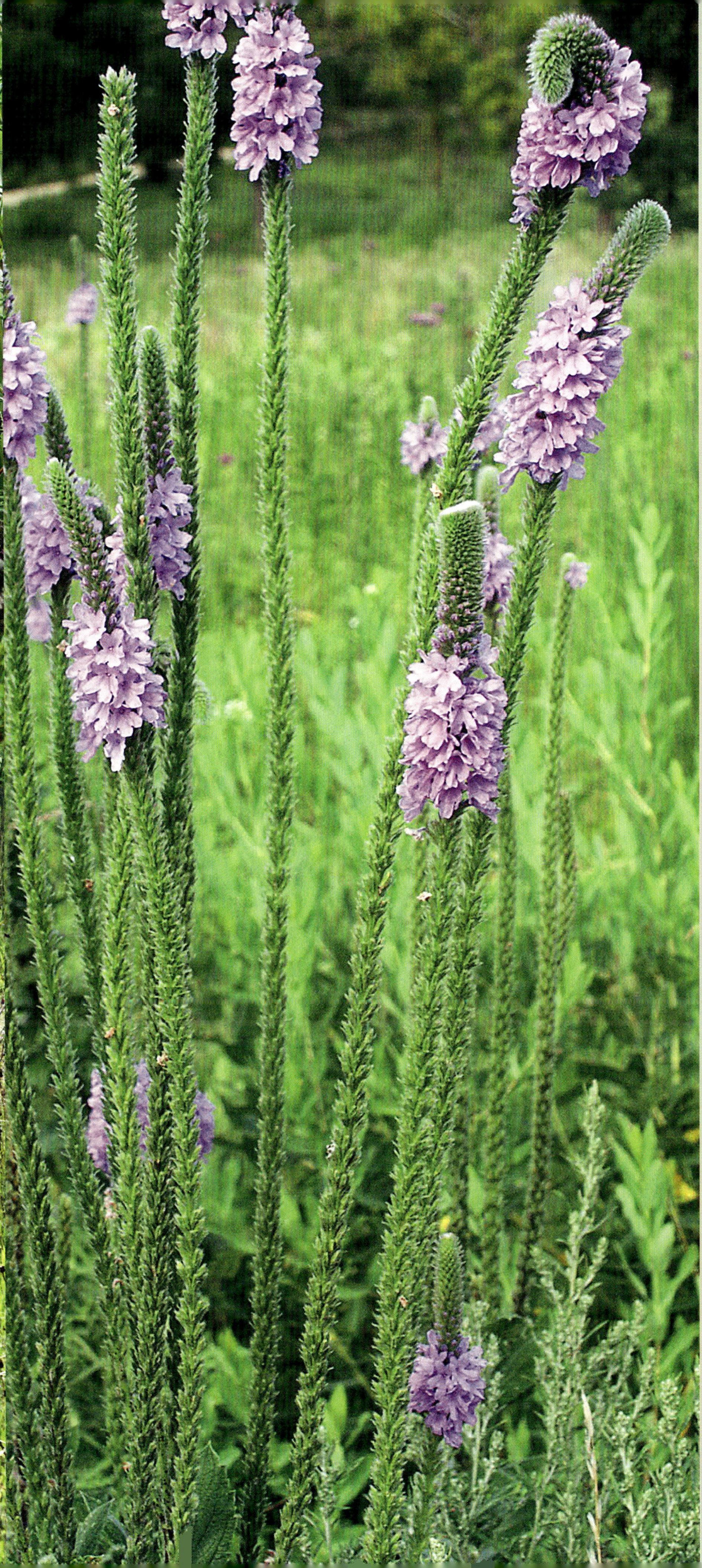

Oben links: Wie kleine Fallschirme in Zartrosa scheinen die Blütenköpfe von *Echinacea angustifolia* über den Wiesen zu schweben.

Oben Mitte: Der Prärie-Klee *Dalea purpurea* ist noch relativ unbekannt. Er verträgt Trockenheit und blüht von Juli bis September.

Unten links: Hochsommer in der Präriewiese: Blüten von Sonnenhut (*Rudbeckia*), Indianernessel (*Monarda*) und Prachtscharte (*Liatris*).

Unten Mitte: Abgeblühte Blütenköpfchen des Sonnenhutes entfalten eine ganz eigene Ästhetik. Die Pflanzen wirken allein durch ihre Strukturen und zaubern ein grafisches Abbild ihres Pflanzenaufbaus.

Ganz rechts: Die zahlreichen zartblauen Blüten der Kerzen-Verbene *Verbena stricta* bringen imponierende Blütentriebe hervor.

Die Natur ist ein oft verkannter, wahrer Künstler, von dem wir vieles lernen können.

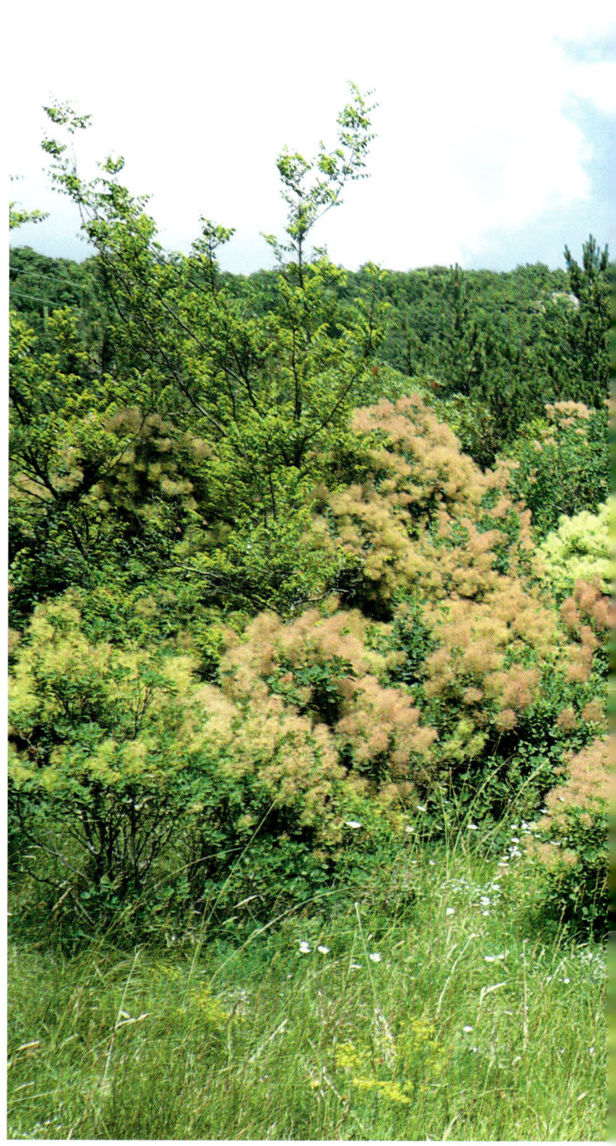

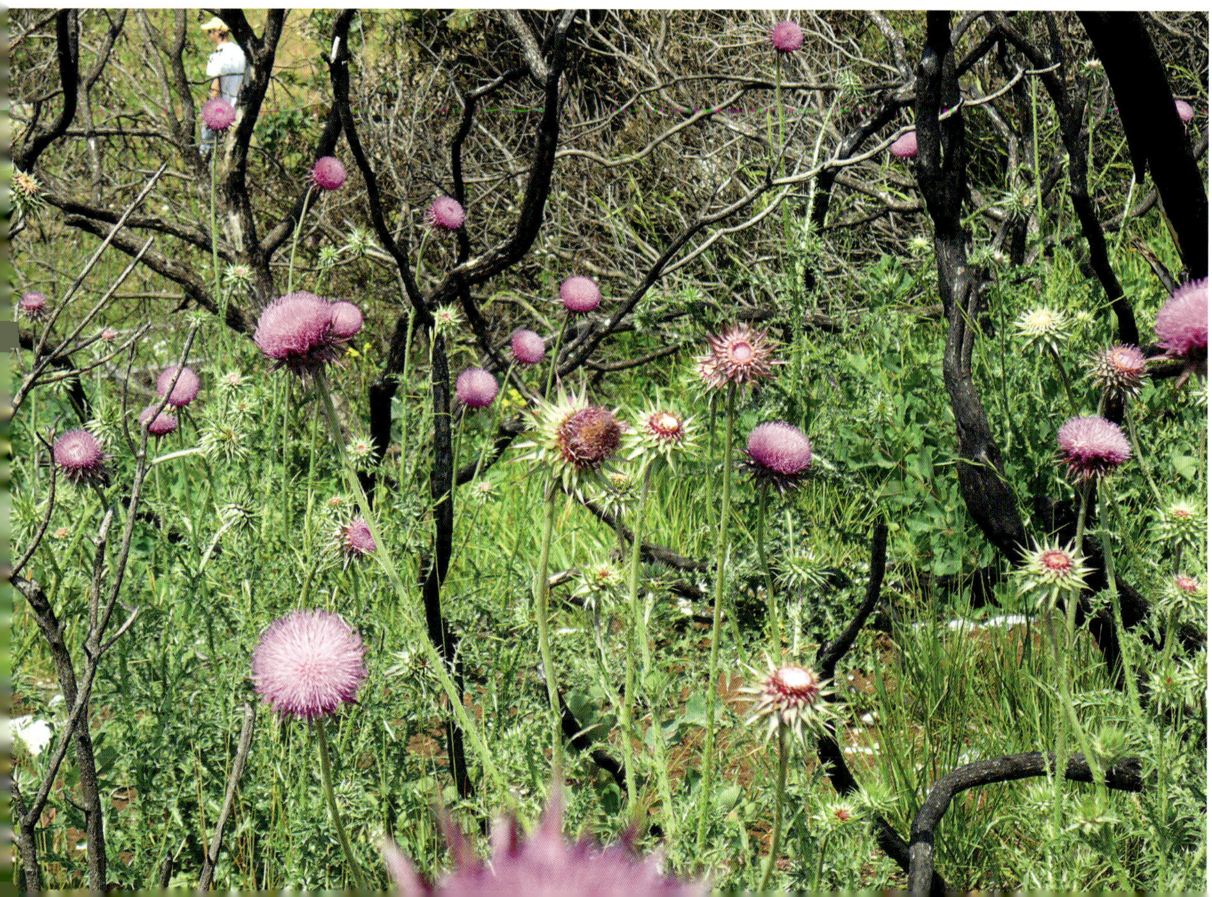

Die Blütenköpfe der mir unbekannten *Cirsium*-Schönheit erheben sich zwischen ausgebranntem, bizarrem Geäst.

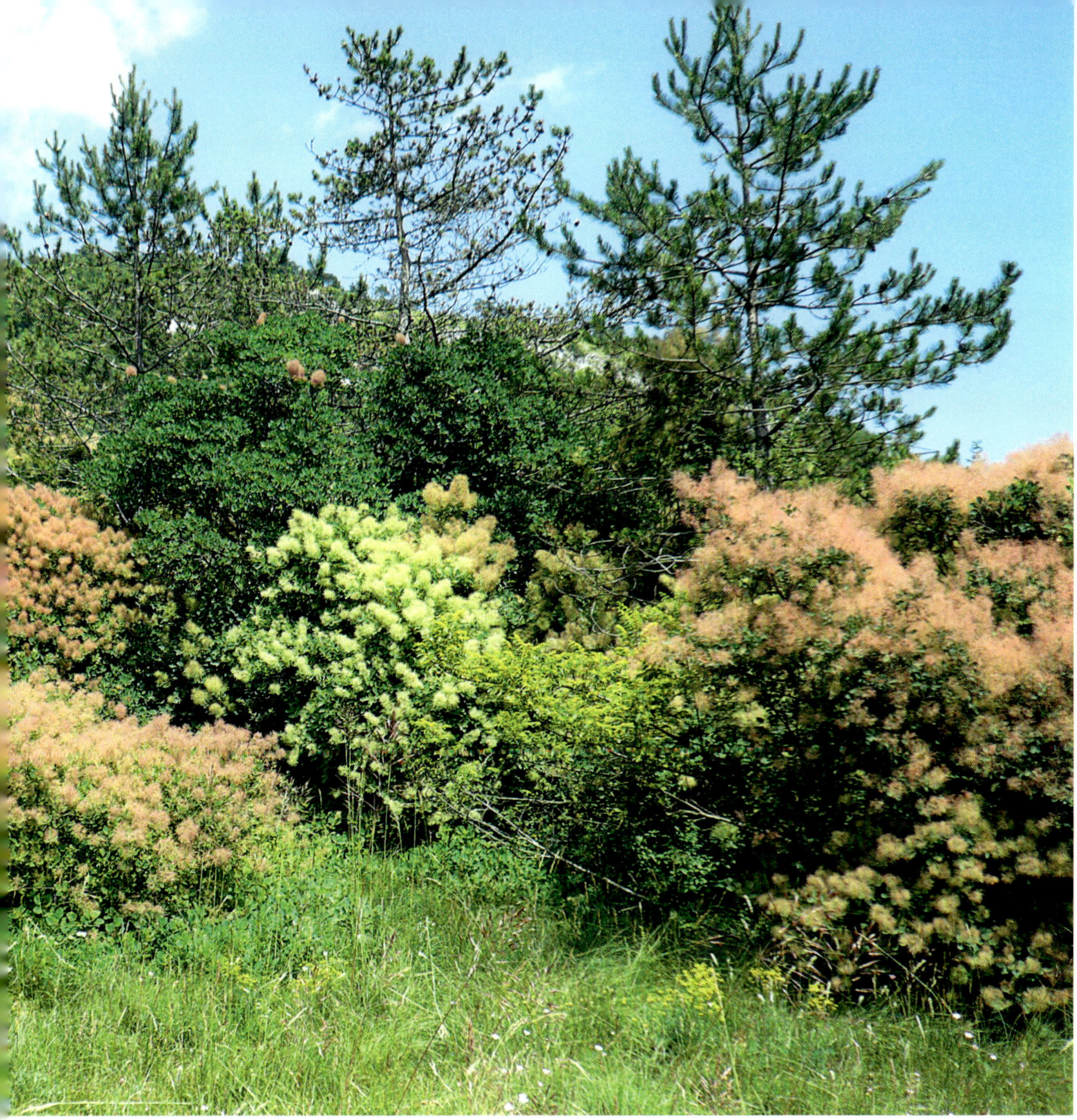

Die rosa Wolken der Perückensträucher (*Cotinus*) überspannen in unterschiedlichen Farbnuancen die Hänge in der slowenischen Berglandschaft.

Dem Friaul auf der Spur

Mehrere Male zwischen den Jahren 2007 und 2011 ging es nach Italien ins Friaul, einer herrlichen Landschaft, die zwischen Venetien, den Karnischen Alpen an der Grenze zu Kärnten, Slowenien und der Adria liegt.

Die Reisen ins Friaul haben mich immer wieder in mehrfacher Hinsicht begeistert. Zum einen waren es herrliche Erlebnisse in einer Gruppe pflanzlich und botanisch interessierter befreundeter Kollegen, zum anderen waren die Reisen kulinarisch ein besonderes Vergnügen. Es gab innerhalb unserer Reisegruppe eine Fraktion ambitionierter Hobbyköche, die uns mit erstklassiger italienischer Küche verwöhnten. Das habe ich, genauso wie die anderen, jedes Mal sehr genossen. Unsere Reise führte uns in ein kleines Dorf bei Cividale nahe der slowenischen Grenze. Von hieraus öffnete sich der Blick in eine fantastische Berglandschaft. Das Gebiet wird von den Friaulischen Dolomiten sowie den Karnischen- und Julischen Alpen geprägt. Es gibt sanfte Hügel, Karstlandschaften mit Weinanbaugebieten und die hohen Gebirgszüge der Alpen. Hier in dieser Vegetation war Norbert Kühn der ideale Bergführer und Pflanzenkenner. Wie ein wandelndes Lexikon beantwortete er alle unsere Fragen in Bezug auf Pflanzen und die geologischen und klimatischen Zusammenhänge. Da meine Kollegen Christian Meyer und Agnes Hofmeister sowie der Landschaftsgärtner Matthias Bromm, der sich unserer Reisegruppe angeschlossen hatte, und ich keine Botaniker sind, fragten wir bei der Wanderung durch die Wiesen ständig nach den Namen der Gewächse am Wegesrand. Norbert Kühn kannte sie (fast) alle. Bewundernswert!

Wir waren immer wieder verwundert, welches Füllhorn uns vertrauter Gartenpflanzen die Natur vor uns ausbreitete. Überall entdeckten wir Arten, die wir kannten und normalerweise

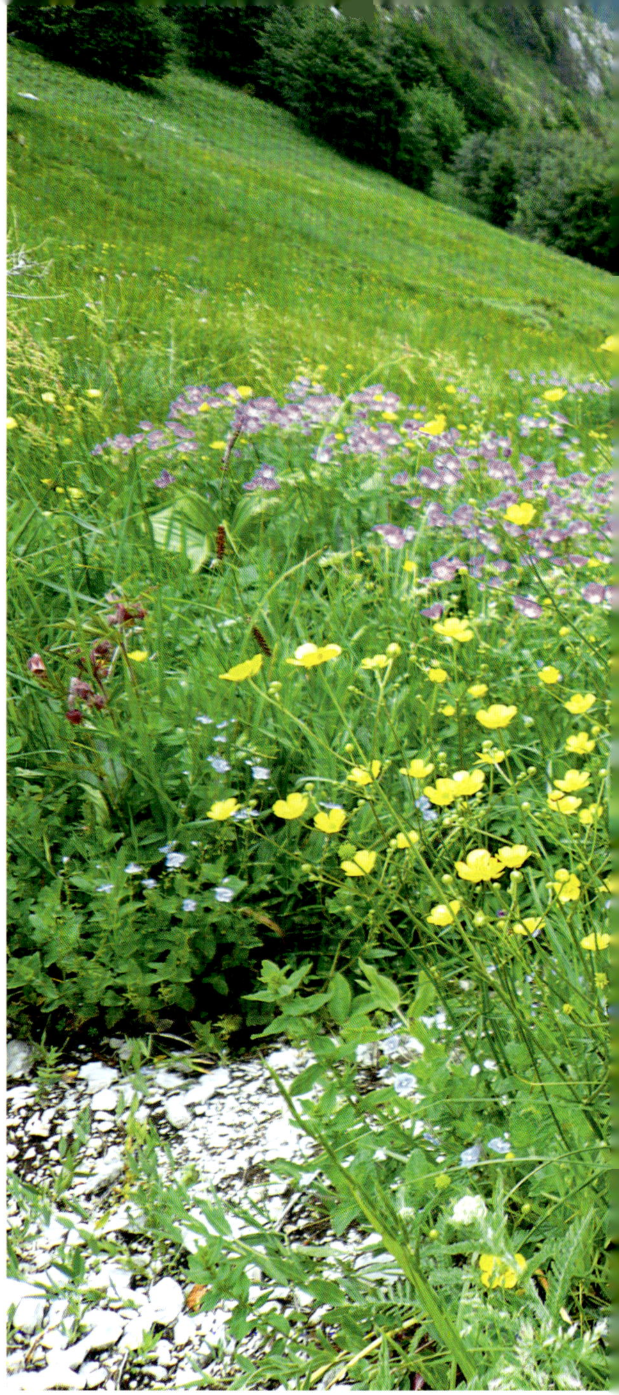

in unseren Pflanzungen verwendeten. Hier wuchsen sie einfach wild. Es gab so manche natürliche Zusammenstellung, die sich kein Pflanzplaner hätte besser ausdenken können: fantastische Massenpflanzungen, die vor allem aus der Ferne wirkten, ebenso wie kleinteilige, feine Kombinationen, insbesondere in den alpinen Regionen. Die Formen und Farben waren ganz einfach immer perfekt und voller Harmonie aufeinander abgestimmt. Die Natur ist eben ein wahrer Künstler.

Bilderbuchreife Kombinationen

Unser Interesse galt also den natürlichen, den zufälligen Zusammenstellungen der Pflanzen, die sich in ihren Kombinationen unter den klimatischen und natürlichen Bedingungen immer wieder änderten. So ließen wir uns von den bilderbuchreifen Hängen beeindrucken, die mit Wald-Storchschnabel (*Geranium sylvaticum*) in verschiedenen Schattierungen bedeckt waren. Wir erfreuten uns an Platanenblättrigem Hahnenfuß (*Ranunculus platanifolius*) und Lichtnelke (*Silene*) mit Kerbel (*Anthriscus*). Eine andere Kombination war Immenblatt (*Melittis melissophyllum*) und Großblütige Taubnessel (*Lamium orvala*) mit Hahnenfuß (*Ranunculus platanifolius*), Trollblume (*Trollius*) und Wald-Storchschnabel (*Geranium sylvaticum*).

Exkursionen in die Heimat bekannter Gartenstauden

Exkursionen zu den Naturstandorten sind für mich immer etwas ganz Besonderes. Die Pflanzengemeinschaften, die wir hier antreffen, sind meist nahezu genial kombiniert und absolut ästhetisch. Dann denke ich oft, welch geistige Anstrengungen ich unternehmen muss, um solche Bilder in Gärten und Parks zu übertragen.

Auf unseren Erkundungstouren entdeckten wir Schwertblättrigen Alant (*Inula ensifolia*), Alpen-Sockenblume (*Epimedium alpinum*), Gelben Lein (*Linum flavum*), Alpen-Küchenschelle (*Pulsatilla alpina*), beeindruckende Doldenblütler wie Striemensame (*Molopospermum peloponnasiacum*), Großköpfige Flockenblume (*Centaurea macrocephala*), Felsen-Storchschnabel (*Geranium macrorrhizum*), Europäische Trollblume (*Trollius europaeus*), Gewöhnlichen Diptam (*Dictamnus albus*), Ornamentalen Klee (*Trillium rubens*), Elsässer Haarstrang (*Peucedanum alsaticum*), Wein-Raute (*Ruta graveolens*), Schlangen-Knöterich (*Bistorta* officinalis *'Superba'*), Schwarze Königskerze (*Verbascum nigrum*), Mandelblättrige Wolfsmilch (*Euphorbia amygdaloides*), Großblütige Taubnessel (*Lamium*

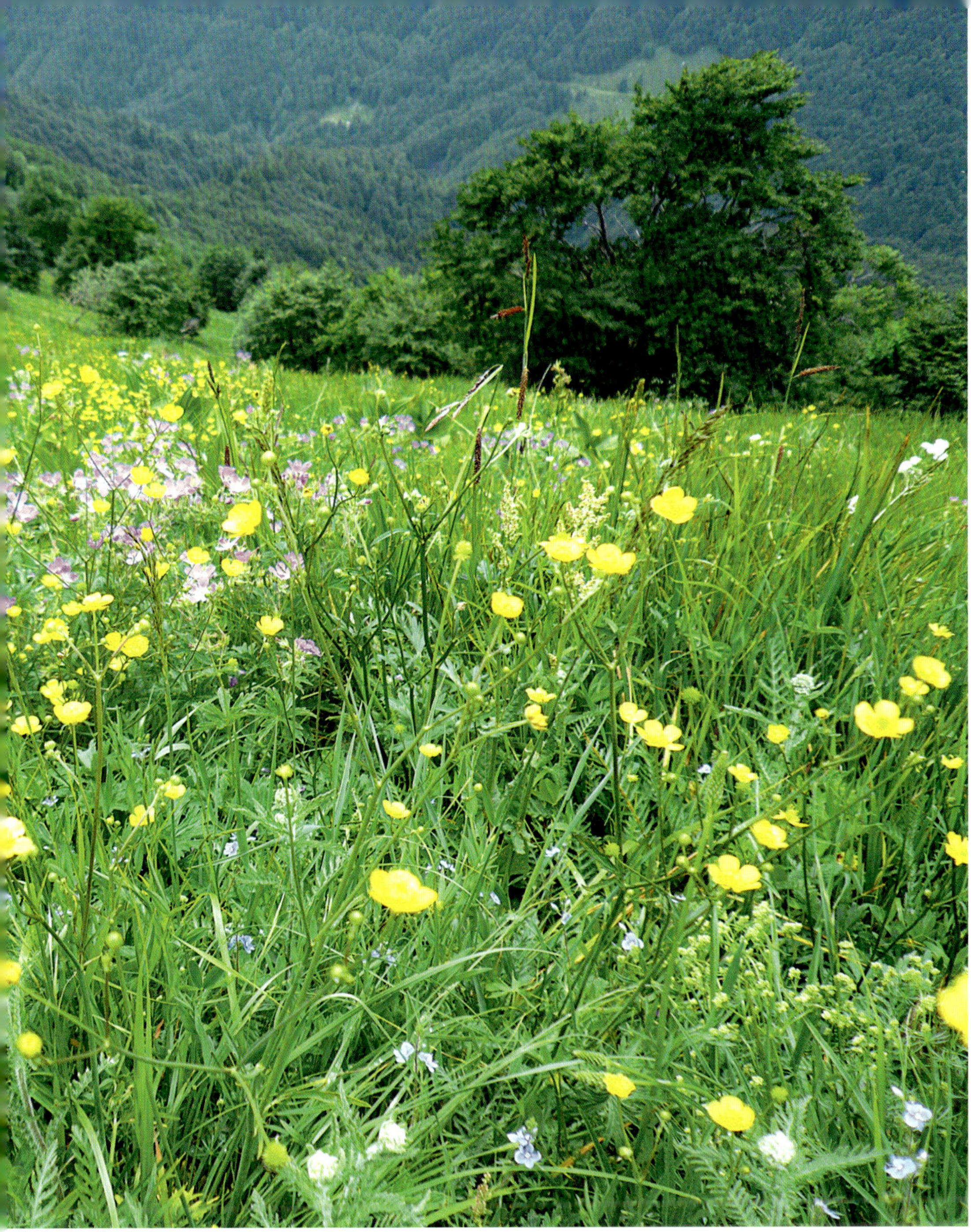

Eine ganz neue, perfekte Kombination kam mir in den Sinn, als ich dieses Bild auf einer Bergwiese im Friaul sah. Die gelben Blütenschalen des Hahnenfußes mit blauen Blüten des Storchschnabels könnte ich gut mit Päonien kombinieren.

orvala), Europäischen Perückenstrauch (*Cotinus coggygria*), Kugel-Lauch (*Allium sphareocephalon*), Straußblütige Wucherblume (*Tanacetum corymbosum*) und kleine Wild-Gladiolen. Ganz verliebt waren Christian und ich in ein zauberhaftes Gras, das wir – warum auch immer – bisher nirgends kaufen konnten: den Goldbart *Chryopogon gryllus*.

Hin und wieder habe ich gestaunt, dass Stauden hier unter ganz unterschiedlichen Bedingungen gedeihen können. Ein typisches Beispiel ist der Platanenblättrige Hahnenfuß (*Ranunculus platanifolius*), der an seinen heimatlichen Standorten sowohl im tiefen Schatten, als auch in der Sonne auf einem steinigen Felsen zu finden ist. Das zeigt die Vielseitigkeit von Pflanzen und die erstaunlich breite Standortamplitude, die für mich wichtige Rückschlüsse für die Verwendung in meinen Planungen ermöglicht.

Ein anderes Beispiel: Im Friaul sah ich einen riesigen Bestand einer Lauch-Art, die mir völlig unbekannt war. Weil sie mir so gut gefiel, hatte ich den großen Wunsch, einmal exakt diese Art zu verwenden. Die Blätter, die ein leichtes Knoblaucharoma verströmen, waren im Juni noch saftig grün und schienen nicht einzuziehen wie die meisten anderen *Allium*-Arten. Es handelte sich um den Allermannsharnisch (*Allium victorialis*),

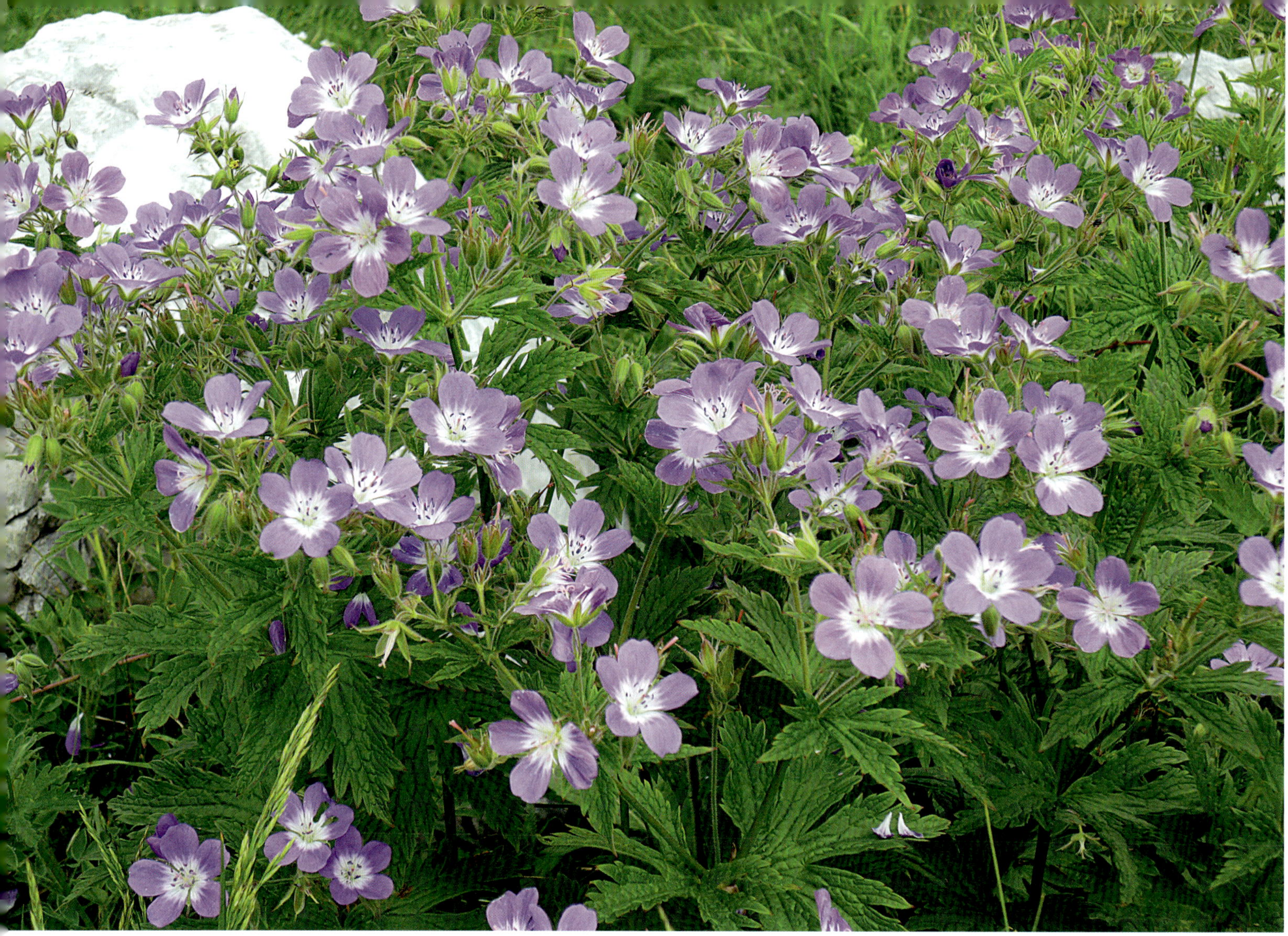

Besonders schön und üppig blühende Exemplare des Wiesen-Storchschnabels (*Geranium sylvaticum*) entdeckten wir in den Julischen Alpen.

der sich hier in absoluter Sonnenlage wohlfühlte und sichtbar vermehrt hatte. Zu Hause erfuhr ich dann aus meiner Fachliteratur, dass diese Art am besten im Halbschatten eines humosen Bodens gedeiht! Das zeigte mir einmal mehr, dass Theorie zwar unbedingt notwendig ist, aber nicht durch Praxis ersetzt werden kann.

Im Sommer 2011 starteten wir unsere letzte Reise ins Friaul. Ich empfand sie als besonders inspirierend und geradezu beglückend. Weitläufige Flächen voller Pracht-Storchschnabel (*Geranium magnificum*) und Platanenblättrigem Hahnenfuß (*Ranunculus plantanifolius*) waren so imponierend und derart beeindruckend, dass sie mir nicht mehr aus dem Kopf gingen. Daraufhin entwickelte ich gleich verschiedene neue Kombinationen für meine Planungen in Deutschland.

Kombinationen mit Itoh-Päonien

Auf dem Weg zu dieser Friaul-Reise 2011 machte ich einen Abstecher ins Ruhrgebiet, um mich in einer speziellen Gärtnerei, dem Paeonien-Paradies von Stephan Tetzlaff in Korschenbroich, über das neue Pfingstrosen-Sortiment der Itoh-

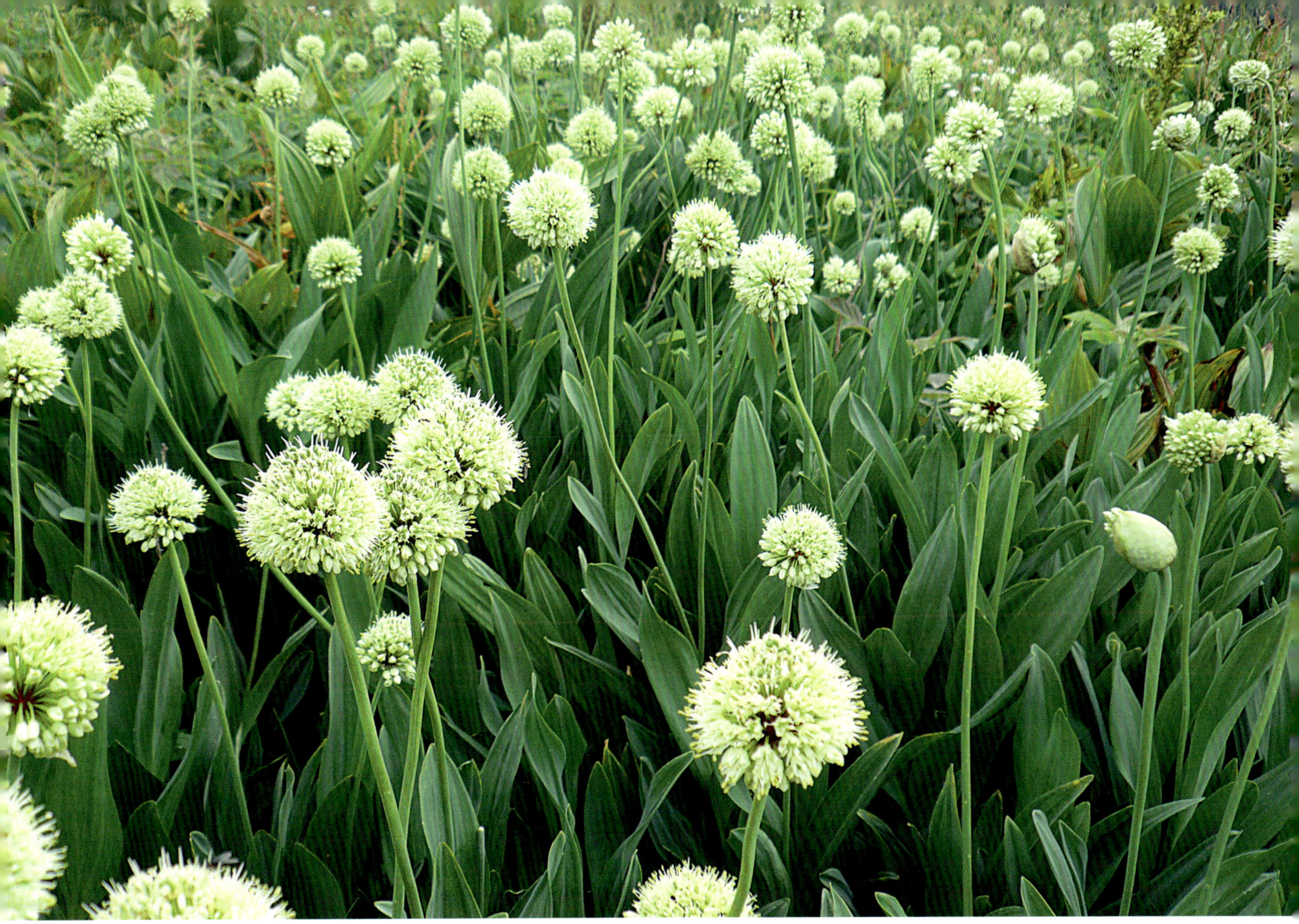

In unseren Gärten habe ich sie noch nicht entdeckt, obwohl sie eine alte Heilpflanze ist. Die weißlichen Blütenkugeln des Berg-Knoblauchs (*Allium victorialis*) zeigen sich von Juni bis August.

Hybriden zu informieren. Diese neuen Sorten bieten mit ihren zarten großen Blüten und elegant geschnittenen Blättern einen schönen Anblick. Die Züchtungen gelangen dem Japaner Toichi Itoh durch Kreuzung von Strauch- mit Stauden-Päonien. Sie vereinen die besten Eigenschaften sowohl der Strauch-Päonien (*Paeonia suffruticosa*, *Paeonia lutea* und *Paeonia delavayi*) als auch der Stauden-Päonien (*Paeonia lactiflora*). Sie erbten von den strauchigen Arten die außergewöhnlich prachtvolle Blütenform und von den Stauden-Pfingstrosen die kräftig dunkelgrüne Farbe des Laubes. Auch der Wuchscharakter stammt von den Stauden-Päonien. Itoh-Hybriden werden in der Regel nicht höher als 1 m. Sie frieren im Winter zurück, aber treiben im Frühjahr wieder frisch aus. Die Blütezeit liegt im Juni, etwa zwischen der Blüte von Stauden- und Strauch-Päonien. Im Friaul empfand ich es als außerordentlich großen Reiz, diese für mich faszinierenden Itoh-Hybriden voller beeindruckender großer Schalenblüten mit Hahnenfuß (*Ranunculus*) in Weiß oder Gelb zu kombinieren oder auch mit Storchschnäbeln, die eher schalenförmige Blüten haben. Während ich durch die Wiesen des Friauls streifte, entstanden viele mögliche Pflanzenverbindungen und -kombinationen in meinem Kopf, die nur noch auf eine Umsetzung warteten.

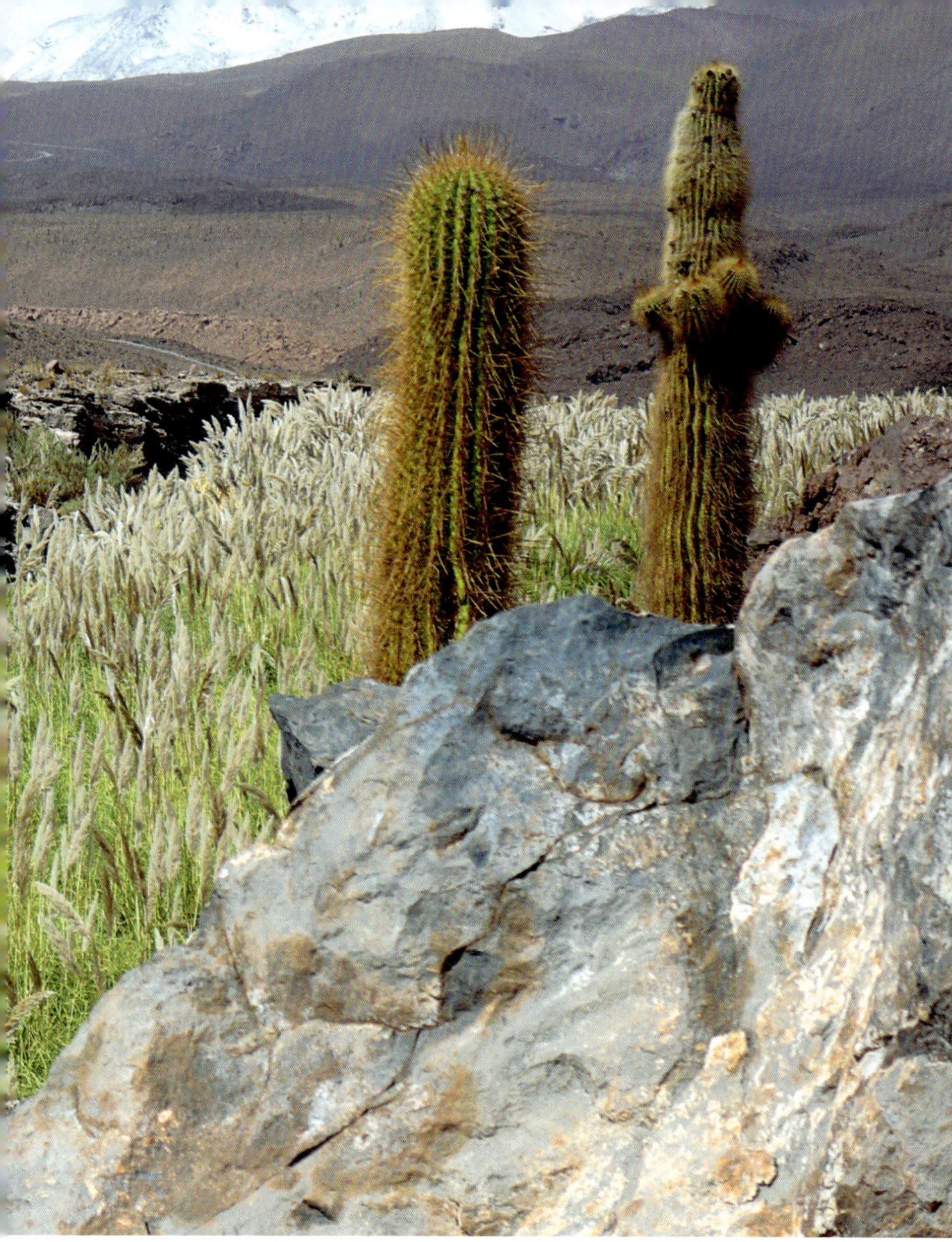

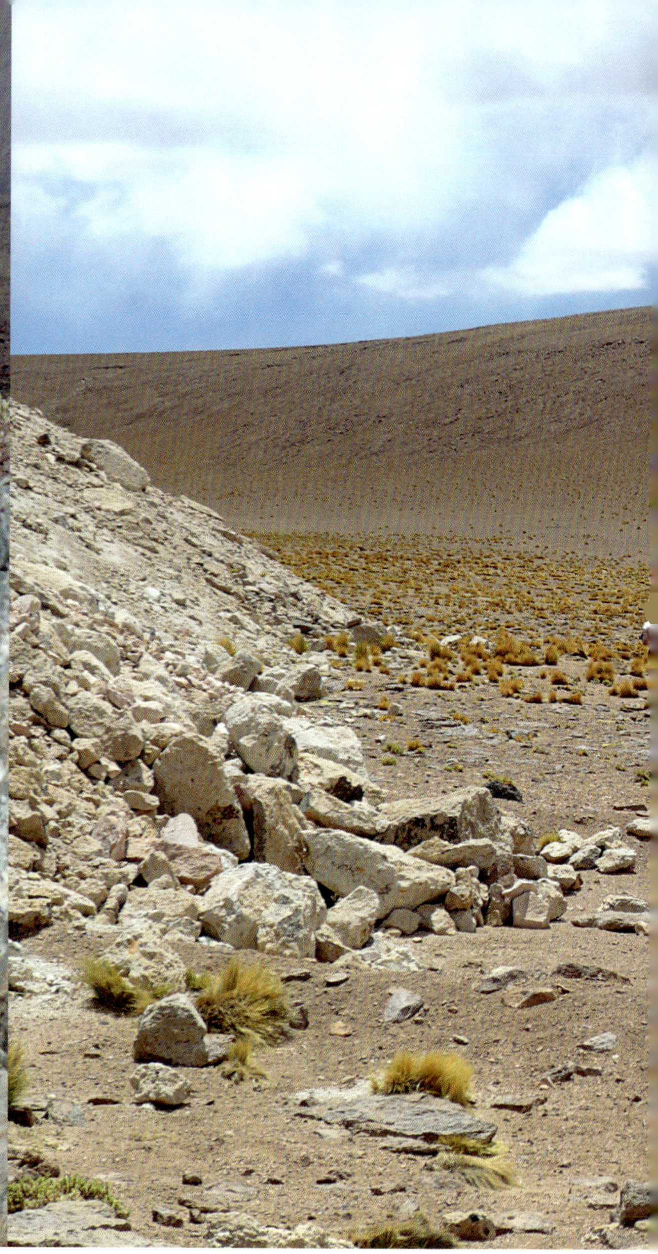

Links: In der Atacama-Wüste, wo das Schmelzwasser aus den Bergen der Anden zu einem kleinen Fluss, dem Rio de San Pedro, zusammenfließt, wachsen große Bestände des Pampasgrases *Cortaderia araucana*.

Durch Zufall nach Chile

Zu ganz außergewöhnlichen Eindrücken veranlasste mich die Einladung im Oktober 2004 von Ximena Nazal nach Chile. Sie betreibt eine Staudengärtnerei und organisierte ein Symposium zum Thema Pflanzenverwendung. Neben chilenischen Kollegen, die sich dort mit Pflanzplanungen beschäftigten, und bekannten ausländischen Fachleuten wie Gilles Clement aus Paris und Wolfgang Oehme sollte ich einen Vortrag über meine Arbeit halten. Ich sagte spontan zu und lernte nicht nur diese ungemein ambitionierten Kollegen kennen, sondern fuhr anschließend zu einer Pflanzenexkursion in die Atacama-Wüste und erlebte dort die weitläufige Hochebene zwischen Anden und Pazifik. In diesem trockensten Landstrich der Welt findet man

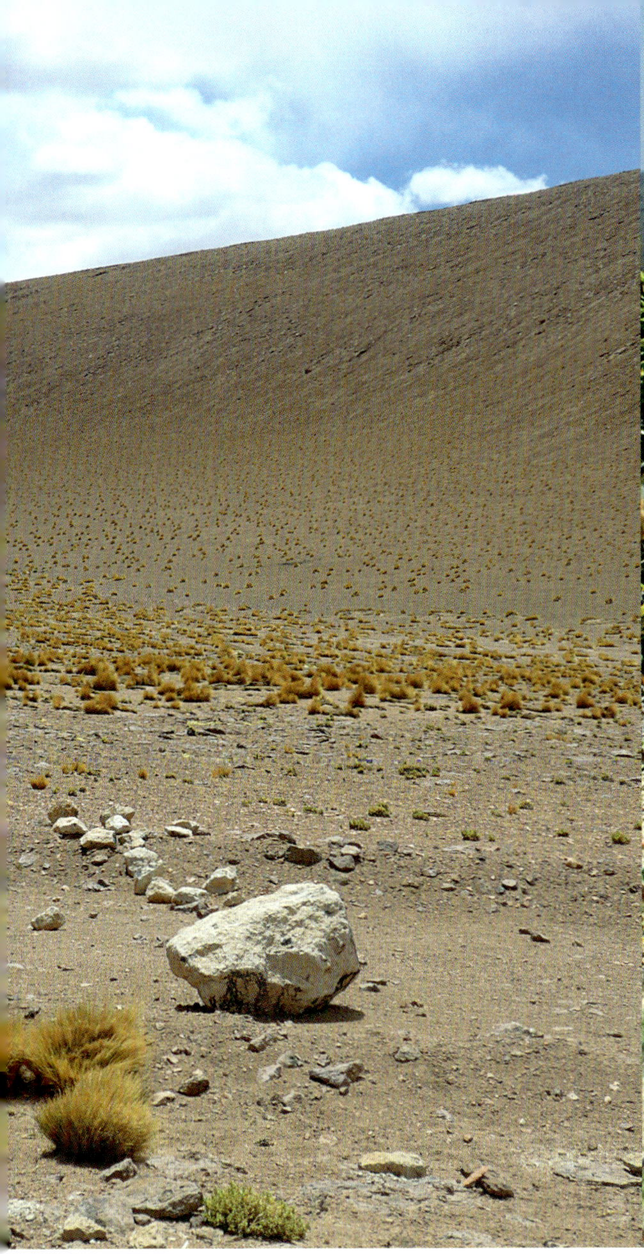

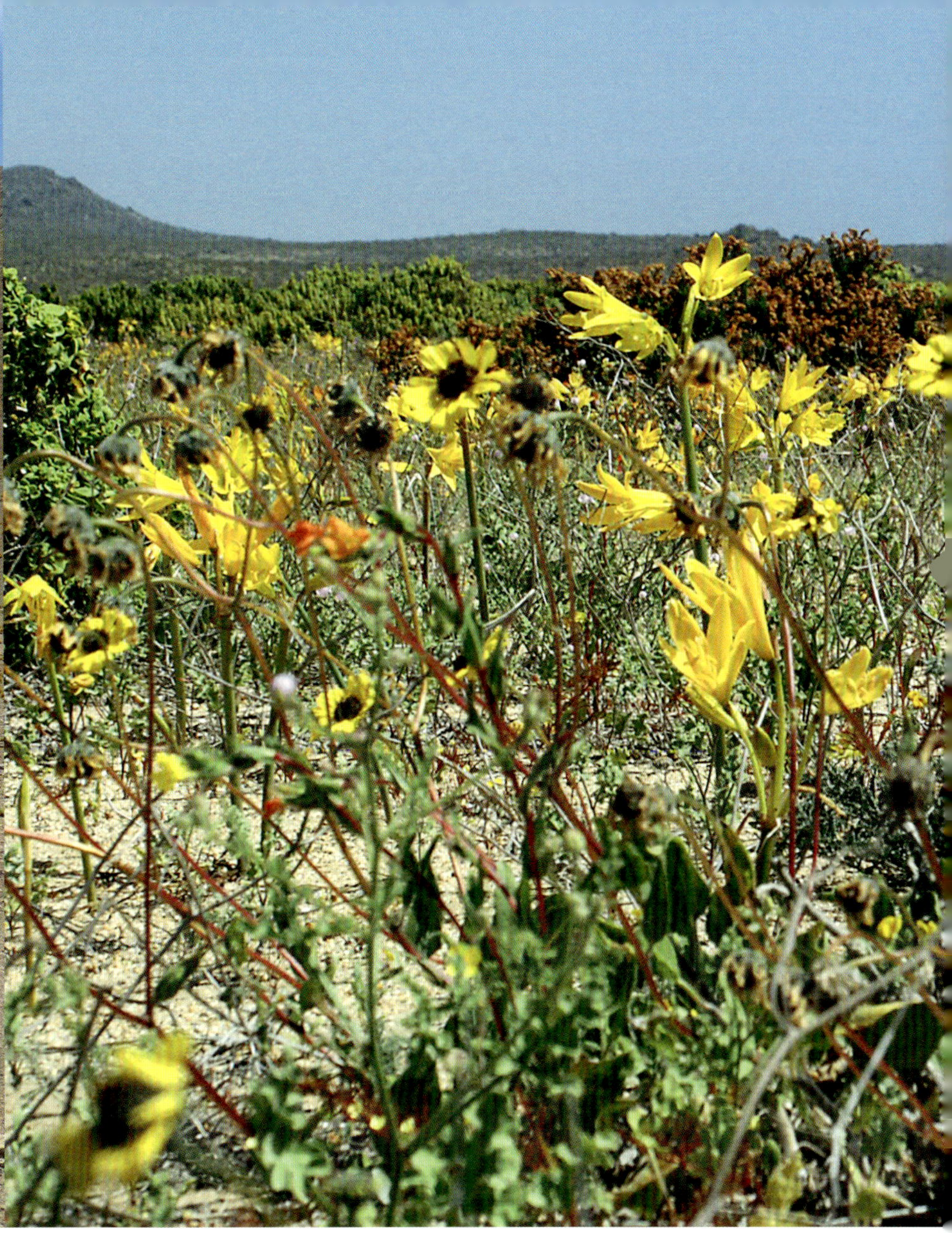

Pflanzen, die diese Bedingungen angepasst sind. Nach dem einzigen Regen im Frühjahr blüht und grünt die Wüste, bis sich die meisten Gewächse bald danach wieder zurückziehen. Andere Pflanzen wachsen an kleinen Rinnsalen, die durch das Schmelzwasser der Anden entstehen. Hier gibt es Flächen von Pampasgräsern (*Cortaderia araucana*). Sie faszinierten mich ebenso wie die Rotrandige Aloe (*Aloe striata*), Riesenbromelien (*Puya venusta* und *P. coerulata*), Schwingel (*Festuca desert*) und Federgras (*Stipa caudata*). Es sind Pflanzen, die ich aufgrund der klimatischen Anforderungen bei uns natürlich nicht einsetzen kann. Dennoch empfand ich diese natürlichen Zusammenstellungen als großartig, erinnerten sie mich doch an meine Idealvorstellung von weitläufigen Gärten und von mir geplanten Landschaften.

Mitte: Auch ohne Pflanzen hat diese karge Landschaft ihren Reiz. Sie besitzt eine unglaubliche Dimension und Brauntöne in vielen Schattierungen, angestrahlt durch ein außergewöhnliches Licht.

Rechts: Nach einem kurzen, aber ausgiebigen Regen im Frühjahr entfaltet sich eine zauberhafte Pflanzenwelt – aber nur für kurze Zeit. Danach ist kein Pflanzenleben mehr zu sehen in der trockensten Wüste der Welt.

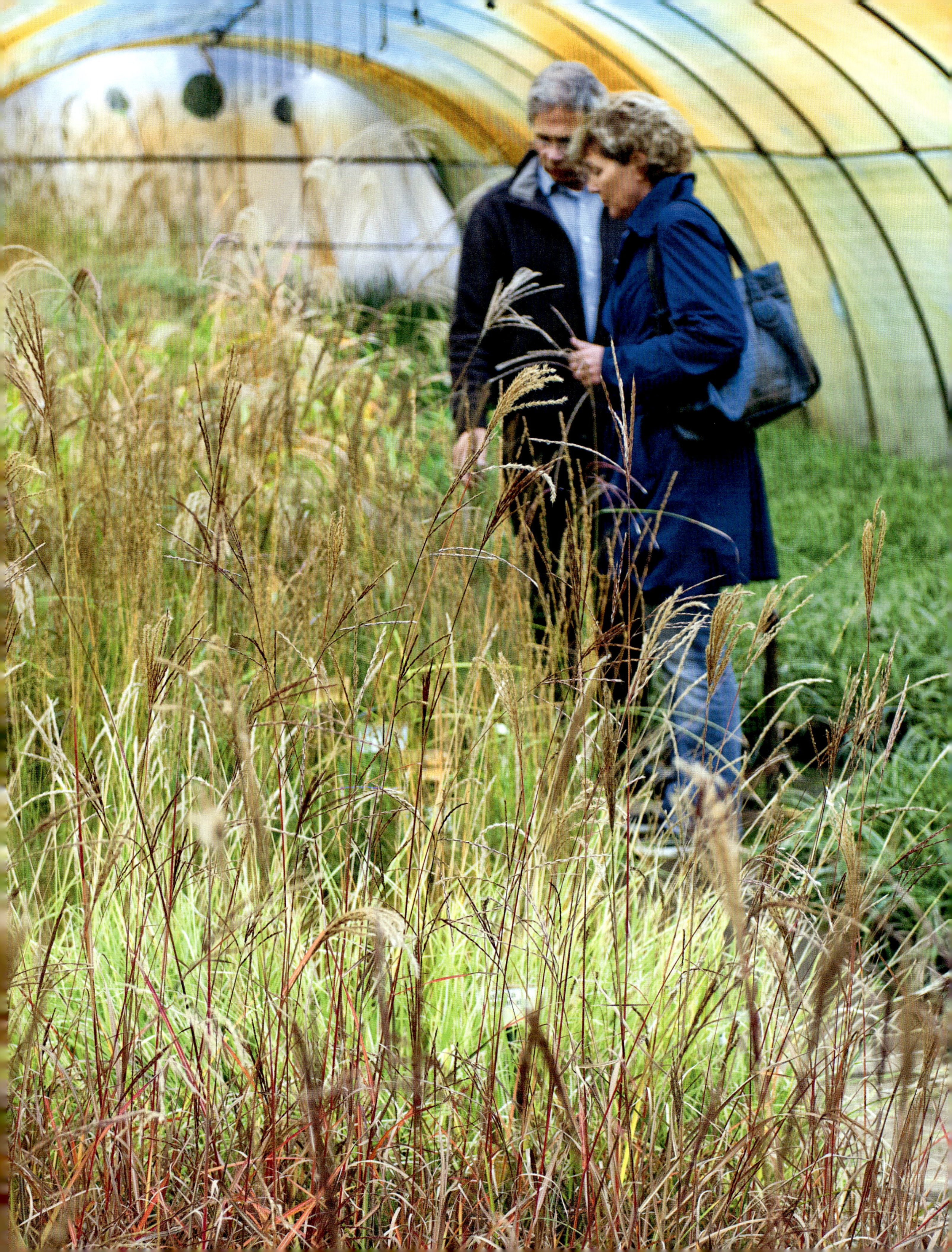

Die Saat, die ich ausgelegt hatte, ging auf.

Gärtner meines Vertrauens

Nach meinen ersten Erfahrungen in den 1990er-Jahren mit den Staudenpflanzungen in Magdeburg wusste ich, dass das Sortiment der Stauden und Gräser, das ich jetzt verwenden wollte, kaum zu bekommen war. Ich plante Wildstauden in hohen Stückzahlen ein wie je 500 *Euphorbia palustris*, *Bistorta officinalis* 'Superba' oder *Tanacetum macrophyllum*. In dieser Zeit gab es noch keinen Bedarf für diese Pflanzen, weshalb sie nicht vermehrt und angeboten wurden. Die Gärtnerei Floragarten in Wolmirstedt war die einzige Adresse, die ich damals kannte. Sie war für ihre Züchtungen spezieller Kulturen wie *Echinacea*, Astern und Rittersporn weit über die Grenzen von Sachsen-Anhalt bekannt. Damals führte Alfred Weinreich den Betrieb. Als ich ihm meine Wunschliste der Stauden zeigte, bat er mich, mich an einen anderen Betrieb zu wenden. Er bot damals nur ein traditionelles Sortiment an. Inzwischen hörte ich von der Gärtnerei Baltin in Wolfsburg. Bald darauf lernte ich den Inhaber Christian Baltin kennen und schätzen und war mir sicher, dass ich mit ihm einen kompetenten und leistungsfähigen Partner an meiner Seite haben würde. Diese Annahme hat sich in den vielen Jahren unserer Zusammenarbeit bestätigt.

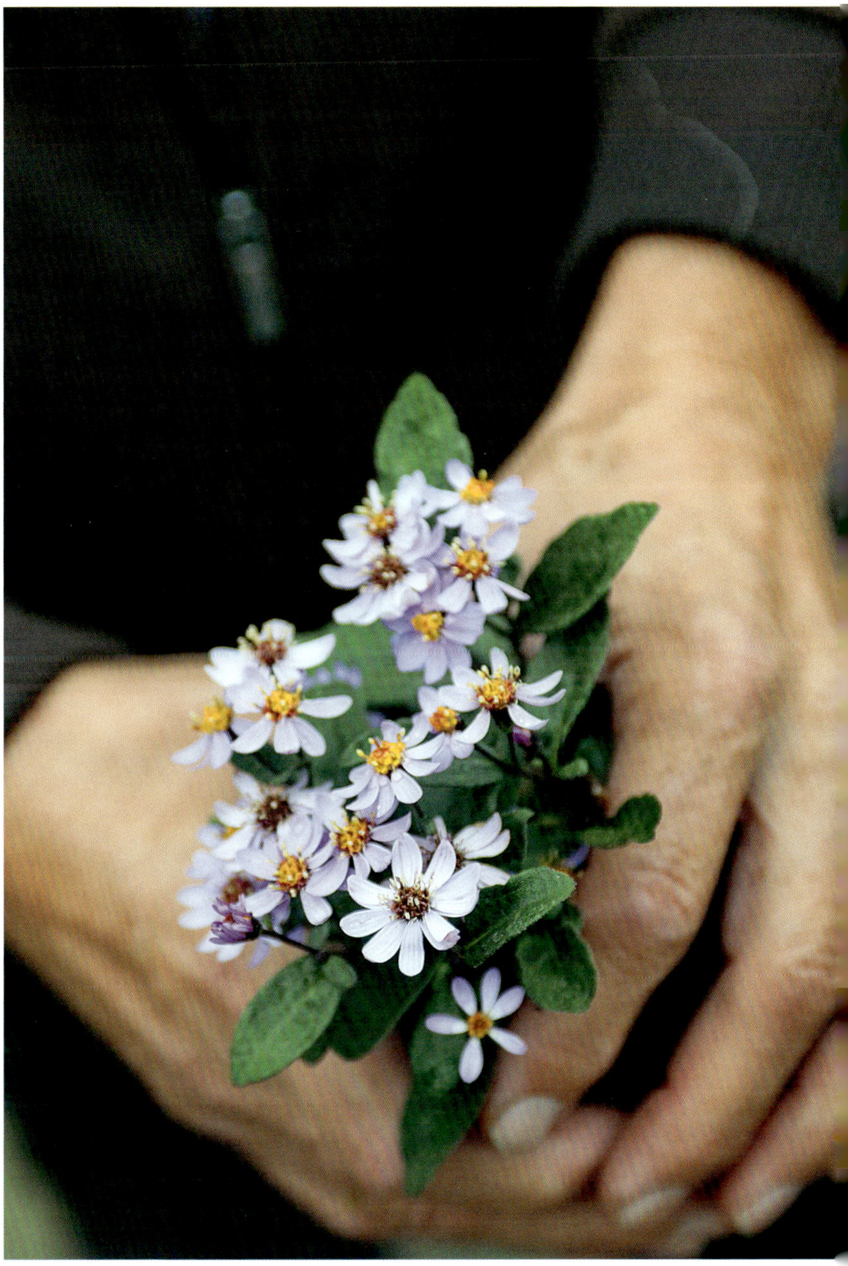

Links: Zu Besuch in der Gärtnerei von Christian Baltin: Der Austausch mit den Gärtnern ist mir wichtig. Hier bekomme ich Hinweise über Anzucht und Wachstum, die ich später in meine Planungen einfließen lasse.

Rechts: Wenn ich mich in den Gärtnereien nach neuen Züchtungen umsehe, bin ich einfach „nah an der Pflanze".

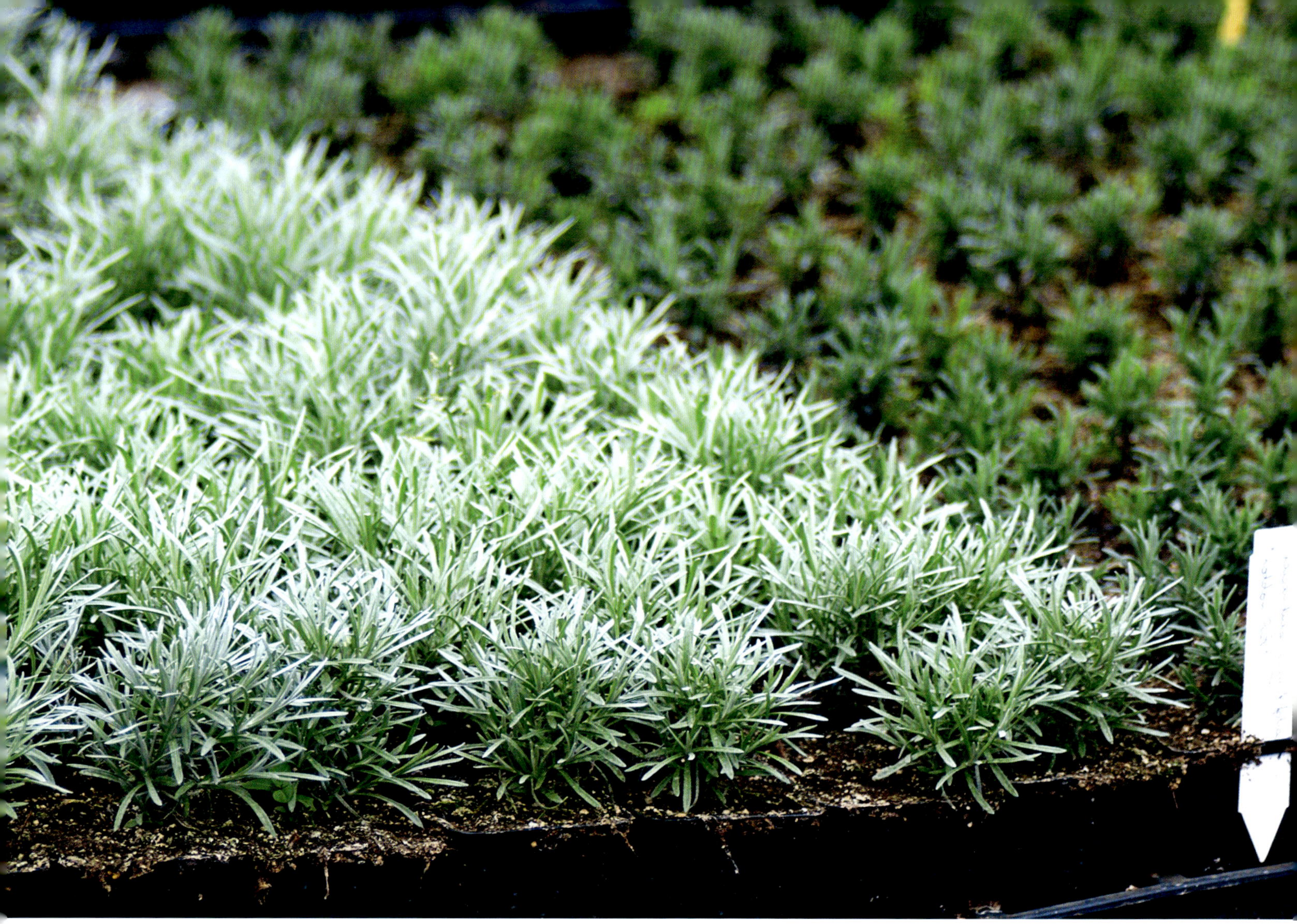

Zahlreiche Pflanzenkinder wachsen in den Töpfen unter fachkundiger Betreuung zu stattlichen Exemplaren heran. Nicht selten sind darunter spannende neue Sorten.

Als mich Wolfgang Oehme wieder einmal besuchte, erzählte ich ihm von der Begegnung und wir meldeten uns in Wolfsburg an. Die beiden Profis mochten sich sofort, die gärtnerische Allianz war perfekt. Bei einem Rundgang durch die Gärtnerei waren die beiden in botanische Fachsimpelei vertieft, durchstöberten stundenlang die Staudenquartiere und Mutterpflanzenbeete der Gärtnerei. Das, was sie in den Töpfen und Beeten entdeckten, bot Gelegenheit für einen gärtnerisch geprägten Wortwechsel, wie „... die ist winterhart ... und die hat gemeine Ausläufer ... die steht wie eine Eins, da kannst Du ein Fahrrad gegenlehnen“ und so weiter. Wir drei hatten Spaß und ich spürte, dass die Saat, die ich ausgelegt hatte, aufging.

Regelmäßige Telefonate aus Amerika

In den fast täglichen Telefonaten aus Washington, die Wolfgang mit mir meist nach 22 Uhr führte, schwärmte er von immer neuen Pflanzen, die ich unbedingt ausprobieren müsste. Für die

Verfügbarkeit der Arten sorgte Wolfgang ebenfalls. Er präparierte Pflanzenpakete, schickte sie in die Gärtnerei oder brachte sie persönlich mit. Nach und nach konnte Christian Baltin mit den wenigen Pflanzen, die ihm zur Verfügung standen, wie zum Beispiel der Ruten-Hirse *Panicum virgatum* 'Cloud Nine', einen ansehnlichen Bestand aufbauen. Etwas kompliziert gestaltete sich zunächst die Vermehrung der Johanniswolke *Aconogonon speciosa*, Wolfgangs absoluter Lieblingspflanze. Andere Arten, die er gern empfahl, waren Chinaschilf *Miscanthus sinensis* 'Morning Light' und Kerzen-Wiesenknöterich *Bistorta amplexicaulis* 'Firetail'. Auch ich bin immer wieder von diesen Pflanzen begeistert und verwende sie gern in öffentlichen Anlagen und auf Gartenschauen.

Wünsche werden wahr

Wenn ich auf Reisen neue Pflanzen entdecke, die ich für interessant halte, vereinbare ich mit Christian Baltin, sie zu vermehren. Ein Beispiel: Das Japangras (*Hakonechloa macra*) sah ich vor vielen Jahren in einem Vorgarten in Amerika. In den hiesigen Gärtnereien gab es lediglich die gelb- und weißbunten Sorten. Mir gefiel aber vor allem die grüne Form. Sie wirkte viel natürlicher, ist robuster und frosthärter. Aufgrund meiner Anfrage kaufte er tausend Jungpflanzen aus Amerika. Er zog sie groß und nun konnte ich dieses elegante Gras verwenden. Ich pflanzte es auf Gartenschauen, zum ersten Mal auf dem Gelände der Internationalen Gartenbauausstellung in Rostock 2003 (siehe Seite 107). Heute ist das grüne Japangras längst populär.

Inzwischen, und das mittlerweile seit zehn Jahren nachdem Jan Weinreich die Nachfolge seines Onkels antrat, steht in gleicher Weise auch die Gärtnerei Floragarten in Wolmirstedt zur Verfügung, um meine manchmal umfangreichen Pflanzenwünsche zu erfüllen. Beide Gärtnereien pflegen jeweils ein enorm großes Sortiment von über 1.000 verschiedenen Arten und Sorten an Stauden und Gräsern, wovon ich allerdings nur einen Bruchteil in Anspruch nehme.

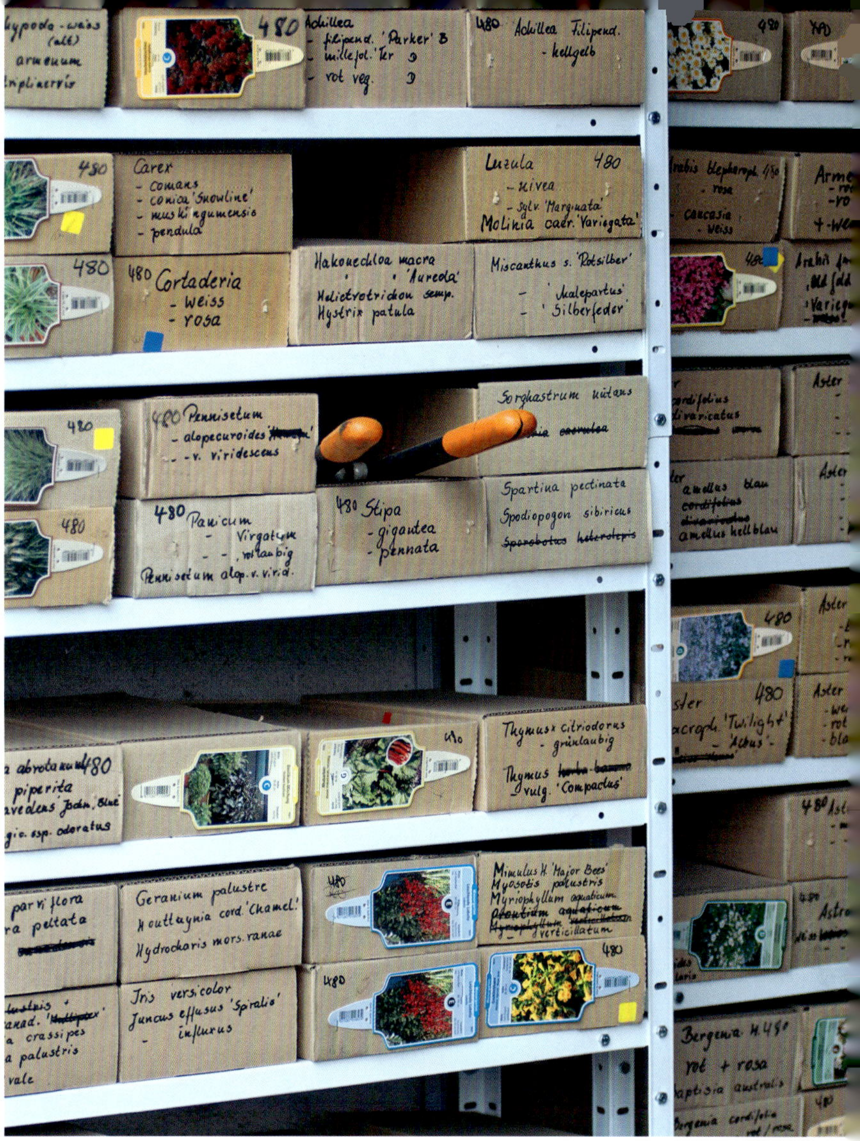

Auch der Gärtner weiß: Ordnung ist das halbe Leben. Hier lagern Etiketten mit den Pflanzennamen, damit der Kunde weiß, was er kauft und einpflanzt.

Realisieren lassen sich meine Pflanzträume nur dann, wenn die Pflanzen verfügbar sind. Deshalb schicke ich den Staudengärtnern meines Vertrauens möglichst frühzeitig die Pflanzlisten. Gelegentlich kommt es dann vor, dass wir nach geeigneten Alternativen suchen müssen. Eine solche Zusammenarbeit schätze ich sehr, denn ich hatte mit anderen Baumschulen schon schlechte Erfahrungen machen müssen, weil andere Pflanzen geschickt wurden als bestellt. Die ausgetauschten Arten und Sorten waren völlig ungeeignet und mussten zurückgesandt werden. Bei Baltin in Wolfsburg und Floragarten in Wolmirstedt werden meine Anliegen verstanden und wir bleiben im Gespräch.

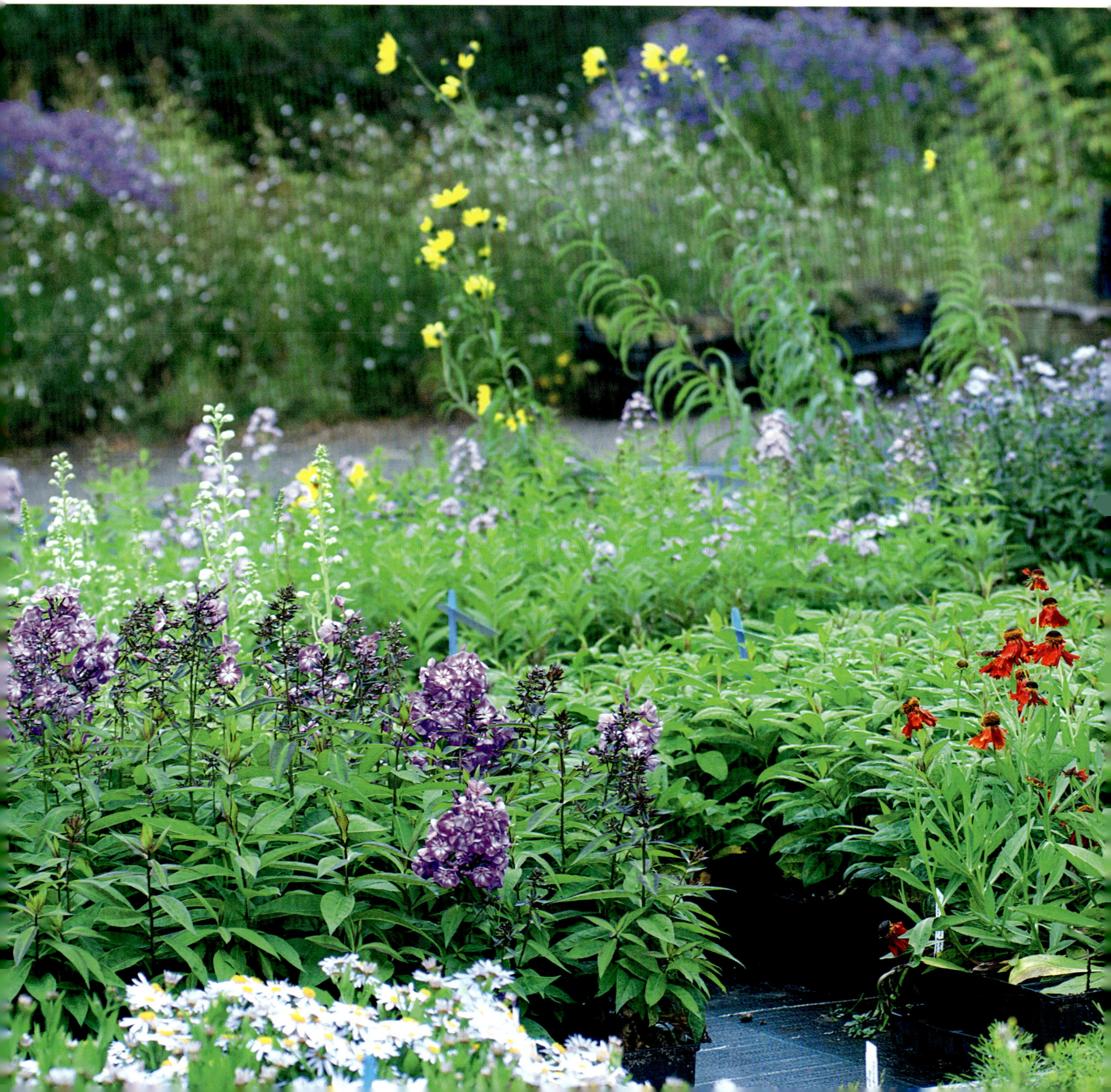

Austausch erwünscht – Perennial Perspectives und Perenne

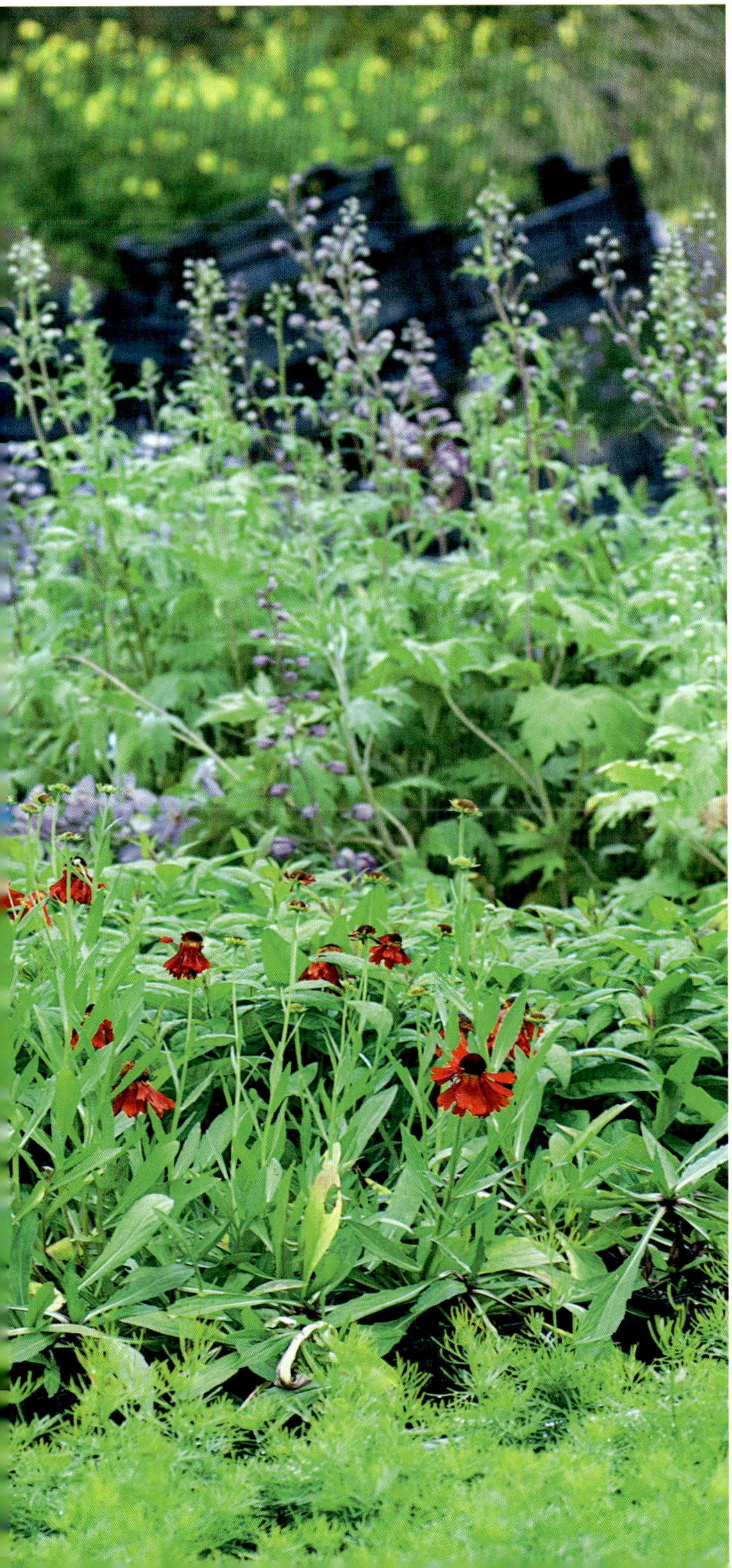

Das Anliegen der international locker zusammengesetzten Gruppe Perennial Perspectives war es, eine moderne und zeitgemäße Pflanzenverwendung zu diskutieren. Es entstand aus dem Bedürfnis heraus, neue Wege in der Pflanzenverwendung einzuschlagen, sich auszutauschen und Probleme und deren Lösungen zu besprechen. Diese Initiative gründete sich in einer Zeit, als *Cotoneaster* und Storchschnabel die Beete beherrschten. Symposien und Exkursionen führten zum Beispiel nach Deutschland, England, Schweden und die Niederlande. Obwohl mein Englisch nicht besonders gut war, waren diese Reisen und Kontakte ein Meilenstein in meiner beruflichen Entwicklung. Leider gibt es diese Gruppe in dieser Form heute nicht mehr. Aber hin und wieder treffe ich die inzwischen sehr bekannten Pflanzplaner, wie Julie Toll, Jacqueline van der Kloet, Isabelle Van Groeningen, Piet Oudolf, Michael King, Noel Kingsbury oder Heiner Luz auf Tagungen, bei Vorträgen oder als Teilnehmer auf Gartenschauen und -festivals.

Eine andere wichtige Interessengemeinschaft für mich ist Perenne, der Verein für Staudenzüchtung und Sortimentsentwicklung. In dieser Gruppierung kommen Staudenfachleute und Planer zusammen, um über Stauden aller Art zu informieren. Hier werden Qualitätsstandards in der Pflanzenproduktion besprochen, aber auch neue Sorten getestet, in Vergessenheit geratene Sortimente bewahrt und Schaugärten mit beispielhafter Bepflanzung vorgestellt. Ich treffe hier ebenfalls auf Gleichgesinnte, finde Anregungen und kann mich mit Kollegen austauschen.

Für mich ist es immer ein großes Vergnügen, in den Beeten zwischen den Topfreihen zu balancieren in der Hoffnung, lohnende Neuheiten zu entdecken.

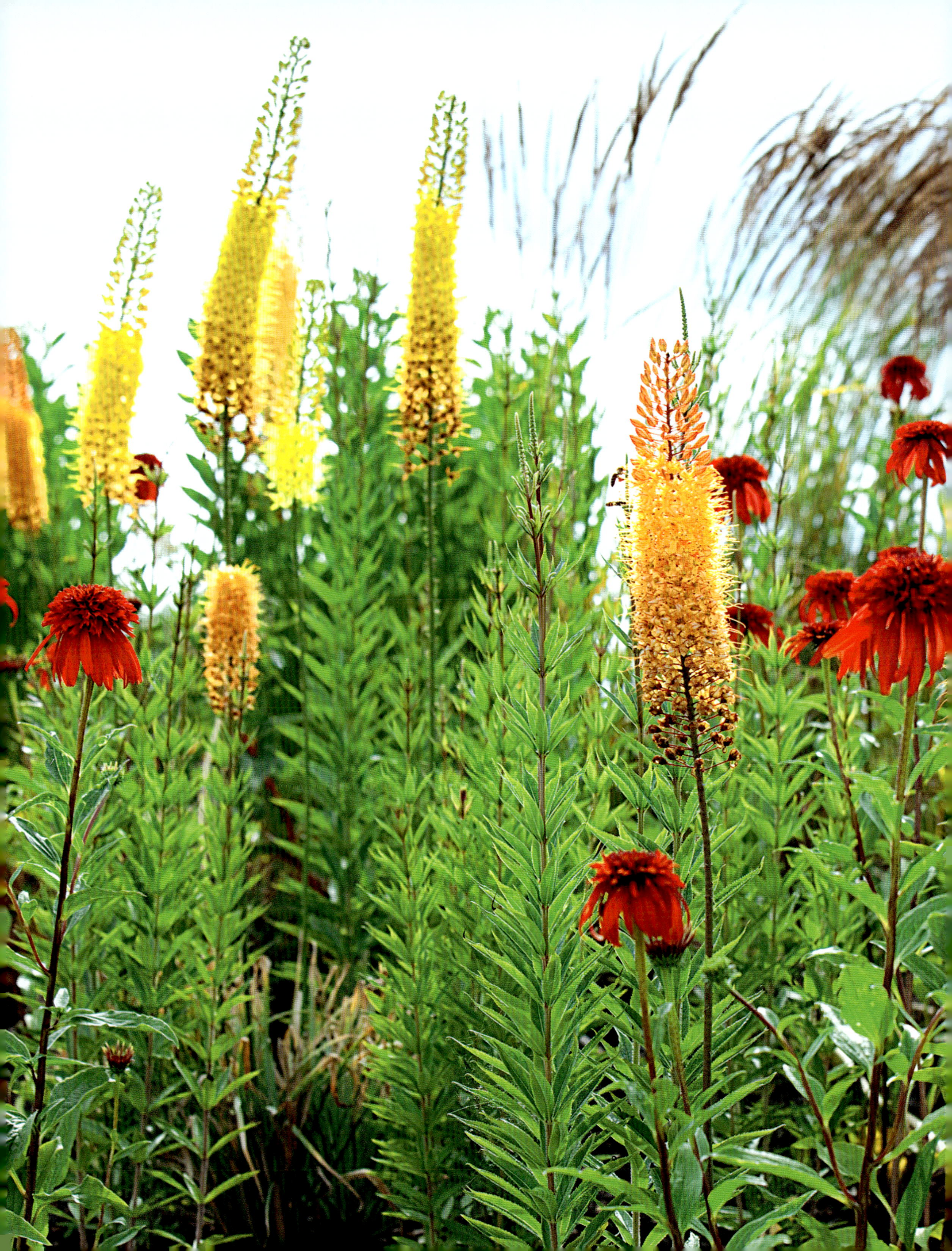

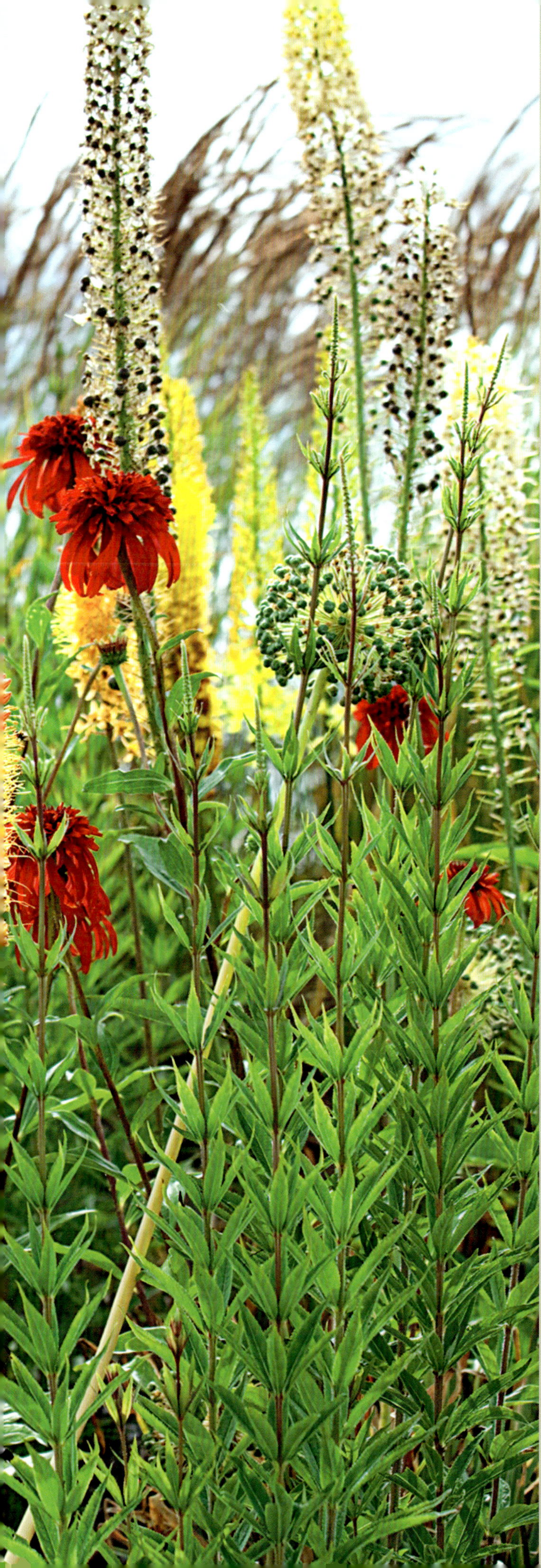

Meine Art zu planen

Vom ersten Strich auf dem Papier bis zum Blütenrausch – ein Garten entsteht

Wildstauden und Gräser schaffen eine natürliche Ästhetik zwischen Häusern, an Straßen und auf Plätzen. Neu entdeckte und bewährte Pflanzen schaffen Abwechslung und bringen viel mehr Freude als Rasengrün.

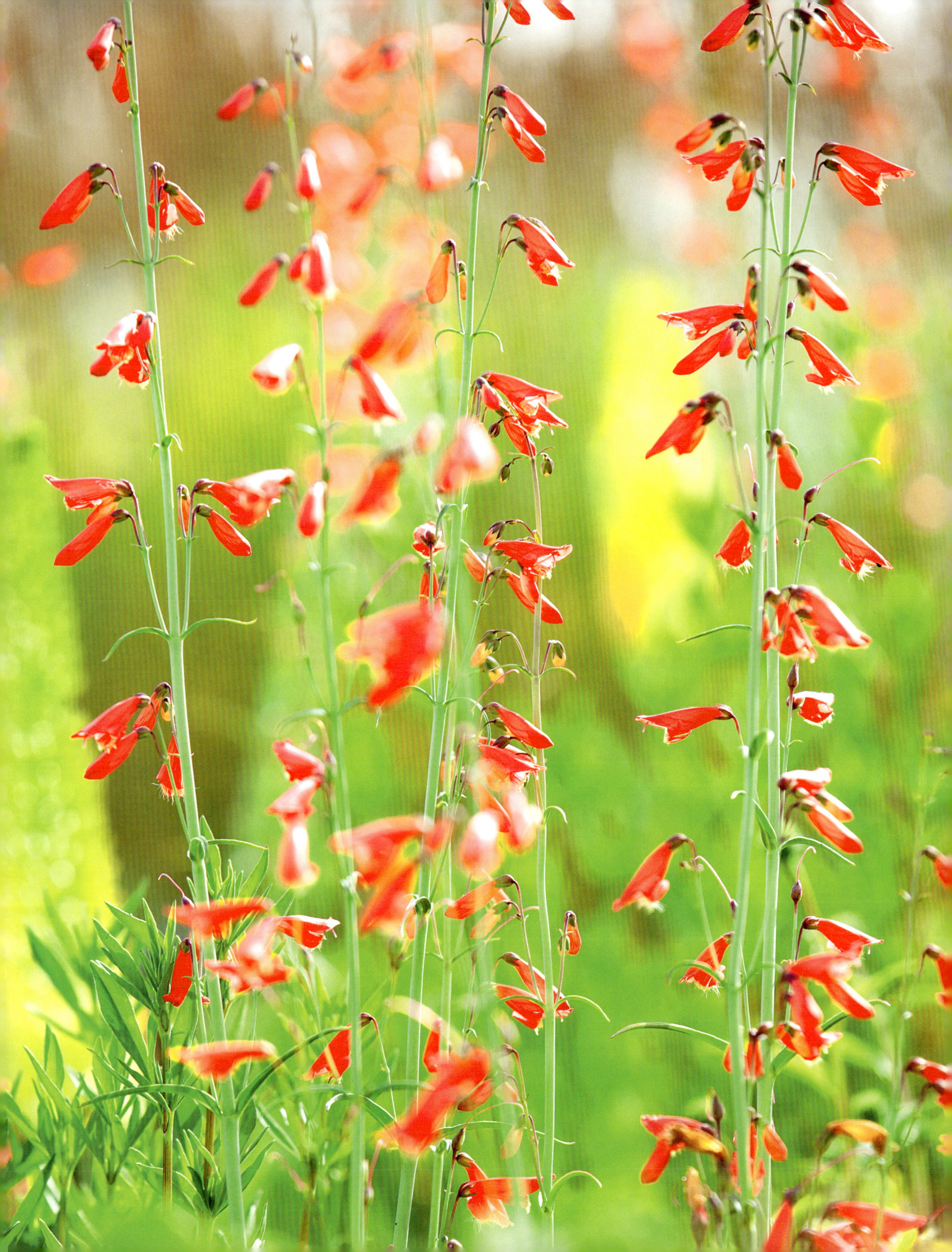

So fängt es an

Jedes Mal ist es für mich spannend. Meine Planungen sind ja genauso individuell wie meine Auftraggeber und das Gelände, das ich zu gestalten habe. Ich liebe diese Herausforderungen und genieße den manchmal ziemlich langen Ablauf vom Plan bis zur Realisierung. Gleichgültig, ob es sich um einen privaten Garten, die Neugestaltung einer vorhandenen Anlage, den Bereich einer Gartenschau oder ein größeres öffentliches Projekt handelt.

Immer wieder lasse ich mich überraschen: Manchmal entsteht gleich ein gutes Gefühl bei einer Anfrage für eine Planung, manchmal bin ich – aus welchen Gründen auch immer – eher abwartend. Das erste Treffen zwischen der eventuellen Bauherrin bzw. einem Bauherren und mir ist dann meistens entscheidend, ob meine Mitarbeit gefragt ist. Im Grunde genommen ist sogar schon das erste Telefonat der Auslöser für einen Auftrag. Dieser Diskurs stellt ja die Weichen für die spätere Zusammenarbeit.

Ich freue mich natürlich, wenn der Anrufer bereits in die Tat umgesetzte Planungen meines Büros kennt, weil meine Stilrichtung und Handschrift, Stauden und Gräser in großen Stückzahlen einzusetzen, für viele ungewöhnlich ist. Das erübrigt dann längere Erklärungen und „Überzeugungsarbeit".

Interessant als wichtiger Nebenaspekt ist für mich jedes Mal der Grund der Anfrage: Bin ich von jemandem empfohlen worden oder wurde der Gesprächspartner durch eine meiner realisierten Planungen auf mich aufmerksam? Glücklicherweise bekomme ich nur selten eine Anfrage, weil sich jemand eine kreative Planung einfach von einem „guten" Landschaftsarchitekten – egal von wem genau – wünscht. Meist sind die Anfragen schon persönlich an mich gerichtet, weil die Art und Weise meiner Gartenarchitektur bekannt ist.

Links: Zarte orangerote Blüten zieren den Bartfaden *Penstemon barbatus* var. coccineus.

Rechts: Die sorgfältige Erfassung aller Bedingungen vor Ort ist äußerst wichtig. Sie gibt Sicherheit in der Planung und hilft, Missverständnisse zu vermeiden.

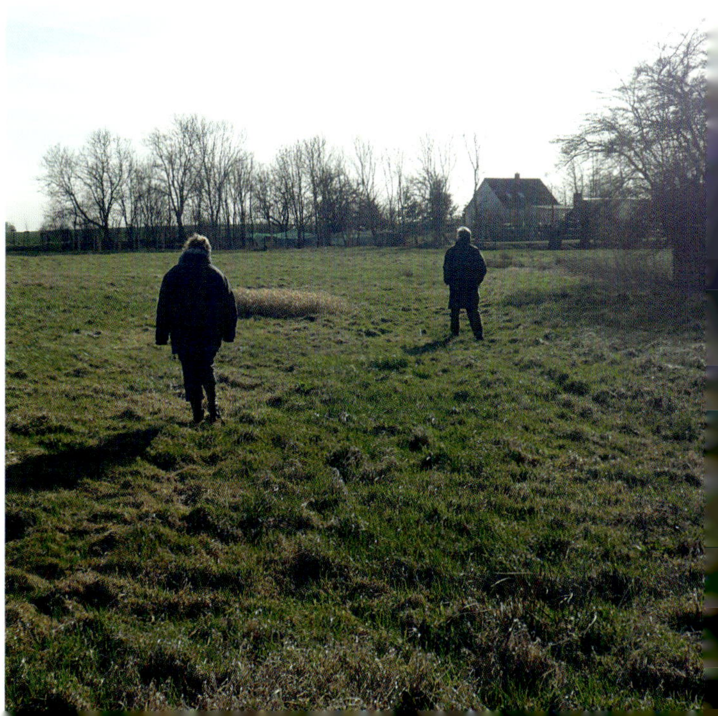

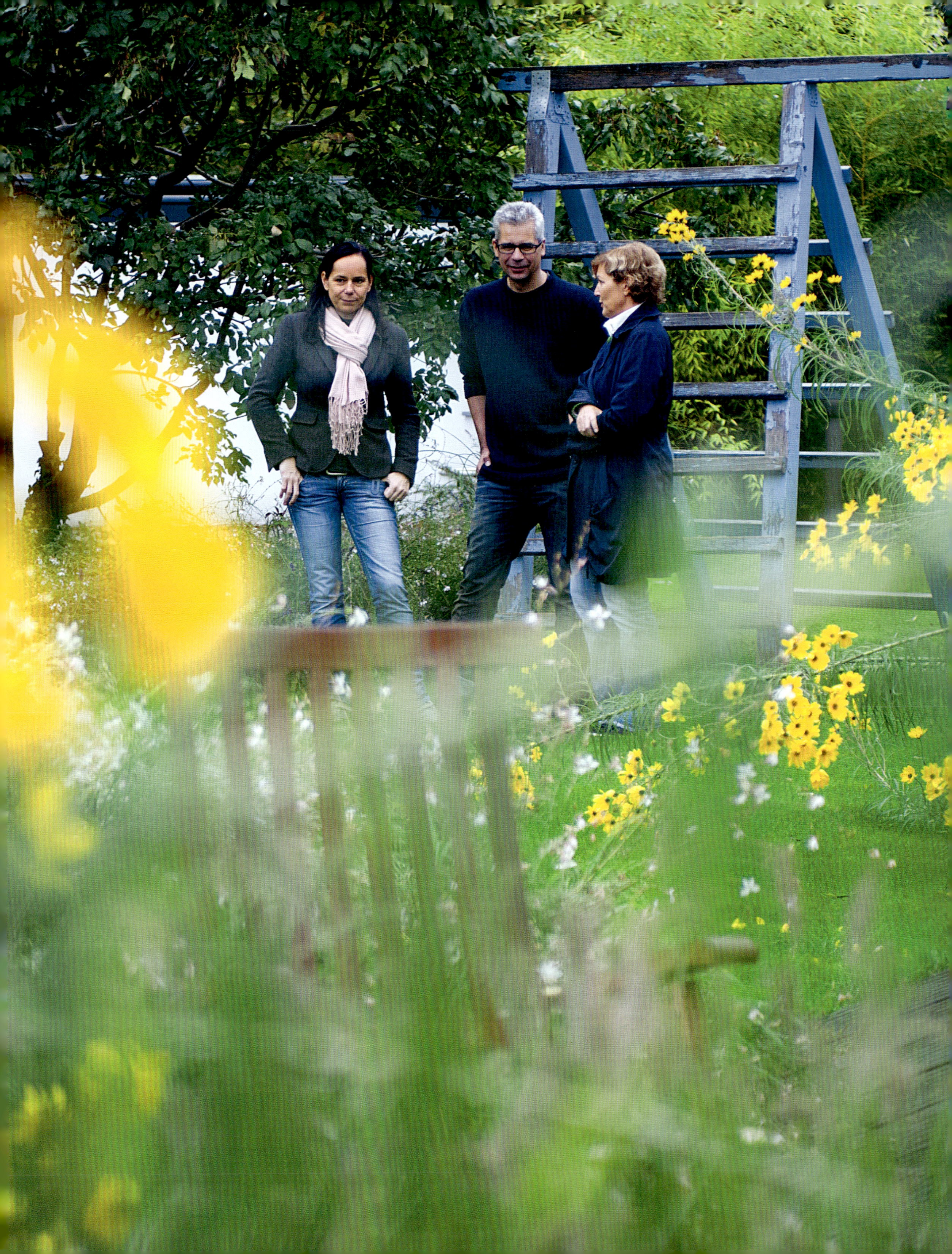

Ich liebe den Kontrast zwischen der Üppigkeit überbordender Staudenbeete und grafisch geschnittener Hecken. Es ist das Prinzip von Ordnung und Chaos.

Das Informationspuzzle

Ganz zu Anfang interessiert mich, wie der geplante Garten oder Freiraum später genutzt werden soll. Welche Vorstellungen haben die Auftraggeber? Ist es ein beliebter Stadtplatz, der repräsentative Eingang eines Bürogebäudes oder der intensiv genutzte Bereich innerhalb einer Gartenschau? Ganz anders sind die Erwartungen an einen privaten Garten, denn darin geht es um sehr persönliche und familiäre Belange.

Träume, mal ganz realistisch

Es hat sich bewährt, wenn ich möglichst kurzfristig mit den Bauherren und allen daran Beteiligten ein Treffen vereinbare. Dies ist eine gute Gelegenheit, sich persönlich kennenzulernen und das Grundstück gemeinsam zu besichtigen. Dabei stellt sich meist gleich heraus, ob die Chemie stimmt und es zu einer Zusammenarbeit kommt. Bereits zu diesem Zeitpunkt erfahre ich schon von den manchmal erstaunlich konkreten Plänen, Wünschen und Überlegungen meiner späteren Auftraggeber. Die Bauherren und ihre Erwartungen sind sehr verschieden. Deshalb ist es immer wieder ein Anreiz für mich herauszufinden, inwieweit sich ihre Wünsche in praktischer und ästhetischer Hinsicht in die Tat umsetzen lassen.

Bei öffentlichen Anlagen und Gartenschauen oder bei Objektplanungen für ein Büro- oder Geschäftshaus treffe ich mich zu Beginn nicht nur mit den Auftraggebern, sondern eventuell auch mit Fachkollegen oder Architekten, die bereits sehr genau mit dem Projekt und der Geländesituation vertraut sind.

Den Kollegen, die Gartenschauen betreuen, geht es häufig um die Vielfalt des aktuellen Staudensortiments, aber vor allem um Neuheiten von Stauden und Gräsern, die den Besuchern auf originelle, am liebsten auch auf neue Weise vorgestellt werden sollen (siehe auch Seite 82, meine Lieblingspflanzen).

Besitzer eines Einfamilienhauses, die Kontakt zu mir suchen, wünschen sich in der Regel ihren persönlichen Traumgarten, der auf ihre ganz individuellen Lebensverhältnisse abgestimmt ist. Haben die Bauherren Kinder, wird das ebenso in meiner Planung berücksichtigt, wie der Wunsch nach Geselligkeit im Garten, vielleicht mit einer Freiluftküche oder einem einladenden großen Sitzplatz. Diese detaillierten Vorstellungen herauszukristallisieren, ist mir ganz wichtig, denn nur so entsteht ein ganz persönlicher Garten, in dem sich meine Auftraggeber dauerhaft wohlfühlen werden.

Im ersten Kundengespräch höre ich aufmerksam zu. Nur so erfahre ich etwas von den eigenen Vorstellungen meiner Auftraggeber und kann darauf später in der Planung eingehen.

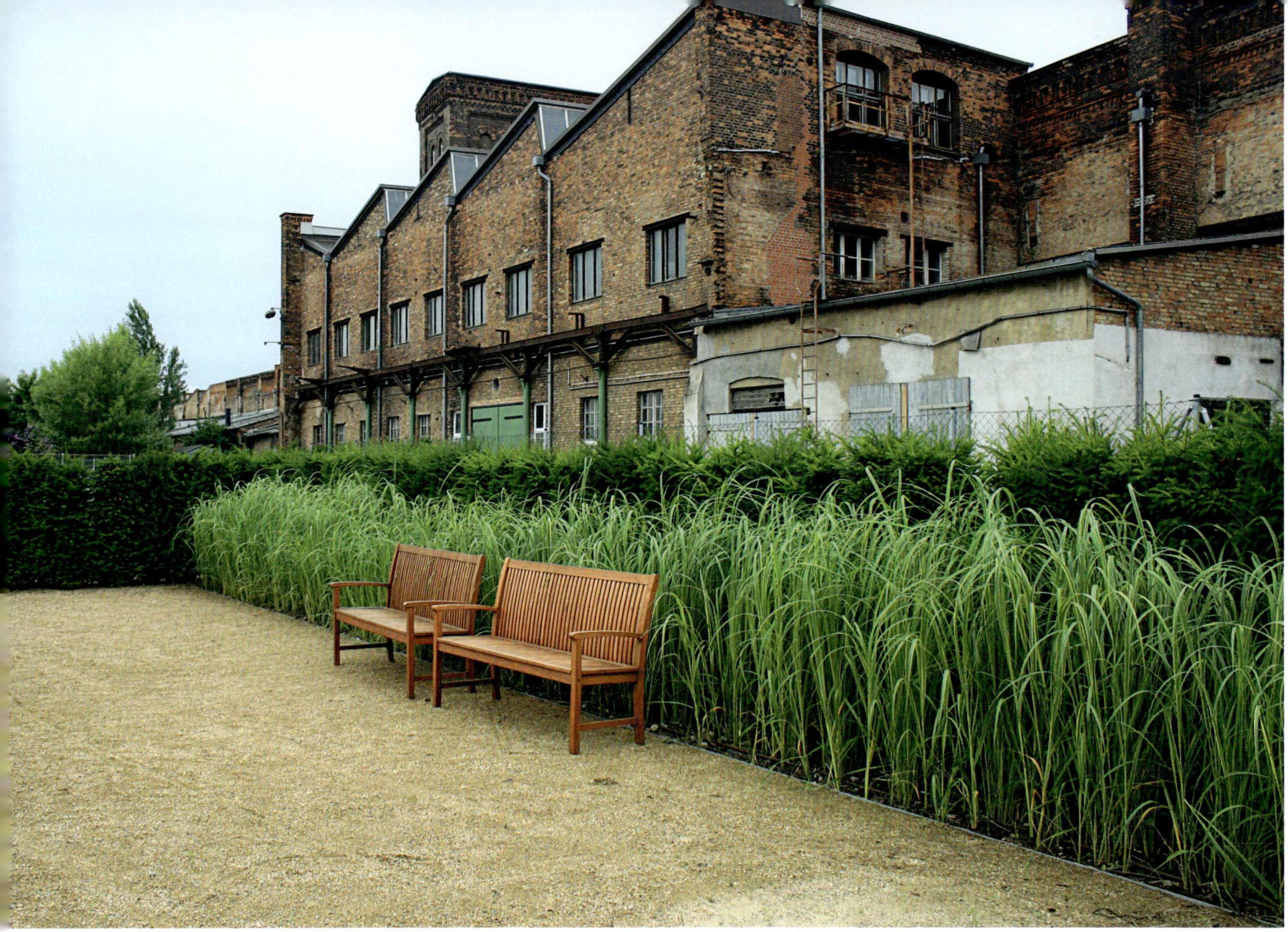

Da die Fläche lang, aber auch sehr schmal war, habe ich mich für das Pflanzen einer einzigen Art entschieden. So setzte ich das Goldbandleistengras vor die dunkle Eibenhecke.

Bei der Planung für einen Privatgarten habe ich es häufig mit Laien zu tun, die mehr oder weniger garteninteressiert sind. Es wäre mir am liebsten, wenn ich bei diesem ersten Treffen die ganze Familie erleben könnte bzw. alle, die im Haus wohnen und am Gartenleben teilhaben werden, um dabei die unterschiedlichen Interessen und Vorlieben zu hören. Es ist erstaunlich, dass bei einer solchen ersten Begegnung gelegentlich Gartenwünsche geäußert werden, die bislang kein Thema waren. Manchmal geht es dabei sehr kontrovers zu. Besonders Ehepaare haben hin und wieder unterschiedliche Sichtweisen bezüglich der Gartengestaltung. Hier habe ich dann die Aufgabe, einen Kompromiss zu finden und diesen Konflikt für alle akzeptabel zu lösen. Manchmal fühle ich mich wie ein Paartherapeut. In einem Fall wollte die Ehefrau unbedingt einen Zaun zu einer Schafswiese beseitigt haben, damit der grandiose Blick auf einen See und in die angrenzende Landschaft ungestört wäre. Ihr Mann sah es pragmatisch und bestand auf dem Zaun, weil er Rehe und Schafe abhält. Ein Kompromiss brachte die Lösung. Ich schlug vor, den Zaun durch einen Aha zu ersetzen, also einen vom Haus unsichtbaren Graben, wie man ihn aus englischen Landschaftsgärten kennt.
So wurde es gemacht und alle waren zufrieden.

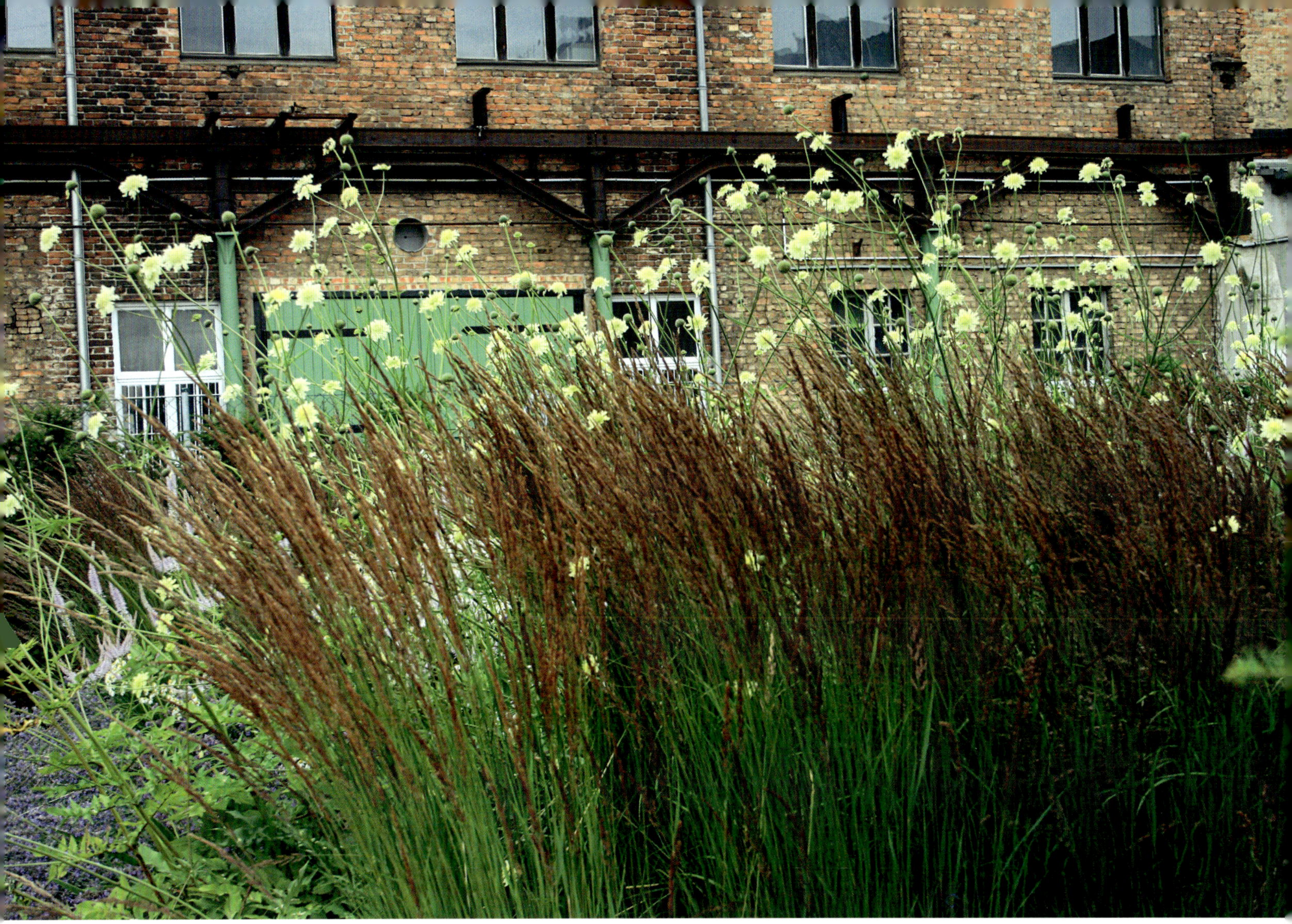

Das Ziegelmauerwerk der alten Fabrikhallen bildet den Rahmen für Pflanzen wie Giraffenskabiose und Reitgras, die den farblichen Grundton aufnehmen.

Oder ein anderes, für mich besonders drastisches Beispiel: Ein Bauherr äußerte sich klar und kompromisslos: „Ich werde verrückt, wenn ich auf blühende Pflanzen sehe. Deshalb bitte ich Sie, nur Immergrünes zu pflanzen!“ Das war ungewöhnlich und für mich nicht nachzuvollziehen. Seine Frau dagegen hatte eine völlig andere Auffassung. Sie wünschte sich viele Blütenstauden, aber konnte letztlich nur ein paar Rosen in Weiß durchsetzen. Das war für mich und meine Arbeit eine große Herausforderung, und der eindringlichen Bitte konnte ich nur deshalb entsprechen, weil ich die Wünsche aller Bauherren grundsätzlich respektiere. Doch empfand ich es als einen Grenzfall, da ich die Dynamik von Stauden und Gräsern im Garten, das Austreiben, Wachsen, Blühen und Vergehen als einen natürlichen Prozess verstehe und als unerlässlich ansehe. Immergrüne Pflanzen sind für mich als Gerüst oder Rahmen wichtig. Ich liebe es, beides zu kombinieren, das Prinzip von Ordnung und Chaos empfinde ich als Ideal. Ordnung demonstrieren die immergrünen Pflanzen, ob formal geschnitten oder frei wachsend. Dazwischen erlebt der Betrachter die Dynamik pflanzlichen Wachstums an Stauden und Gräsern. Immer wieder verändert sich der Garten. Bestünde der Garten nur aus immergrünen Pflanzen, gäbe es keinen

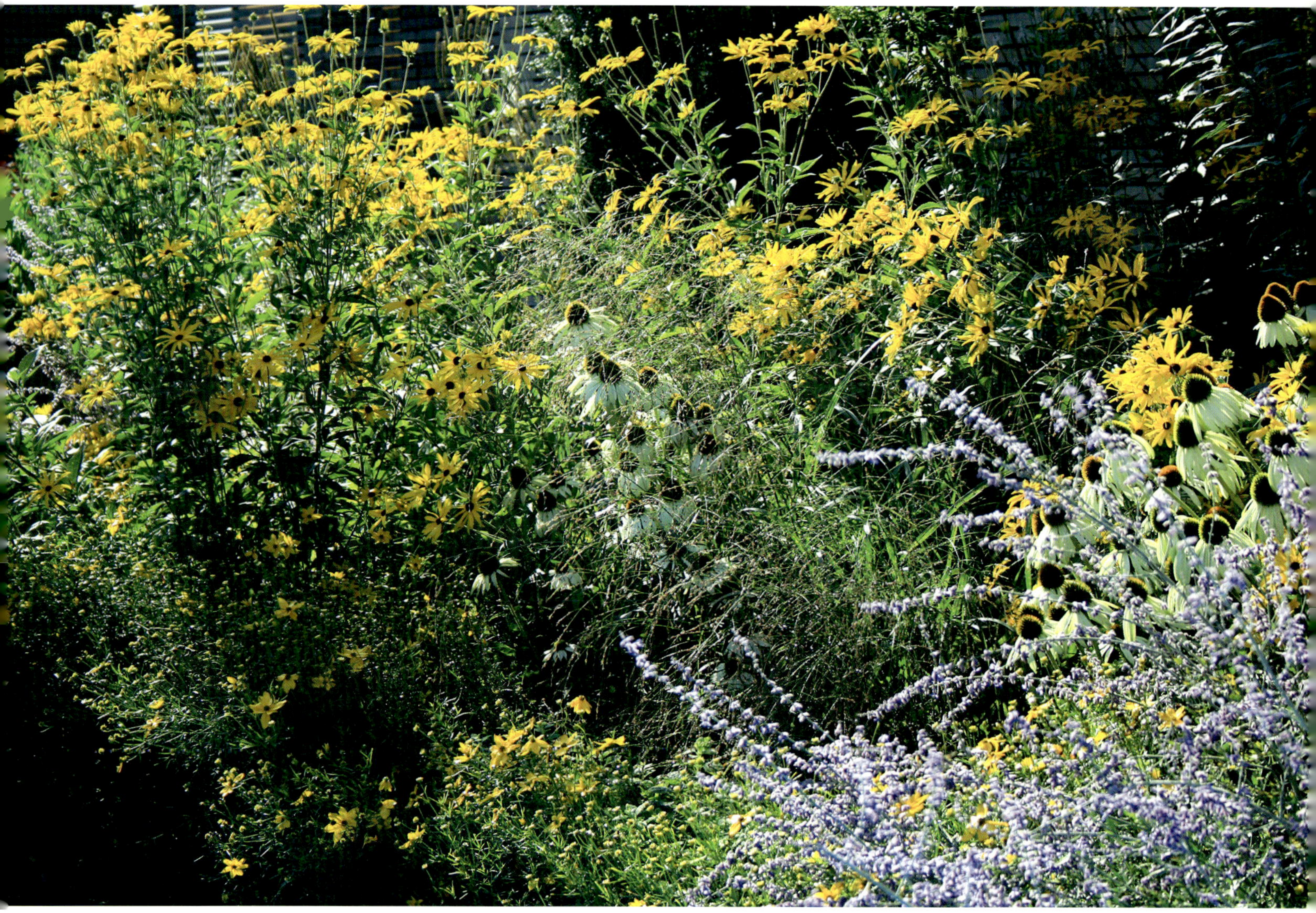

Oben: Die sattgelben Blüten von Sonnenhut und Mädchenauge, der weiße Scheinsonnenhut und das zarte Blau der Perovskien verweben sich zu einem zarten Blütenschleier.

Hinweis auf die Jahreszeit. Das andere Extrem sind Stauden und Gräser ohne die Gliederung von Gehölzen oder Baulichkeiten. Da die Struktur fehlt, wirkt die Pflanzung wild und chaotisch. Bauherren mit klarem Anspruch auf Ordnung lehnen solch ein Chaos im Garten ab. Deshalb ist es wichtig herauszufinden, was Bauherren in jedem Einzelfall mögen.

Ich bin der Meinung, dass ich alle Vorlieben der Auftraggeber grundsätzlich gut umsetzen kann, gleichgültig, ob es sich um einen Stauden-Gräser-Garten, eine formale Anlage mit klassischem Buchsbaum oder eben um einen gänzlich grünen Garten handelt.

Rechts: Ein Gespräch mit den Bauherren und Fachkollegen vor Ort ist notwendig, um die Situation zu verstehen und die Planung konkret zu besprechen.

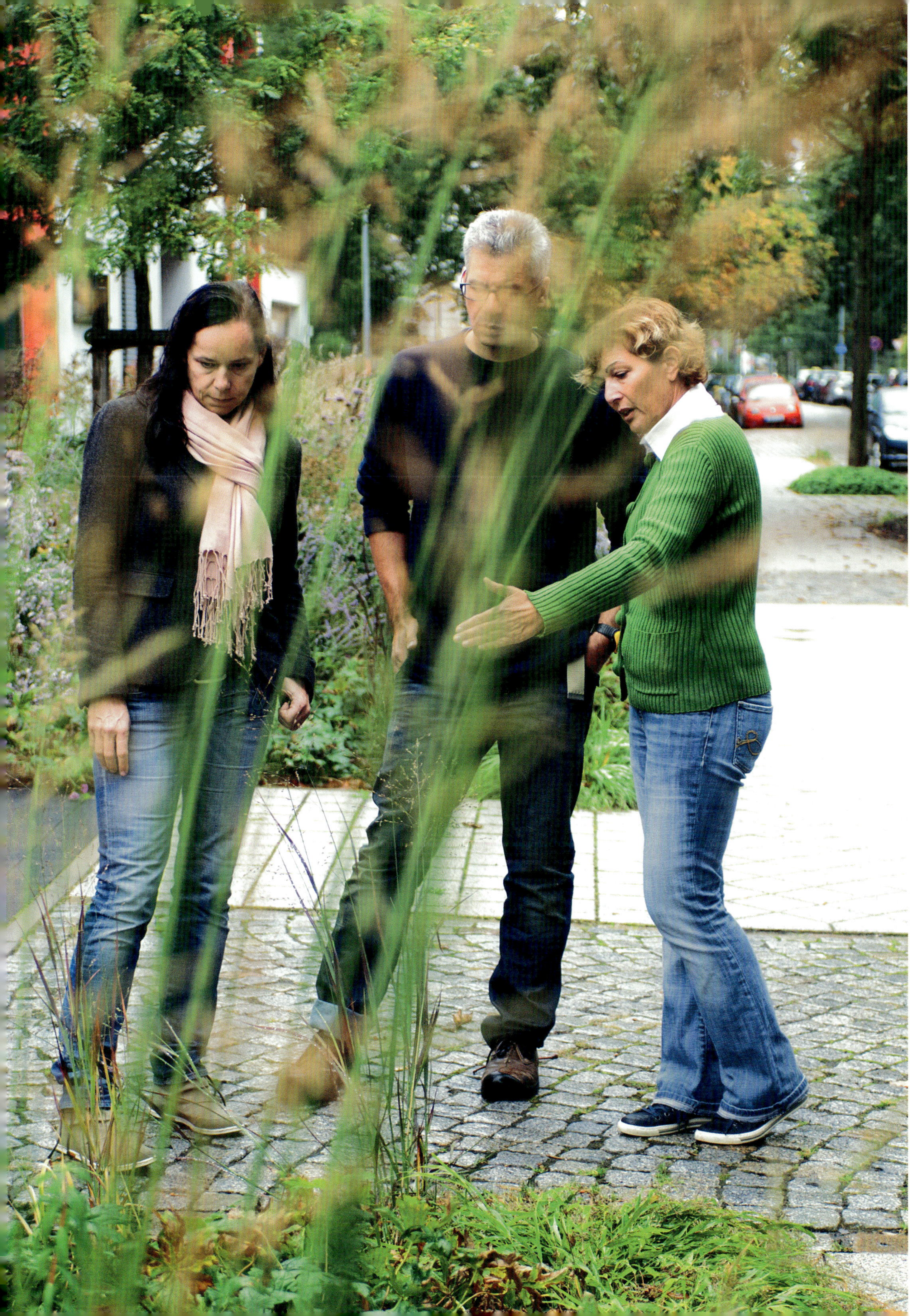

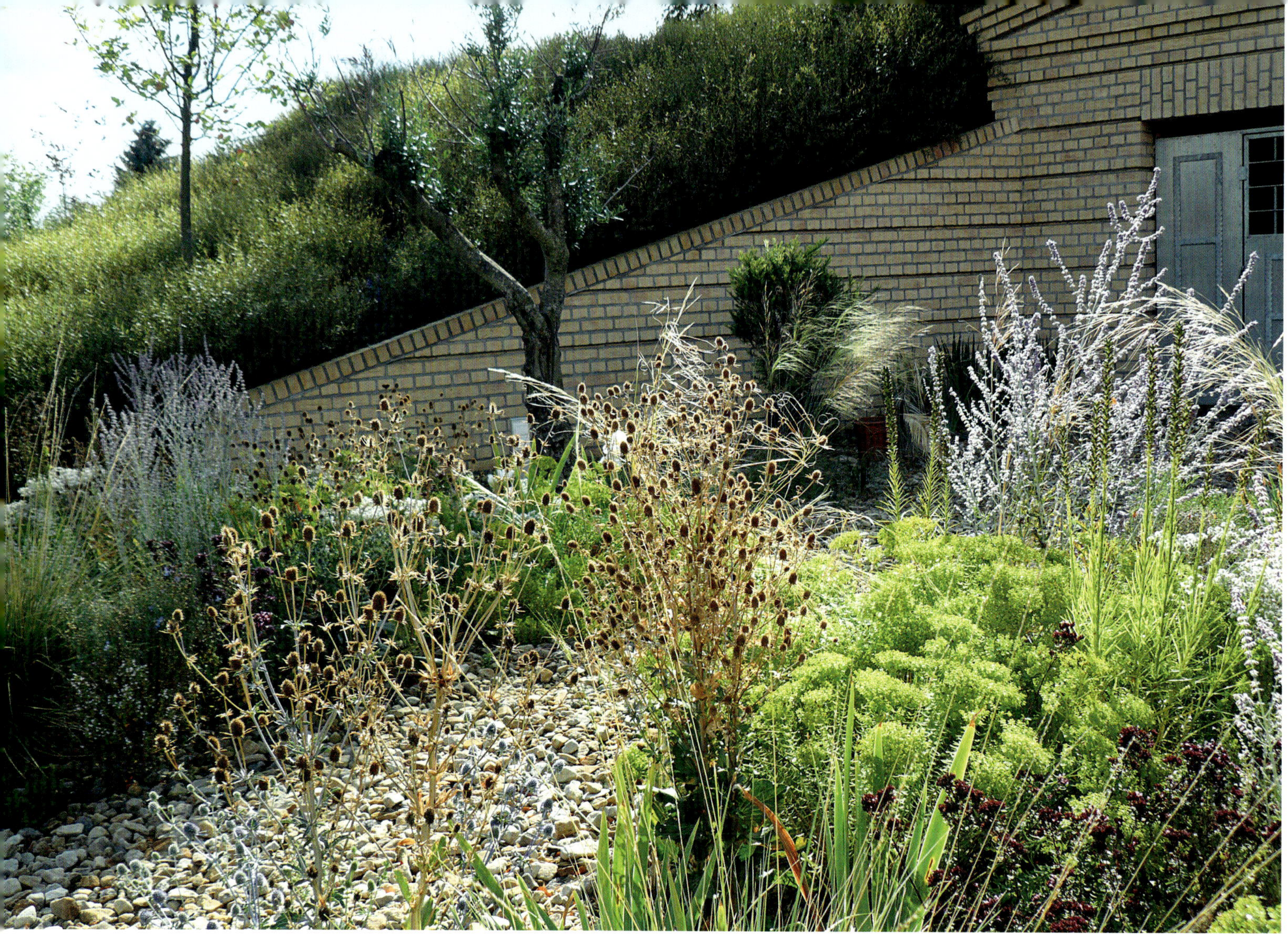

Der Traum vom Süden wird mit mediterranen Pflanzen wie der Edeldistel (*Eryngium planum*), die hier schon abgeblüht ist, und der Steppen-Wolfsmilch (*Euphorbia seguieriana* subsp. *niciciana*) im eigenen Garten Wirklichkeit.

Ein Beispiel: Südliches Flair im Norden

Ganz eindeutig war der Traum eines Unternehmers, seinem Garten eine mediterrane Ausstrahlung zu verleihen. Er war verliebt in die italienische Landschaft, überhaupt in südländisches Flair und schwärmte von dem Land, wo die Zitronen blühen. Er sah sich schon, umgeben von Orangenbäumchen und Oleander, mit Freunden beim Glas Chianti sitzen. Gerade weil ich mit der Planung eines mediterranen Gartens noch nicht allzu sehr vertraut war, hatte ich große Lust, mich damit zu beschäftigen. Ich nahm die Herausforderung an und wollte wissen, inwieweit ich diese spezielle Vorstellung realisieren könnte. Zum Glück habe ich vieles darin vorgesehen, was dann die gewünschte Stimmung hervorrief und in unseren Breiten gedeiht: Ich habe Kiefern als Pinienersatz gepflanzt und einen Kiesgarten mit Heiligenkraut, Lavendel, Bart-Iris, zarten Reiher-Federgräsern und Perovskien eingeplant. Das Ergebnis konnte sich sehen lassen. Mein Bauherr war glücklich. Schließlich bestand der Garten aus einem gelungenen Kompromiss, der tatsächlich eine südliche Atmosphäre ausstrahlte.

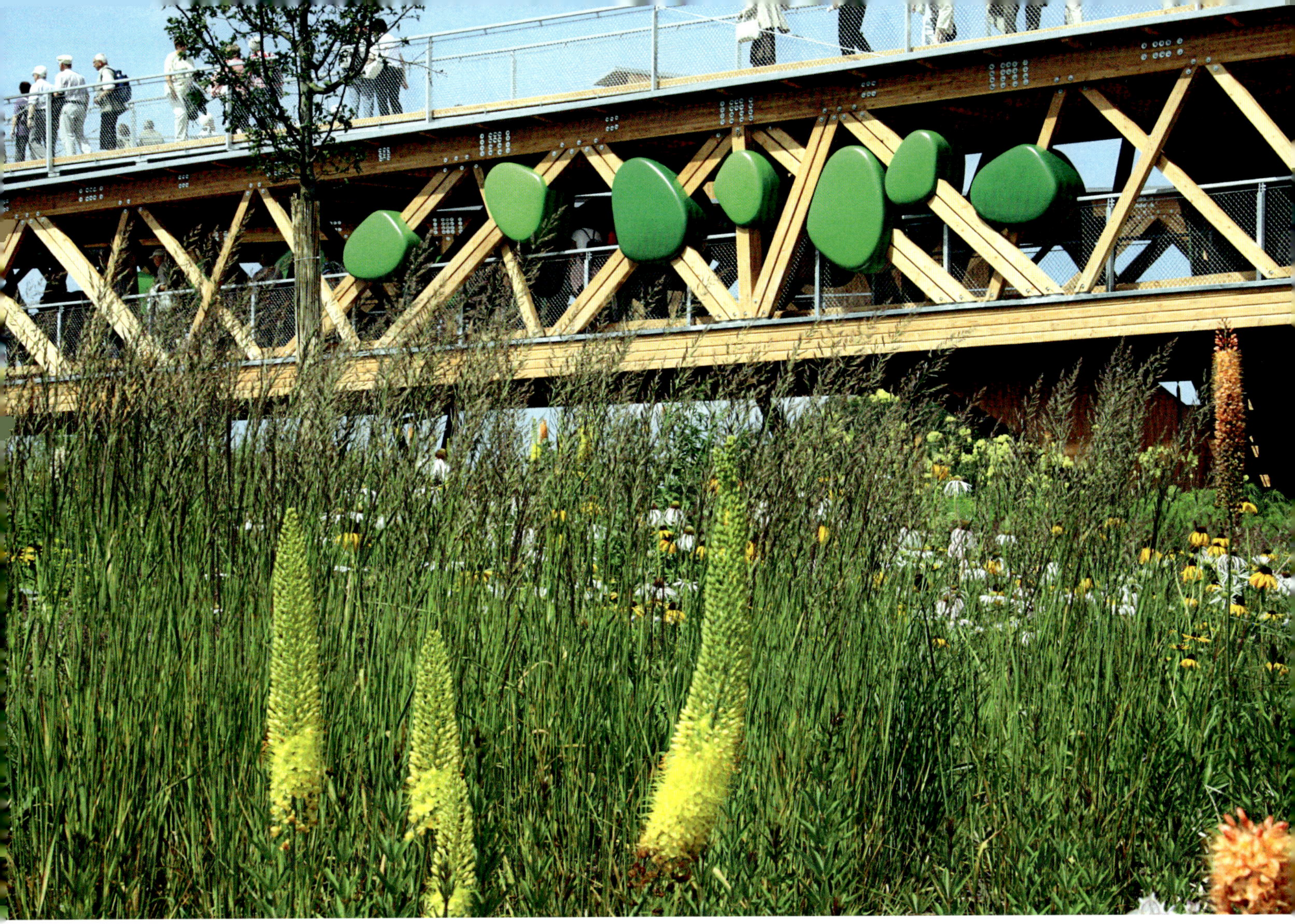

Auf der BUGA 2011 in Koblenz ragte über die Pflanzung ein Aussichtsbauwerk. Das Konzept musste also auch von oben wirken. Deshalb habe ich einzelne Pflanzenarten über mehrere Blütenzellen hinweg vernetzt, sodass ein großes Ganzes entstand.

Die Lage ist entscheidend

Nach der Beauftragung geht es los, nun untersuche ich alles detaillierter. Von zentraler Bedeutung ist es, Näheres über den Standort des Objektes zu erfahren. Dabei geht es mir nicht allein um das Grundstück, sondern auch um die Nachbarbebauung und die sichtbare Bepflanzung in der Nähe. Sie sind für meine Konzepte von großer Bedeutung. Jedes meiner Projekte wird durch die nähere Umgebung beeinflusst. In vielen Fällen profitiert es davon. Ich versuche immer, das Potenzial zu erkennen, wie eine Baumgruppe, eine schöne Sicht in die Umgebung, interessante Details im Garten, zum Beispiel eine vorhandene Pergola oder ein Pavillon. Jedoch sind auch Schwachstellen aufzuspüren. Hin und wieder kann es notwendig sein, die Nachbarbebauung in einer sehr engen städtischen Situation eher auszublenden oder den Blick mit gestalterischen Mitteln gezielt abzulenken. Dies setze ich entweder mit Pflanzen, also Gehölzen um, Kletterpflanzen, Hecken und blühenden Stauden, oder mit Gebautem. Das kann eine Pergola sein, ein Zaun oder ein gut positionierter Sitzplatz mit einer Sichtschutzwand.

Die Topographie des Geländes, ob bewegt oder flach, ansteigend oder abfallend, inspiriert

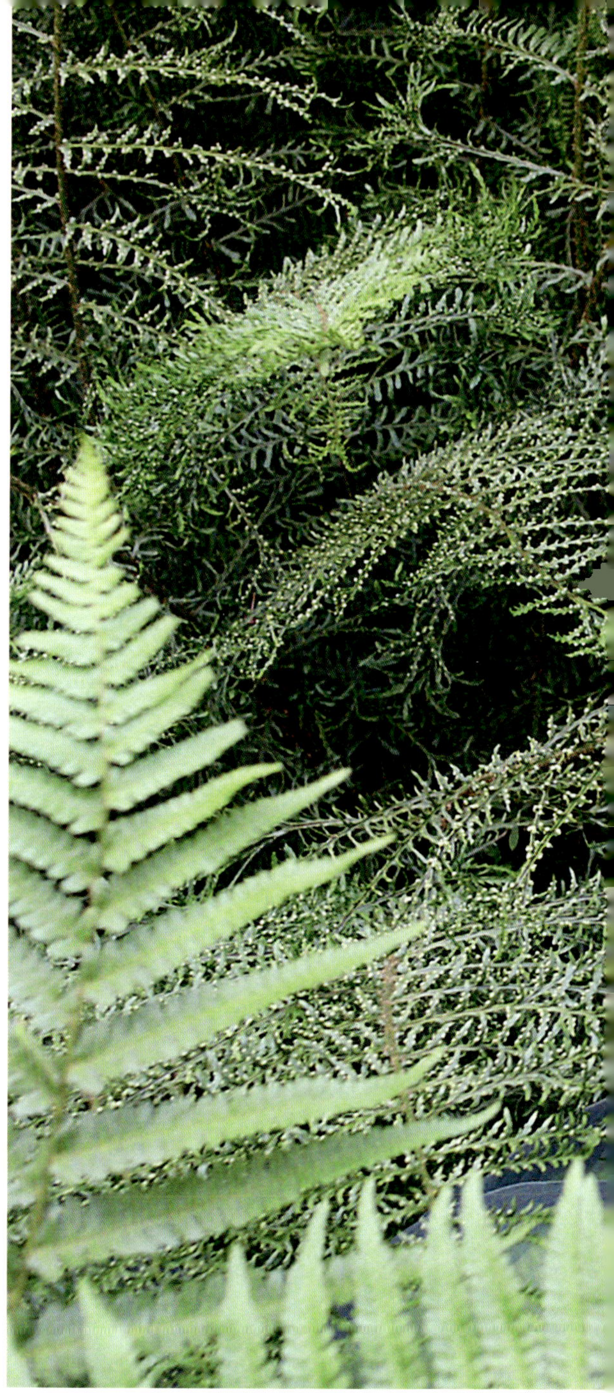

mich ebenso bei meiner Planung wie das Gebäude auf dem Grundstück. Die Ausrichtung des Geländes oder besondere Bodenbewegungen sind nicht nur gestalterisch einzubinden, sondern beeinflussen das Kleinklima und die Bodenfeuchtigkeit und damit auch meine Pflanzenauswahl.

Die Architektur berücksichtigen

Gerade bei der Planung von Privatgärten oder repräsentativen Außenanlagen, beispielsweise an einem Bürokomplex, betrachte ich die zu bepflanzende Fläche nie losgelöst vom Gebäude. Wenn das Haus erst noch gebaut wird, interessieren mich der Baustil, die geplanten Ausmaße und Ausrichtung des Baukörpers. Handelt es sich um ein frei stehendes Haus oder um den An- oder Umbau eines Gebäudes?

Schattenlage, aber kein Schattendasein

Bei vielen Projekten muss ich meine Planung und Pflanzenauswahl darauf abstimmen, dass ein Teilbereich des Geländes durch eine Baumgruppe, mehrere frei stehende große Bäume oder ein Gebäude beschattet wird. Werfen große Bäume Schatten, kommt noch ein zweites Problem hinzu: Häufig ist der Boden durch den ausladenden Wurzelbereich sehr trocken. Wer solch eine Situation kennt, der weiß, dass es nicht immer ganz einfach ist, einen solchen Standort attraktiv zu bepflanzen. Die Herausforderung steigt vor allem dann, wenn die anschließende Pflanzenpflege und das Wässern nicht gesichert sind. Das ist aus Geldmangel oft die Schwierigkeit bei öffentlichen Anlagen. Trotzdem empfinde ich es als sehr verlockend, für solche schwierigen Plätze eine gute Lösung zu finden. Gestalterisch kommt es dabei nicht auf spektakuläre Solitärpflanzen an, sondern auf eine harmonische Gesamtheit und extreme Robustheit der Pflanzen. Im Schatten trifft man nicht auf prächtigen Rittersporn oder auf Phlox. Hier sind vor allem die leisen Töne und subtilen Farbklänge und das breite Spektrum an unterschiedlichen Grüntönen gefragt, wie das satte Grün einiger Funkien oder die vielgestaltigen Töne von Farnen. Es sind die abwechslungsreichen Blätter, die diese Gärten attraktiv werden lassen. Das metallisch schimmernde, vollendet geformte und auf der Oberseite gefurchte Laub des Schaublattes (*Rodgersia aesculifolia*) ergänze ich gern mit feingliedrigen Schattengewächsen wie Prachtspiere (*Astilbe*) und Silberkerze (*Cimicifuga*). Auch das Tafelblatt (*Astilboides tabularis*)

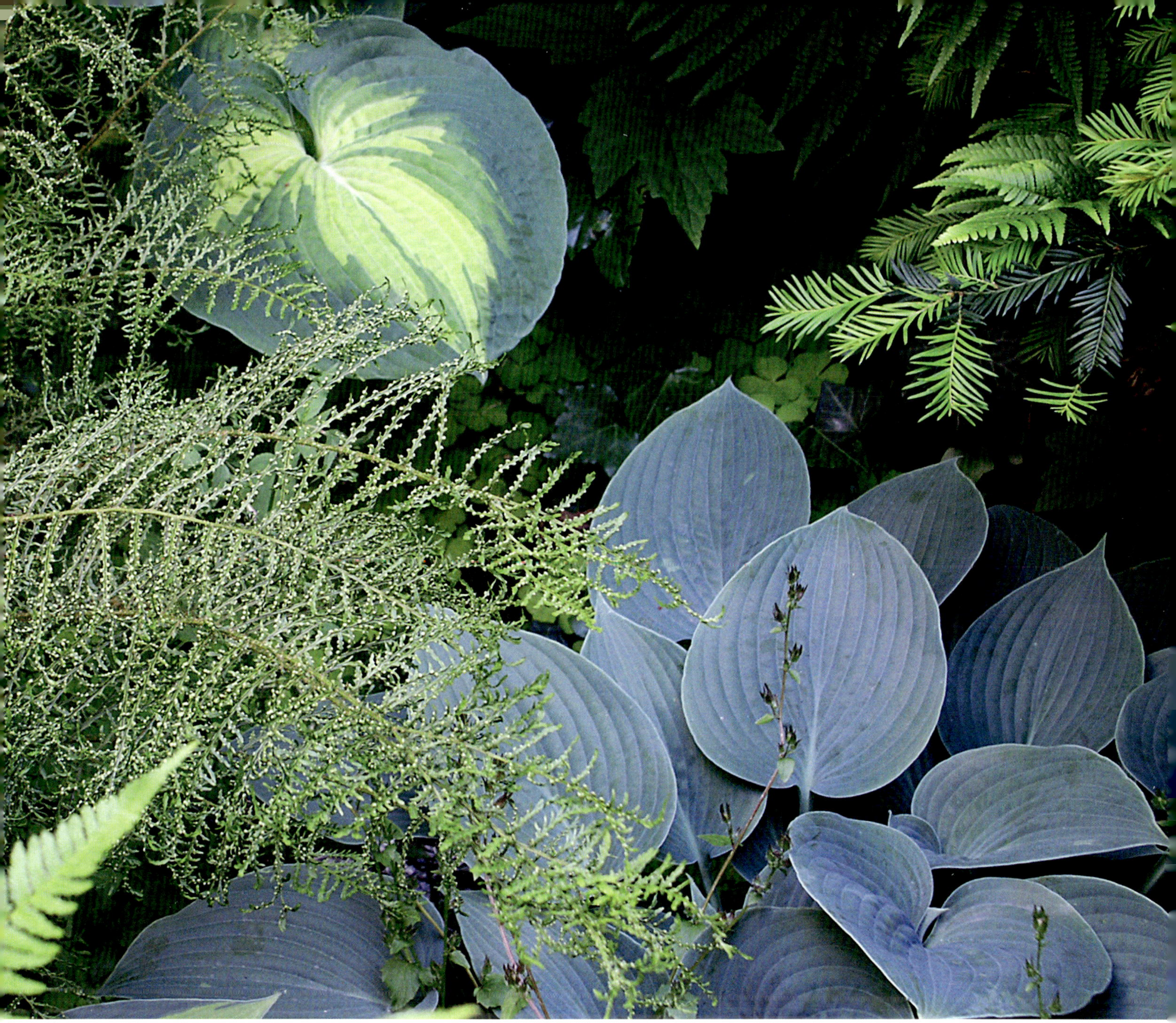

Insbesondere im Schatten entfaltet das Laub von Farnen und Funkien mit ihren unterschiedlichen Größen, Formen und Farben reizvolle Kontraste.

wirkt wegen seiner opulenten hellgrünen Blattmasse spektakulär. Dennoch bringt es Ruhe in meine Bepflanzung. Wegen ihrer zurückhaltenden Wirkung finde ich großblättrige Stauden im Hintergrund und als Leitmotiv an einem schattigen Standort sehr interessant.

In solchen Situationen setze ich auch gern Seggen-Arten ein wie die Hänge-Segge (*Carex pendula*) und die Breitblatt-Segge (*Carex plantaginea*). Über feines Laub verfügen die Weiße Segge (*Carex alba*) und die Schatten-Segge (*Carex umbrosa*). Die bekannte Silber-Segge (*Carex morrowii* 'Silver Sceptre') ist schmalblättrig und durch eine weiße Linie sehr markant.

Ein schönes Beispiel für eine gut organisierte Pflege bei meinem Projekt in der ukrainischen Stadt Donetsk: Opulente Blütenfülle in Gelb und Orange.

Dieses Merkmal macht die Eleganz und Feinheit des immergrünen Grases deutlich. Andere Eigenschaften wie panaschierte Blätter, also buntlaubig mit weißen oder gelben Flecken, beleben schattige Partien. Hier bilden das Japan-Goldbandgras (*Hakonechloa macra* 'Aureola') und die Mandel-Wolfsmilch (*Euphorbia amygdaloides* 'Robbiae') ein schönes Duo. Auch diese Kombination gefällt mir sehr: Haselwurz (*Asarum caudatum*) in Verbindung mit Funkien (*Hosta*). Farne sind in einem schattigen Gartenbereich nicht wegzudenken. Ihre Vielfalt ist großartig. Sie lieben humosen und feuchten Boden, aber setzen sich auch unter ungünstigeren Bedingungen durch. Neben den einheimischen Arten wie Hirschzungenfarn (*Asplenium scolopendrium*) und Rippenfarn (*Blechnum spicant*) können auch Migranten aus temperierten Klimazonen eingesetzt werden. Ich schätze besonders die winter- und immergrünen Arten wie den Rotschleierfarn (*Dryopteris erythrorosa*), aber auch die fein gefiederten Sorten des Weichen Schildfarns (*Polystichum setiferum* 'Proliferum').

Schwierig, die Kosten

Ein entscheidender Punkt, den ich niemals aus dem Blick lassen darf, ist das zur Verfügung stehende Budget. Häufig sind dies die ersten Fragen, die die zukünftigen Bauherren an mich richten: Wie teuer wird der Garten oder die vorgesehene Freifläche und wie hoch fällt das Planungshonorar aus? So einfach die Fragen sind, so differenziert fallen die Antworten aus. Die Gesamtkosten werden von der Grundstücksgröße bestimmt, von der Lage und Erreichbarkeit des Geländes, den Planungsvorgaben, aber auch von dem dafür vorgesehenen Etat der Bauherren und vielem anderen. Dazu gehören nicht nur der Bedarf an Materialien und die Leistungen für die gärtnerischen Arbeiten. Ebenfalls ist es notwendig, den finanziellen Aufwand für die Gartenpflege der nächsten Jahre einzukalkulieren. Auch wenn meine Pflanzungen grundsätzlich pflegearm sind, ist der Aufwand im ersten Jahr nach der Pflanzung fürs Jäten und den Rückschnitt verhältnismäßig hoch. Erst ab dem zweiten Jahr, wenn alles zusammengewachsen ist, benötigen die Pflanzen dafür umso weniger Fürsorge. Ganz ohne Pflege und Rückschnitt geht es allerdings nie. Ich bin immer froh, wenn der Gartenbesitzer selbst Feuer und Flamme ist und sich um seine Pflanzungen selbst kümmern möchte – und wenn er auch offen für meine ausführlichen und konkreten Pflegehinweise ist.

Alle Versuche, die Pflege im öffentlichen Raum mit Hausmeistern oder als Arbeitsbeschaffungsmaßnahme kostenbewusst zu regeln, sind fehlgeschlagen. Ein Beispiel: Die Pflanzung auf der Kantorwiese in Biederitz ist genau diesem falschen Pflegeverständnis zum Opfer gefallen. Das war für mich eine schmerzliche Erfahrung. Die ersten zwei Jahre nach dem Anlegen der Pflanzung sah die Kantorwiese üppig und prächtig aus und schürte Begeisterung in meinem Wohnort, in dem ich auch aufgewachsen bin und mich alle kennen. Dann, als die vereinbarte Fertigstellungspflege vorbei war, glaubte die Gemeinde, mit einer ABM-Maßnahme die Pflege realisieren zu können. Das sparte ja Kosten. Der entscheidende Punkt war allerdings nicht nur das wechselnde Personal, sondern auch der späte Zeitpunkt des Maßnahmenbeginns. Mitte Juni

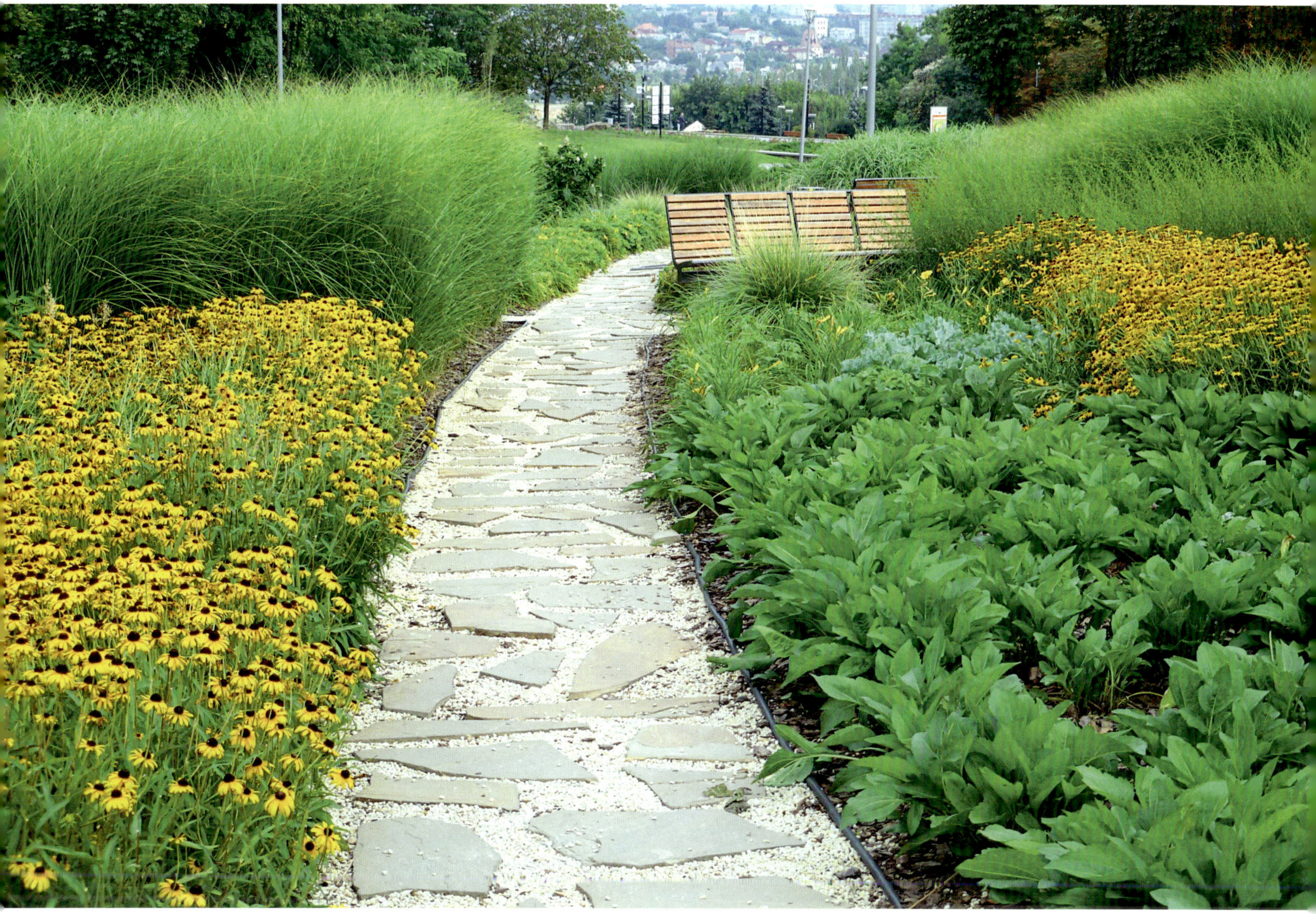

waren die ersten Pflegekräfte vor Ort und sollten nun die bereits ins Kraut geschossene Fläche in Ordnung bringen. Das ging so Jahr für Jahr. Das Ergebnis lag auf der Hand: Wurzelunkräuter verbreiteten sich und durchwurzelten die Stauden und Gräser; Gehölze, insbesondere Eschen, versamten sich, entstandene Lücken wurden nicht ersetzt, da niemand so recht wusste, was zu tun war. Heute ist die Fläche eine Rasenfläche – bequem vom Hausmeister zu mähen. Seitdem ist mir sehr wichtig, die spätere Pflege vorher gut und deutlich zu kommunizieren. Oft wird in Bezug auf neue Staudenkonzepte mit deren Pflegeleichtigkeit geworben. Ich halte dies für einen Fehler. Die zu erwartenden Kosten müssen vorher abgesprochen sein, um spätere Unklarheiten zu vermeiden. In jedem Fall müssen alle zu erwartenden Leistungen berechnet und in einem Angebot berücksichtigt werden. Mein großer Wunsch ist es, die von mir geplanten Flächen durch einen erfahrenen Gärtner oder zumindest durch einen pflanzeninteressierten Laien betreuen zu lassen. Es sollte jemand sein, der Gartenarbeit als Passion empfindet.

Die Kosten für meine Leistungen der Planung, Ausschreibung der gärtnerischen Arbeiten und Bauleitung fallen unterschiedlich aus und sind abhängig vom Arbeitsaufwand.

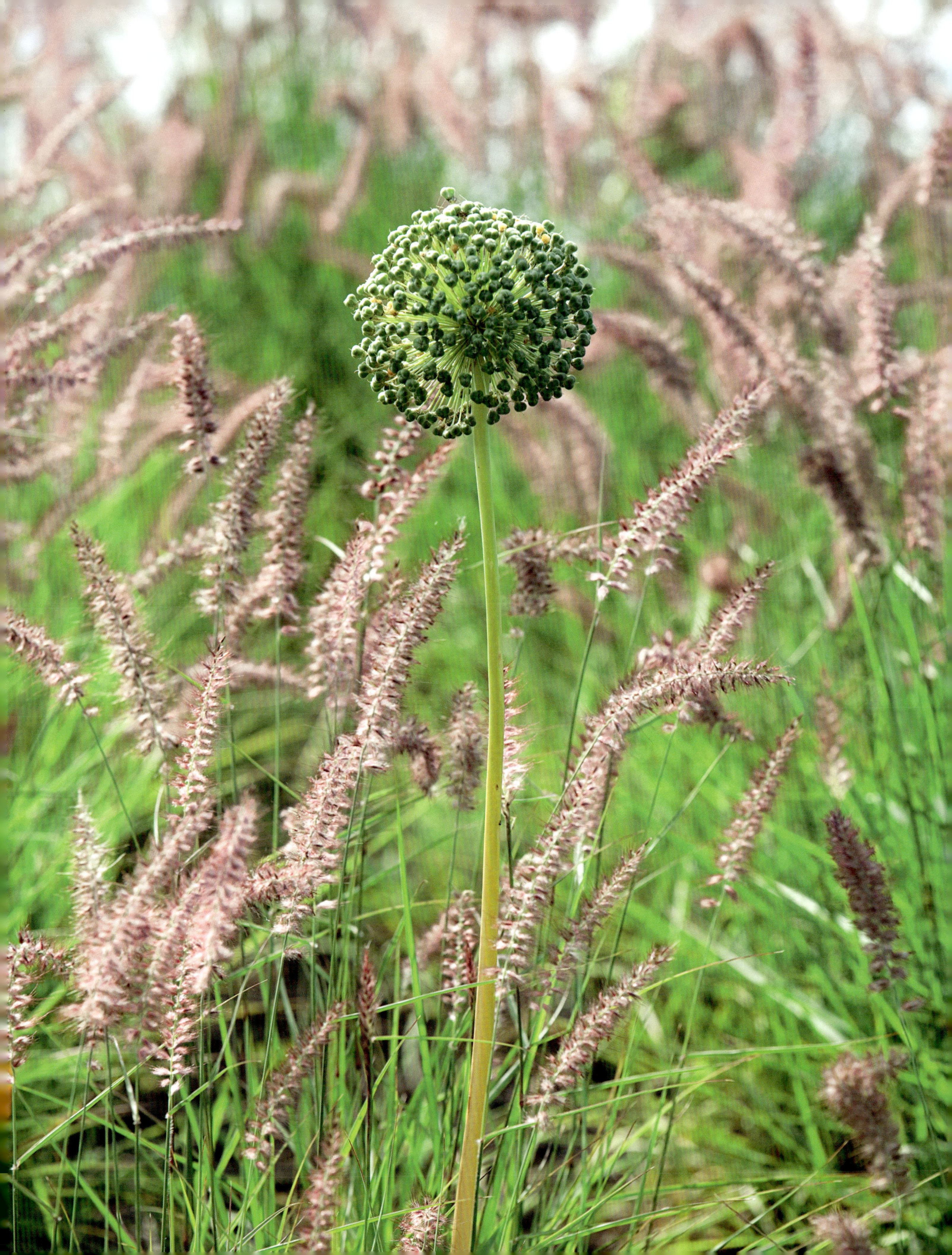

Verschiedene Ausgangspunkte

Die Anforderungen an mich als Planerin sind bei den drei großen – ich nenne es einmal Kategorien – sehr unterschiedlich: öffentliche Anlagen, Bundes- oder Landesgartenschauen und der private Familiengarten – die Planungsaufgabe ist jedes Mal anders.

Zu Beginn meiner Arbeit mit Stauden und Gräsern waren es hauptsächlich öffentliche Aufträge, die ich erhielt. Das war im Aufschwung und den damit verbundenen Aufgaben nach dem Mauerfall begründet. In öffentlichen bzw. halböffentlichen Projekten konnte ich mit Stauden und Gräsern experimentieren und wichtige Erkenntnisse erlangen. Ich probierte neue Pflanzen in immer anderen Kombinationen aus, beobachtete, sammelte Erfahrungen, die mal positiv, mal negativ ausfielen. All das brachte mich immer ein Stück weiter und machte mich sicherer.

Für eine Gartenschau zu planen ist immer außerordentlich spannend, aber auch sehr anspruchsvoll. Der Spannungsbogen reicht von der Einbindung vieler gärtnerischer Beteiligter in ein ganzheitliches übergeordnetes Konzept während der Öffnungszeit der Gartenschau bis hin zur Anforderung einer pflegearmen Unterhaltung der Fläche danach. Eine Herausforderung, die ich anfänglich sehr knifflig fand, für die ich inzwischen aber gute Lösungen gefunden habe. Dieselben probaten Mittel wende ich auch in privaten Hausgärten an. So ist es auch hier möglich, Pflegeleichtigkeit mit Individualität und Einzigartigkeit zu verbinden.

Links: In der Pflanzplanung muss man in Zeitschichten denken. Das heißt, zu jeder Zeit soll der Garten schön aussehen. Da Gräser später austreiben, verwende ich gern Blumenzwiebeln, wie hier den Zier-Lauch. Sie wirken wie ein zweiter Layer über der Pflanzung.

Rechts: Meine erste Gartenschau war die BUGA Magdeburg 1999. Das rote Tor markiert den Zugang zur Kleingartenanlage, die im Rahmen der Ausstellung zu sehen war.

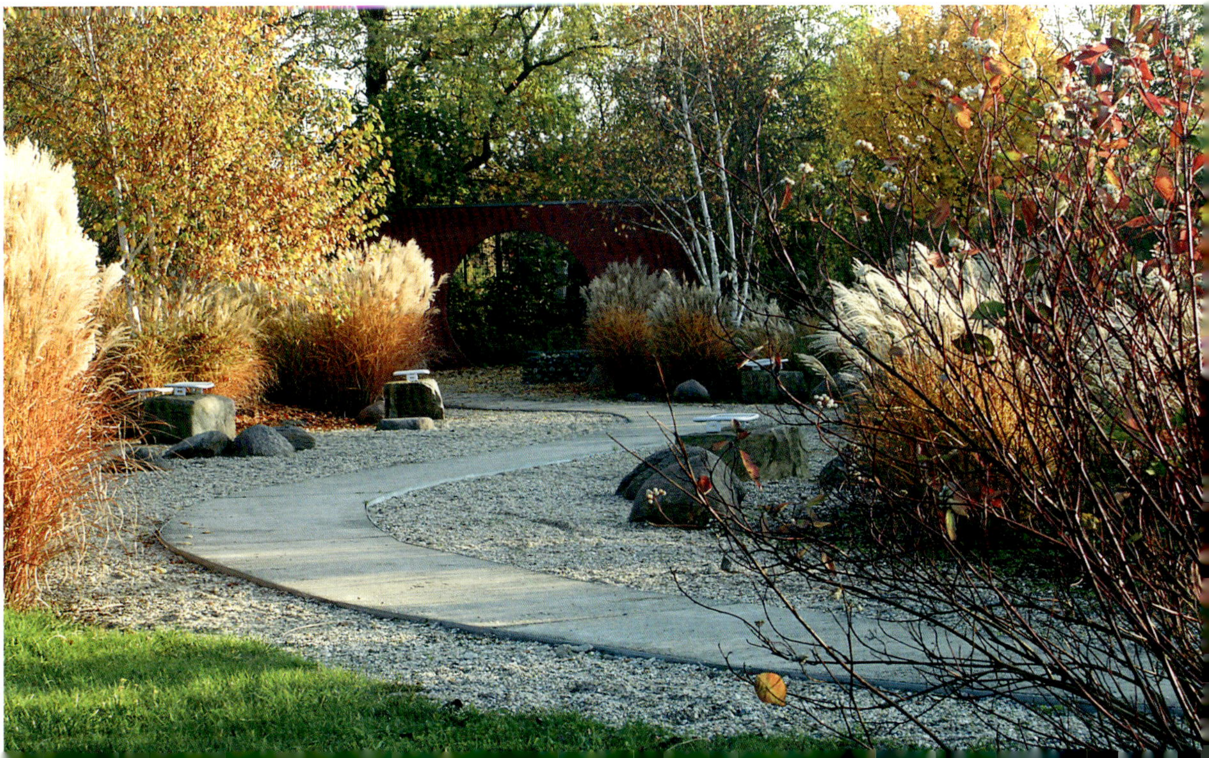

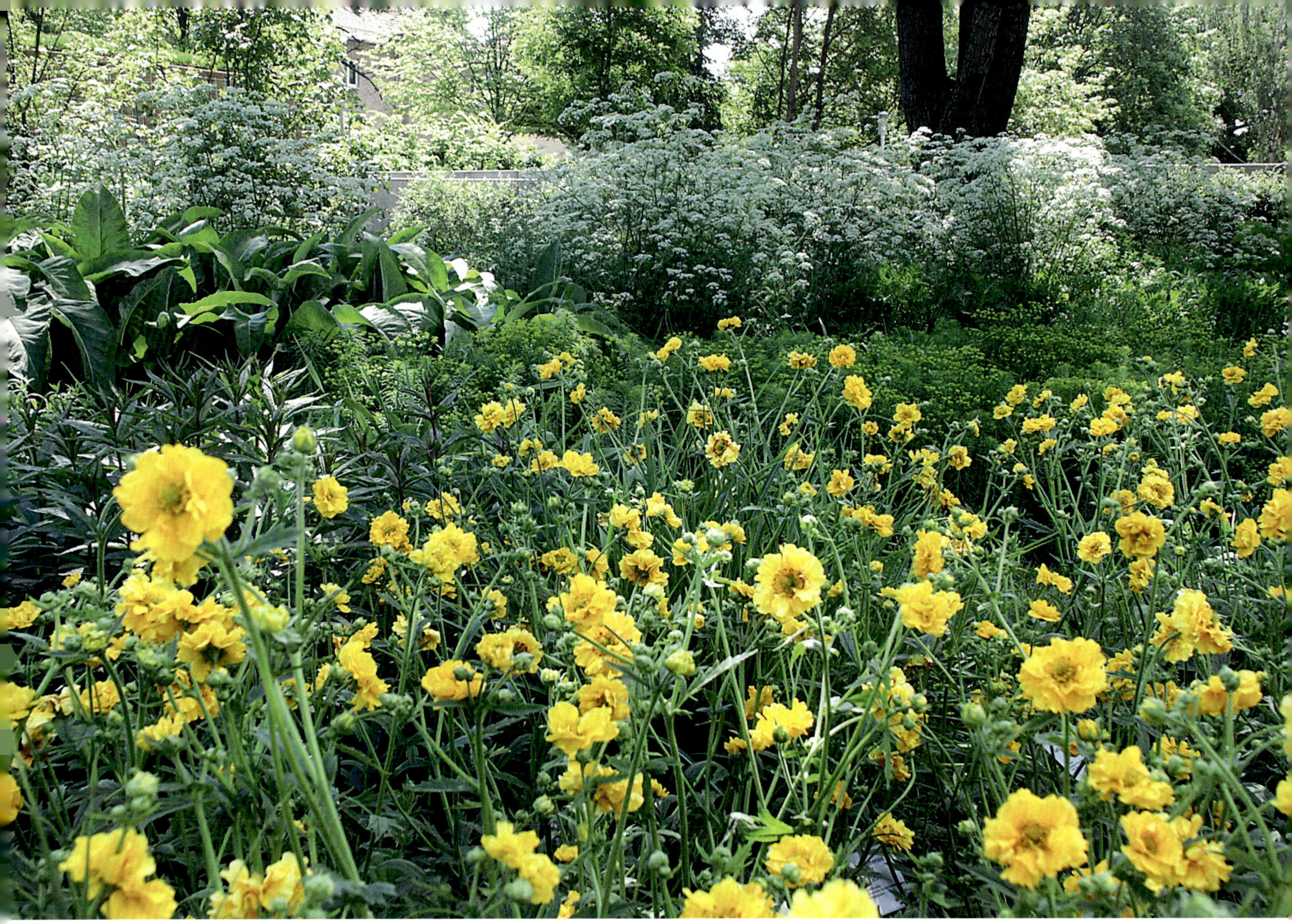

Übergangsbereiche zwischen sonnigen und schattigen Partien sind schwierig zu bepflanzen. Hier brauchte ich Fingerspitzengefühl in der Pflanzenauswahl und setzte Nelkenwurz (*Geum* 'Lady Stratheden') und Färber-Meier (*Asperula tinctoria*) ein.

Neue Akzente fürs öffentliche Grün

Staudenpflanzungen galten oft als zu teuer. Wildstauden und Gräser mögen schön aussehen, aber das ist doch viel zu aufwendig, war die landläufige Meinung bis vor kurzem in Gartenämtern und den zuständigen Fachämtern. Es besteht in vielen Gemeinden unverändert diese Einstellung. Dort werden eintönige Rasenflächen als beste, weil praktische Lösung angesehen. Doch inzwischen gibt es einige Beispiele, die zeigen, dass öffentliches Grün ohne Rasen und ohne erhöhten Pflegeaufwand viel attraktiver ist. Anlagen mit neu entdeckten und bewährten Pflanzen machen den Betrachtern viel mehr Freude und Lust auf eine überraschende Optik. Einige Konzepte folgen rein ästhetischen Grundsätzen, während andere von natürlichen Pflanzengesellschaften inspiriert sind. Es gibt bereits die Tendenz, die natürliche Vegetation gewähren, also Wildkräuter wachsen zu lassen und sie in die Planung einzubinden.

Meine planerische Arbeit orientiert sich im Wesentlichen an den Ideen der amerikanischen romantischen Präriegärten. Jedoch modifiziere ich sie bei jedem Projekt. Durch ständiges Ausprobieren neuer Pflanzenarten entwickeln sich verblüffend andere Eindrücke, die den Charakter

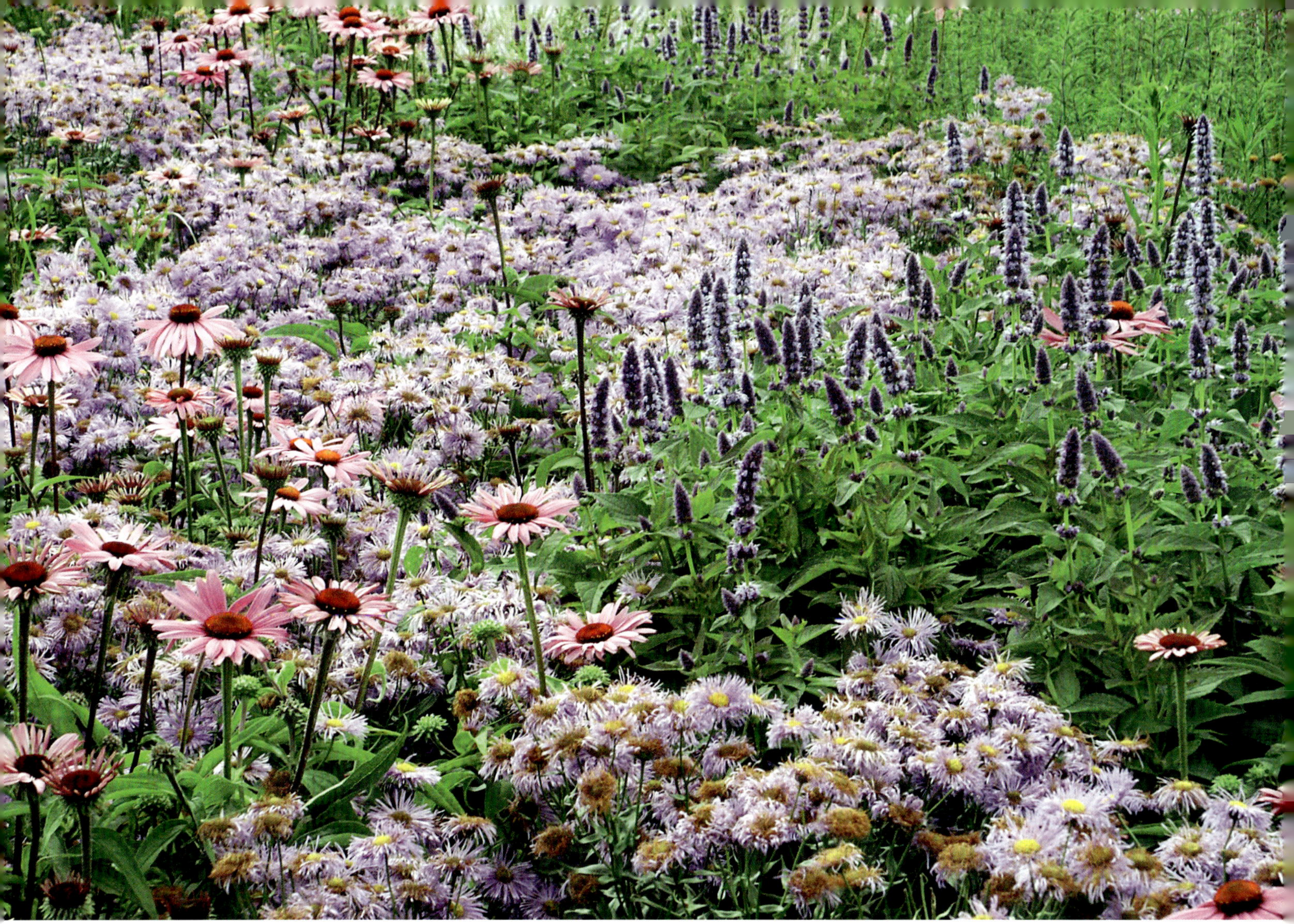

Ich liebe fein verwobene, aber üppige Pflanzenteppiche, die große Flächen überspannen. Hier in der „Neuen Landschaft" von Ronneburg habe ich sie in kühlen Tönen mit Feinstrahl (*Erigeron*), Scheinsonnenhut (*Echinacea*) und Mexiconessel (*Agastache*) angelegt.

einer Pflanzung stark beeinflussen. Mir gefallen die Vielgestaltigkeit und die geradezu unbegrenzten Möglichkeiten dieses modernen Gartenstils, weil er naturnah und weit wirkt.

Die Aufteilung der Stauden- und Gräserflächen strukturiere ich meist nur grob. Gerade hier bietet diese Art der weiträumigen Staudenverwendung zwei wesentliche Vorteile. Zum einen entstehen prägnante Pflanzenbilder, die sich fantastisch in ein Stadtgefüge einordnen, zum anderen wird ein unkompliziertes Pflegemanagement ermöglicht.

Ich ordne Stauden und Gräser großzügig an, damit sich ausgedehnte, aber geschlossene Pflanzflächen bilden können. Infrage kommen vor allem robuste, langlebige Arten und Sorten mit ausgiebiger Blühzeit. Sie sollten sich gut regenerieren und dezent ausbreiten, ohne dabei ihre Nachbarn zu verdrängen. Wenn sie auch noch über attraktives und gesundes Laub bis zum Spätherbst verfügen, kommen sie bestimmt in meine engere Wahl. So hat mich zum Beispiel die Sumpf-Wolfsmilch (*Euphorbia palustris*) überzeugt. Auch der Entenschnabel-Felberich (*Lysimachia clethroides*) hat eine ganzjährige Wirkung, breitet sich langsam zu dichten Teppichen aus, hat eine lustige weiße Blütenrispe und in günstigen Jahreszeiten sogar noch eine Herbstfärbung. Gern verwende ich auch die Schönaster (*Kalimeris incisa*).

Die einzelnen Pflanzenarten wähle ich nach ihren Wuchsstrategien aus, und stelle sie so zusammen, dass eine möglichst dauerhafte Gemeinschaft entsteht. Weitere Kriterien für mich sind die Wuchshöhe und ein kompakter Habitus, also ein gutes Erscheinungsbild. Geeignet sind für den vorderen Bereich eines Beetes Arten mit kurzen Ausläufern wie zum Beispiel eines meiner Lieblingsgräser, das Japangras (*Hakonechloa macra*), außerdem die Giraffenskabiose (*Cephalaria gigantea*) mit ihren dichten Laubbüschen sowie die Wild-Aster (*Aster ageratoides*), die mit kurzen Ausläufern dichte Bestände bildet und sogar bis an die Stämme alter Bäume heranwächst (siehe auch das Kapitel Meine Lieblingspflanzen auf Seite 83).

Solch eine dicht geschlossene Grundbepflanzung aus Stauden wird durch höhere Leit- und Gruppenstauden gegliedert, die maximal 3, 4 m hoch werden. Gern wähle ich dazu die Große Telekie (*Telekia speciosa*), Chinaschilf (*Miscanthus sinensis*) oder die hohe Ruten-Hirse (*Panicum virgatum* 'Northwind'), als Gehölz auch die Kupfer-Felsenbirne (*Amelanchier lamarckii*). So entsteht ein gut strukturiertes Gesamtbild. Die Vielfalt dieser Arten und ihr jahreszeitlicher Wandel wirken manchmal geradezu verwunschen und bringen eine willkommene Abwechslung in eine monotone Stadtlandschaft. Das ist mein wichtigster Ansatz, wenn es um die Planung einer städtischen Grünanlage geht.

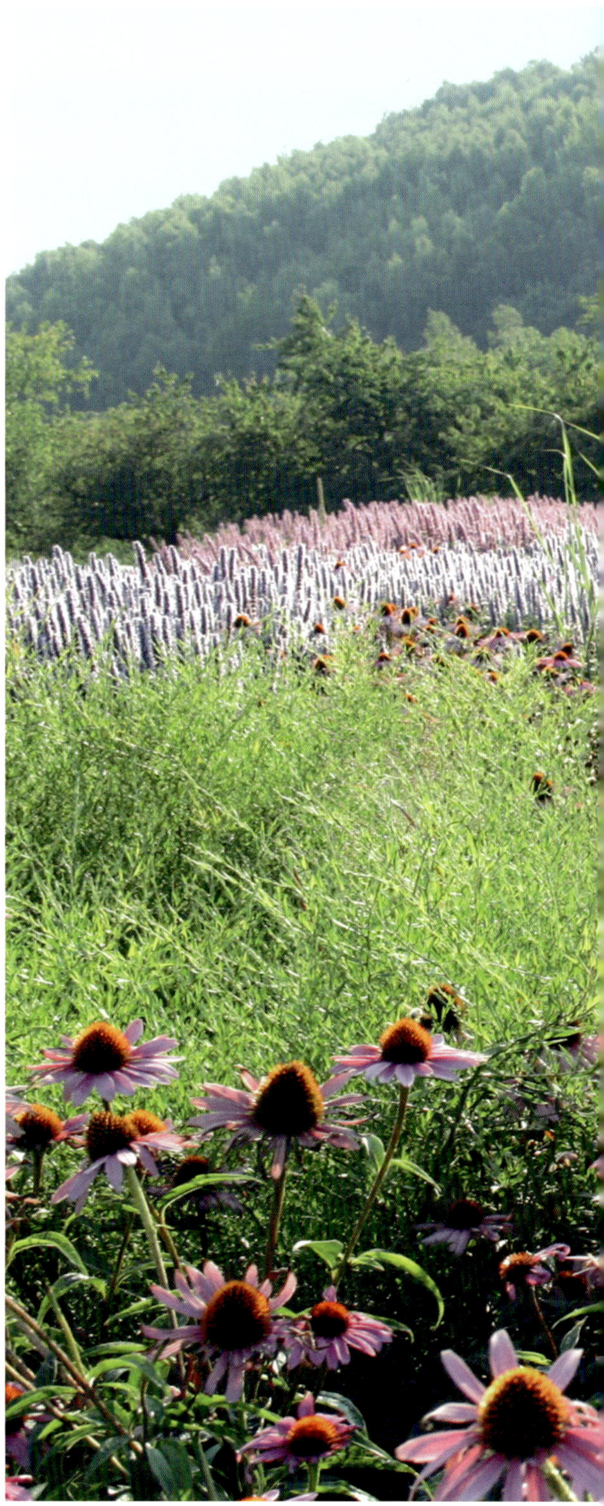

Faszination Gartenschau

Die Herausforderungen einer Gartenschau liebe ich sehr, da ich mich in meiner Kreativität und Experimentierfreude bestens entfalten kann. Für Pflanzungen auf dem Gelände von Bundes- und Landesgartenschauen gelten spezielle Bedingungen. Hier sind zunächst alle Vorgaben aus dem Ausstellungskonzept und der Wettbewerbsordnung zu berücksichtigen. Dazu gehört es, sowohl das Profil und Leistungsvermögen der beteiligten Gärtnereien darzustellen, als auch auffallende, außergewöhnliche und lohnende Neuheiten zu präsentieren. Es gibt kleine Gärtnereien mit

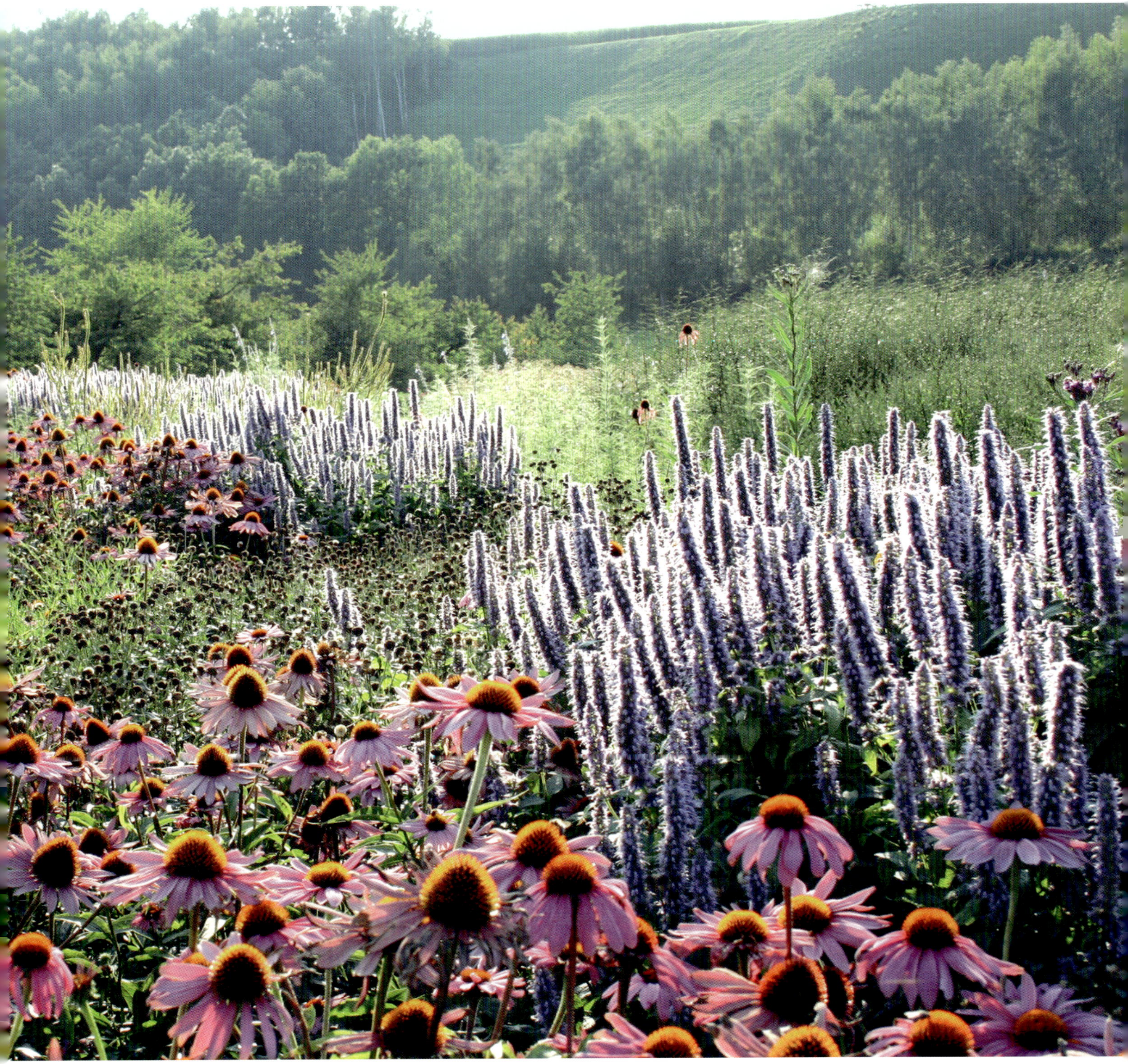

Wie in einem Fluss scheinen sich die Blüten des Purpursonnenhutes (*Echinacea purpurea*), der Mexiconessel (*Agastache*) und Astern durch die weitläufige Landschaft des ehemaligen Urantagebaues in Ronneburg zu bewegen.

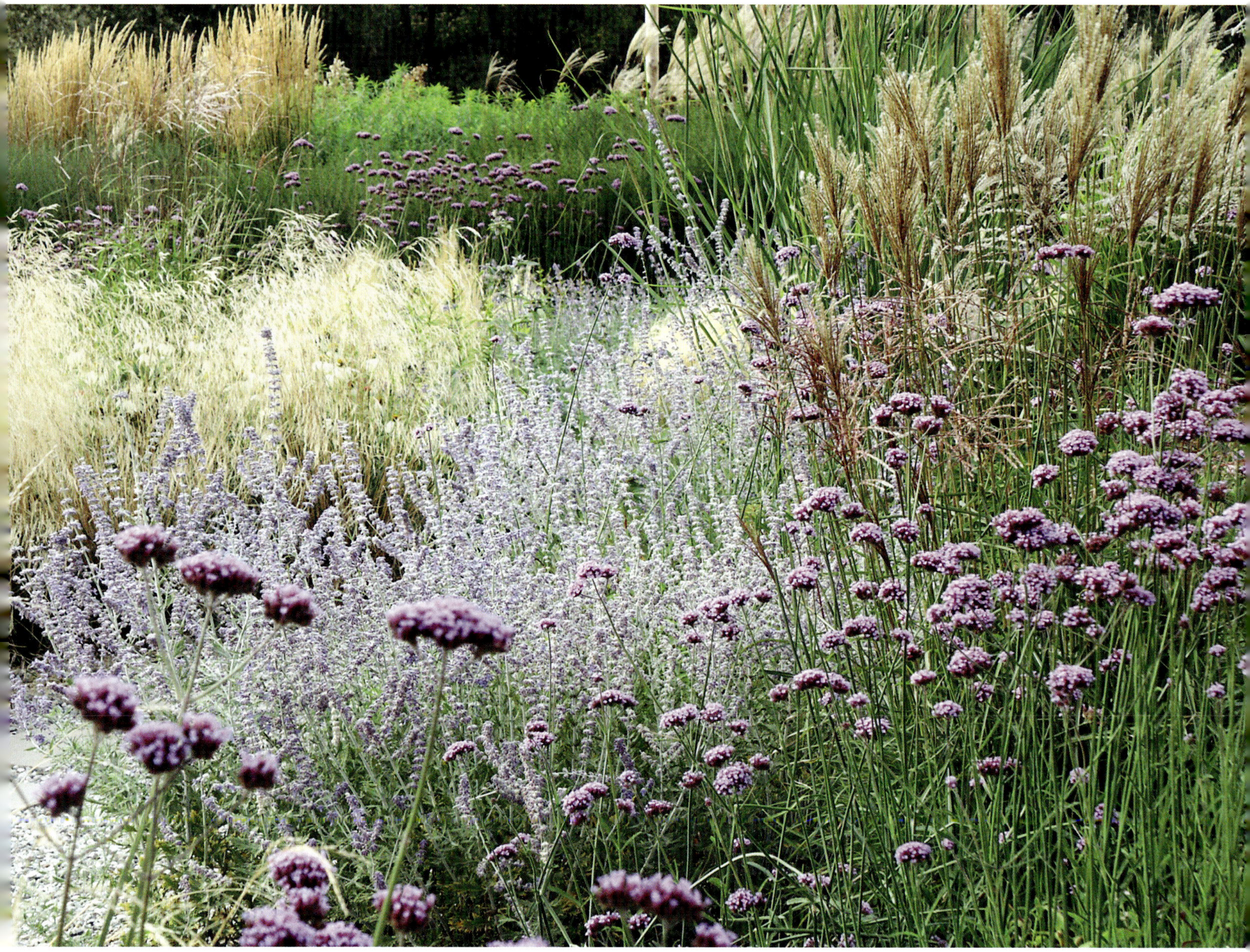

Auf der IGA 2003 in Rostock verwendete ich das Eisenkraut (*Verbena bonariensis*). Seine Blüte war lediglich für das Gartenschaujahr gedacht. Nachdem sich die Bestände der dauerhaften Stauden geschlossen hatten, konnte es sich nicht mehr versamen und verschwand schließlich.

einem breiten Sortiment, deren Inhaber in die Bergwelt wandern und dort Pflanzen sammeln, um sie zu vermehren. Dann gibt es Betriebe, die sich auf bestimmte Kulturen spezialisiert haben, wie die Gärtnerei Eskuche in Ostenholz mit Storchschnäbeln und Bergenien. Und es gibt Gärtnereien, die man als Produzenten bezeichnen kann, da sie ein kleineres Sortiment mit hohen Stückzahlen haben. All diese Gärtnereien nehmen an dem gärtnerischen Wettbewerb teil und sind entsprechend ihrem Profil vom Planer in ein Gesamtkonzept einzubinden. Das bedeutet konkret, ich bekomme Sortimentslisten und Kataloge, aus denen ich mir passende Pflanzen für meine Planungen aussuchen kann.

Für die Internationale Gartenbauausstellung 2003 in Rostock wurde ich beispielsweise beauftragt, mehrere Ausstellungsflächen von insgesamt 6.000 m² zu planen. Es entstanden sehr unterschiedliche Pflanzungen (siehe Seite 107). Die kleinteiligeren Bereiche, die in ein übergeordnetes Thema eingebunden waren, wurden auf das Pflanzensortiment einiger Gärtnereien abgestimmt. Im Wesentlichen ging es um Päonien, Rittersporn und Phlox, die gezeigt werden sollten. Andere Bereiche konnten großzügiger angelegt werden. Dabei habe ich interessante Neuentdeckungen, meist Wildstauden wie Johanniswolke (*Aconogonon speciosa*), Reiherschnabel (*Erodium × hybridum*) und Leinkraut (*Linaria* 'Peachy'), Gräser oder Kurzlebige wie Riesen-Haarstrang (*Peucedanum verticillare*) und Rote Engelwurz (*Angelica gigas*) bzw. Zweijährige wie Verbene (*Verbena bonariensis*) und Italienische Ochsenzunge (*Anchusa azurea*) in mein Konzept einbezogen. Mein bewährtes Sortiment aus zuverlässigen Pflanzen, die ich auch in öffentlichen Anlagen verwenden würde, wie *Kalimeris incisa*, *Panicum virgatum*, *Miscanthus sinensis* in Sorten, *Hakonechloa macra*, gab das Gerüst für viele unbekannte Schönheiten und kurzlebige Arten vor. Es entstand ein üppiges, homogenes Bild, das mehrere Jahre dekorativ Bestand hatte.

Auf Gartenschauen spiegelt sich das aktuelle Staudensortiment wider und dieses scheint ständig umfangreicher zu werden. Für solche großen Projekte lohnt es sich, rechtzeitig auf die Suche nach neuen Pflanzen zu gehen, um sie zu testen. Die rechtzeitige Verfügbarkeit ist entscheidend. Auch wenn ich mir die Verwendung neuer Pflanzen wünsche, muss ich jedoch genau abschätzen, ob sich das gewünschte Bild zur Gartenschau wirklich realisieren lässt. So sollten die Pflanzen ein Jahr vor Eröffnung der Gartenschau zur Verfügung stehen, um rechtzeitig dichte und geschlossene Bestände zu bilden. Botanische Gärten, natürliche Pflanzengesellschaften wie die Präriewiesen in Nordamerika sowie bereits schlummernde Pflanzenschätze in den Gärtnereien lassen auf Unbekanntes und Neues hoffen. Diese Schätze gilt es zu heben und auf Gartenschauen zu präsentieren. So entstehen Trends und immer neue, spannende Kombinationen, die dann auch unsere Gärten bereichern. Neue Arten und Sorten von Purpurglöckchen (*Heuchera*), Funkie (*Hosta*), Wiesenknopf (*Sanguisorba*), Wiesenraute (*Thalictrum*), Scheinsonnenhut (*Echinacea*) oder aktuell die Färberhülse (*Baptisia*) erobern nun die Gärten, da innerhalb dieser Gattungen zurzeit viel gezüchtet wird. Diese Neuheiten sollen auf den Gartenschauen präsentiert werden.

Die Vielfalt ist so groß und sorgt hin und wieder dafür, dass man schnell den Überblick verliert. Hier muss man genau überlegen, welche Sorten man gern verwenden möchte. Für Liebhaber und Pflanzensammler sind dies paradiesische Zustände. Gestreifte, gesprenkelte oder getupfte Blätter, neue Blütenformen oder spektakuläre und ungewöhnliche Blütenfarben – für die Verwendung in Gärten, Gartenschauen oder im öffentlichen Grün hat diese Ausweitung der Sortimente für mich keine so große Bedeutung. Mir ist es wichtig, das Pflanzen in erster Linie unkompliziert und widerstandsfähig sind. Dazu gehören Arten mit schönem Laub wie Entenschnabel-Felberich (*Lysimachia clethroides*), Japangras (*Hakonechloa macra*), Prärieminze (*Pycnanthemum muticum*), Storchschnabel (*Geranium*) und Pflanzen mit dichtem, grundständigem Laub wie Brandkraut (*Phlomis russeliana*), Giraffenskabiose (*Cephalaria gigantea*), Herzblättrige Aster (*Aster macrophyllus*) und Wild-Aster (*Aster ageratoides*). Hohe und halbhohe Pflanzen wie Hohe Wolfsmilch (*Euphorbia cornigera*) und Straußblütige Wucherblume (*Tanacetum corymbosum*), die eine geschlossene Pflanzendecke bilden, dürfen außerdem nicht fehlen. Leitstauden wie die Große Telekie (*Telekia speciosa*), Johanniswolke (*Aconogonon speciosa*) und Gräser wie Chinaschilf (*Miscanthus*) sind zum Gliedern dieser Flächen geradezu ideal. Alle diese Pflanzen sind attraktiv, werden aber immer noch viel zu selten verwendet.

Eine interessante Blütenfolge schafft wechselnde Bilder und immer neue Eindrücke. Gerade bei Pflanzungen in der Nähe des Wohnhauses sind Abwechslung und Anregung immer ein Gewinn.

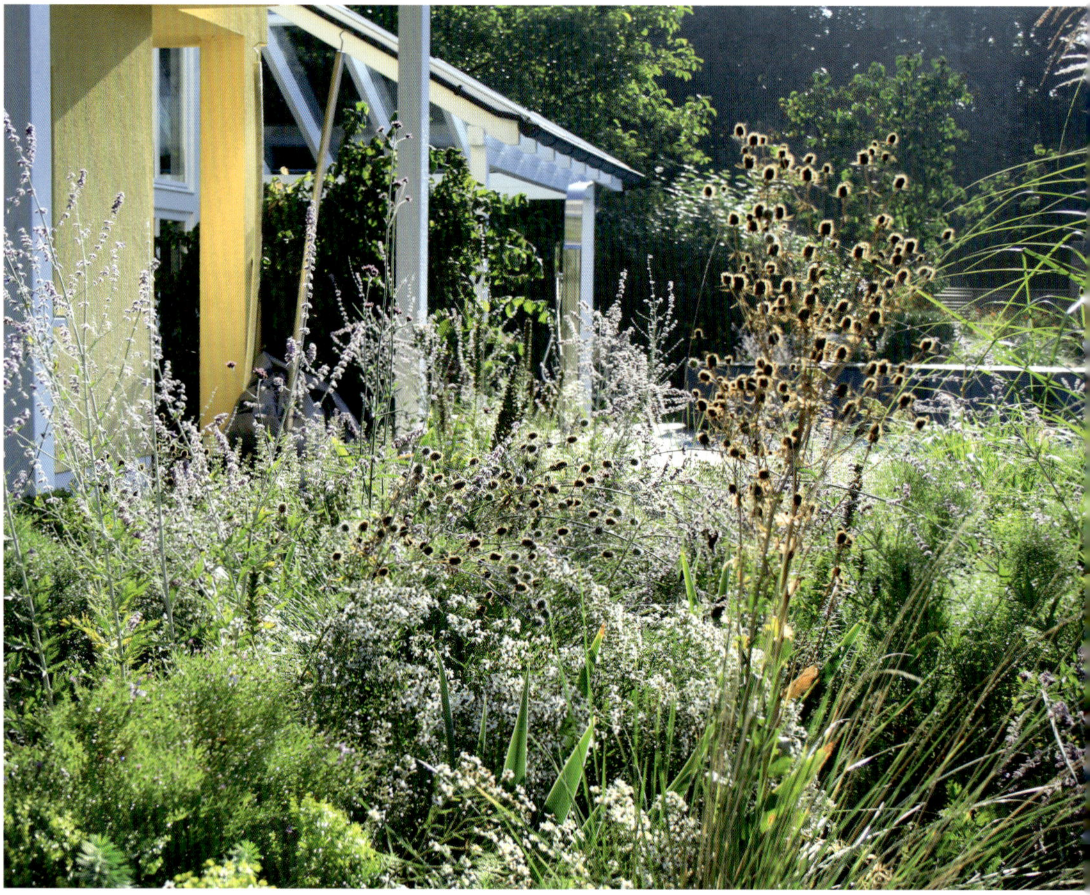

Gärten am Einfamilienhaus

Die Planung von Privatgärten ist eine sehr individuelle Angelegenheit. Gelegentlich treffe ich hier auf Auftraggeber, die ihre Liebe zum Garten schon im Elternhaus entdeckt haben oder bereits auf eigene praktische Erfahrungen mit Pflanzen zurückgreifen können. Solche Gartenbesitzer haben eine hohe Erwartung an meine Pflanzenauswahl. Sie freuen sich bereits darauf, ihren Garten selbst bearbeiten und die ausgesuchten Stauden und Gräser pflegen zu können. Einige legen sogar Wert darauf, beim Einpflanzen dabei zu sein und sogar mitzuarbeiten. Und jemand, der selbst Hand anlegt, wird später auch pflegen. Das ist für mich eine zufriedenstellende Vorstellung. Das Interesse meiner Kunden an einem optimalen Ergebnis ist mir wichtig. Sie sollen zufrieden sein und lange Freude daran haben.

Andere dagegen interessieren sich überhaupt nicht für Besonderheiten von Gewächsen und insbesondere nicht für ihre botanischen Namen. Sie haben oft ein architektonisches Interesse, lieben ein cooles Aussehen und begeistern sich für ein klares Design mit effektvoller Wirkung. So verschiden die Menschen sind, so unterschiedlich sind auch deren Vorstellungen, Ansprüche und der Geschmack. Ich kann das gut akzeptieren und stelle mich darauf ein.

Sehr oft wird der Wunsch nach einem Garten ohne allzu viel Pflegearbeit geäußert – gerade von Berufstätigen. Ich schlage dann vor, den Garten mit robusten Arten in größeren Gruppen zu bepflanzen. Dadurch entsteht ein Gerüst an zuverlässigen Pflanzen, in das ein paar Favoriten der Bauherren eingeordnet werden können. Eine Familie mit kleinen Kindern braucht eine Spielsandfläche, heimische Blumen und keinesfalls Pflanzen mit Giftstoffen. Hier plane ich einen

Ich erlebe die Dynamik von Stauden und Gräsern, ihr Austreiben, Wachsen, Blühen und Vergehen als einen wunderbaren natürlichen Prozess.

Garten beispielsweise mit Naschobst wie Erdbeeren und Johannisbeeren. Eine Abgrenzung mit stachellosen Brombeeren wäre die Alternative zu einer giftigen Eibenhecke.

Der passionierte Gartenliebhaber erfreut sich an großer Artenvielfalt und für ihn unbekannten Gewächsen. Er ist auch bereit, Zeit für die Pflege zu investieren. Mit ihm kann ich oft auf Augenhöhe über seltenere Pflanzenarten fachsimpeln und sie in schönen Kombinationen in den Garten einfügen. Hat er eine Vorliebe für eine bestimmte Gattung, kann ich mit ihm seine bevorzugten Pflanzen wie Aurikeln, Christrosen oder Schneeglöckchen gut inszenieren. Jeder Gartenbesitzer hat andere Ideale und setzt eigene Schwerpunkte.

Alle ausgesprochenen und angedeuteten Vorlieben und Träume fügen sich dann für mich wie ein Puzzle zusammen. Wenn ich mir das Wohnhaus in seinem Umfeld anschaue und am besten auch von innen, erfahre ich vieles über den Einrichtungs- und Lebensstil der Bewohner. Ist es klassisch, verspielt oder modern geprägt und zeigt es einen trendigen Geschmack? Oft sagt das genug über den Anspruch und vielleicht sogar über die Sehnsüchte der Familie aus. Manchmal entdecke ich bei meinem Rundgang ungewöhnliche Erinnerungsstücke, wie eine Buddhafigur im Wohnzimmer. Ich empfinde solche Objekte als Zeichen einer ganz persönlichen Lebenseinstellung, die auch draußen sichtbar sein sollte. Deshalb versuche ich, diesen Stil zu übernehmen. In dieser Phase wird meine Vision der Gestaltung immer konkreter.

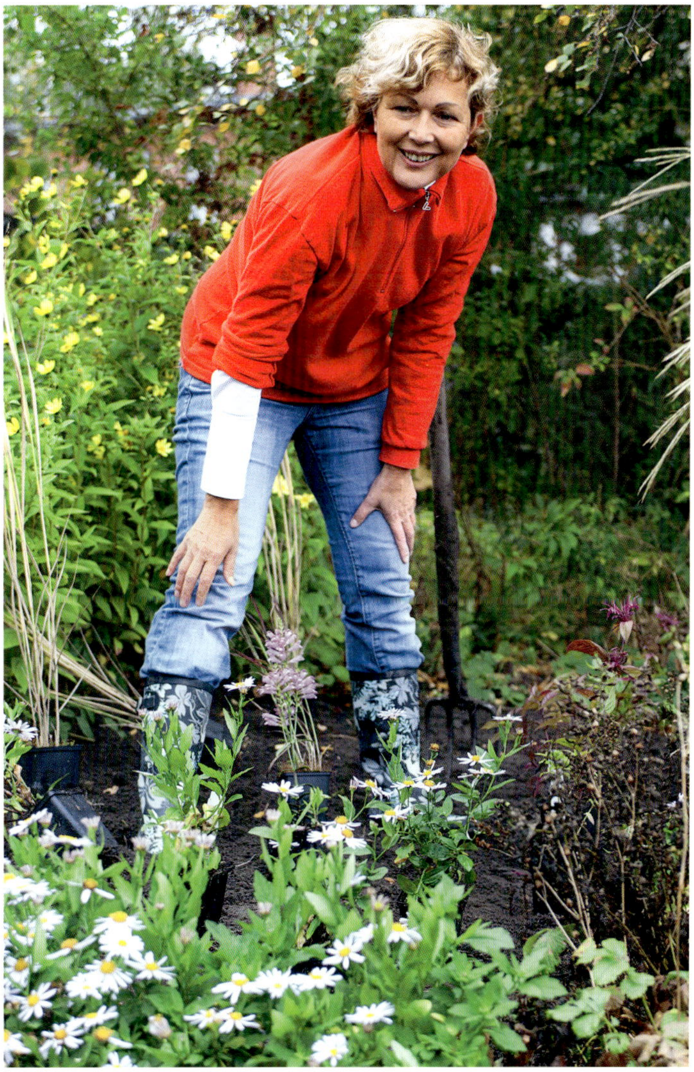

Es ist ein großes Vergnügen für mich, zusammen mit Kunden zu pflanzen. Besonders schön ist es zu sehen, mit welcher Vorfreude sie anpacken und wie neugierig sie sind, wie wohl alles werden wird.

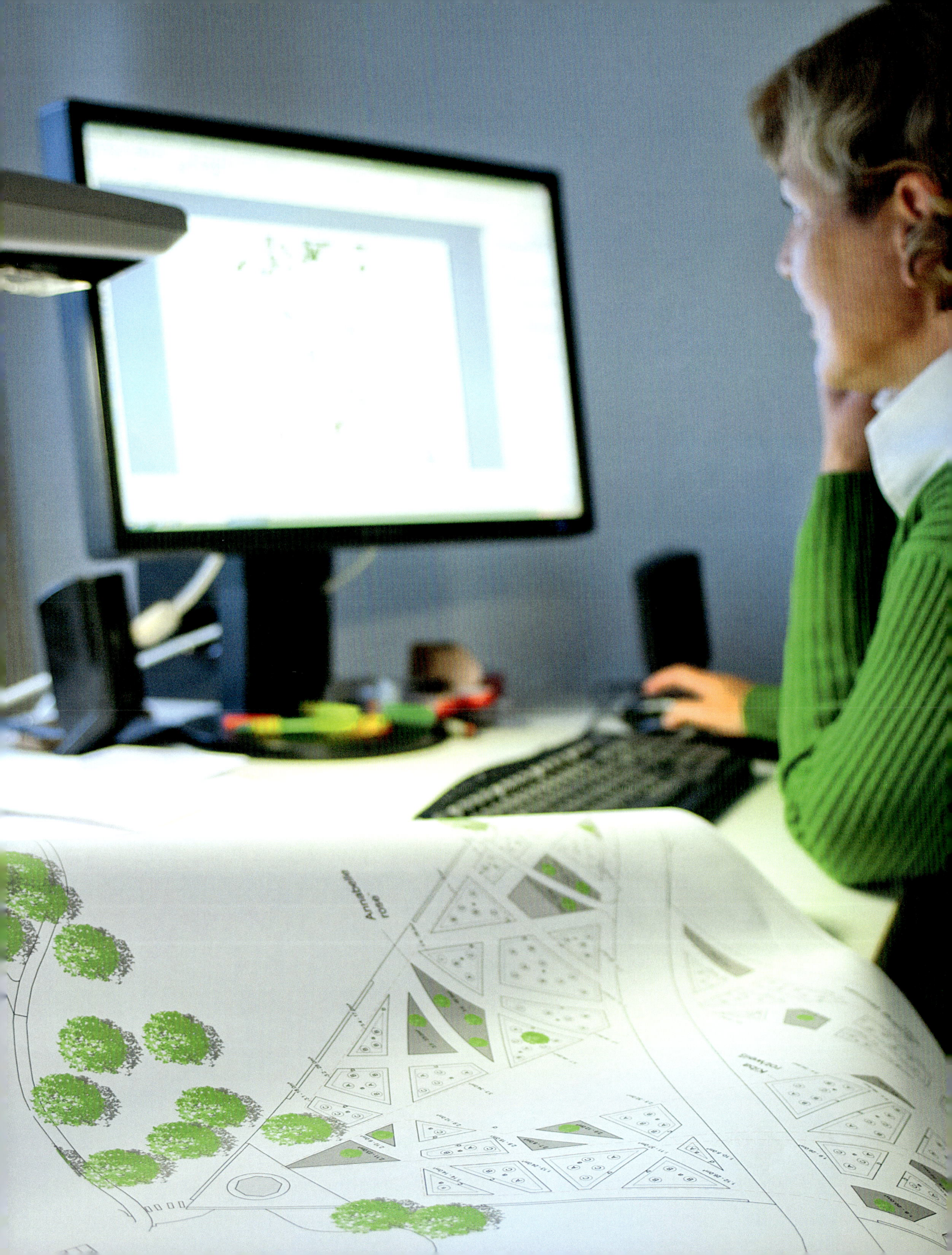

Von der Vision zur Wirklichkeit: Meine erprobte Strategie

Ich bin mir sicher, dass es für jede Situation eine ideale Lösung gibt, aber kein Patentrezept. Wenn ich beauftragt werde, habe ich oftmals eine Vision, wie meine spätere Planung aussehen könnte.

Für mich ist es inzwischen ganz selbstverständlich geworden, dass ich die bestehende Gegebenheit eines Grundstücks in mich aufnehme, während ich mir ein Gelände anschaue. Ich informiere mich über das Kleinklima des Grundstücks und um welche Bodenart und -klasse es sich handelt. Bei einer der ersten Besichtigungen wird meist besprochen, ob vorhandene Pflanzen berücksichtigt und erhalten werden sollen. In diesem Stadium sollte der große Rahmen für die Planung geklärt werden.

Sind alle Fakten geklärt, beginnt meine planerische Arbeit. Hierbei kann es mehrere Varianten geben, die dann möglichst gegensätzlich sind. So können die Bauherren und ich die beste Lösung herausfinden.

Die eigentliche Planung beginnt

Aus den Wünschen der Bauherren und der Umgebung des Projektes kann ich kreativ werden und eine grundlegende Idee oder ein Leitthema entwickeln, was der Pflanzung einen bestimmten Ausdruck vermittelt. Es kann ein Farbthema sein, aber welche Farbe soll dominieren? Am liebsten sind mir Pflanzungen, die farblich ausgewogen sind wie Ton-in-Ton-Kombinationen. Ich mag pudrige kühle Töne, wie das zarte Blau der Wiesenraute (*Thalictrum rochebrunianum*) in Nachbarschaft mit Kandelaber-Ehrenpreis (*Veronicastrum virginicum* 'Fascination') in verschiedenen Blau- und Lavendel-Tönen oder Salbei (*Salvia*) zusammen mit Blauraute (*Perovskia abrotanoides*). Aber auch Creme- und Orangetöne finde ich ungewöhnlich und sehr schön. So mag ich den warmen Honigton der Gräser, wie der Rasen-Schmiele (*Deschampsia cespitosa*) in Verbindung mit dem Orangerot der Sonnenbraut (*Helenium* 'Moerheim Beauty'), ganz besonders wenn sie in der Sonne intensiv leuchten.

Aber es kann auch eine Pflanzung entstehen mit einer bestimmten Aussage über die Struktur der Stauden und ihr Blattwerk. Das ist oft im Schatten der Fall (siehe auch Seite 54). Hier arbeite ich gern mit den verschiedenen Laubformen und Grüntönen und kombiniere sie mit den zurückhaltenden Blüten. Die Struktur der ausgewählten Stauden hat einen großen Einfluss auf die gesamte Wirkung der Pflanzung. Aufrecht wachsende Gräser wie das Reitgras

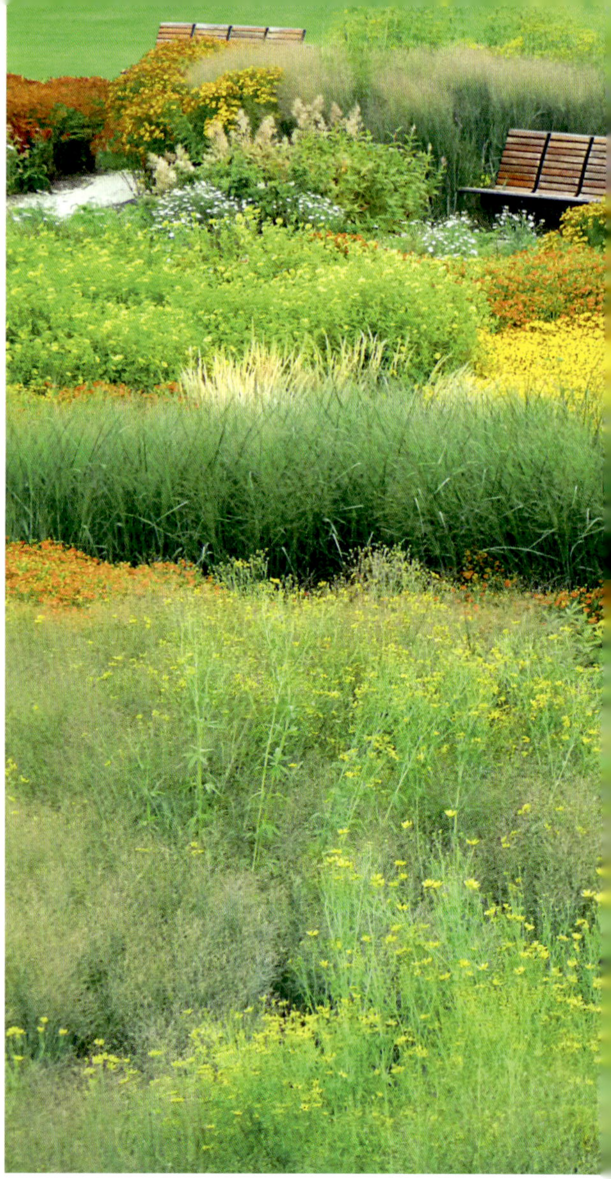

Einfachheit und Klarheit einer Pflanzung bedeuten keineswegs Monotonie und Langeweile.

(*Calamagrostis × acutiflora* 'Karl Foerster') oder das kleine Pfeifengras (*Molinia caerulea*) haben eine andere Ausstrahlung als der leicht überhängende Wuchs von Ruten-Hirse (*Panicum virgatum*) mit diffus wirkendem Laub oder die Blütenkolben des Lampenputzergrases (*Pennisetum alopecuroides*). Mit ihnen kann ich einem Garten oder einem Park ein sehr unterschiedliches Aussehen verleihen und sowohl eine streng architektonische Note als auch ein malerisch verträumtes Bild erzeugen.

Mein Planungsprinzip hat sich bewährt

Meist ergeben sich aus den Rahmenbedingungen verschiedene Alternativen bei der Planung der Bepflanzung, von denen ich meist die plakative Art bevorzuge. Ich wende sie gerne an, wenn eine Pflanzung deutlich wahrgenommen werden soll, wenn die Fläche aus der Ferne wirken oder wenn sie beispielsweise eine Schnellstraße begleiten soll. Betrachtet man eine Pflanzung kurz im Vorbeifahren, kommt es nicht auf das Detail an. Zum Beispiel eine Wiese: Aus der Distanz wirkt sie grün, obwohl sie sich aus vielen Einzelpflanzen zusammensetzt. Soll in der Innenstadt eine Pflanzung effektvoll sein, muss sie klar und charakteristisch sein. Auch in Privatgärten pflanze ich relativ großflächig.

Das Konzept der Struktur und Aufteilung der Pflanzflächen ist einfach. Gerade für den öffentlichen Freiraum bietet diese Art der Staudenverwendung zwei wesentliche Vorteile. Zum einen wird eine unkomplizierte Pflege ermöglicht und zum anderen entstehen prägnante Pflanzenbilder, die sich gut in das großräumige Stadtgefüge einordnen.

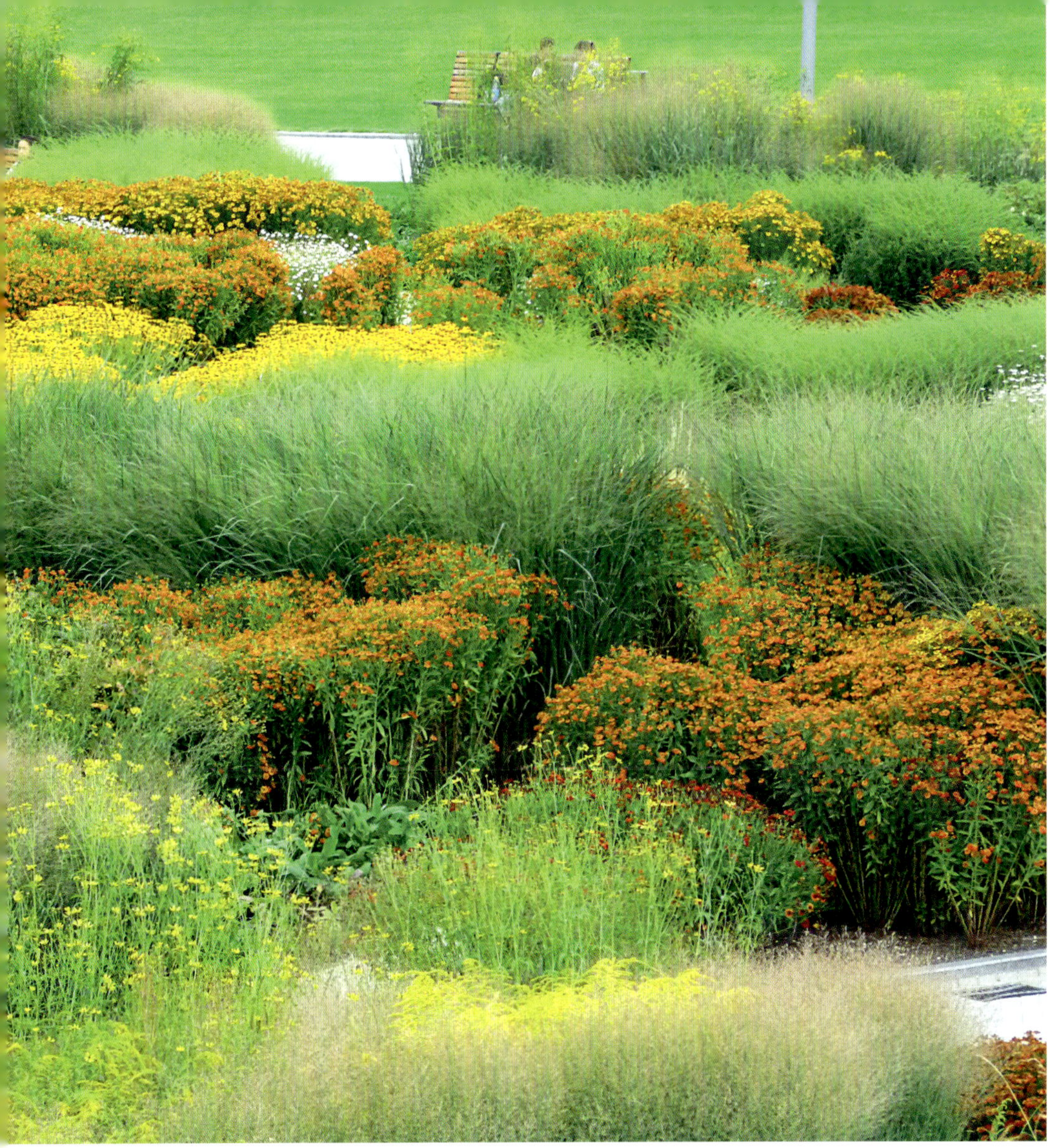

Ist die Situation großräumig, pflanze ich auch entsprechend großflächig. Ich versuche, den richtigen Maßstab zum Ort zu finden. Das Detail spielt eine geringere Rolle als das optische Einfügen der Pflanzung in die Umgebung.

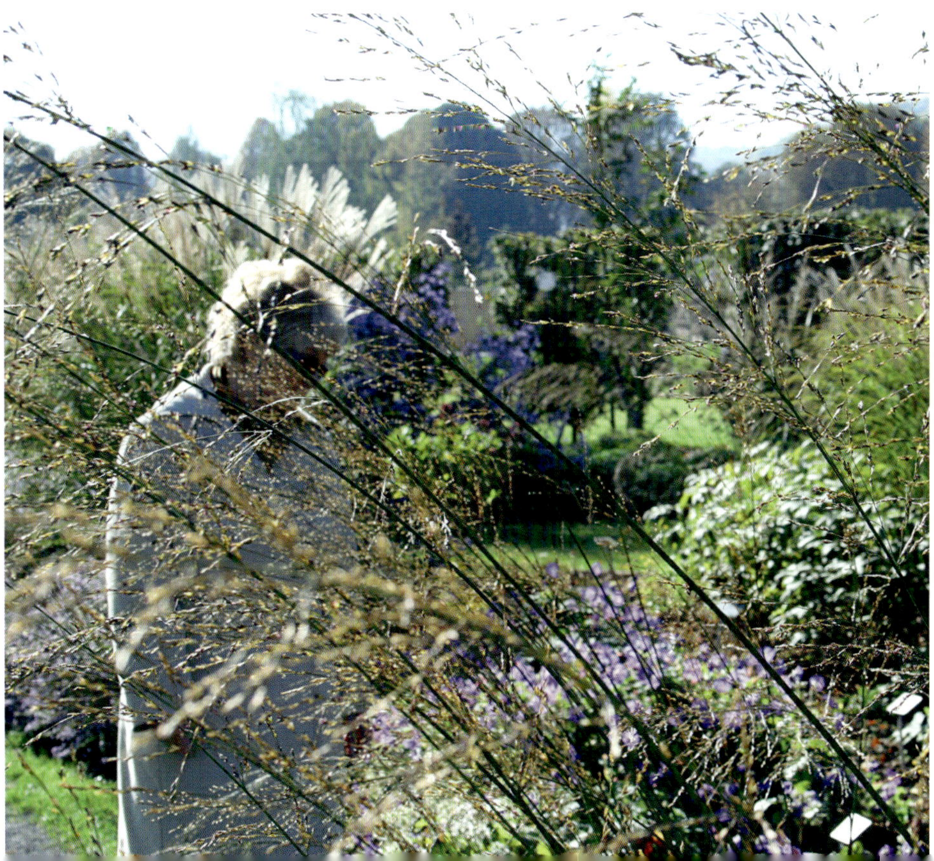

Soll eine Pflanzung aus der Nähe betrachtet werden, führe ich Wege hindurch oder stelle Bänke auf. Von hier aus können Besucher regelrecht eintauchen. Das gilt für einen Privatgarten ebenso wie für einen Park oder eine Gartenschau.

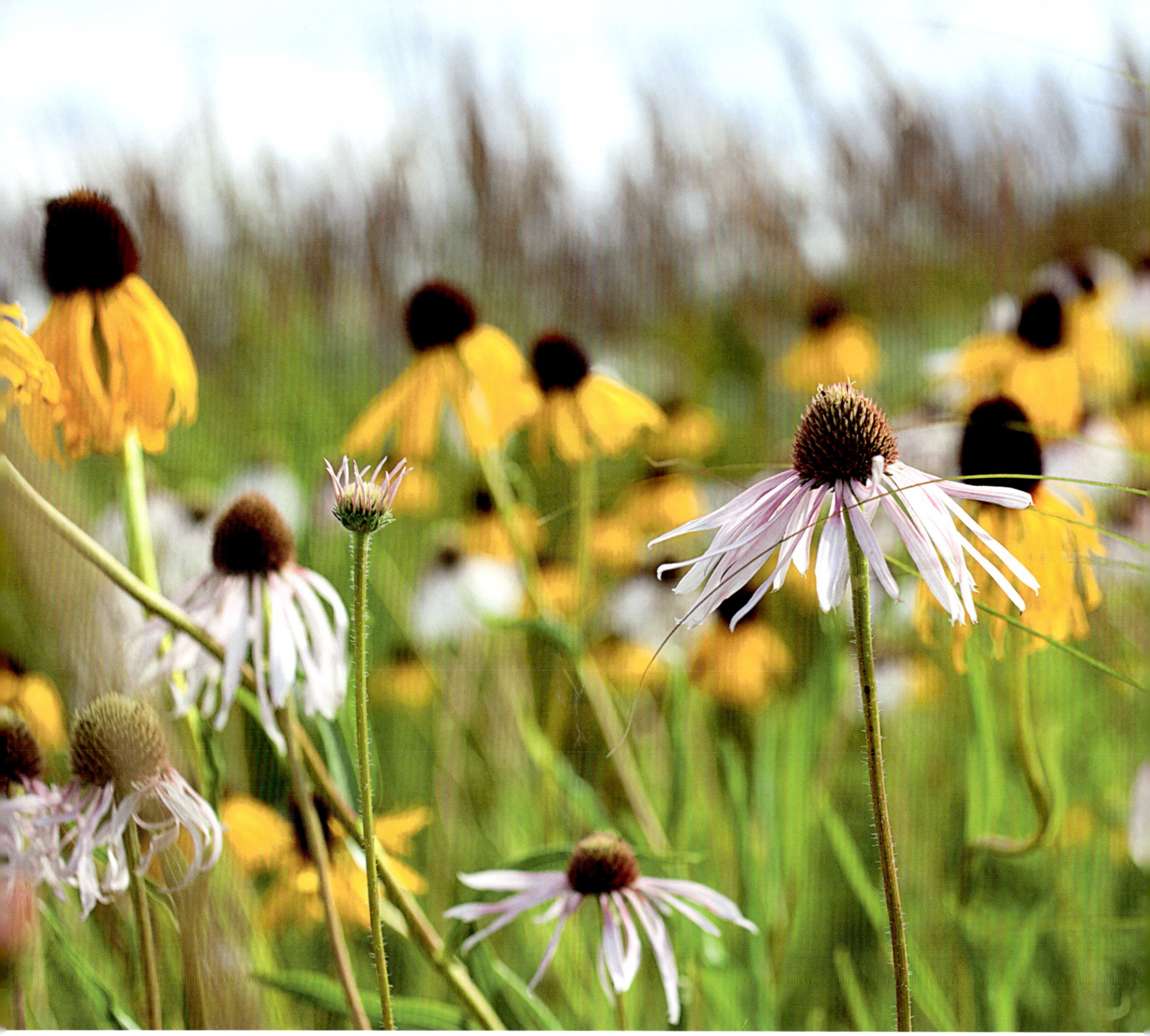

Die Wahrnehmung von Pflanzungen im städtischen Umfeld ist abhängig von ihrem Maßstab. In der Stadt dominiert häufig ein flüchtiger und hektischer Lebensrhythmus. Details und Besonderheiten einer Pflanzung werden kaum wahrgenommen. Die Bebauung ringsum ist massiv, Straßen und Plätze großräumig. Da muss sich eine Pflanzung, die sich gleichberechtigt in das Gesamtbild einfügen soll, durch eine einfache und überzeugende Ausstrahlung empfehlen. Das von mir bevorzugte Pflanzprinzip ermöglicht einen kontinuierlichen Blühzyklus, sodass sich das Erscheinungsbild der Pflanzung mit den Jahreszeiten ständig verändert. Relativ große Teilflächen jeweils einer Pflanzenart sind auf natürliche Weise miteinander verwoben. Durch die Großflächigkeit bringen nur zwei bis drei Arten den jeweiligen Blühaspekt. Doch gerade diese begrenzte Vielfalt erzeugt zu den verschiedenen Zeiten eindrucksvolle Bilder mit guter Fernwirkung. Das Miteinander einer bodenbedeckenden Grundbepflanzung ist durch Leitstauden, Gruppenstauden und Kleingehölze gegliedert. Das Kombinieren unterschiedlicher Blattformen und -oberflächen, den Texturen, der Wechsel der Grüntöne und ihrer Strukturen

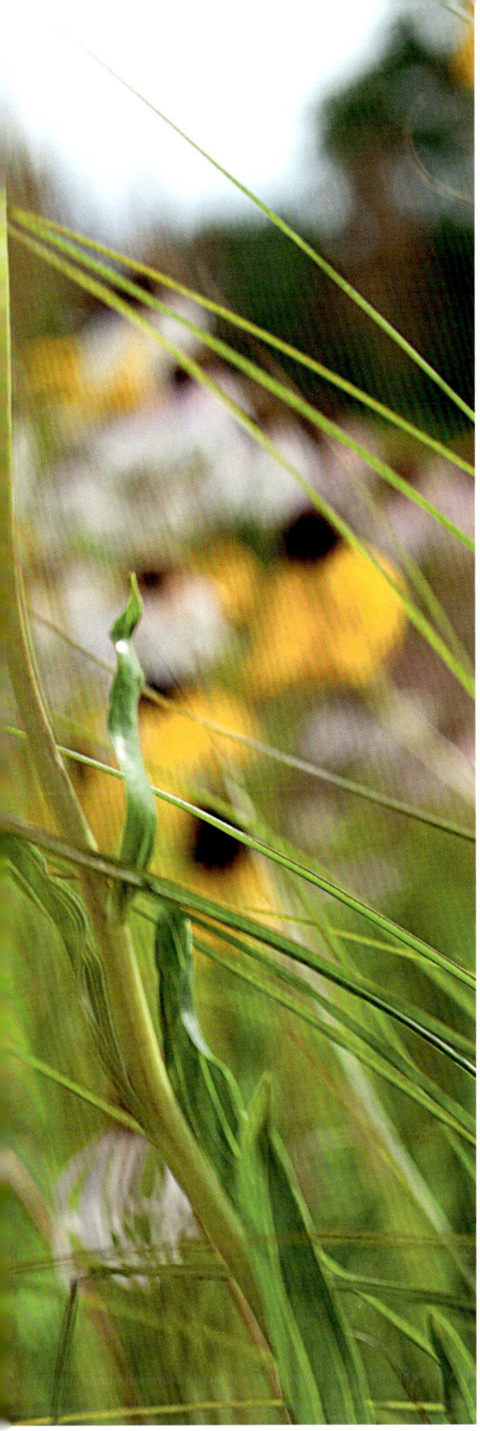

Diese Vorbilder aus der Natur sind meine Inspirationen für neue Pflanzkonzepte. Das Verweben einzelner Arten oder auch schöner Sorten eröffnet mir neue Gestaltungsmöglichkeiten, die keineswegs kleinflächig wirken.

sind, neben den Blüten natürlich, von ganz besonderem Reiz.

Übrigens: Ein selbst zusammengestellter Blühzeitenkalender hat sich für mich als sehr nützliches Hilfsmittel erwiesen. Darin kann ich vergleichen und überprüfen, wann etwas blüht, ob Blütenfarben gut zueinanderpassen und wer die jeweiligen Blühpartner sind. Es ist außerdem ein Nachweis für meinen Kunden, dass die Pflanzung rund ums Jahr interessant und voller Abwechslung bleibt. Das überzeugt auch skeptische Bauherren, wenn ich diesen Kalender zusammen mit meinem Konzept präsentiere.

Meine neue Methode: die Verlaufspflanzung

Eine gelungene Methode habe ich während mehrerer verschiedener Pflanzenexkursionen für mich entdeckt: die Verlaufspflanzung. Hier werden Staudenarten so nebeneinander gepflanzt und miteinander kombiniert, dass ihre Triebe und Stiele ineinanderzufließen scheinen und sich wieder auflösen. Dadurch entsteht ein sehr großzügiges Pflanzenbild. Diesen Bepflanzungstyp kann ich mit mehreren Arten gestalten, aber auch nur mit einer einzigen Art in verschiedenen Sorten. Zum Beispiel bietet sich dafür Salbei (*Salvia nemorosa*) mit Sorten in einem breit gefächerten Farbspektrum an. Zunächst kombiniere ich die Farben Hellrosa mit Dunkelrosa. Im weiteren Verlauf scheidet die Farbe Hellrosa aus und Dunkelviolett wird hinzugepflanzt, danach scheidet Dunkelrosa aus und Hellviolett oder Blau kommen hinzu und so weiter. Auf diese Weise verwende ich eine Vielzahl unterschiedlicher Sorten und schaffe dennoch ein einheitliches und großzügiges Bild. Auch die Kombination verschiedener Laubtexturen und Strukturen oder Blühpflanzen in Komplementärfarben lassen großzügige, vielgestaltige Pflanzenbilder entstehen. Reizvoll ist beispielsweise die Kombination von Farnen mit Gräsern und großlaubigen Pflanzen wie Funkien, Rodgersien oder Alant. Ähnlich wie ein Kunstmaler, der aus der Fülle seiner Palette schöpfen kann, ergeben sich für mich wertvolle Kombinationen, die wie mit einem leichten Pinselstrich einen neuen, faszinierenden Farbverlauf aufs Beet bringen und den Betrachter verzaubern können.

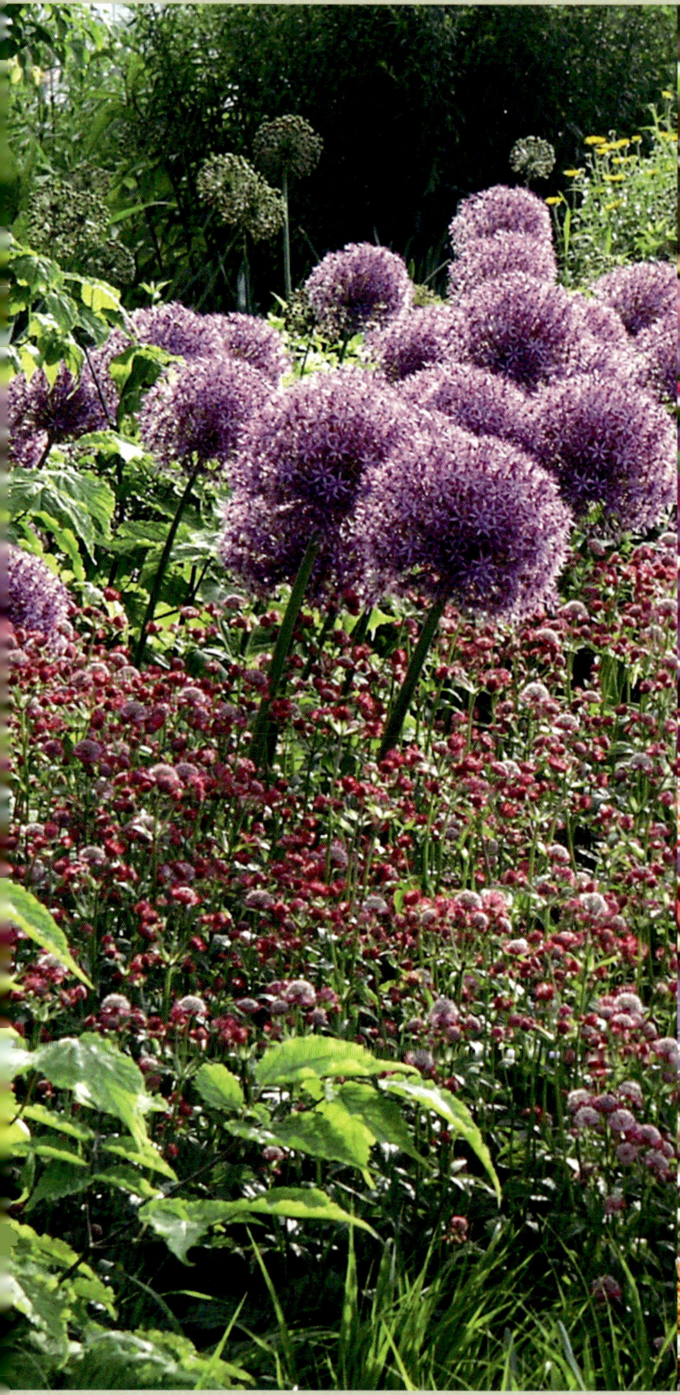

Kugelige Blütenköpfe wirken wie kleine Bollwerke im Beet, hier *Allium* 'Globemaster' und *Astrantia major* 'Rosennymphe' – alles herrlich Ton in Ton.

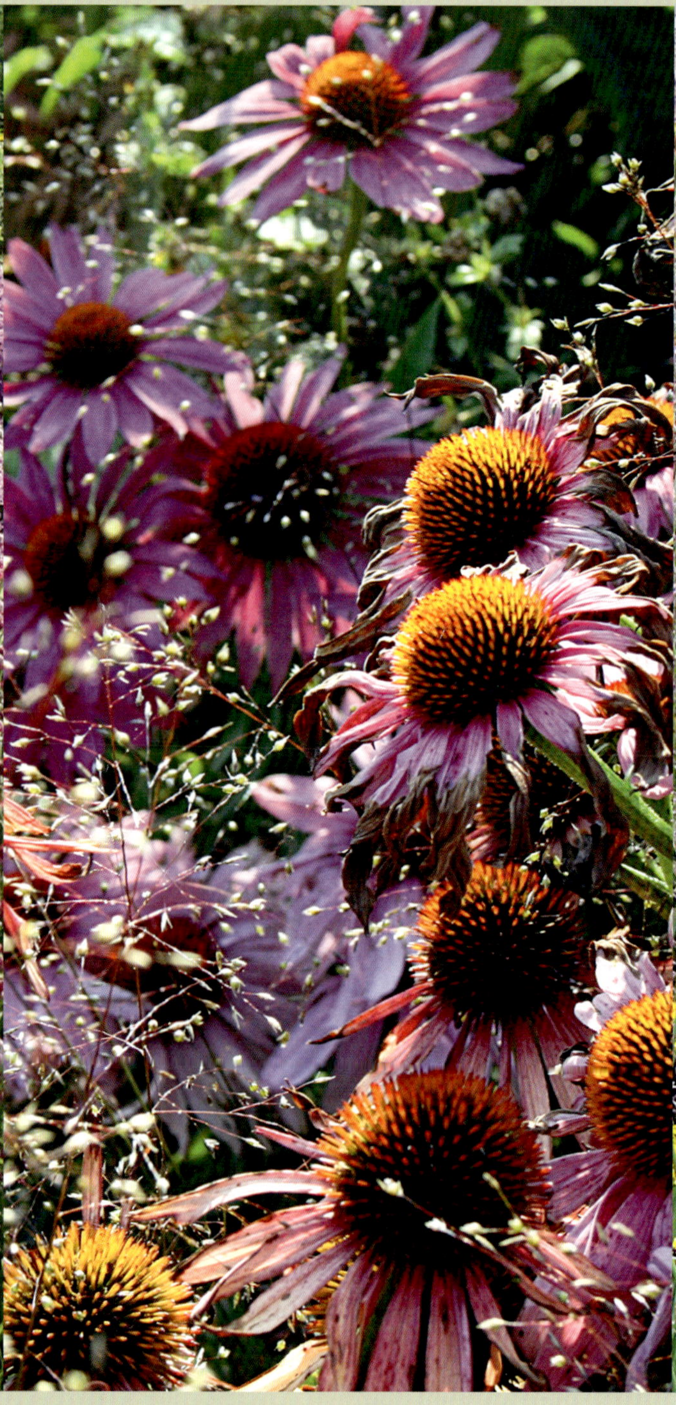

Die diffusen Blütenschleier des Tautropfengras (*Sporobolus heterolepis*) umgeben die klaren Formen der *Echinacea*-Blüte.

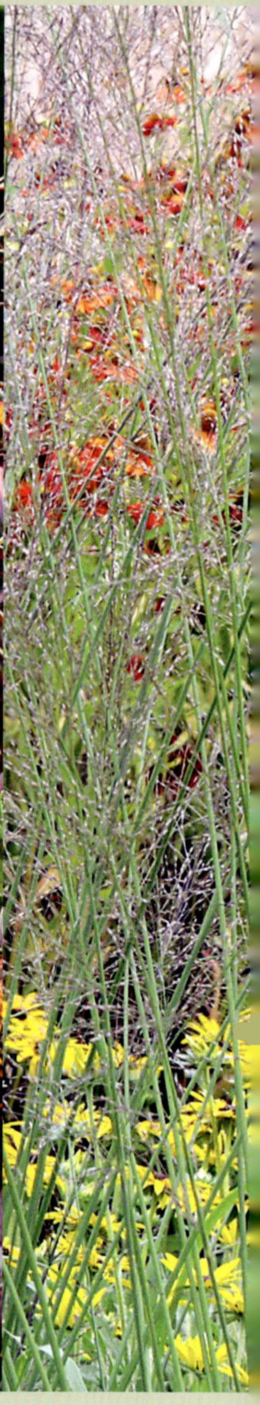

Im Herbst mildern die Gräserblüten des Pfeifengrases (*Molinia arundinacea*) die kräftigen Gelb- und Rottöne von Sonnenhut (*Rudbeckia*) und Sonnenbraut (*Helenium*).

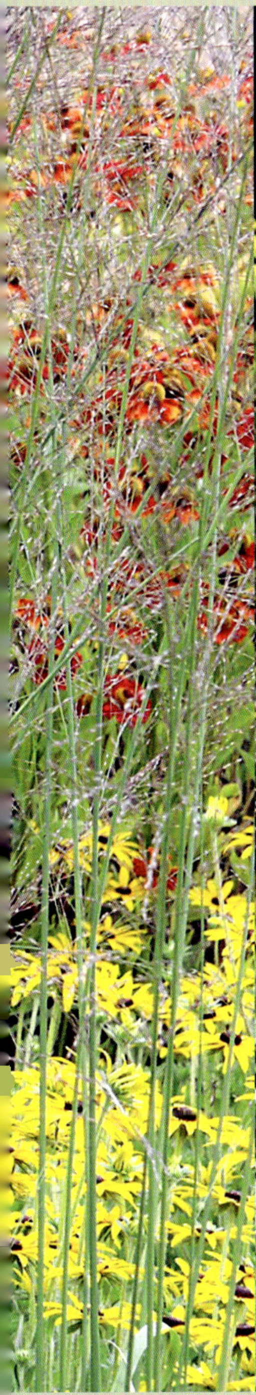

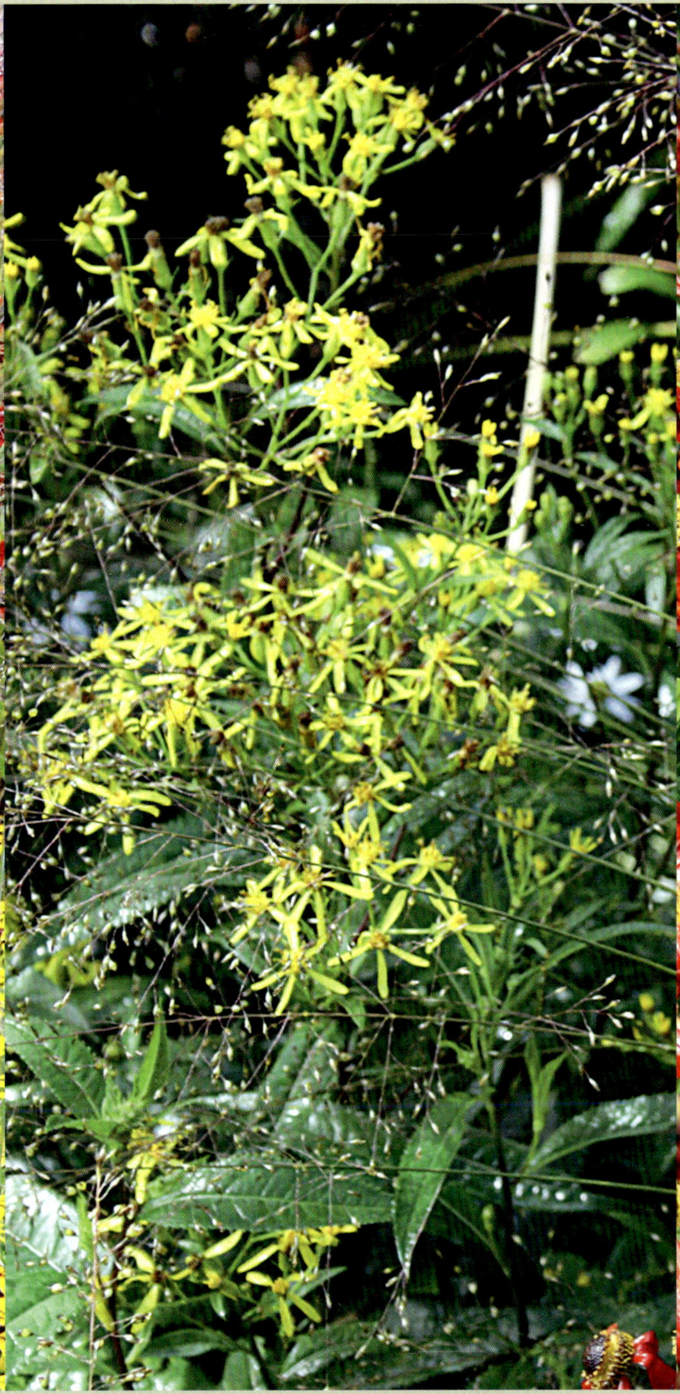

Die filigranen Blütendolden des Kreuzkrautes (*Senecio*) bringen naturhaften Charme ins Beet.

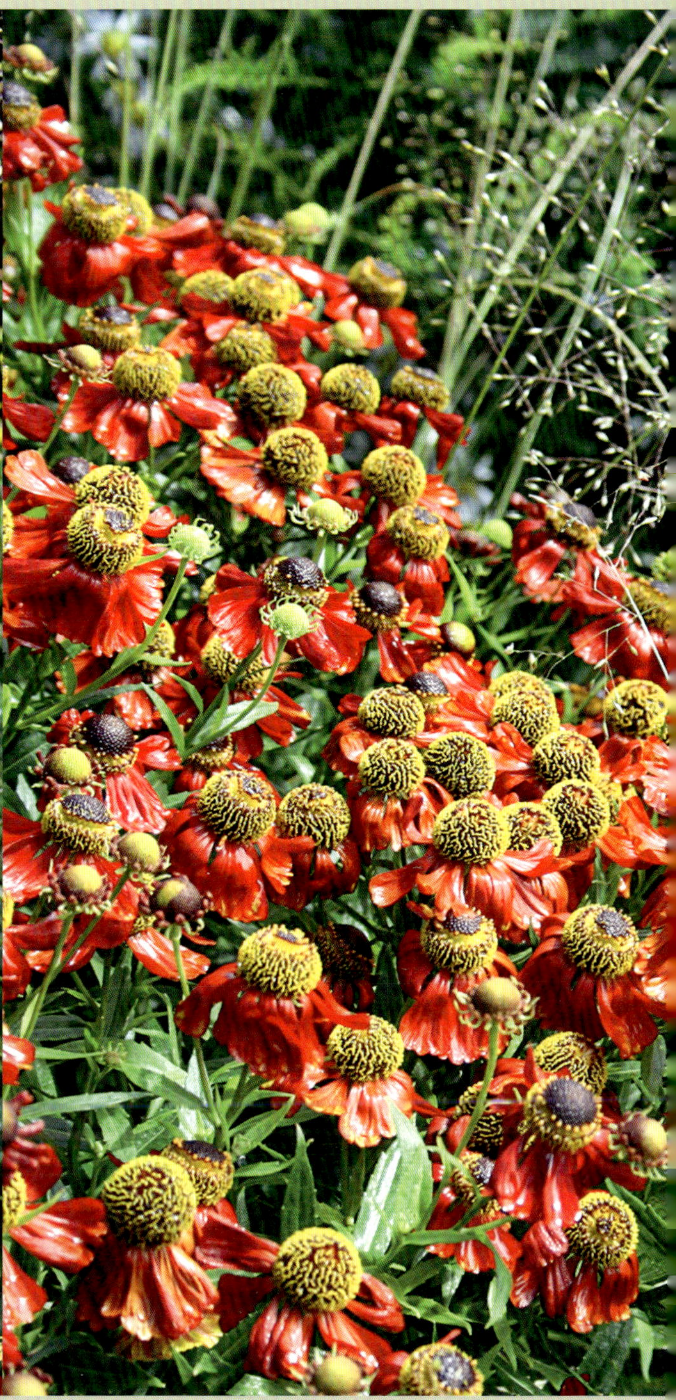

Warme Rottöne, wie die der Sonnenbraut-Sorte *Helenium* 'Rubinzwerg', lassen sich gut mit anderen warmen Farben oder mit Gräsern kombinieren.

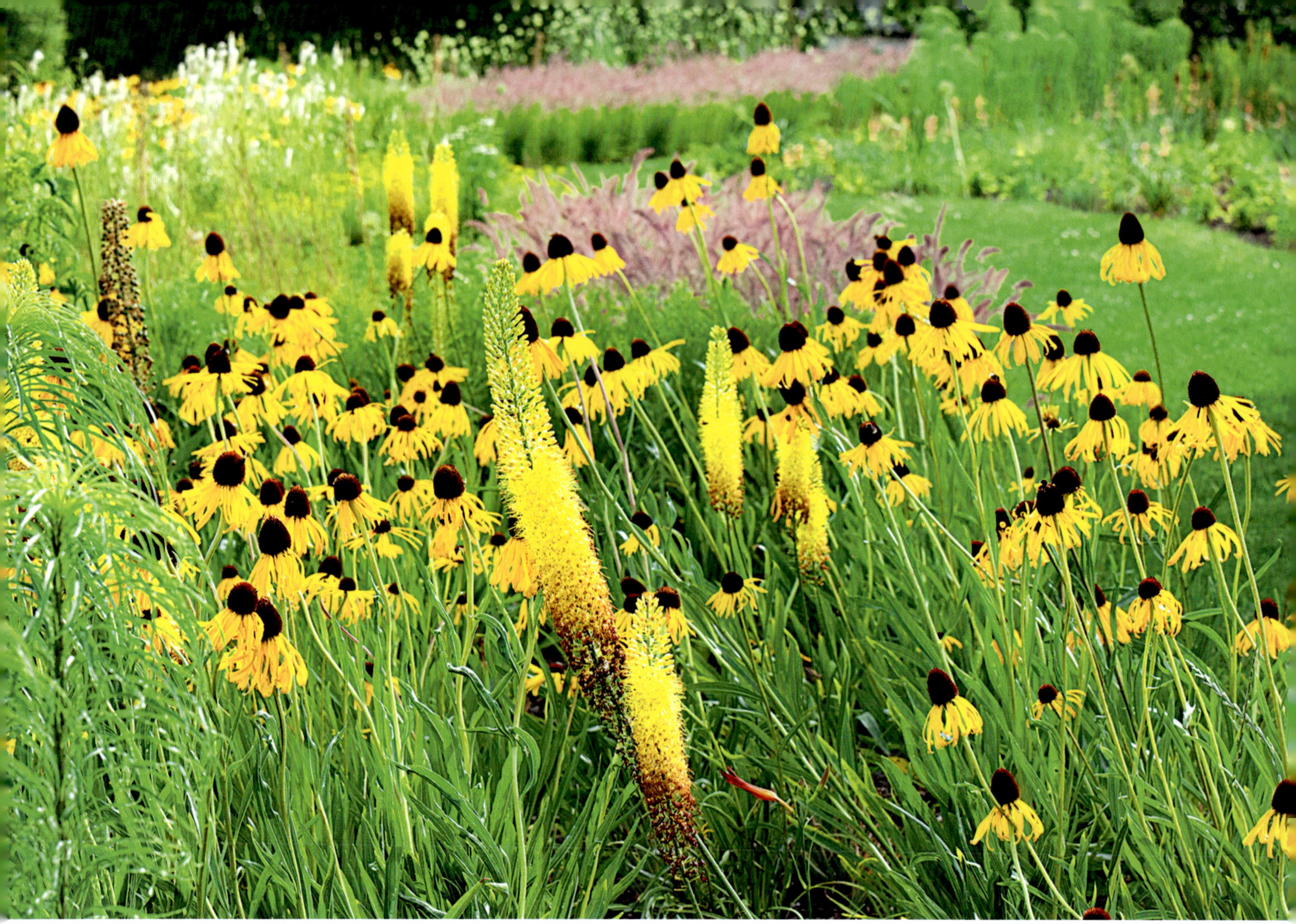

Im Staudenrausch

Da ich mich bei meinen Planungen in der Regel auf wenige Staudenarten beschränke, stelle ich gezielte Anforderungen an meine Auswahl. Infrage kommen nur Pflanzen mit langer Blühdauer, ähnlichem Konkurrenzverhalten, gutem Regenerationsvermögen sowie attraktivem Laub bis zum Ende der Vegetation im Herbst.

Wesentliche Faktoren sind die Standfestigkeit und das gute Miteinander. Stauden und Gräser wähle ich nach ihrem Wuchs aus und stelle ihnen Nachbarn zur Seite, die eine möglichst langlebige Gemeinschaft ermöglichen. Andere Kriterien sind die Wuchshöhe und ein dichtes, kompaktes Aussehen. So entstehen weitgehend dichte Pflanzendecken. Geeignet sind sowohl Stauden, die durch kurze Ausläufer geschlossene Teppiche bilden, als auch Pflanzen mit dichtem Laub und höhere Stauden. In dieser Pflanzendecke treten Solitär- oder Leitstauden hervor, bilden Räume, führen durch die Pflanzung und verbinden die kontrastierenden Farb- und Strukturflächen miteinander. Dominanz und Volumen gehören zu den notwendigen Eigenschaften.

Es geht für mich immer wieder um die erstaunliche Vielfalt der Stauden, um ihre Blattformen und -farben und die verschiedenen Arten der Blütenstände, also Ähren, Dolden oder Rispen. Eine herausragende Bedeutung hat auch die Höhenstaffelung von Stauden und Gräsern innerhalb einer Pflanzung. Vorne am Rasen oder am Weg platziere ich beispielsweise niedrig bleibende Arten, im Anschluss stehen die halbhohen und ganz im Hintergrund diejenigen, die 2 m und höher werden. So bildet vielleicht mein Lieblingsgras, das Japangras (*Hakonechloa macra*), einen schönen Vordergrund, dahinter könnte der weiße Kerzen-Wiesenknöterich (*Bistorta amplexicaulis* 'Alba') wachsen. Den Abschluss bildet dann die Vernonie oder Arkansas-Scheinaster (*Vernonia crinita*).

Der wildnishaft anmutende Scheinsonnenhut (*Echinacea paradoxa*), die zarten Blütenwalzen des Lampenputzergrases (*Pennisetum orientale* 'Karley Rose') und die Steppenkerze (*Eremurus*) ergeben eine faszinierende Kombination.

Sollen kleinere Räume innerhalb einer Rabatte geschaffen werden, kann der Blick durch eine Buchen- oder Eibenhecke, höhere Solitärstauden oder Staudengruppen und -hecken unterbrochen werden. Reizvoll ist eine homogene Bepflanzung, über die man leicht hinwegschauen kann. Dazu würde ich die folgenden Pflanzen arrangieren: Roter Scheinsonnenhut (*Echinacea purpurea*-Hybriden) oder Gewöhnlicher Salbei (*Salvia nemorosa*) in Kombination mit Steppen-Wolfsmilch (*Euphorbia seguieriana* subsp. *niciciana*) und verschiedenen Gräsern wie das Prärietautropfengras (*Sporobulus heterolepis*).

Vor allem mag ich Großstauden, die im Frühjahr innerhalb weniger Wochen ihre Blattmassen aus dem Boden schieben, wie die oft beschriebene Johanniswolke (*Aconogonon speciosa*). Sie geben einer Bepflanzung eine erstaunliche Dynamik. Der wildnishafte Charme macht sie zu variablen Partnern im Staudenbeet. Meine liebsten großen Kerle sind Kadelaber-Ehrenpreis (*Veronicastrum virginicum*), Purpurdost (*Eupatorium purpureum*), Sonnenblumen (*Helianthus orygalis* oder *H. microcephalus*) und Riesen-Chinaschilf (*Miscanthus giganteus*). Die Gartengröße bestimmt die Größe der einzelnen Arten. Neben den eben genannten Pflanzen entstehen mit diesen Stauden imposante Blütenbüsche zum Beispiel entlang der Grundstücksgrenze oder im Hintergrund: Arkansas-Scheinaster (*Vernonia crinita*), Myrten-Aster (*Aster pringlei* 'Pink Beauty') oder Scheinaster (*Boltonia asteroides*).

Da die Auswahl gar nicht groß genug sein kann, suche ich laufend nach neuen Pflanzen und lasse mich gern von ihren Qualitäten überzeugen. In botanischen Gärten oder in manchen Gärtnereien werde ich oftmals fündig. Und hier schlummern noch viele weitere Schätze. Es ist tröstlich zu wissen, dass es noch viele unentdeckte Planzen gibt.

Oft verwende ich Stauden, die in Nordamerika beheimatet sind und sich in unserem Klima ausgesprochen wohlfühlen. Sie bezaubern durch ihr dekoratives Laub, das bis zum ersten Frost attraktiv ist oder sogar darüber hinaus. Das ist ein Vorteil, da ich Stauden und Gräser in großen Mengen verwende. Die schönen Gewächse haben jedoch auch einen Nachteil. Sie treiben recht spät aus, oft erst im April oder Mai. Deshalb bin ich darauf angewiesen, mich aus dem breiten Spektrum früh blühender Stauden und Zwiebelblumen (Geophythen) zu bedienen. Sie wirken wie ein zweiter Layer, wie eine zweite Schicht. Ihr Grün erscheint je nach Winterdauer schon im Februar und März. Ihre Blüten dagegen überraschen im April und Mai zwischen den heranwachsenden Stauden. Später im Sommer vergehen sie und werden von den nachkommenden Pflanzen überdeckt. Das welke Laub der Frühblüher wird ganz natürlich ohne weiteres Zutun von dem frischen Grün anderer Stauden verborgen.

Gräser wie das Rascheln im Wind

Gräser spielen eine bedeutende Rolle in meinen Pflanzungen, weil sie einen wirkungsvollen Kontrast zu den üppigen und großblättrigen Strukturpflanzen bilden. Die Anmut dieser grazilen und eleganten Erscheinungen offenbart sich dem Betrachter durch ihr biegsames Laub und die interessanten, häufig zurückhaltenden Blütenstände im Spätsommer und Herbst. Mit ihrem Linienspiel betone ich bestimmte Pflanzenbilder. Ihre natürliche, fast wildnishafte Ausstrahlung prägt in besonderem Maße den Charakter vieler meiner Pflanzungen.

Es gab einige Vordenker, die Ziergräser schon im vorigen Jahrhundert in den Fokus ihrer Züchtung und vor allem der Gartengestaltung rückten. Der Potsdamer Staudenzüchter Karl Foerster

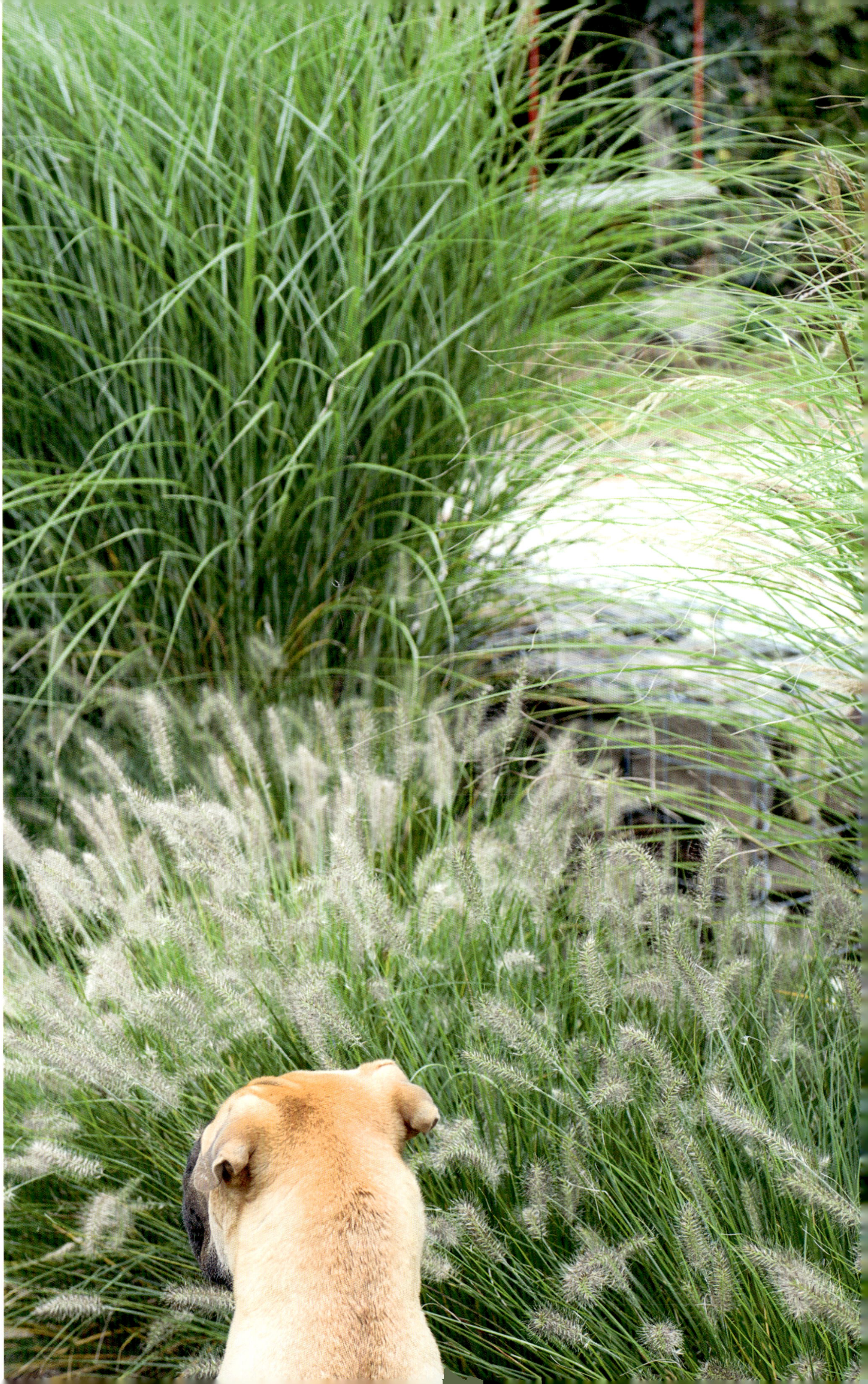

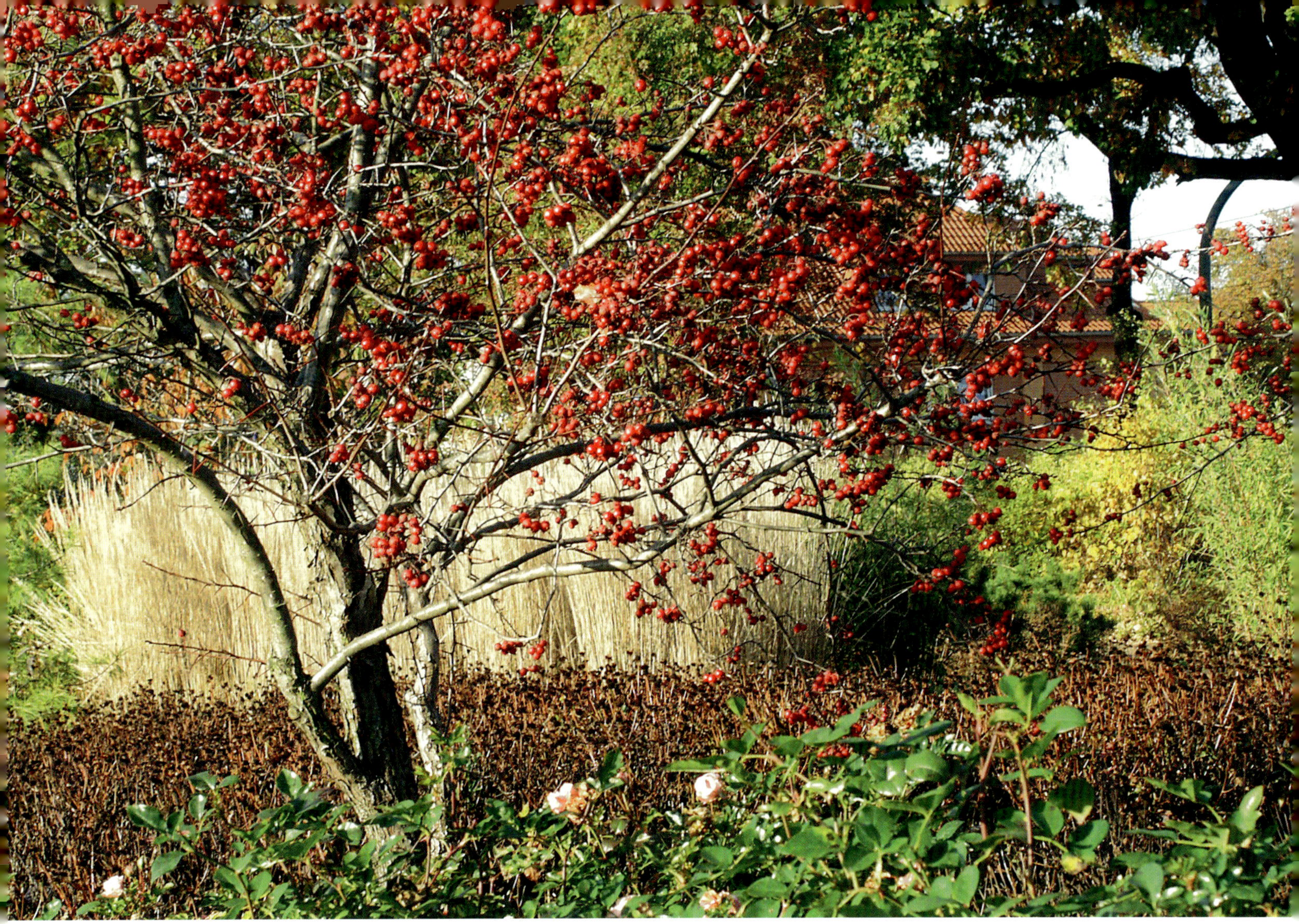

Oben: Sogar noch im Dezember, wenn die letzten Blüten längst braun geworden sind, wirken Gräser wie das Reitgras (*Calamagrostis*) im Zusammenspiel mit den Samenständen von Sonnenhut und fruchttragenden Gehölzen wie dem Pflaumenblättrigen Weißdorn noch unglaublich farbig.

Links: Gräser zaubern fast ganzjährig wunderschöne Linien ins Beet, wie hier das Lampenputzergras *Pennisetum alopecuroides* 'Hameln'.

(1874–1970) war neben seiner anerkannten Arbeit für Phlox- und Rittersporn-Sorten und auch für Chinaschilf wohl der erste, der sich dieser Thematik annahm. In seinem Buch „Einzug der Gräser und Farne in die Gärten" gab er sensationelle, beispielhafte Anregungen, wie wertvoll Gräser als Ergänzung zu hohen Stauden sein können. Ernst Pagels (1914–2007) war ein großartiger Staudenzüchter in Leer/Ostfriesland. Einige bekannte Chinaschilf-Sorten, wie die von mir gern verwendete 'Malepartus', aber auch 'Silberturm', 'Ghana', 'Kleine Fontäne', 'Flamingo' und die gestreifte Sorte 'Giraffe' gehen auf ihn zurück. In neuerer Zeit haben der englische Gardendesigner Noel Kingsbury und sein niederländischer Kollege Piet Oudolf neue Pflanzungen und Kombinationen von Stauden und Gräsern kreiert und diesen Pflanzengattungen eine überraschende Dimension verliehen. Ihr gemeinsames Buch „Neues Gartendesign mit Stauden und Gräsern" gab der Gartenszene wichtige Impulse.

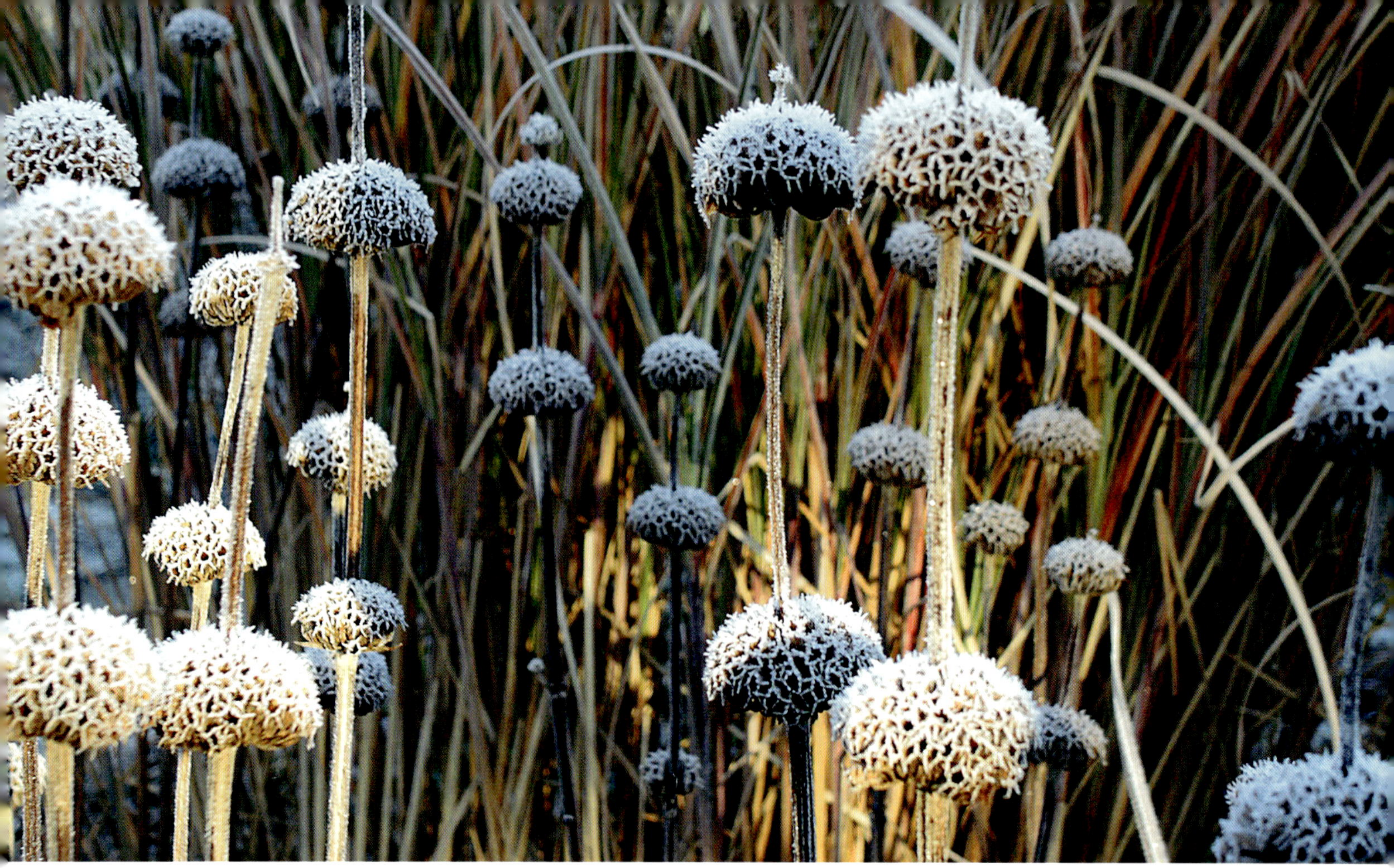

Frost zeichnet die besondere Struktur des Brandkrautes (*Phlomis russeliana*) nach und hebt seine skurrile Schönheit vor dem Chinaschilfhorst hervor.

Im Winter, wenn die kräftigen Farben des Sommers und Herbstes verblasst sind, wirken Gräser, aber auch standfeste Stauden immer noch durch ihre Struktur und schaffen in den Pflanzungen eine geheimnisvolle Silhouette. Der Rückschnitt von Gräsern und Stauden erfolgt deshalb erst im zeitigen Frühjahr, etwa im März, bevor die ersten Blumenzwiebeln austreiben.

Raumgliedernde Gehölze mit Finesse

Sie nehmen einen besonderen Stellenwert ein, denn sie gliedern die Flächen und bilden das dauerhafte Gerüst jeder Pflanzung. Insbesondere im Frühjahr, wenn die abgestorbenen Pflanzenteile der Stauden und Gräser abgeschnitten sind und die Flächen für kurze Zeit wie ausgeräumt wirken, ist ihre Wirkung sehr wertvoll. Ich verwende vorzugsweise Arten, die sich durch ihren Austrieb im Frühjahr oder ihre Laubfärbung im Herbst, den Fruchtschmuck, immergrünes Laub oder durch malerischen Wuchs auszeichnen. Meine Favoriten sind der Spindelstrauch (*Euonymus planipes*), die Späte Traubenkirsche (*Prunus serotina*) und die Kupfer-Felsenbirne (*Amelanchier lamarckii)*.

Winterzauber

Stauden und Gräser sind nicht nur attraktive Erscheinungen während der Vegetationszeit, sondern wie bereits erwähnt auch während der Wintermonate. Gerade jetzt kommt bei einigen Pflanzen ihre skulpturale Schönheit zur vollen Wirkung. In dieser Zeit werden aus farbenprächtigen Blüten kompakte, quirlige Samenstände in unterschiedlichen Braunschattierungen und die hohen, aufrechten Stängel biegen sich boden-

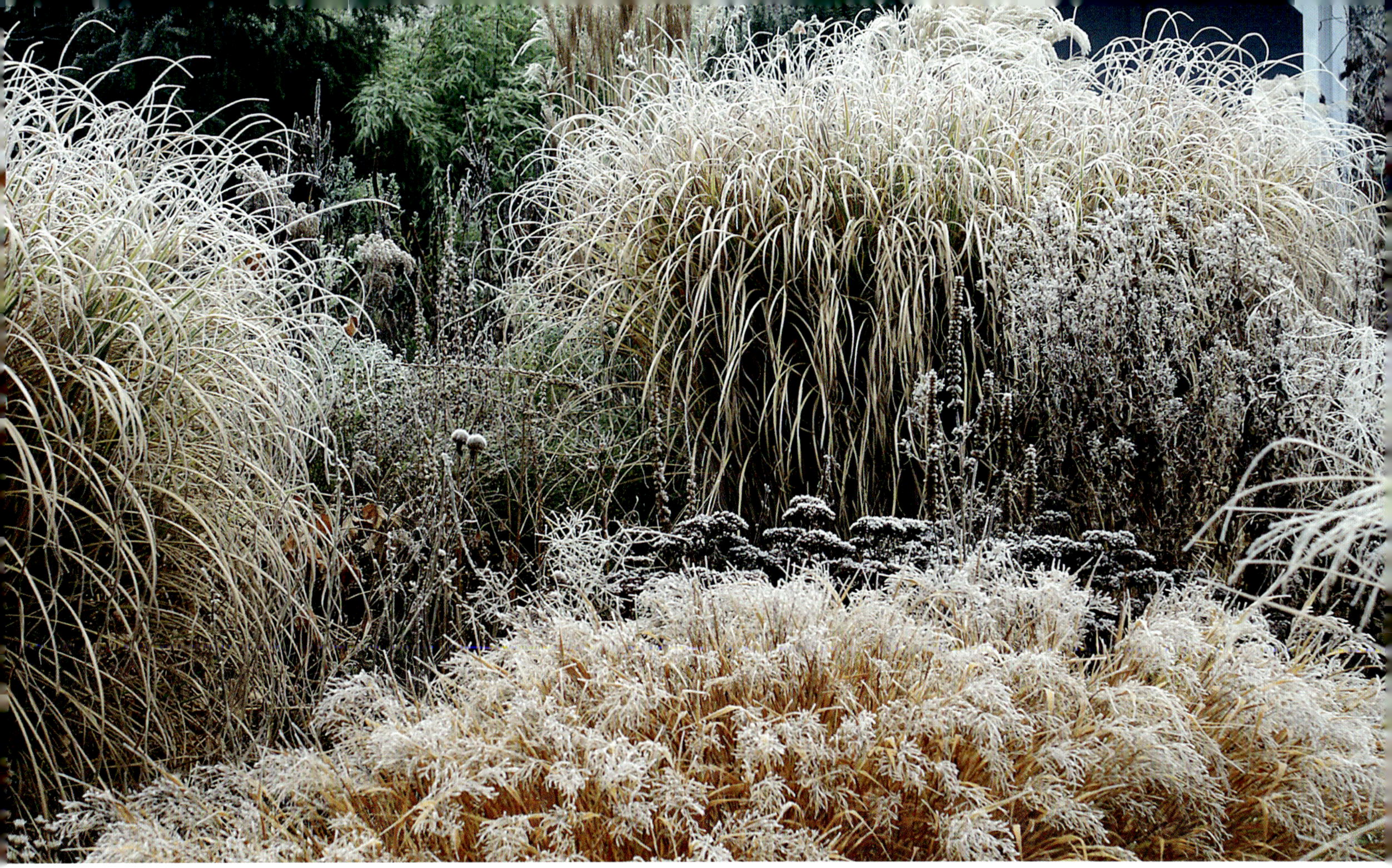

Gräser wie das feinhalmige Chinaschilf (*Miscanthus*) und das Japangras (*Hakonechloa*) gehören zu den Arten, die ganzjährig attraktiv sind und es selbst bis zum Frühjahr bleiben. So schaffen sie gerade bei Frost zauberhafte Silhouetten im Garten.

nah. Ein malerischer Wuchs, besondere Samenstände oder Früchte ziehen die Aufmerksamkeit auf sich. Tau, Nebel, Raureif und eine leichte Schneedecke lassen zauberhafte Silhouetten in zarter Zerbrechlichkeit entstehen. Die Auswahl solcher Pflanzen mit schönem Winteraspekt ist umfangreich, zum Beispiel sehe ich diese gern: Chinaschilf (*Miscanthus*), Indiandernessel (*Monarda*), Reitgras (*Calamagrostis*), Schaublatt (*Rodgersia*), Sonnenhut (*Rudbeckia*) und Wasserdost (*Eupatorium*).

Ohne Pflanzenpflege geht es leider nicht

Dieser von mir geprägte Bepflanzungsstil benötigt eine regelmäßige und qualifizierte Pflege, allerdings nicht etwa alle ein, zwei Wochen, wie es bei Rasenflächen notwendig ist, sondern eher im Vier-Wochen-Rhythmus. Der große Gewinn liegt darin, dass sich die Staudenflächen mit vergleichsweise geringen Eingriffen und einem vertretbaren Aufwand in einem attraktiven Zustand erhalten lassen. Die Pflege im Frühjahr ist entscheidend. Hier sind die Bodenflächen vor dem Austreiben der Gräser und Stauden noch offen, Unkräuter haben ein leichtes Spiel, sich zwischen den Pflanzen auszubreiten. Wird in dieser Phase die Pflege vernachlässigt oder eingespart, erhöht sich der anschließende Aufwand unverhältnismäßig stark. Deshalb darf im Frühjahr der richtige Zeitpunkt (im März) nicht verpasst werden, alle Stauden und Gräser bodennah abzuschneiden. Wie überall gibt es auch hier Ausnahmen: Einige Stauden würden bald überhandnehmen, weil sie sich durch Selbstaussaat zu stark vermehren. Akelei (*Aquilegia*), Goldrute (*Solidago*), Königskerze (*Verbascum*) und Telekie (*Telekia speciosa*) gehören zu denjenigen Arten, die ich besser schon im Frühherbst zurückschneiden lasse.

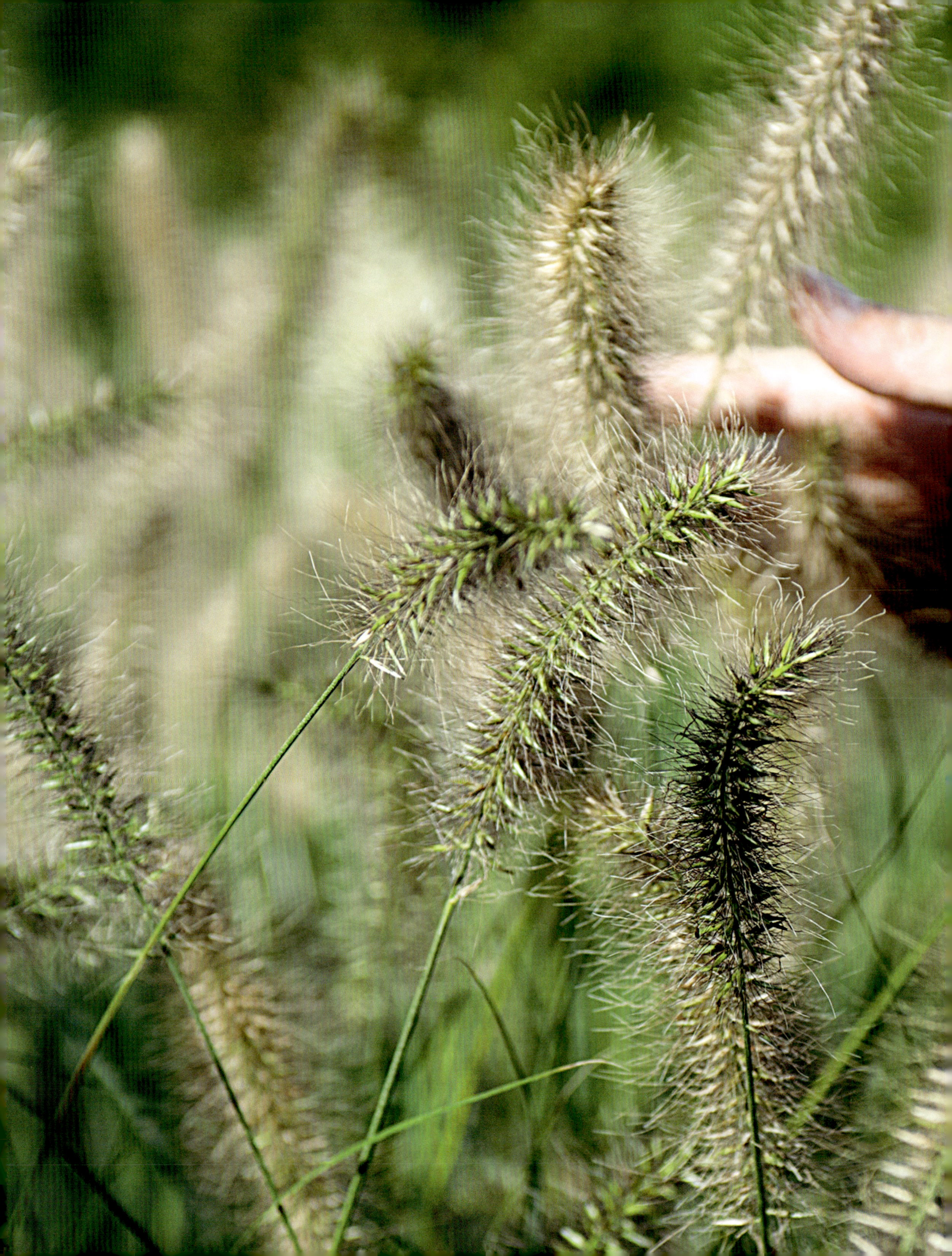

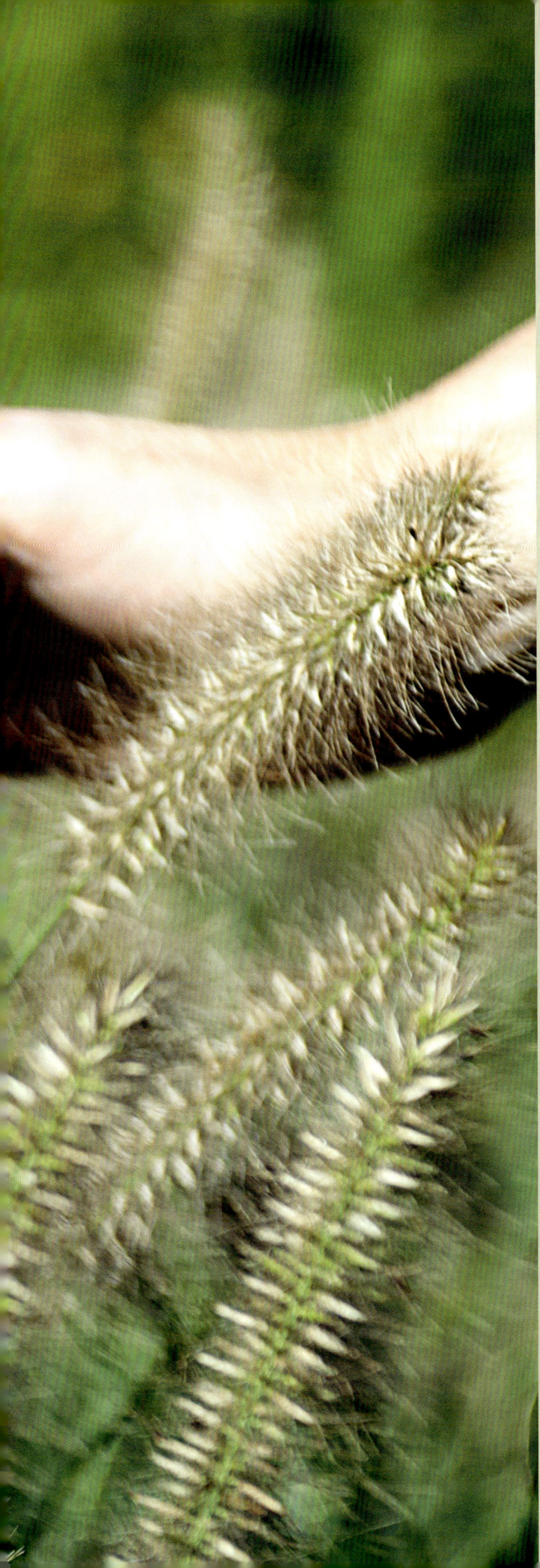

Meine Lieblings-pflanzen

Diese Stauden und Gräser zähle ich zu meinen Favoriten, weil sie robust und schön sind. Sie zaubern wunderbare Aspekte in die Beete – vom Austrieb bis zum Absterben.

Es gibt noch eine Vielzahl an Pflanzenschätzen, die unbekannt und unerprobt sind. Sie schlummern in botanischen Gärten oder in Gärtnereien und warten darauf, verwendet zu werden.

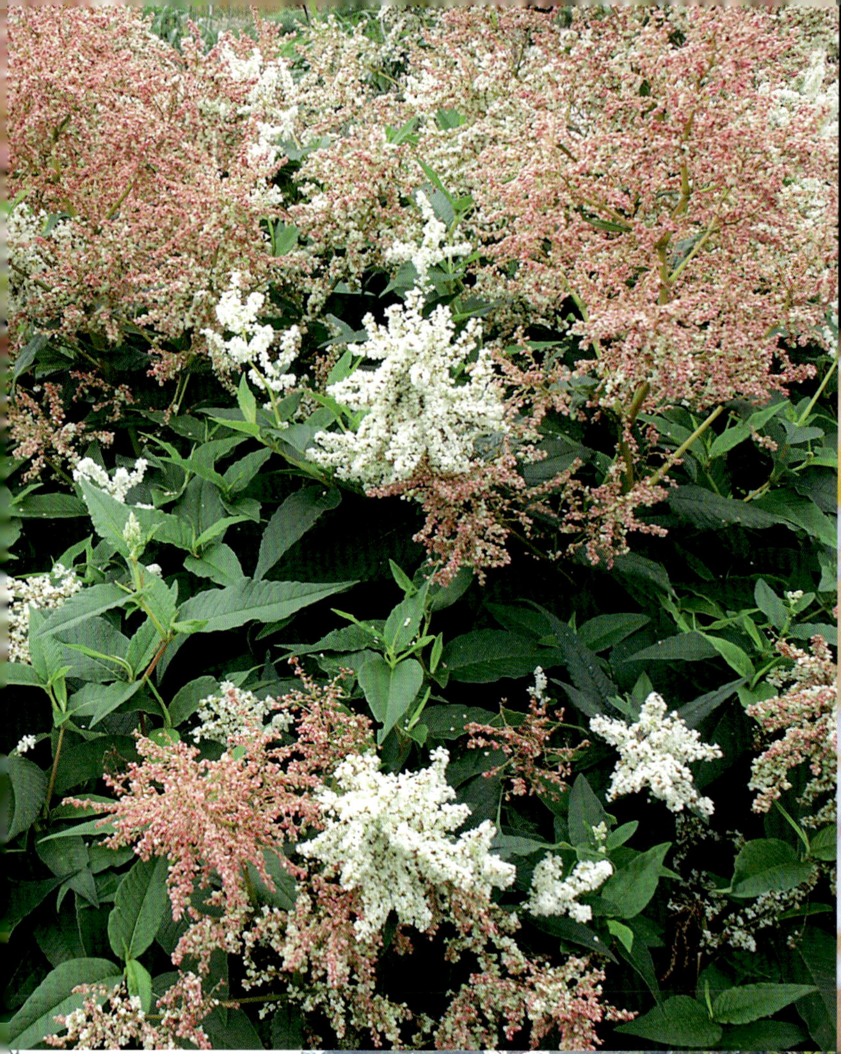
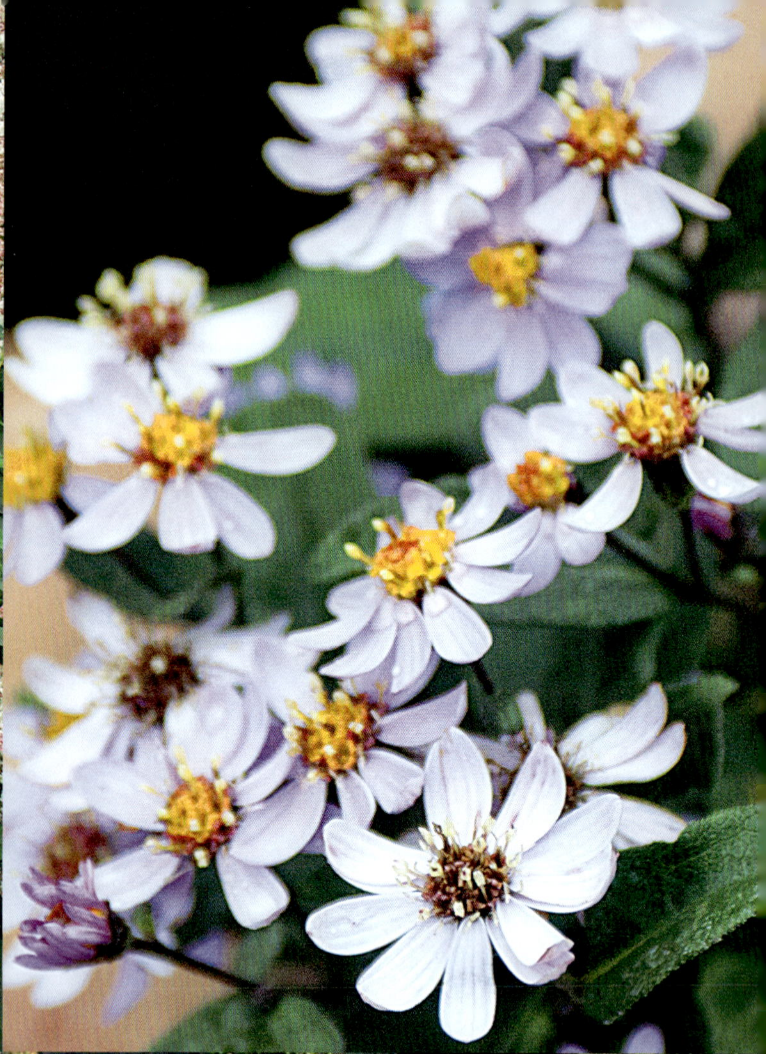
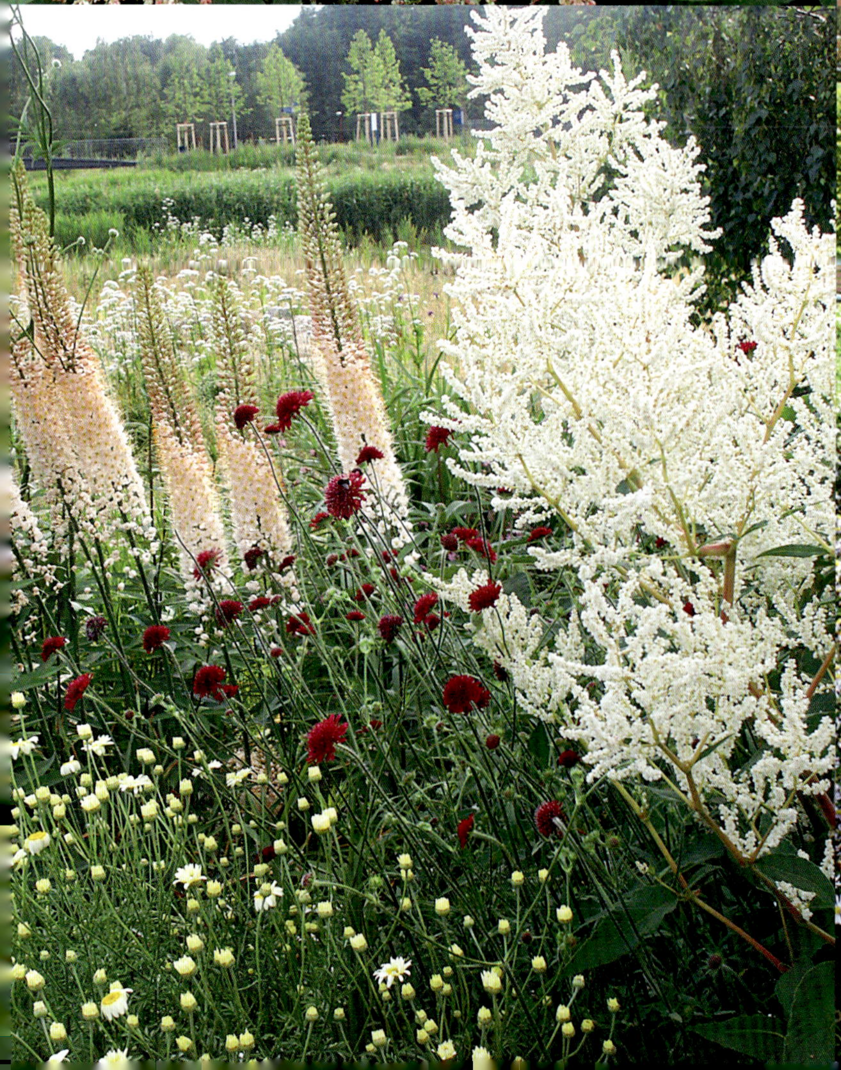
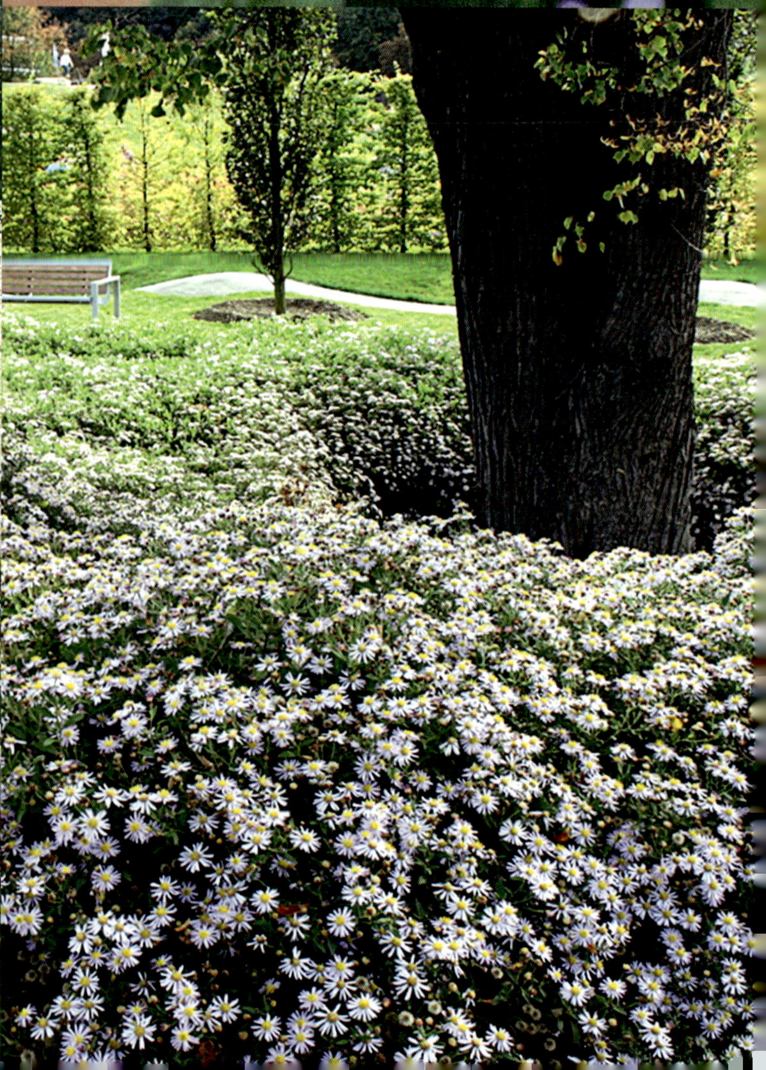

Aconogonon speciosa
Johanniswolke

Dieser Knöterich ist längst zu meinem Liebling geworden. Er schlingt und wuchert nicht wie einige verwandte Arten, zum Beispiel der beliebte Schling-Flügelknöterich, auch Architektentrost genannt, weil er Fassaden schnell überzieht (*Fallopia baldschuanica*). Johanniswolke ist eine wahre Neuentdeckung in der Gattung Knöterich. Wolfgang Oehme hat sie in den USA und hier in unserem Klima zunächst als *Polygonum polymorphum* bekannt gemacht und sie zu Recht immer wieder empfohlen.

Ab Mitte Mai schieben sich die Blattmassen dieser bis 3 m hohen Pflanze aus der Erde. Im Zuge eines unglaublich rasanten Wachstums erscheinen gleichzeitig cremeweiße Blütenrispen. Sie blühen bis Ende Juli und färben sich zunächst rosa und später rostrot. Johanniswolke verträgt Trockenheit und einen sonnigen Standort. Ihr Laub ist dicht und gesund bis zum Vegetationsende im Herbst. Sie kann als Solitär oder in einer größeren Gruppe als Hintergrund oder als Leitstaude in großräumig angelegten Pflanzungen verwendet werden. Pro Quadratmeter genügt eine Pflanze, da sie sich innerhalb weniger Jahre ausdehnt. Zeitgleich blüht die Storchschnabelsorte *Geranium* × 'Patricia', die etwa 80 cm hoch wird; von Juni bis September zeigt sie sich in einem kräftigen Magenta-Ton, den ich sehr mag.

Einige Kunden sagen, dass sie von der Johanniswolke einen strengen Geruch wahrgenommen haben. Obwohl ich dies nicht bestätigen kann, sollte die Johanniswolke dann besser nicht zu nahe am Sitzplatz stehen.

Aster ageratoides
Wild-Aster

Die schöne Wildform ist eine Neuentdeckung neben den vielen bekannten Kissen-, Glattblatt- und Raublatt-Astern. Kaum zu übertreffen an Vitalität und Robustheit ist diese reich- und großblütige Aster, die ich wegen ihres dicht verzweigten Wuchses durchaus als bodendeckend bezeichne. Sie hat ein sehr schönes und gesundes Laub. Ihre hellvioletten oder weißen, typisch sternförmigen Blüten entfalten sich allerdings erst ab dem Spätsommer im September und Oktober. Sie wächst halbkugelig und wird etwa 70 bis 80 cm hoch. Im Laufe der Jahre verbreitet sich die attraktive Wild-Aster durch kurze Ausläufer. Ich setze sie gern an schwierigen Standorten ein, weil sie selbst unter Gehölzen und im Wurzelbereich hoher Bäume rasch große, pflegearme Bestände entwickelt. Pro Quadratmeter sehe ich etwa sechs Pflanzen vor. Als Partner eignen sich ähnlich robuste Pflanzen wie die Mandel-Wolfsmilch (*Euphorbia amygdaloides* 'Robbiae', siehe Seite 87), Elfenblume (*Epimedium peralchicum* 'Frohnleiten') und Storchschnabel (*Geranium macrorrhizum*). Wichtig sind konkurrenzstarke Nachbarn, damit ein Gleichgewicht innerhalb der Pflanzung entsteht. Diese Wild-Aster übersteht längere Trockenheit problemlos und kommt sogar ohne zusätzliche Bewässerung aus. Da es innerhalb der Art *Aster ageratoides* einige Sorten gibt wie 'Adustus Nanus', 'Asran' oder 'Harry Schmidt', kann ich abwechseln und diese Astern in verschiedenen Höhen innerhalb einer Fläche pflanzen.

Links oben: Die Blüten der Johanniswolke verfärben sich im Laufe des Verblühens von creme zu rosa.

Links unten: Johanniswolke in Kombination mit Färberkamille (*Anthemis* 'Sauce Hollandaise'), Witwenblume (*Knautia macedonica*) und Steppenkerze (*Eremurus*).

Rechts oben: Wie eine Handvoll Sterne: die Blüten der Wild-Aster.

Rechts unten: Die Wild-Aster verträgt Schatten und Wurzeldruck und wächst bis an den Stamm.

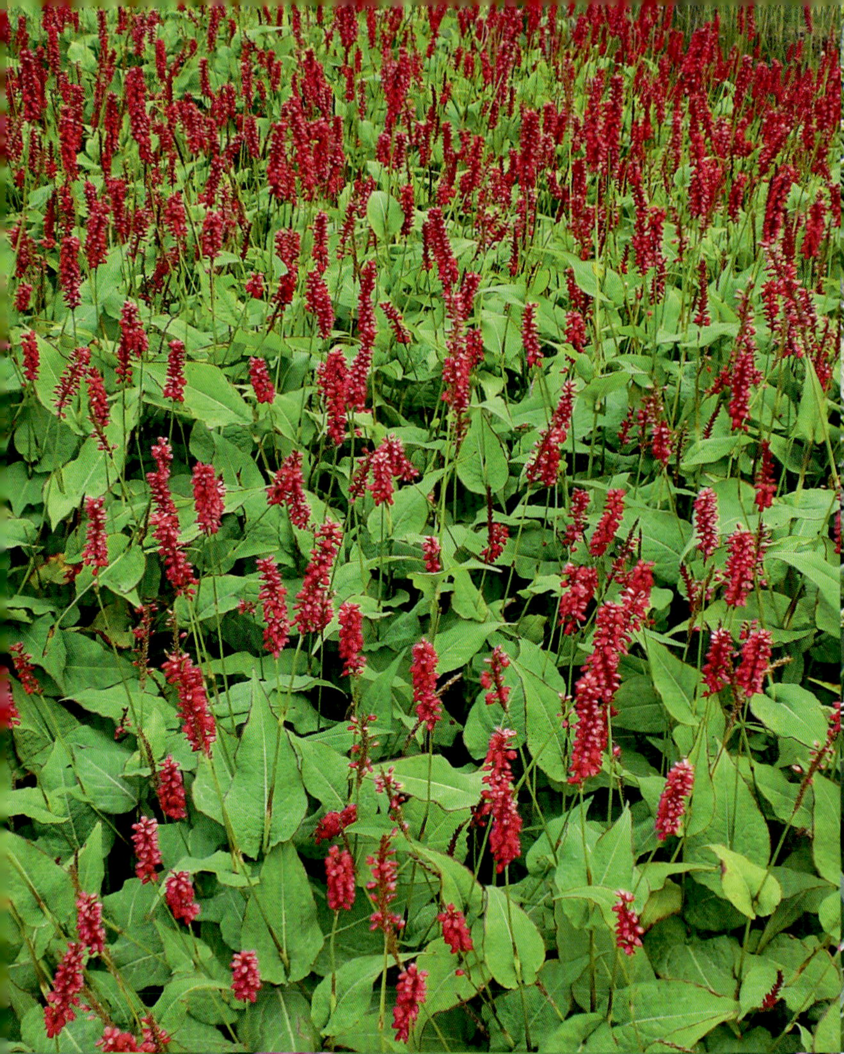
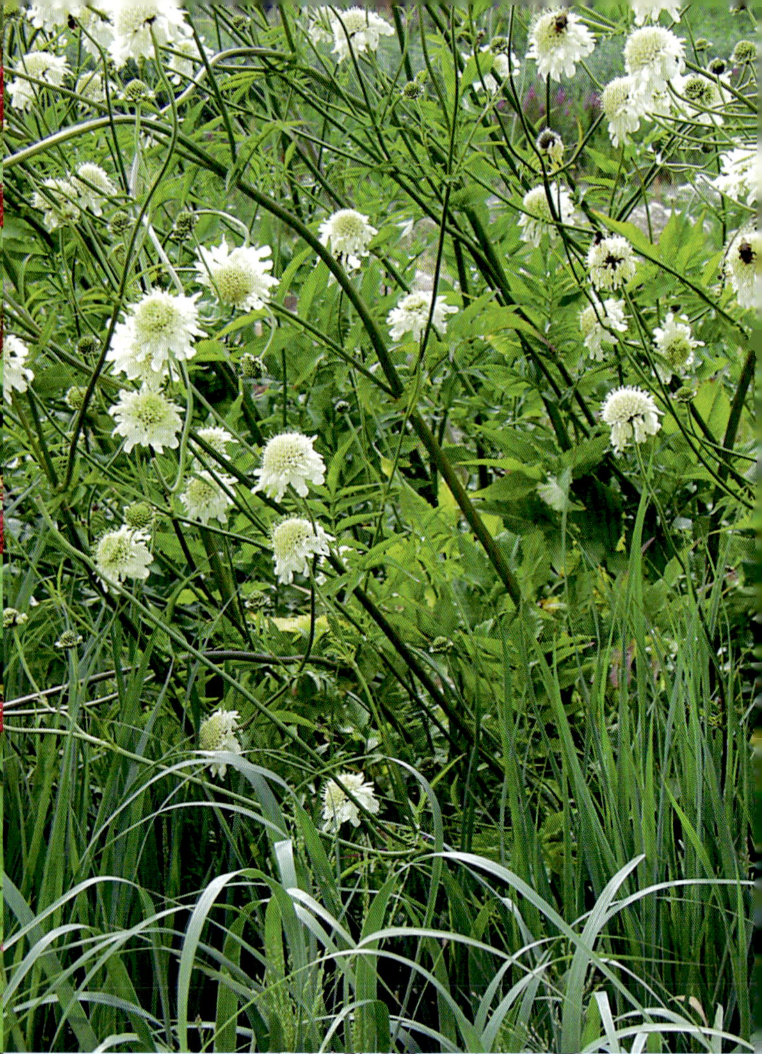
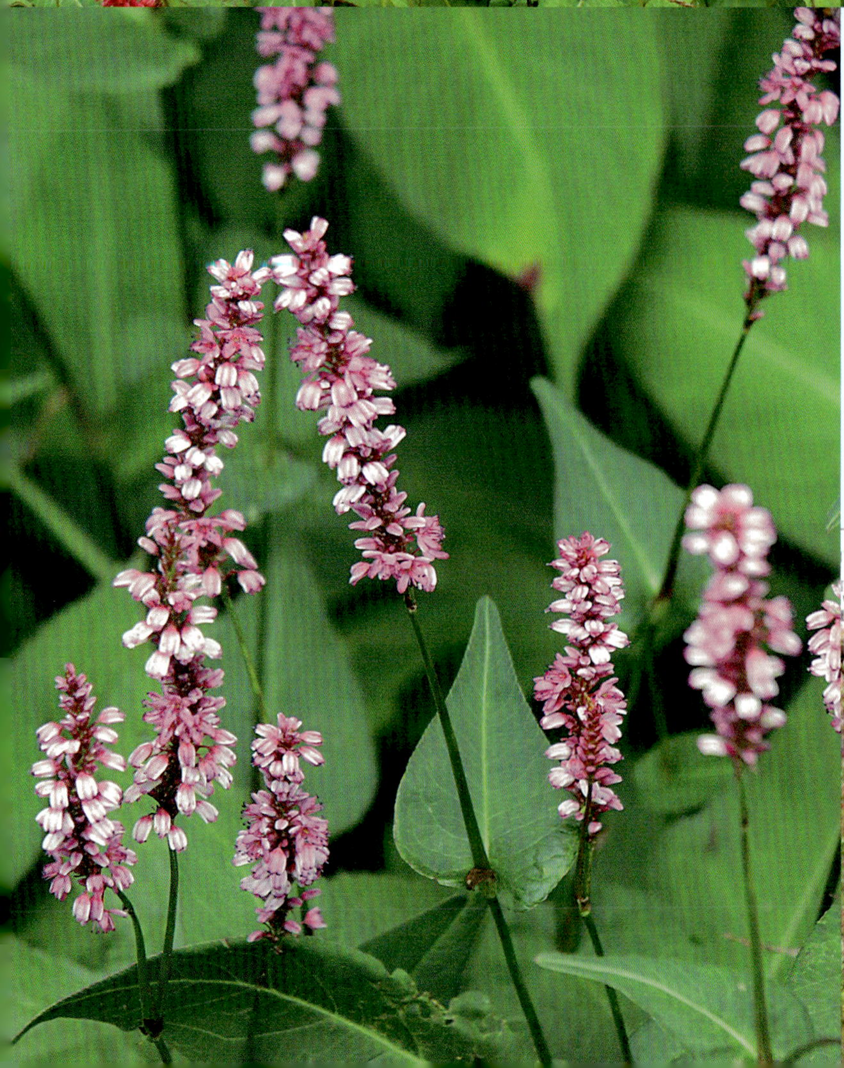
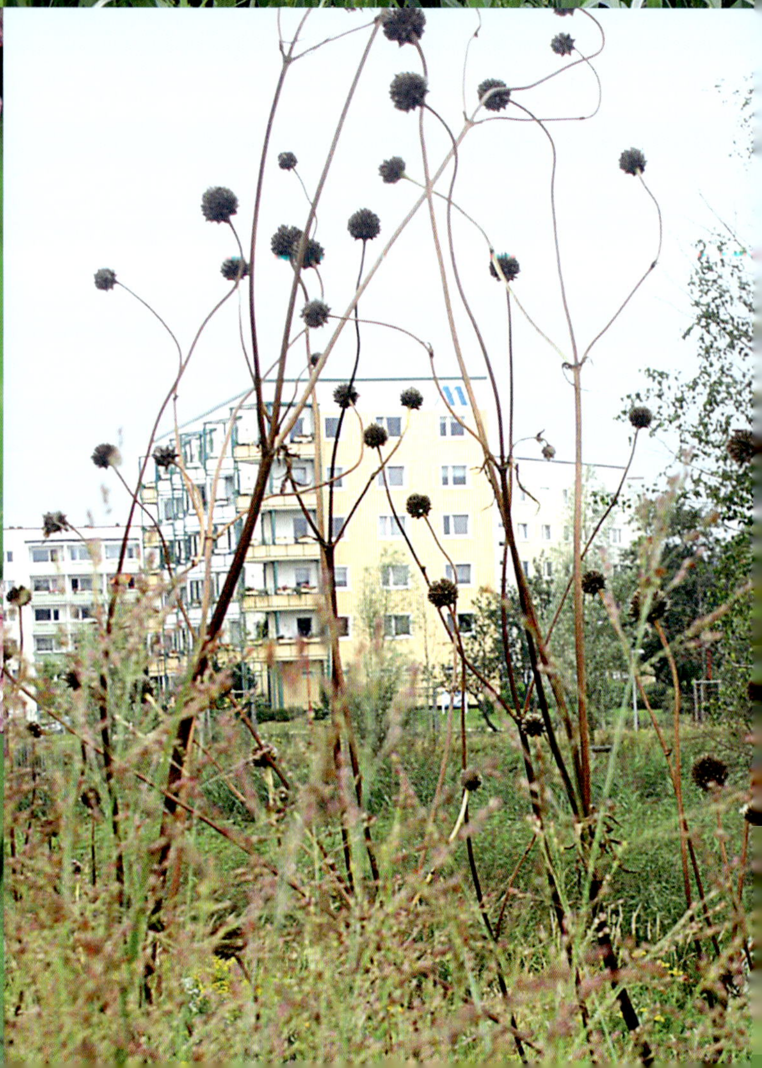

Bistorta amplexicaulis *(Persicaria amplexicaulis)* Kerzen-Wiesenknöterich

Diese Art möchte ich nicht mehr missen. Scheinbar auch andere Pflanzenliebhaber nicht, denn in den letzten Jahren wurde eine Vielzahl neuer Sorten gezüchtet. Dazu gehören 'Black Adder' mit dunklen Blütenkerzen und 'Orange Fields', die meine Erwartungen allerdings enttäuschte, da ich eine wirklich orange Farbe erwartet hatte. 'Janet' und 'Amethyst', die ich wegen der schönen Form und Farbe gern verwenden würde, und die Sorten 'JS Caliente', 'Dikke Floskes' und 'Fat Domino' haben Zukunft, aber sind noch nicht in ausreichender Menge zu bekommen. Um herauszufinden, ob die Züchtungen wertvoll sind, pflanzte Thorsten Matschies in Brüggen eine Vielzahl der neuen Sorten für den Verein Perenne e.V. auf. Bislang verbreitet sind die Sorten 'Firetail', 'Speciosum', 'Album' und 'Roseum'. Kerzen-Wiesenknöterich bildet dichte, geschlossene und vor allem robuste Laubbüsche. Auf nicht zu trockenen, tiefgründigen Böden macht er sich in der Sonne sehr attraktiv breit. Meist genügen fünf Pflanzen pro Quadratmeter für eine dichte Bepflanzung. Ich habe ihn auch in leichten Schatten gepflanzt, wo er sich ebenfalls prachtvoll entwickelt hat. Die Pflanze wird etwa 1,20 m hoch und bildet von Juli bis Oktober schlanke Blütenkerzen. Aufgrund der Blütendichte und Blütenform erkennt man erst in einer Gruppen- oder Flächenpflanzung ihren wahren Wert. Eine Kombination mit Chinaschilf (*Miscanthus*, siehe Seite 95 und 97), der Amerikanischen Bergminze (*Pycnanthemum muticum*, Seite 99) und der Schönaster (*Kalimeris incisa*, Seite 93) gefällt mir besonders gut.

Cephalaria gigantea Giraffenskabiose, Großer Schuppenkopf

Die deutschen Namen werden vom Aussehen dieser imposanten Staude abgeleitet: Mit einer Höhe von über 2 m ragt sie riesig über die meisten Stauden hinaus, ihre Blüten erinnern an Skabiosen. Aus ihren dichten Laubbüschen fiederschnittiger Blätter treiben lange knospige Stiele, an denen sich ab Juni schwefelgelbe Blütenköpfe öffnen. Diese sparrig verzweigte Pflanze ist widerstandsfähig und bedeckt mit dem dichten Laub hervorragend die Pflanzfläche, wenn sie an einen sonnigen Standort mit normalem, humosem Boden gepflanzt wurde. Diese Eigenschaft macht die Giraffenskabiose für Gärten und öffentliche Pflanzungen wertvoll.

Das erste Mal entdeckte ich sie im Berggarten in Hannover, wo sie in einer naturhaften Pflanzung in großen Gruppen gepflanzt war, und war begeistert. Wegen ihres üppigen Wachstums genügen vier Pflanzen pro Quadratmeter. Obwohl es reizvoll ist, die Samenstände zu belassen, empfehle ich diese zurückzuschneiden, da sich die Pflanze sonst zu stark versamt. Mir gefällt die Kombination mit Gräsern wie der Ruten-Hirse (*Panicum virgatum* 'Heavy Metal') sehr, da die lockere Blütenfülle über die Gräser schwebt. Das blaugrüne Laub der Ruten-Hirse bietet zudem einen schönen Farbkontrast zur Blüte. Ein seltenes Farbspiel, das ich aber spannend finde, ist das helle Gelb der Skabiosenblüte zu kräftigen Magenta-Tönen von Stauden wie Pyrenäen-Reiherschnabel (*Erodium manescarvii*), Armenischem Storchschnabel (*Geranium psilostemon*) und Blut-Weiderich (*Lythrum virgatum*).

Links oben: Gern verwende ich die Sorte *Bistorta amplexicaulis* 'JS Caliente'.

Links unten: Das Sortiment der Wiesenknöteriche hat sich ungemein erweitert. Es gibt sie in Weiß, Rosa- und Dunkelrot, mit einer herrlich langen Blütezeit ab Juli.

Rechts oben: Die Giraffenskabiose lässt sich mit höheren Gräsern gut kombinieren.

Rechts unten: Die Samenstände zeichnen im Herbst den zarten Charakter der *Cephalaria* nach. Aber nicht zu lange stehen lassen, sie versamt sich sonst zu stark.

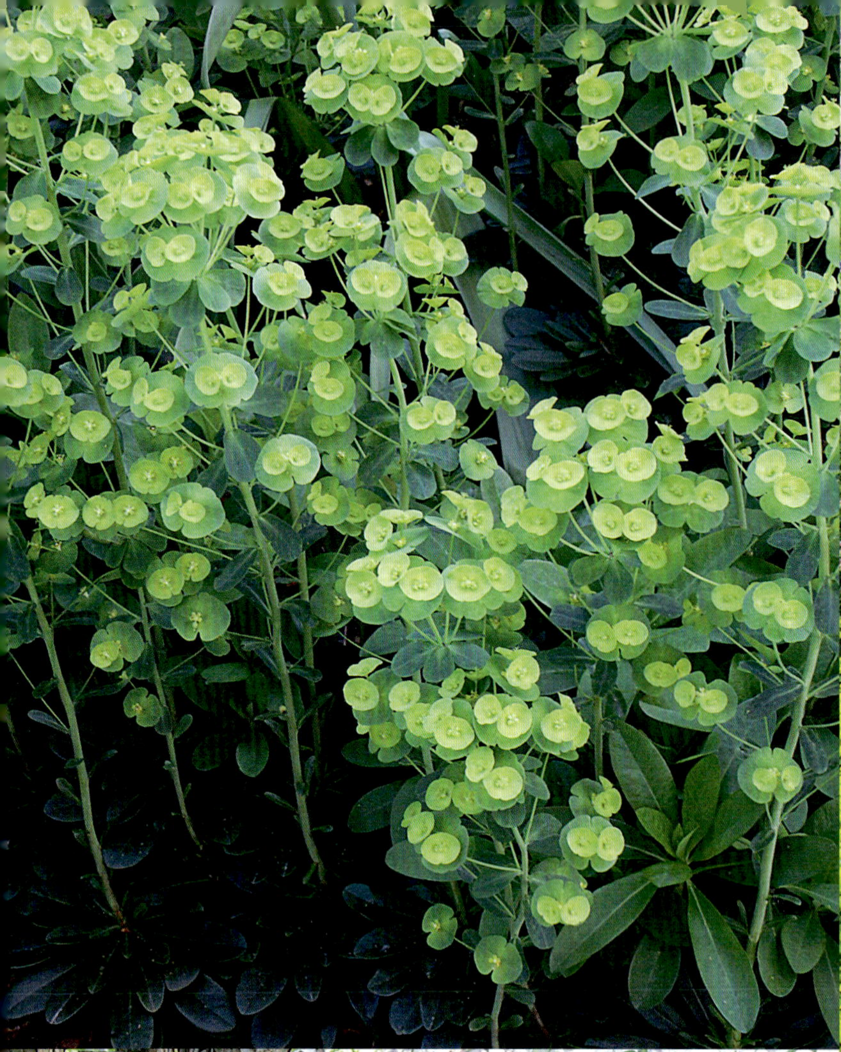

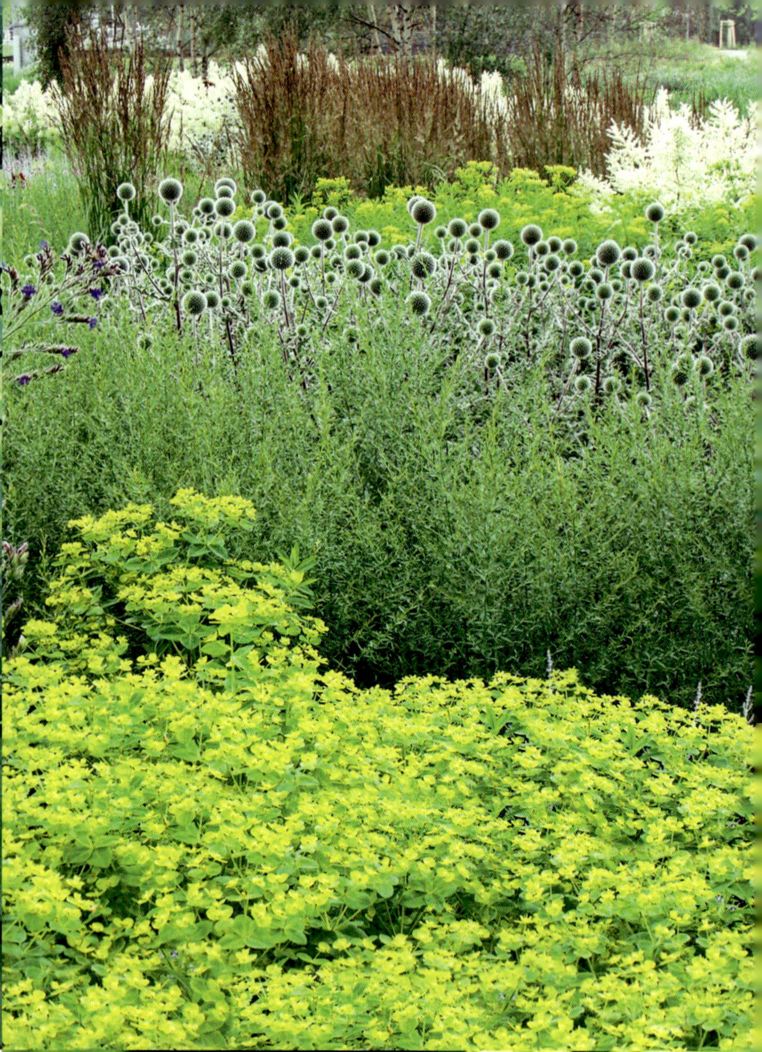

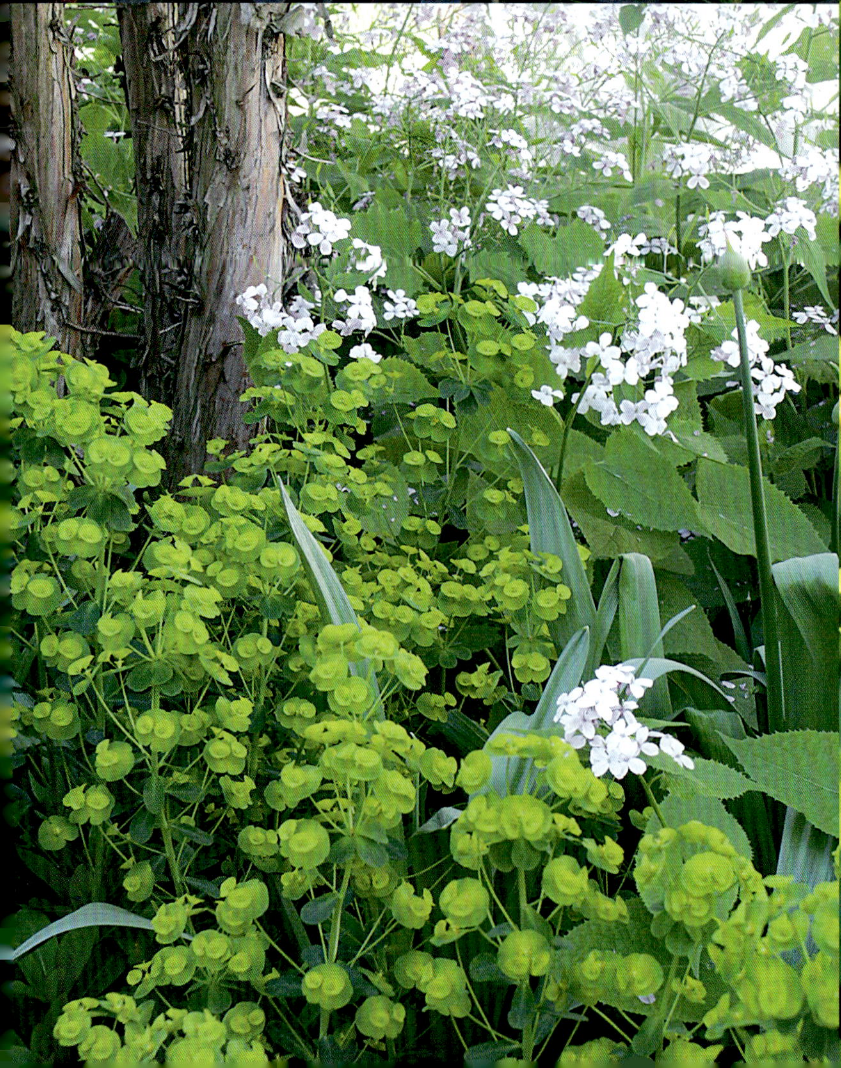

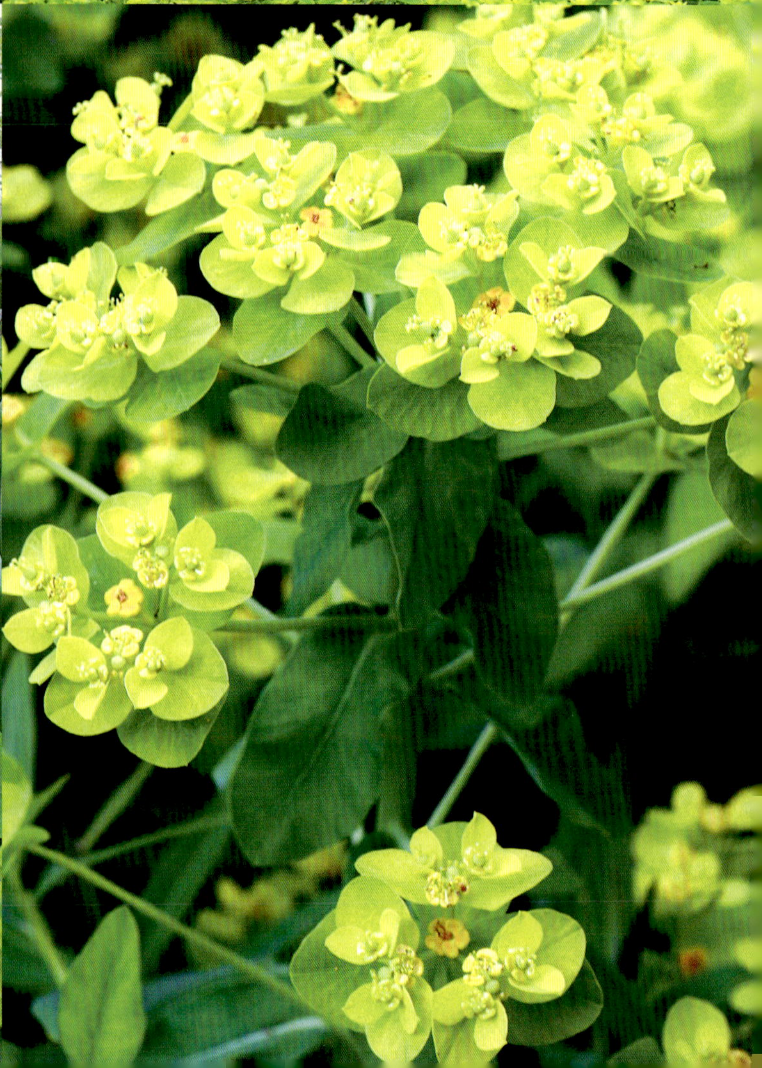

Euphorbia amygdaloides 'Robbiae' Mandel-Wolfsmilch, Mandelblättrige Wolfsmilch

Die Eigenschaften dieser Wolfsmilch-Art sind ungewöhnlich und haben mich spontan für die interessante Staude eingenommen: Sie ist das ganze Jahr über attraktiv, weil ihr Laub auch in den Wintermonaten grün bleibt und nicht vergilbt oder braun wird. Der Schwerpunkt ihrer Blüte liegt im Frühjahr, etwa im April und Mai, was von Vorteil ist, weil viele andere meiner Lieblinge erst im Spätsommer zur Höchstform auflaufen. Sie vermehrt sich leicht durch kurze Ausläufer und bildet daher dichte Bestände, sogar noch unter dem Wurzeldruck größerer Bäume. Das macht die Pflanzung pflegeleicht. Die Mandel-Wolfsmilch hat sehr schönes Laub, das in Rosetten geformt ist. Aus ihrer Mitte schieben sich die knospigen Stiele heraus. Die grünlich gelben Blüten bzw. die gefärbten Hochblätter, die die Blüte umfangen, wirken noch lange Zeit bis in den Sommer. Am schönsten wirken sie in größeren Gruppen oder in Flächen. Ich pflanze sechs bis acht Stück pro Quadratmeter. Eine schöne Kombination sind Mandel-Wolfsmilch und schattenliebende Gräser wie Seggen (*Carex pendula*, *C. folodissima* 'Icedance' und *C. plantaginea*), Elfenblumen-Arten (*Epimedium*) und verschiedene Farne wie Wurmfarn (*Dryopteris*). Leider ist die Art nicht immer ganz winterhart, treibt jedoch nach den frostigen Wochen wieder kräftig aus der Wurzel aus. Ich setze sie am liebsten nur in frostgeschützten Lagen ein oder sorge für Winterschutz.

Euphorbia palustris Sumpf-Wolfsmilch

Diese für mich außerordentlich wertvolle Pflanze ist ihrem botanischen und deutschen Namen nach in feuchteren Gefilden beheimatet. Früher war sie auch an den Ufern von Elbe und Rhein zu finden. Paluster ist lateinisch und heißt sumpfig. Deshalb ist sie in Stauden-Katalogen meist in der Rubrik der Sumpf- und Wasserpflanzen zu finden. Meine Erfahrung besagt etwas anderes. Wertvoll ist sie für mich, weil ich sie auch auf einem ganz normalen Standort pflanzen kann, der sogar sonnig sein darf, wenn der Boden nicht allzu sandig leicht ist. Ein wahrer Lebenskünstler also, der vieles zu bieten hat: eine frühe Blüte im April und Mai, eine angenehme Höhe von etwa 1 m, einen buschigen Wuchs mit hübsch verzweigten Zweigen, attraktive, lange haltbare Hochblätter, die echte Blüten vortäuschen, und nicht zuletzt die Herbstfärbung. Ich setze etwa vier Pflanzen pro Quadratmeter und sehe sie gerne zusammen mit anderen halbhohen Stauden wie Astern (*Aster ericoides*), Ruten-Hirse (*Panicum virgatum*), Kerzen-Wiesenknöterich (*Bistorta amplexicaulis*, siehe Seite 87), Sonnenbraut (*Helenium*-Hybriden) oder hohem Phlox (*Phlox amplifolia*). An einem Bürogebäude an der Halberstädter Straße in Magdeburg pflanzten wir vor etwa 20 Jahren eine großzügige Anlage mit Sumpf-Wolfsmilch. Sie steht dort teilweise sonnig, teilweise halbschattig und sieht noch heute sehr gut aus. Damit ist für mich klar, dass diese „Sumpfstaude" langlebig ist, auch wenn sie nicht am feuchten Standort eines Ufers steht.

Links oben: Die Mandel-Wolfsmilch blüht schön und behält fast ganzjährig ihr attraktives Laub.

Links unten: *Euphorbia amygdaloides* und das Ausdauernde Silberblatt (*Lunaria rediviva*) sind gern gesehene Partner.

Rechts oben: Die Hochblätter von *Euphorbia palustris* wirken bis spät in den Sommer, wenn auch Distel und Johanniswolke in Blüte stehen.

Rechts unten: Die Sumpf-Wolfsmilch mag es nicht nur feucht, sondern gedeiht auch an normalem Standort.

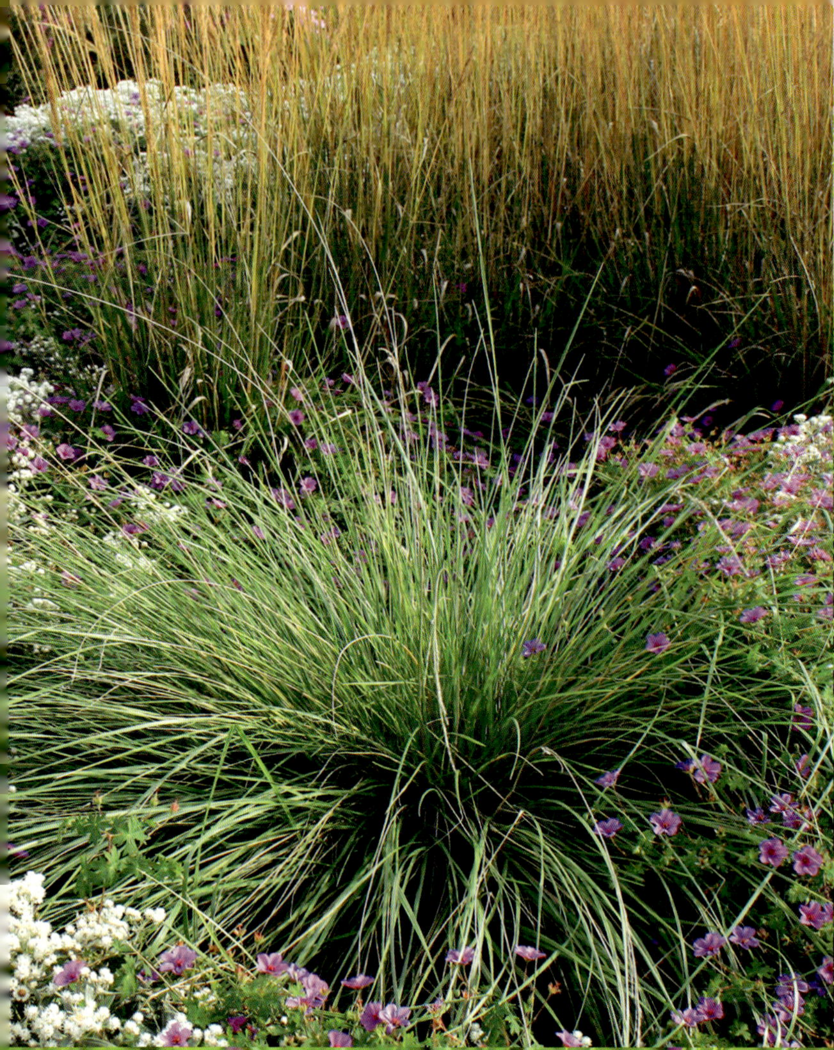
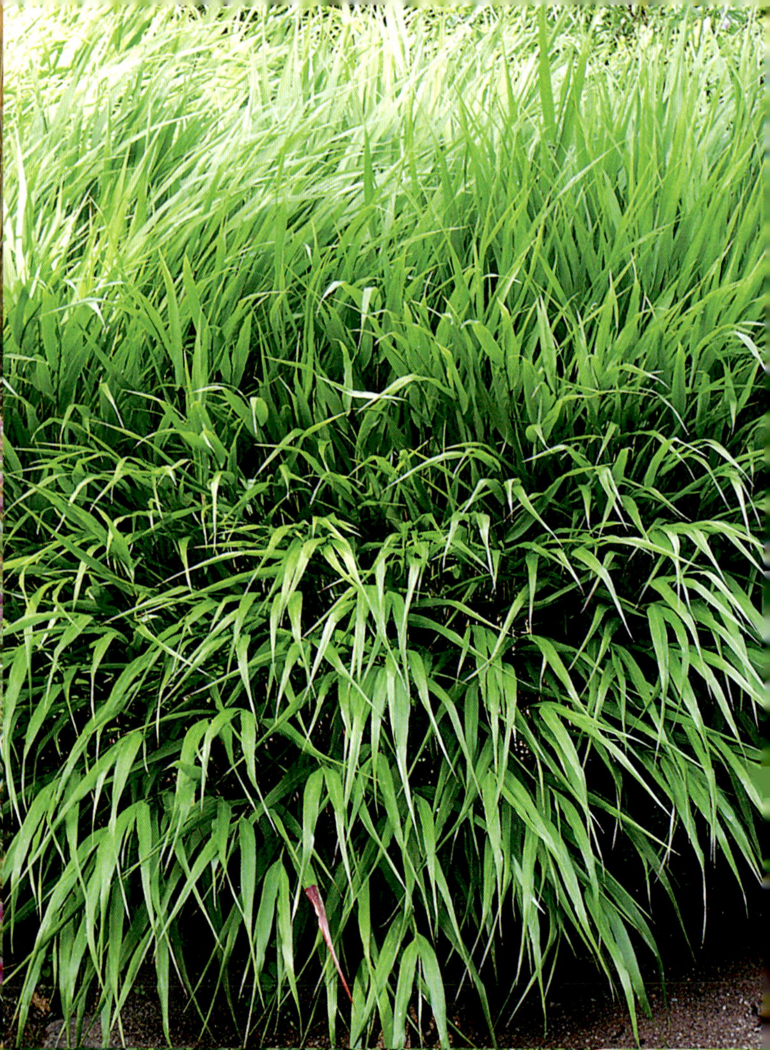
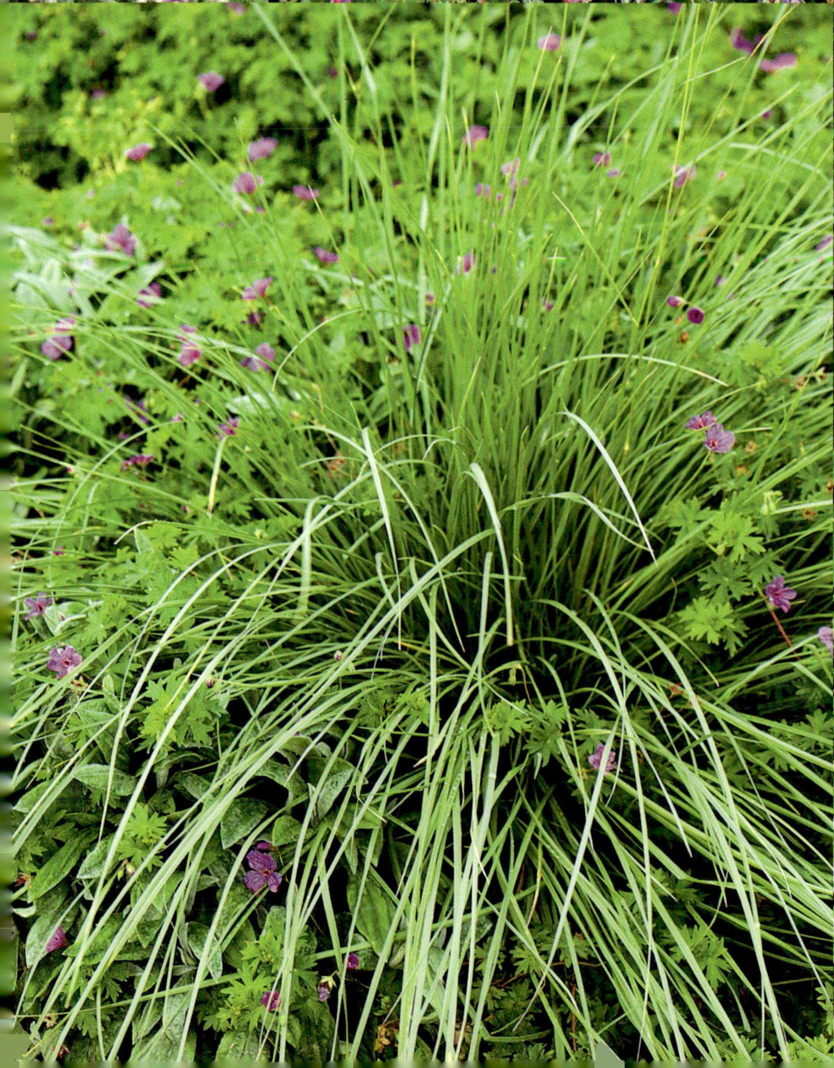
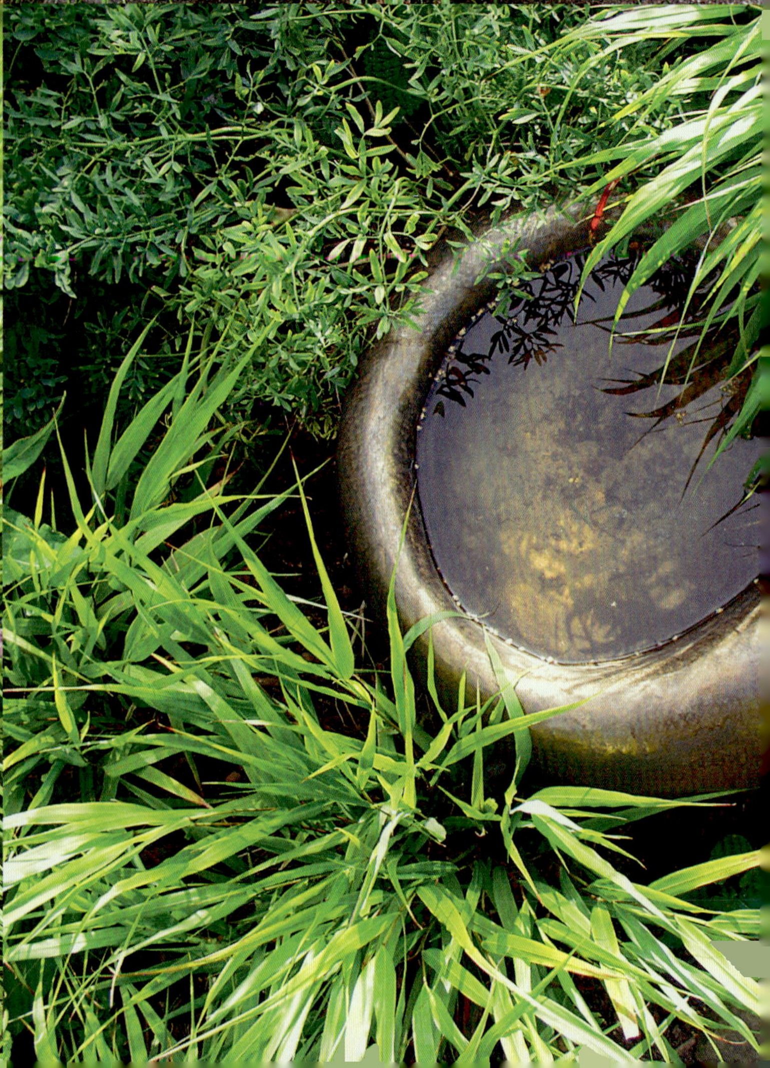

Festuca mairei
Atlas-Schwingel

Dieses vom Laub eher zierliche Gras verwende ich aufgrund seiner imposanten Größe und der formschönen Horste einzeln oder in kleineren Gruppen. Es ist eines der größten dieser Gattung. Der Atlas-Schwingel hat blau bereiftes, schlankes Laub, das sich im Spätherbst beige verfärbt. Er wird etwa 60 cm hoch. Wegen der überhängenden Blütenstände wirkt dieser Schwingel besonders attraktiv, wenn er einzeln steht. Er ist aufgrund seiner Größe dominant. Ich gebe ihm deshalb ausreichend Platz im Beet (bis zu einem Quadratmeter). Die zarten Rispen öffnen sich von Juli bis September. Anders als die anderen *Festuca*-Arten, wie *Festuca cinerea* und *F. glauca*, verträgt er etwas mehr Feuchtigkeit, entwickelt sich jedoch auch an einem normal trockenen Standort hervorragend. Ich pflanze ihn meistens als Solitär im Vordergrund eines Beetes oder in kleinen Gruppen zu fünf Pflanzen in lockerer Anordnung. Wenn ich mir eine kleinere Gruppe vorstelle, ergänze ich gerne Storchschnabel-Arten wie *Geranium* × 'Rozanne' bzw. *Geranium pratense* 'Jolly Bee' oder kleine Astern wie *Aster vimineus* 'Lovely', *A. sedifolius* 'Nanus' oder *A. frikartii* 'Mönch', Perlkörbchen (*Anaphalis triplinervis*) oder andere flach bleibende Stauden. Eine andere Solitärstaude, die einen schönen Kontrast zu dem filigranen Laub des Atlas-Schwingels hat, ist der überbordende Meerkohl (*Crambe cordifolia*), der auch Riesen-Schleierkraut genannt wird. Diese beiden dominanten Stauden passen gut zusammen.

Hakonechloa macra
Japangras

Insbesondere die grüne Form von *Hakonechloa macra* hat es mir angetan. Viele Jahre waren nur die gold- und weißbunt gestreiften Sorten im Handel, wie das Japan-Goldbandgras (*Hakonechloa macra* 'Aureola'). Ich bevorzuge die grüne Form, weil sie mir aufgrund des schlicht grünen Laubes einfach besser gefällt und auch weil sie robuster und sogar frosthärter ist. Die überhängenden Blattschöpfe, die japanisch anmuten, haben einen eleganten Wuchs und eignen sich als wegbegleitende Bepflanzung. Sehr hübsch wirken sie am Rand eines erhöhten Beetes. Pro laufenden Meter genügen dann etwa drei Pflanzen; bei flächiger Pflanzung nehme ich sechs Stück für einen Quadratmeter. Der späte Austrieb dieses bis zu 60 cm hoch werdenden Grases entschädigt mit einer langen Wirkung bis ins Frühjahr. Wenn die Farben des Sommers längst verblasst sind, wechseln die Blätter ihre Farbe in einen Honigton, der vor allem in den Wintermonaten sehr willkommen ist. Als Partner setze ich gern Wiesenknopf (*Sanguisorba*), Wiesenraute (*Thalictrum*), Kerzen-Wiesennöterich (*Bistorta amplexicaulis*, siehe Seite 87) oder hohe Phloxe (*Phlox amplifolia*) dazu. Gerne würde ich das Japangras mit verschiedenen Pfingstrosen-Arten (*Paeonia*) kombinieren. Ich stelle mir vor, dass sie aufgrund der ähnlichen Herkunft sehr gut passen könnten. In letzter Zeit sind gerade die Itoh-Hybriden (siehe Seite 32) sehr beliebt und es gibt immer mehr interessante Sorten. Selbst wenn die prächtigen Blüten vergangen sind, bleibt noch ihr sehr schönes Laub, das sich im Herbst hin und wieder färbt.

Links oben: Atlas-Schwingel zusammen mit Perlkörbchen und Storchschnabel.

Links unten: An trockenen, sonnigen Standorten wird der Atlas-Schwingel zu einer imposanten Erscheinung.

Rechts oben: Das Japangras hat einen elegant überhängenden Wuchs und bildet in der grünen Form eine schöne Wegeeinfassung.

Rechts unten: Dekorationselemente können die asiatische Anmutung des Japangrases noch verstärken.

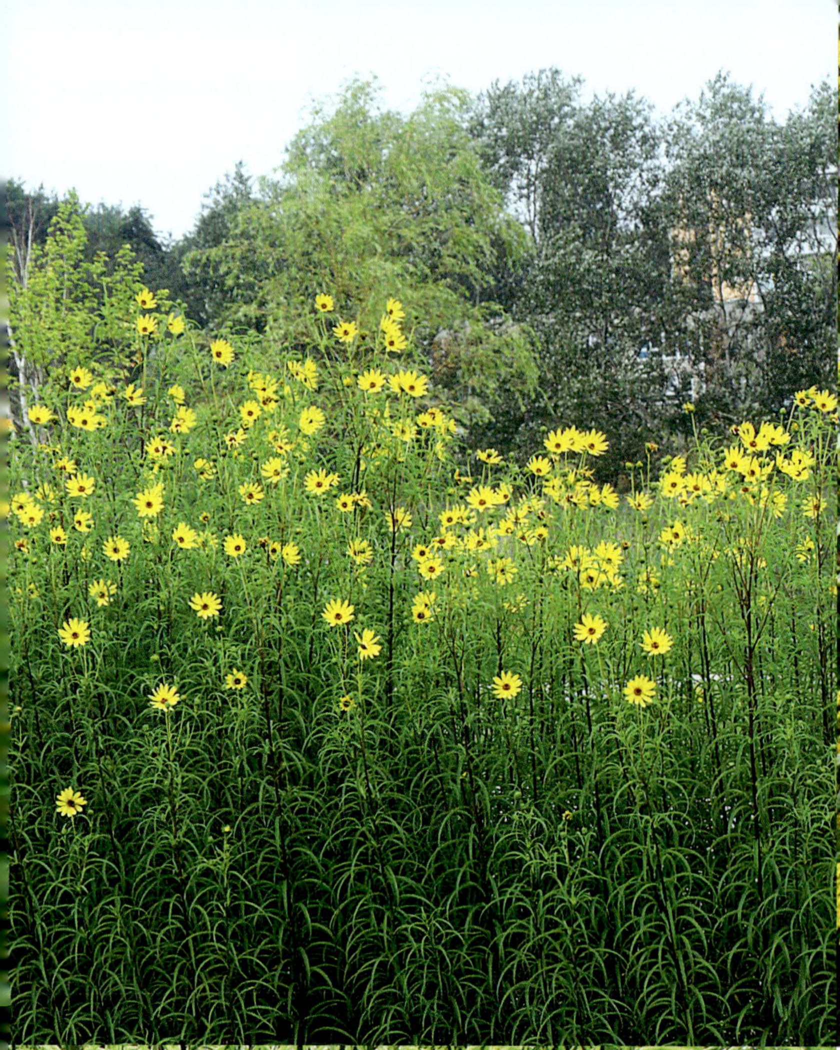
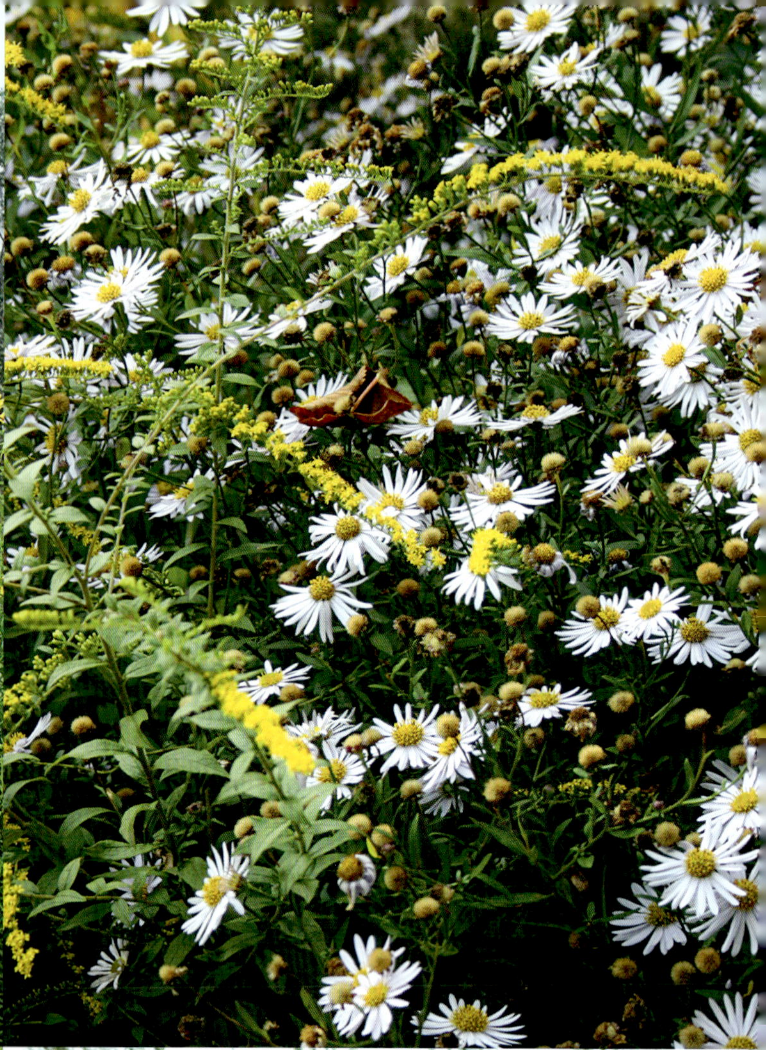
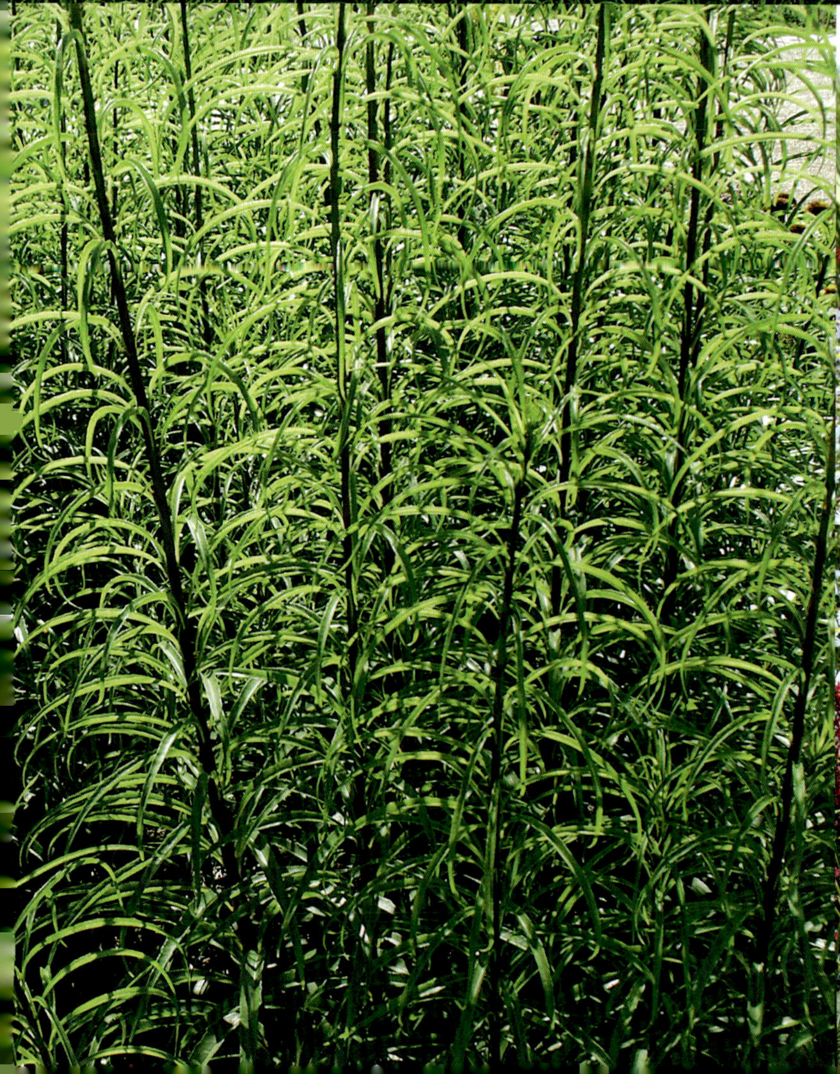
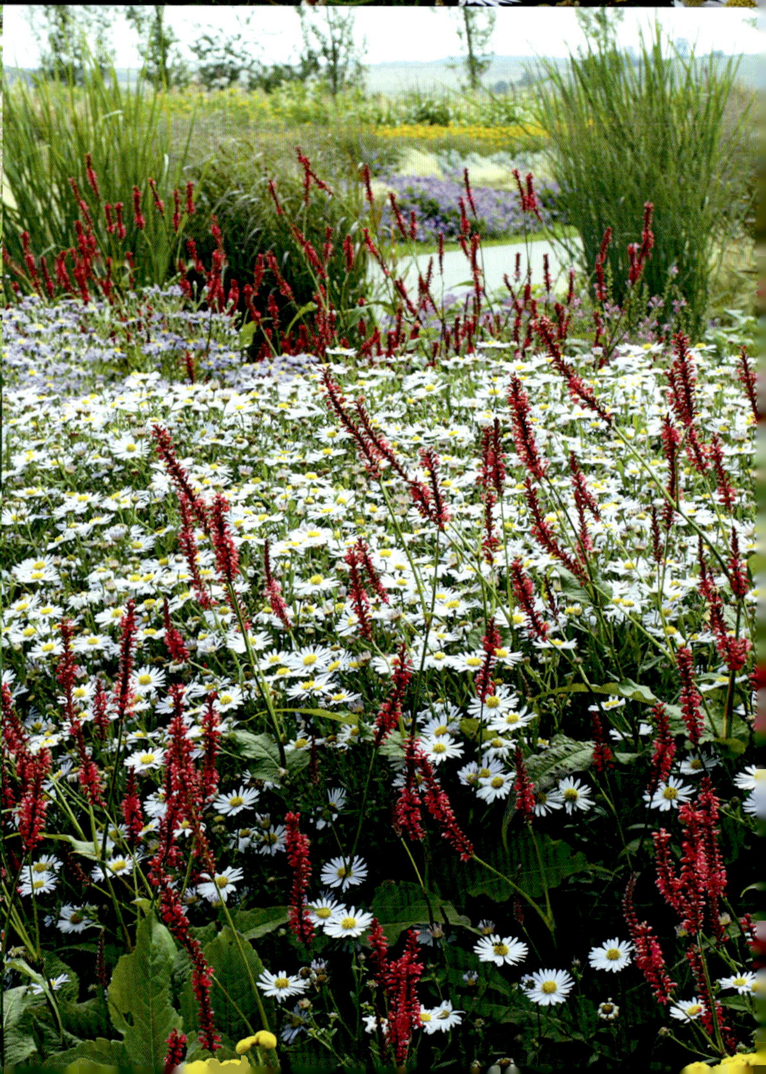

Helianthus orygalis Stauden-Sonnenblume

Diese Sonnenblumen-Art gehört zu den Riesen in meinen Staudenpflanzungen. Ich empfinde sie als außerordentlich gute Alternative zu der ähnlichen, aber deutlich weniger standfesten Weidenblättrigen Sonnenblume (*Helianthus salicifolius*). Dafür fällt ihre Wuchshöhe mit etwa 1,70 m etwas geringer aus. An ihrem schmalen, weidenähnlichen Laub lässt sich ihre enge Verwandtschaft ablesen, allerdings ist das Laub von *Helianthus orygalis* besonders ornamental. Sie hebt sich auch durch den locker buschigen Wuchs ab. Diese auffällige Sonnenblume überrascht im August mit unendlich vielen sternförmigen, relativ kleinen, zitronengelben Blüten. Jedoch sind es nicht die Blüten allein, die mich an dieser Pflanze reizen. Vor allem ist es der Wuchs, es sind die ornamentalen Laubbüsche, die sich während des Wachstums wie sprudelnde Wasserfälle aus der Erde schieben. Sie kann gut einen Einzelplatz ausfüllen, aber ist genauso in einer kleinen Gruppe attraktiv. Wegen ihres mächtigen Wachstums genügen eigentlich drei Stauden pro Quadratmeter. Ungeduldige können auch vier Stück pflanzen, aber dann wird es bald eng im Beet. Verwendet habe ich diese hübsche spät blühende Staude mehrmals als Hintergrund für andere niedrigere Stauden wie Sonnenhut (*Rudbeckia fulgida* var. *deamii*), Sonnenbraut (*Helenium*-Hybriden), Myrten-Aster (*Aster ericoides*), Scheinaster (*Boltonia asteroides* 'Snowbank') oder Vernonie (*Vernonia crinita*). Darüber hinaus verbergen sie Mauern und dienen als Sichtschutz.

Kalimeris incisa 'Madiva' Schönaster

Eine wertvolle Neuentdeckung und auffallende Schönheit der letzten Jahre ist die großblütige Schönaster. Insbesondere die Sorte 'Madiva' verwende ich gern. Im Spätsommer ist sie übersät mit leicht bläulich schimmernden, zartvioletten Blütchen, die später etwas heller werden. Das Besondere ist die lange Blütezeit von Juli bis Oktober. Sie hat einen geschlossenen, halbkugeligen Wuchs mit dichter Verzweigung und sieht vom Austrieb bis zum Absterben im Spätherbst immer gut aus. Somit kann ich sie bei flächiger Verwendung gut für öffentliche Anlagen oder pflegeleichte Gärten nehmen. Ein weiterer Vorteil ist ihre Standfestigkeit. Sie wird maximal 80 cm hoch und ist damit für meine Planungen sehr vielseitig einzusetzen. Diese Schönaster-Art umfasst mehrere Sorten, die weiß, zartblau oder zartviolett blühen. Hin und wieder verfärbt sich das Laub im Herbst in einen orangefarbenen Ton. *Kalimeris incisa* 'Madiva' eignet sich für die Pflanzung an einem sonnigen oder halbschattigen Standort in sandigen bis lehmigen Boden. Ich pflanze sie gern, etwa fünf Stück pro Quadratmeter, in die Nähe von Gehölzen, aber vermeide, dass sie gänzlich unter Wurzeldruck stehen. Kombinationen mit Gräsern wie Chinaschilf (*Miscanthus sinensis*, siehe Seiten 95 und 97), Lampenputzergras (*Pennisetum orientale* 'Tall Tails') oder anderen Blütenstauden wie Astern (*Aster frikartii* 'Mönch' oder 'Jungfrau'), Sedum (*Sedum*-Hybride 'Matrona') oder Kandelaber-Ehrenpreis (*Veronicastrum virginicum*, siehe Seite 99) liebe ich sehr.

Links oben: Die Stauden-Sonnenblume ist die standfestere Alternative zur Weidenblättrigen Sonnenblume (*Helianthus salicifolius*).

Links unten: Im Gegenlicht wirken die Stängel der Stauden-Sonnenblume geradezu majestätisch.

Rechts oben: Die Schönaster-Sorte 'Madiva' und die Goldrute *Solidago rugosa* verzaubern den Spätsommer.

Rechts unten: Die Blütenbüsche der Schönaster strotzen vor Vitalität. Sie sind übrigens auch eine sehr gute Insektenweide.

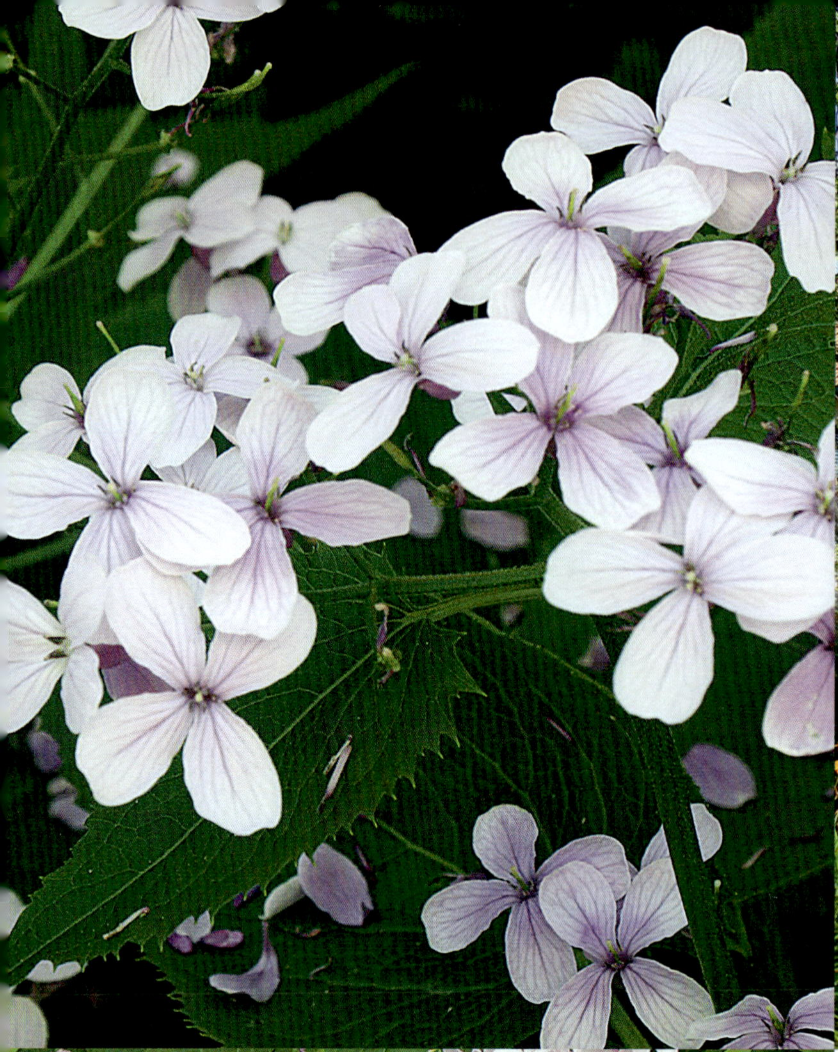
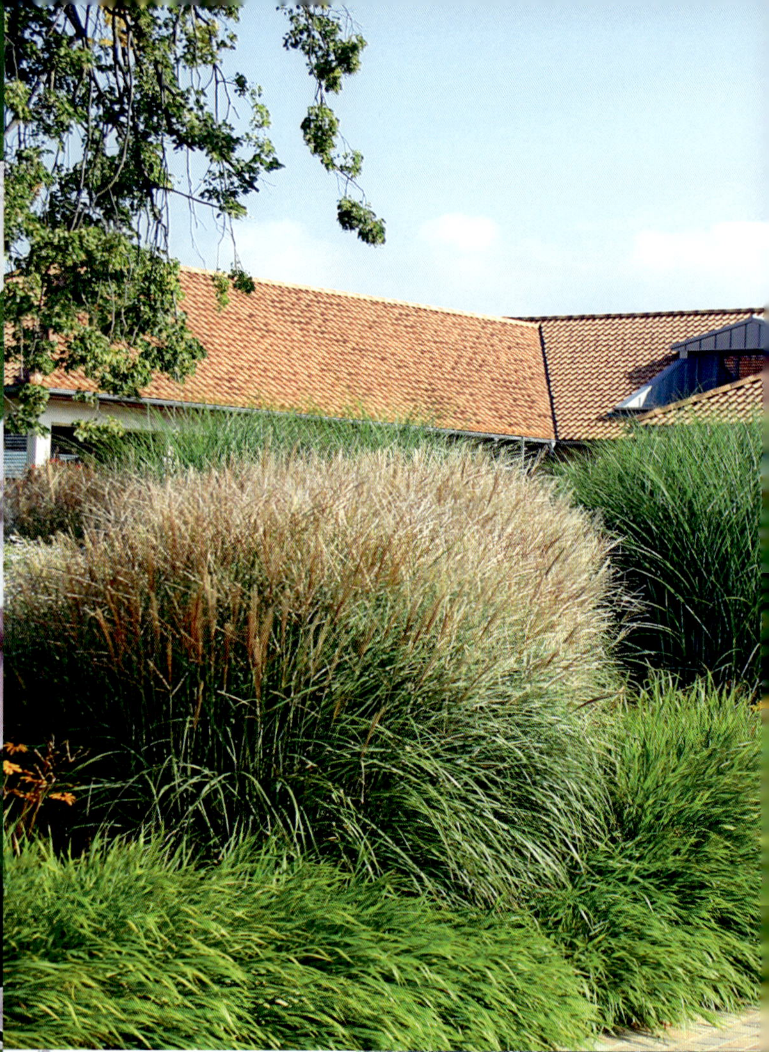
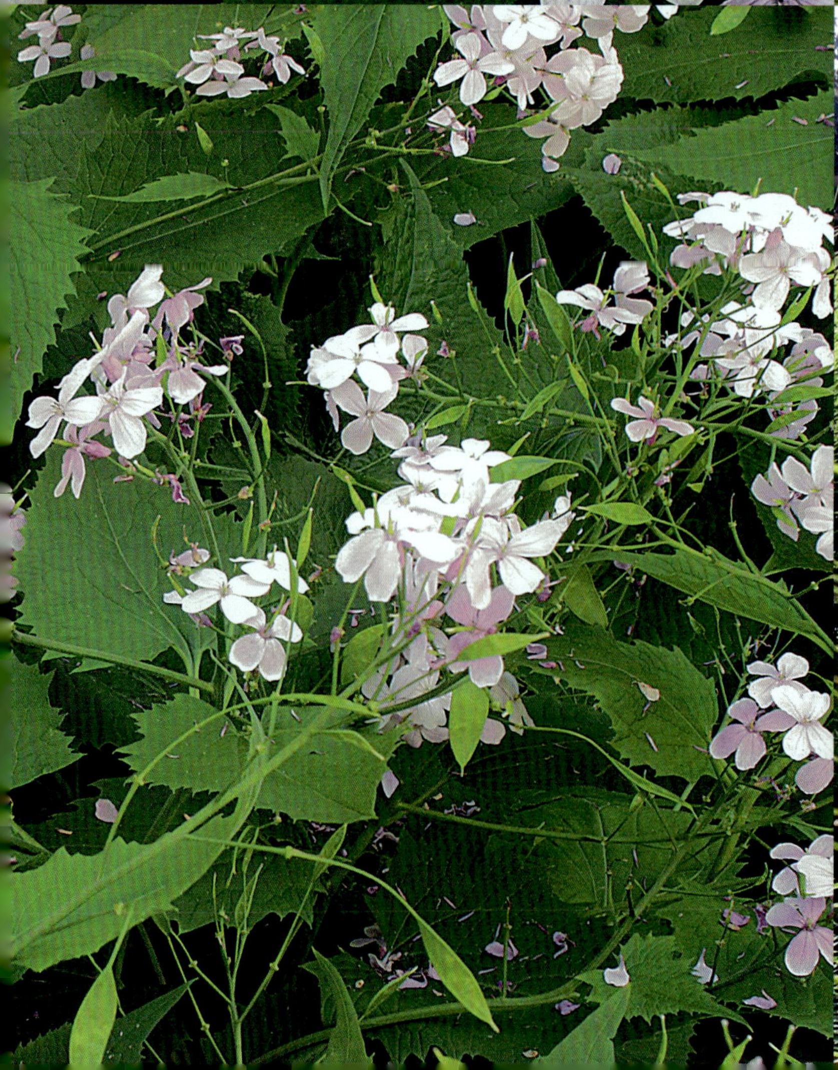
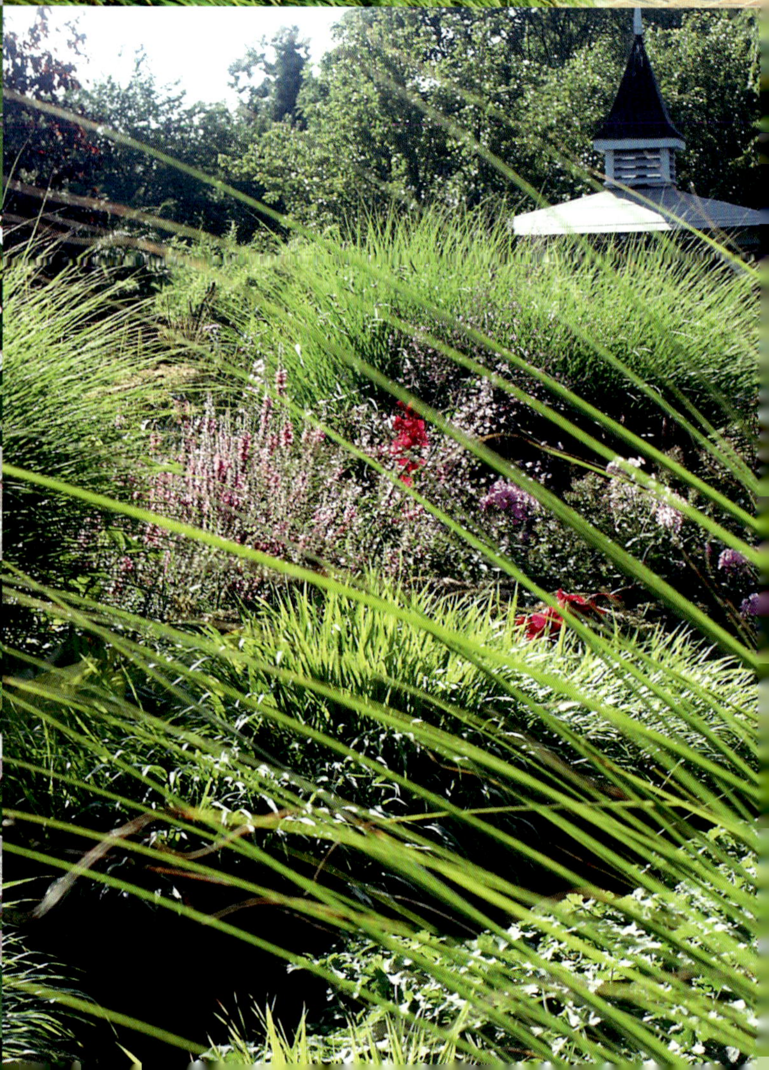

Lunaria rediviva Ausdauerndes Silberblatt, Mondviole

Dieses Silberblatt gehört zu meinen Favoriten, weil es die ganze Saison über mit ihrem genarbten Laub attraktiv ist und bereits im zeitigen Frühjahr blüht. Im Gegensatz zu ihrer bekannten Schwester, dem Einjährigen Silberblatt (*Lunaria annua*) mit den silbern schimmernden Schotenhüllen, handelt es sich hier um eine ausdauernde Staude. Die Pflanze wird etwa 1,20 m hoch und blüht mit hellvioletten, duftenden Doldentrauben von Mai bis Juni. Ich verwende sie gern zusammen mit verschiedenen Wolfsmilch-Arten wie der Mandel-Wolfsmilch (*Euphorbia amygdaloides* 'Robbiae'), der Sumpf-Wolfsmilch (*Euphorbia palustris*, beide siehe Seite 89), verschiedenen Farnen, der Sterndolde (*Astrantia major*), Seggen-Arten (*Carex*) und der Stauden-Aralie (*Aralia racemosa*). Jedoch auch die Kombination von verschiedenen Blumenzwiebeln wie Kugel-Lauch (*Allium atropurpureum* und *A. aflatunense*) und hohen Tulpen in kühlem Farbspektrum wirken sehr harmonisch zu den hellvioletten Blütentrauben. Das ungewöhnliche Laub hält sich bis zum Herbst und die aparten Fruchtstände sind ähnlich wie bei *Lunaria annua* ungewöhnlich und eine weitere Zierde. Es hat sich bewährt, sie in frost- und windgeschützten Lagen einzusetzen, die in lichtem Schatten liegen, wo sich ihre Bestände gut weiterentwickeln und vergrößern. Sie vertragen auch etwas tieferen Schatten, aber keinen Wurzeldruck von Bäumen. Da mir die Staude so gut gefällt, verwende ich sie recht häufig und pflanze pro Quadratmeter etwa fünf Stück.

Miscanthus sinensis 'Gracillimus' Silber-Chinaschilf

Dieses Gras hatte ich von Anfang an in meinem Garten. Immer wieder teilte ich es und verpflanzte es an eine andere Stelle. So durchzieht es nun wie ein Leitmotiv die Staudenflächen und gliedert sie, bildet Räume und hält die Pflanzung optisch zusammen. Mir imponiert die elegant überhängende Form, die mit einer Höhe von etwa 1,50 m fast skulptural wirkt. Diese Sorte unterscheidet sich von den meisten anderen dadurch, dass sie bei uns fast nie blüht. Die rispenartigen Blütenstände zeigen sich nur in sehr sonnig warmen Lagen. In meinem Garten war dies nur ein Mal der Fall. Das ist auch nicht wichtig, da sie durch ihren fast halbkugeligen Wuchs besticht. Im Spätsommer wird sie sehr attraktiv, wenn sich das Laub von Grün in Bronze verwandelt. Flächig gepflanzt berechne ich 1,5 Pflanzen pro Quadratmeter. Dieses tolle Gras passt zu nahezu allen Stauden. Obwohl es in großen Beständen sehr beeindruckend wirkt, verwende ich es aufgrund des sehr markanten Wuchses eher als Solitär in niedrigen bis halbhohen Pflanzungen oder als Gräserhecke. Verschiedene Kombinationen mit anderen Stauden haben sich bewährt. Herrliche Nachbarn sind sonnenliebende Stauden wie Alant (*Inula ensifolia*), Storchschnabel-Sorten (*Geranium*), Gold-Garbe (*Achillea filipendulina* 'Credo'), Katzenminze (*Nepeta fassenii* 'Walkers Low') und Steppen-Salbei (*Salvia nemorosa* 'Caradonna'). Inzwischen gibt es Züchtungen und Auslesen mit noch feineren Halmen, die auch in unserem Klima blühen. Dazu gehört *Miscanthus sinensis* 'Graziella'.

Links oben: Die Blüten von *Lunaria rediviva* verströmen einen angenehmen Duft.

Links unten: Das Ausdauernde Silberblatt sollte ich viel öfter pflanzen! Auch im Schatten ist es hübsch mit seinen Blüten und später mit den elliptischen Schoten.

Rechts oben: Die Gräserhorste wirken wie Skulpturen im Beet, die sich leicht im Wind wiegen.

Rechts unten: Das schmale Laub des Chinaschilfs ist elegant gebogen und lässt interessante Durchblicke zu.

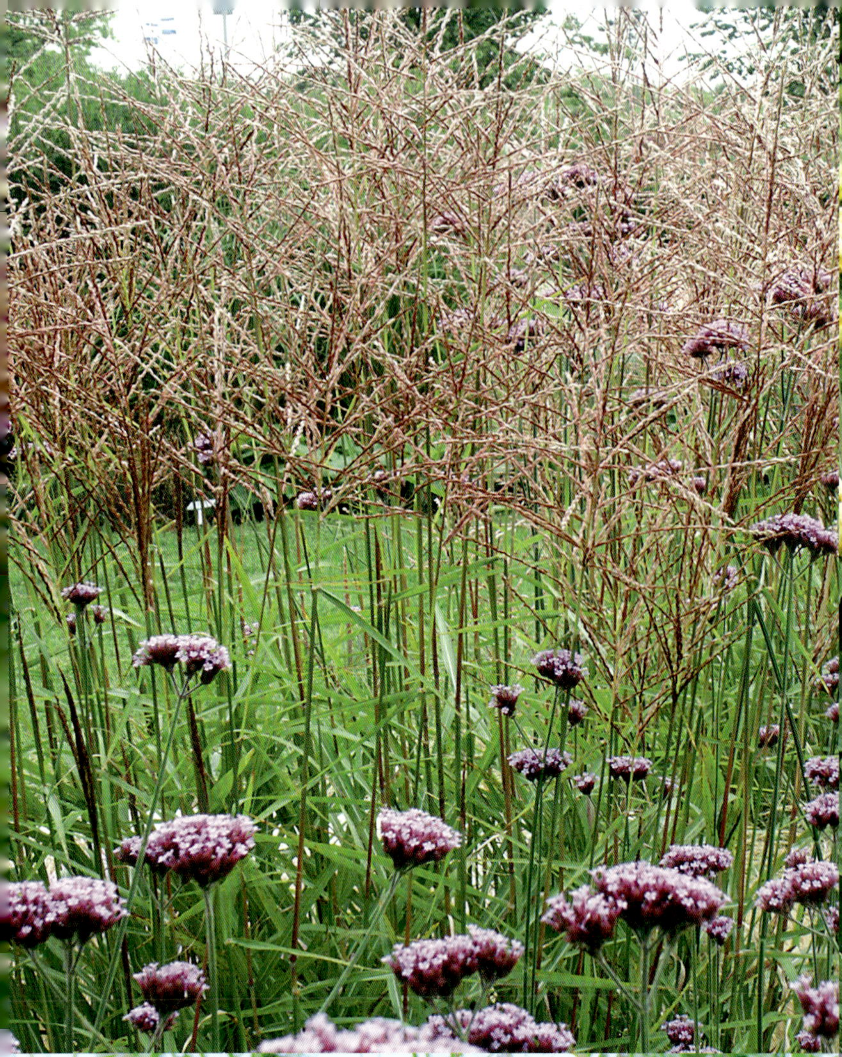
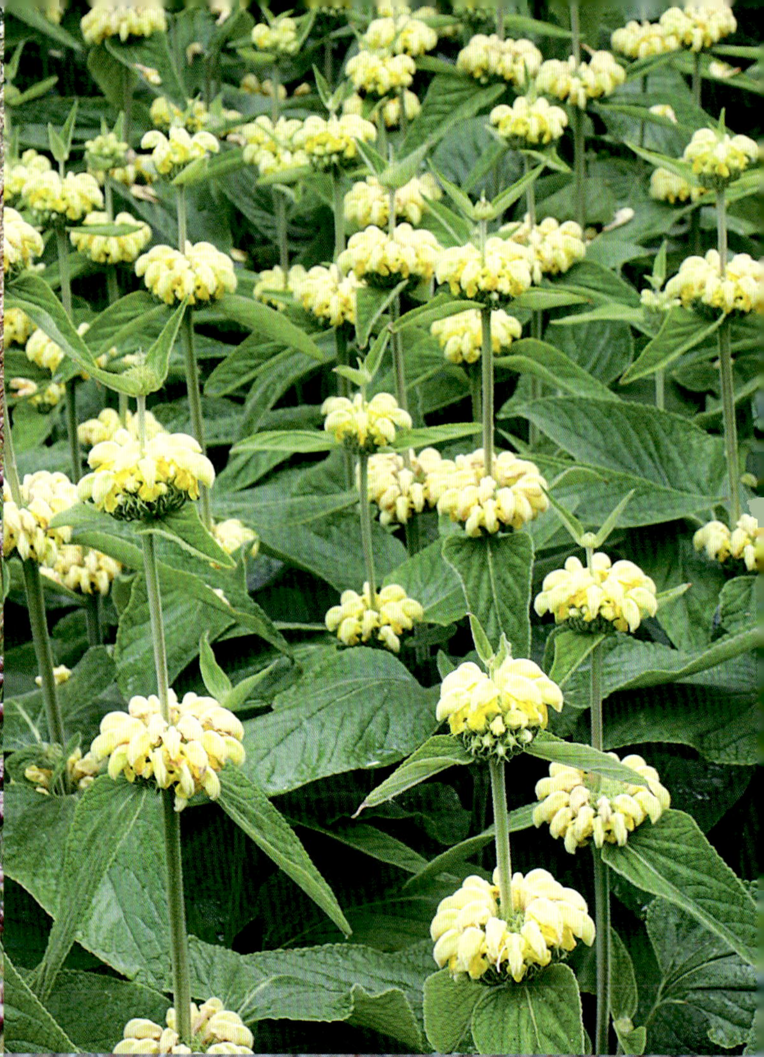
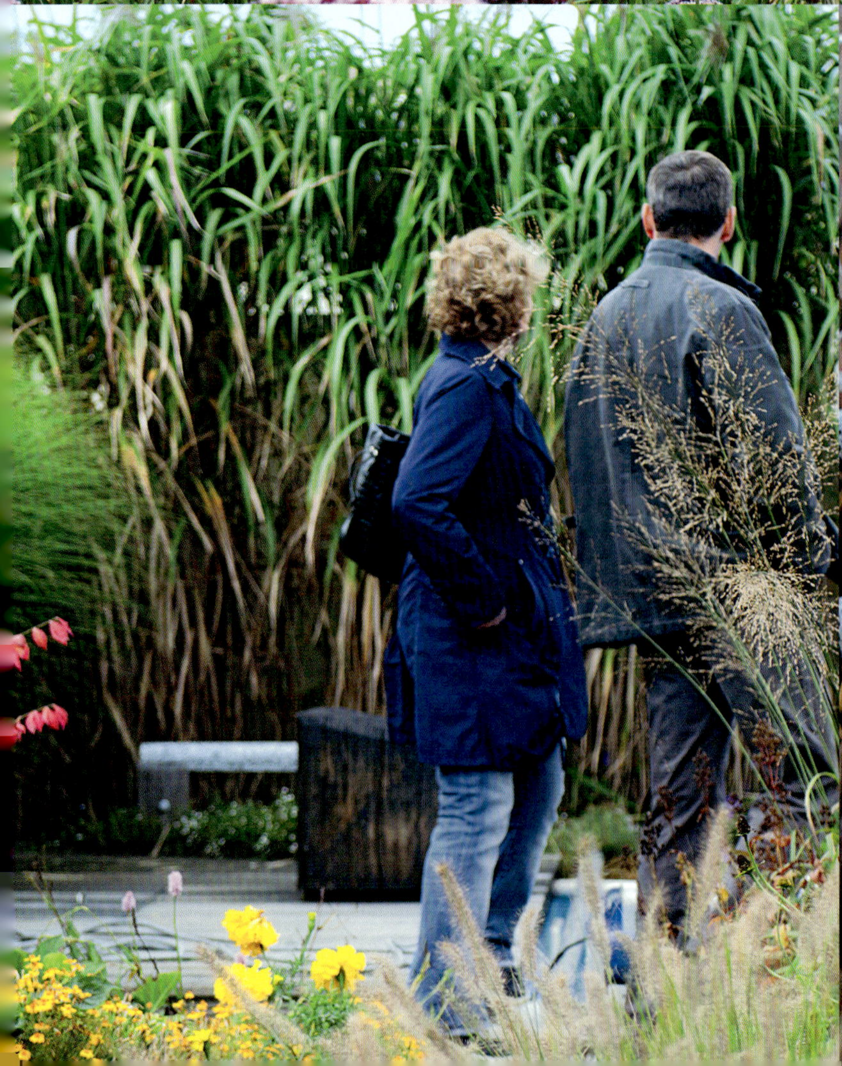
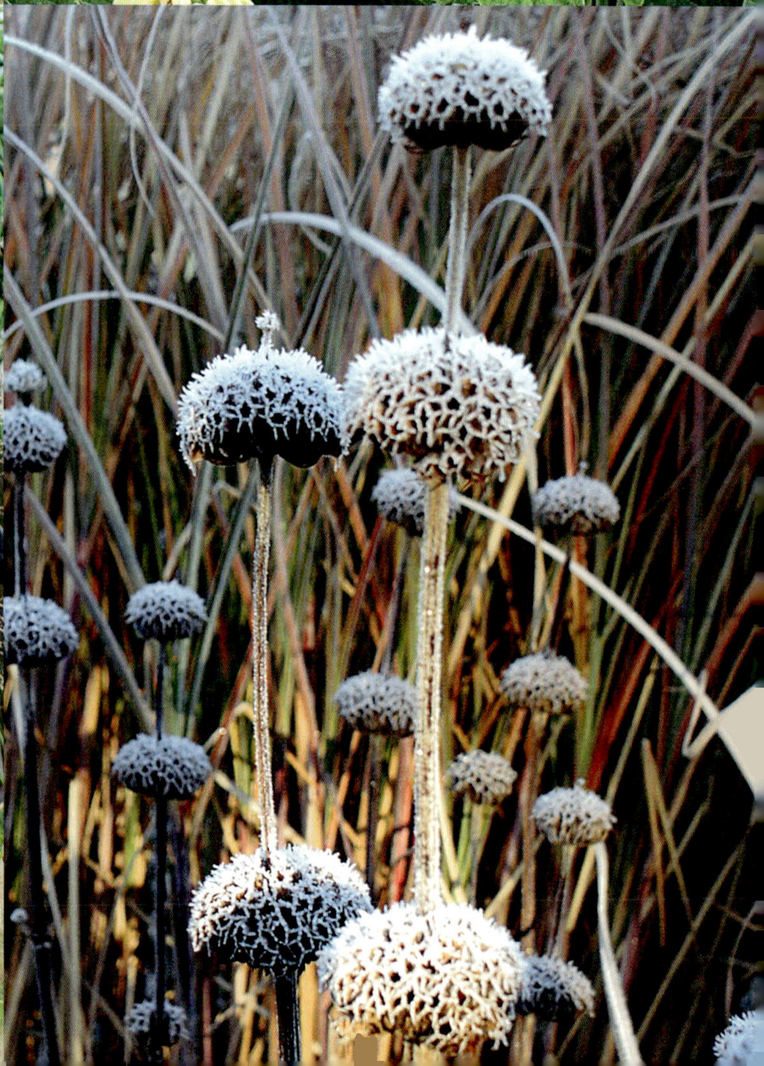

Miscanthus sinensis 'Malepartus' Silber-Chinaschilf

Eine schöne Herbstfärbung und die eleganten Blütenfahnen in einem aparten, silbrigen Rotton, die über dem Laub stehen, lassen die Chinaschilf-Sorte 'Malepartus' im Spätsommer und Herbst zu einem prachtvollen Blickfang werden. Gezüchtet wurde diese außergewöhnliche Sorte von Ernst Pagels (siehe Seite 79). Wegen ihrer voluminösen Horste, die bis zu 2 m Höhe heranwachsen, lässt sich dieses ungewöhnlich schöne Gras vielfältig verwenden. Als Strukturbildner in Pflanzungen oder als Sichtschutz eignet es sich hervorragend, sowohl in Privatgärten als auch für öffentliche Anlagen. Mir gefällt es als Solitär ebenso gut wie in Gruppen gepflanzt oder im Hintergrund. Das Chinaschilf passt wohl zu nahezu allen anderen Stauden, die sonnig gepflanzt werden können. Das macht dieses Gras so wertvoll. Denkbar sind Kombinationen mit weiteren Gräsern wie andere Chinaschilf-Sorten, zum Beispiel mit den feinhalmigen Sorten 'Graziella', 'Gracillimus' (siehe Seite 95) oder 'Kleine Fontäne', oder mit Ruten-Hirse (*Panicum virgatum*), Reitgras (*Calamagrostis acutiflora* 'Karl Foerster') und natürlich mit den vielen mittelhohen und hohen Stauden wie Sonnenhut (*Rudbeckia maxima* und *R. nitida* 'Juligold'), Hohes Mädchenauge (*Coreopsis triperis*) oder dem Alant (*Inula racemosa* 'Sonnenspeer'). Der Standort sollte einen durchlässigen, nährstoffreichen Boden bieten, der in voller Sonne liegt. Ihr Platzbedarf ist groß: Eine Pflanze beansprucht gut einen Quadratmeter. Im Winter bei Raureif wirkt das Gras besonders zauberhaft. Deshalb immer erst im Frühjahr zurückschneiden!

Links oben: Das Chinaschilf 'Malepartus' hat einen rötlichen Blütenschopf, der sich gut mit violetten, spätblühenden Stauden wie dem Hohen Eisenkraut kombinieren lässt.

Links unten: Das Chinaschilf erreicht eine imposante Höhe und bildet einen guten Sichtschutz.

Phlomis russeliana Brandkraut

Das Brandkraut ist eine ideale Pflanze für öffentliche Grünanlagen und pflegeleichte Privatgärten. Die Staude ist absolut unkompliziert und verträgt jede Menge Trockenheit. An den samtig filzigen Grundblättern, die relativ zügig dichte Teppiche bilden und dadurch den Boden von Unkraut freihalten, ist das Brandkraut leicht zu erkennen. Sein Aussehen ist vor allem im Sommer markant, wenn sich die ungewöhnlichen Blütenstände mit den gelben quirligen Blüten ab Mai zeigen. Nach dem Verblühen bilden die Blütenstände, die sich dann braun verfärbt haben, einen schönen Kontrast zu dem samtigen, blaugrün filzigen Laub. Gelegentlich braucht das Brandkraut zwei Jahre, bis es so schön blüht. Dann muss man sich zunächst mit dem dekorativen Laubpolster begnügen. Diesen Umstand gleicht sie später jedoch wieder aus, denn dann erweist sich die Pflanze als ein langlebiger und zuverlässiger Partner im Garten. Sie erneuert sich durch kurze Ausläufer immer wieder, sodass man netten Nachbarn gern mal eine Pflanze über den Gartenzaun reichen kann. Pro Quadratmeter rechne ich fünf bis sechs Pflanzen. Das Brandkraut eignet sich gut für halbschattige Situationen, sonnige Gehölzränder und Standorte in voller Sonne. Hier kombiniere ich sie beispielsweise mit Steppen-Salbei (*Salvia nemorosa* 'Ostfriesland'), Taglilie (*Hemerocallis* 'Corky'), Fetthenne (*Sedum × spectabile* 'Carl'), Blauraute (*Perovskia abrotanoides*) und natürlich vielen Gräsern wie Riesen-Federgras (*Stipa gigantea*) und Reitgras (*Calamagrostis acutiflora* 'Karl Foerster').

Rechts oben: Über dem samtartigen Laub erheben sich eigenartige quirlige Blüten: Gern kombiniere ich Brandkraut mit Ziest oder Storchschnabel.

Rechts unten: Verblüht, braun und mit Raureif überzogen wirkt das Brandkraut fast noch ausdrucksstärker als blühend im Sommer.

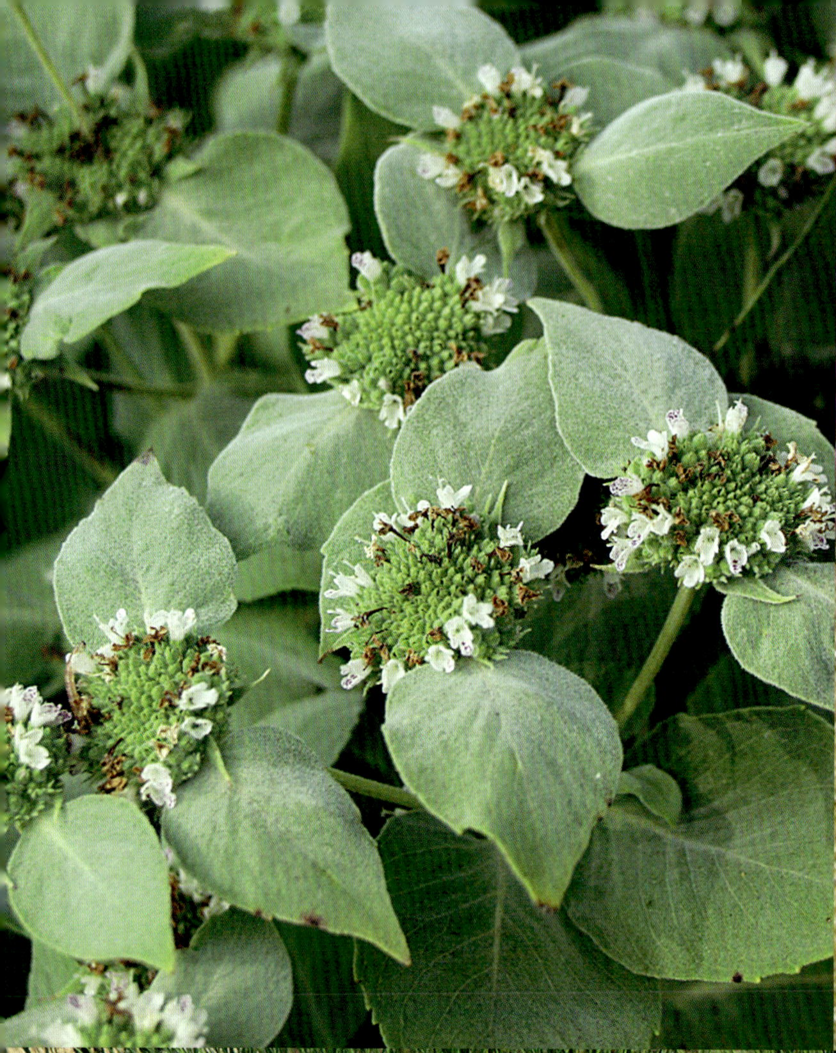
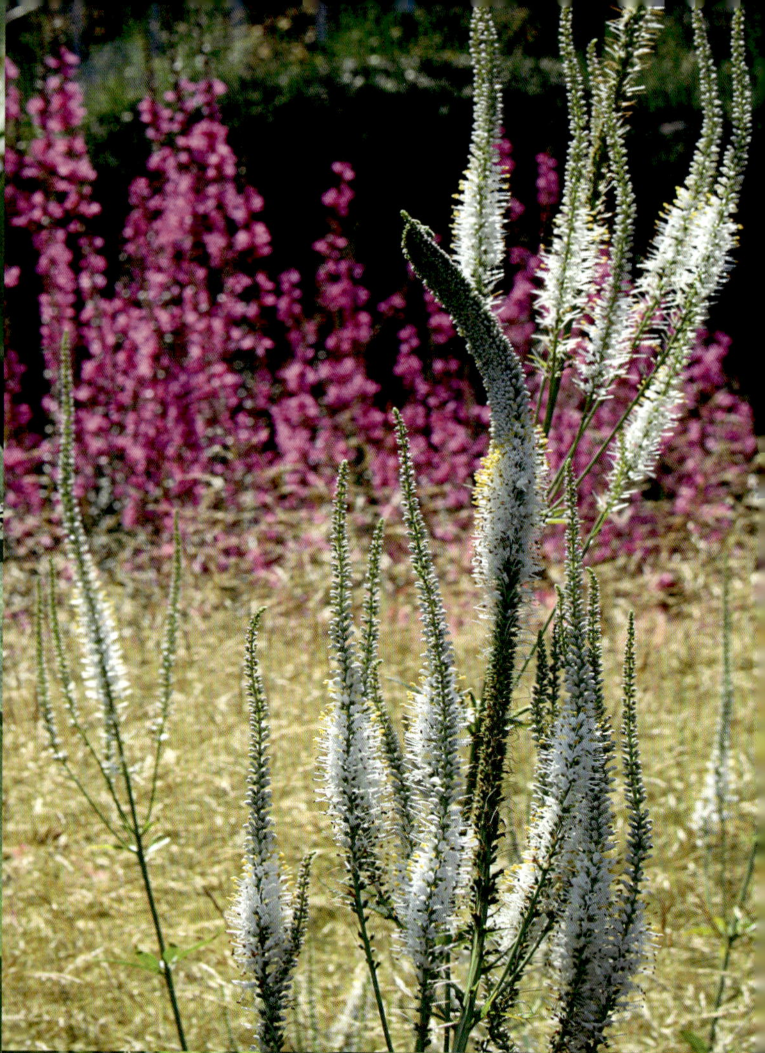
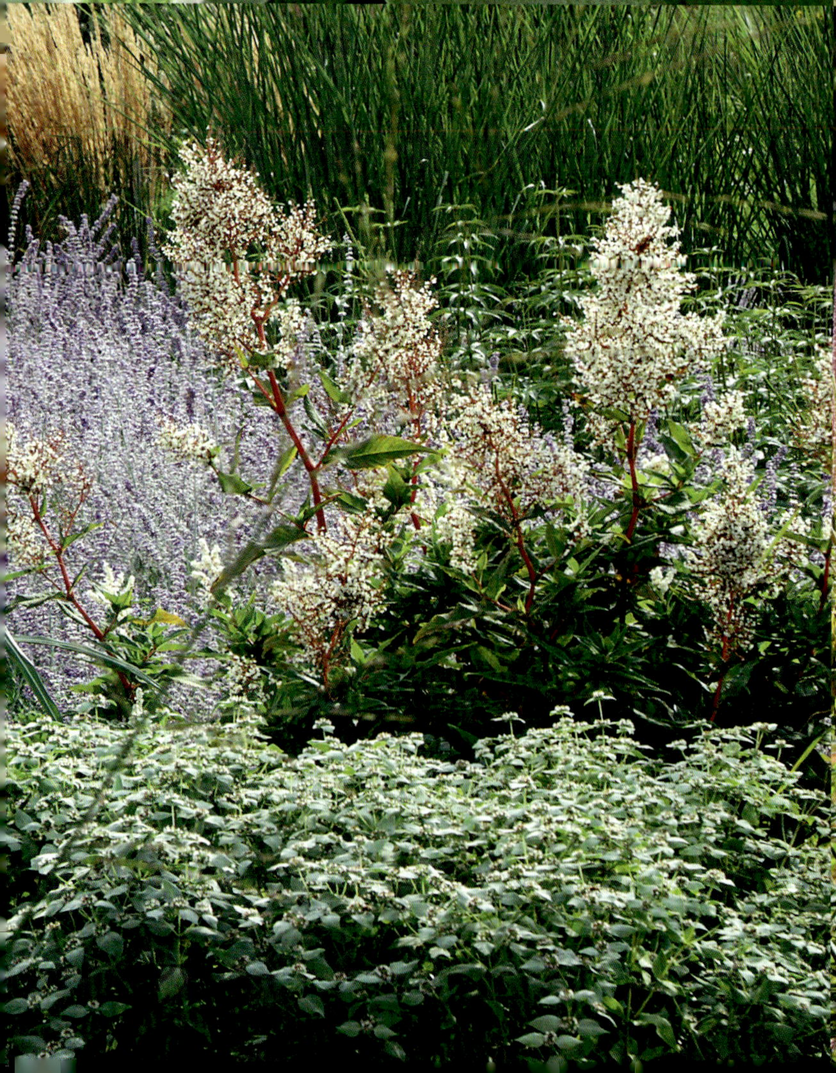
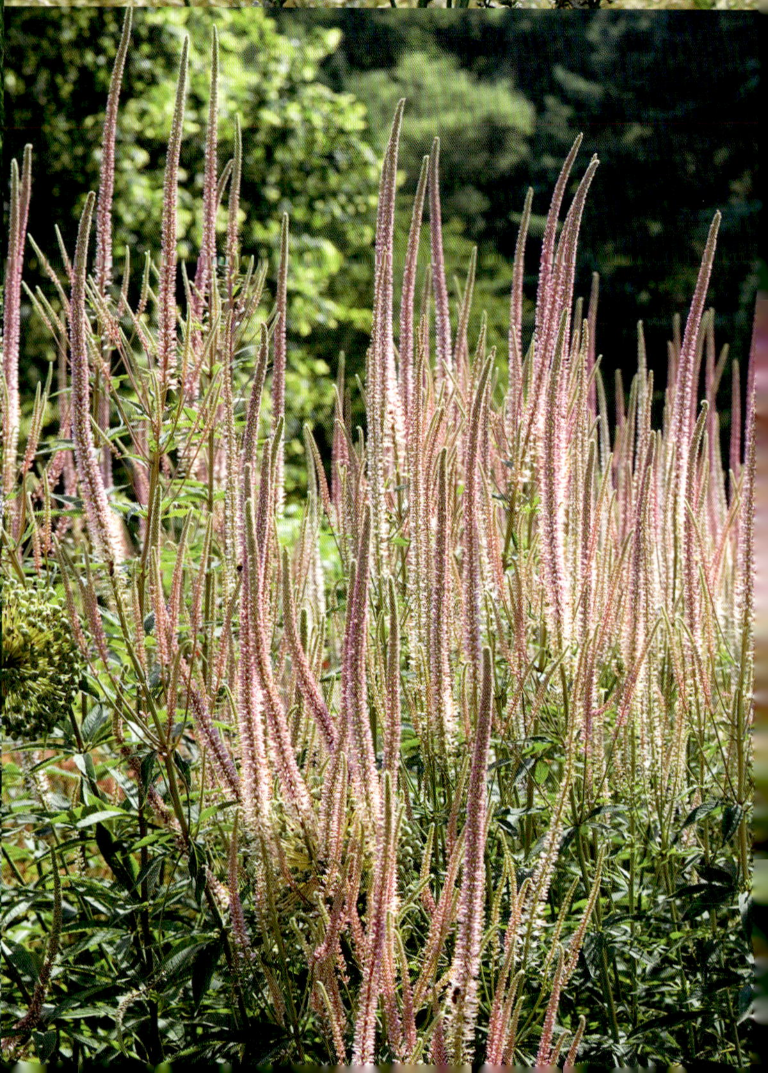

Pycnanthemum muticum
Prärieminze

Dies ist eine (noch) selten verwendete Wildpflanze aus Nordamerika. Ihre großen silbrig überhauchten Hochblätter, die sich um die Blüten gruppieren, macht sie sehr effektvoll. Daher bietet sie sich für verschiedene Pflanzenkombinationen an. Sie blüht von August bis Oktober und verströmt einen aromatischen Minzeduft. So ist es nicht verwunderlich, dass die Blätter wie bei der echten Pfefferminze in Salaten oder als Tee verwendet werden können. Auf feuchten Böden treibt sie kurze Ausläufer und ist in der Lage, im Laufe der Zeit dichte Flächen zu bilden. Zum Glück wuchert sie nicht wie die Pfefferminze. Ich verwende die 70 cm hoch werdende Staude gern in größeren Gruppen oder flächig. Pro Quadratmeter rechne ich fünf Pflanzen. Aufgrund der fast silbrig und metallisch schimmernden Hochblätter kann man sie verwenden, wenn man kräftige Töne dämpfen möchte, wie das leuchtende Rot des Kerzen-Wiesenknöterichs (*Bistorta amplexicaulis* 'Firetail') oder bei Kombinationen mit Sorten von *Aster novi-belgii*. Jedoch reizvoll finde ich auch die Kombination mit pudrigen, zarten Rosa-, Blau- und Violetttönen, wie die der Katzenminze (*Nepeta grandiflora*), Kerzen-Wiesenknöterich (*Bistorta amplexicaulis* 'Janet'), Aster (*Aster pyraeneus* 'Lutetia') und der aufrechten Stauden-Clematis (*Clematis heracleifolia* 'Cote Azur'). Auch zu anderen Laubfarben gefällt sie mir. Auf der BUGA Gera Ronneburg 2007 (siehe auch Seite 119) habe ich sie mit Wasserdost (*Eupatorium rugosum* 'Braunlaub') und gelb blühenden Stauden verwendet. Das sah großartig aus.

Veronicastrum virginicum
Kandelaber-Ehrenpreis

Diese aufstrebende Großstaude hat es mir angetan: Sie ist einfach faszinierend. Lange, röhrenförmige Blüten, die an einen Kandelaber erinnern, setzen sommerliche Akzente in Weiß bis Rosa oder einem bläulichen Purpur im Garten. Ihre Hochzeit liegt zwischen Juli und September. Es gibt verschiedene Züchtungen wie die Sorten 'Diana', 'Erika' und 'Fascination'. Nach dem Verblühen zeichnen die braunen Samenstände die charaktervolle, aufstrebende Struktur der Pflanze nach. Sie sind je nach Witterung, Schnee und Frosteinflüssen bis tief in den Winter ansehnlich. Selbst die sich schwarz färbenden Samenstände zieren den Garten noch lange. Mit einer Höhe von bis zu 1,80 m gefällt sie mir gut zusammen mit anderen Großstauden, die mit ihr gemeinsam im Hintergrund eines Beetes wachsen. Dafür bieten sich Stauden-Sonnenblume (*Helianthus microcephalus* 'Lemon Queen'), Wiesenraute (*Thalictrum rochebrunianum*), Wiesenknopf (*Sanguisorba officinalis* 'Red Thunder') und Phlox (*Phlox* × 'Hesperis') an, die sich in mehreren meiner Pflanzungen bewährt haben. Dieser Ehrenpreis ist auch attraktiv als größere Gruppe innerhalb eines Beetes. Für ein makelloses Wachstum benötigt er frische, nährstoffreiche Böden und einen vollsonnigen bis halbschattigen Standort. Oft beginnt das Wachstum zögerlich, jedoch nach einiger Zeit bildet die ansonsten langlebige Pflanze dichte robuste Horste. Damit es auf Dauer nicht zu eng wird im Beet, plane ich nur vier Stück pro Quadratmeter ein.

Links oben: Aufgrund des aromatisch duftenden Laubes ist die Prärieminze ein Magnet für Insekten und Schmetterlinge.

Links unten: Die silbrig schimmernden Hochblätter der Prärieminze dämpfen kräftige Blütenfarben oder schaffen wie hier eine pudrig blaue Liaison mit Blauraute (*Perovskia*).

Rechts oben: Die schlanken Trauben mit den weißen Blütchen bringen Eleganz ins Beet.

Rechts unten: Der attraktive Ehrenpreis erinnert tatsächlich an einen Kandelaber.

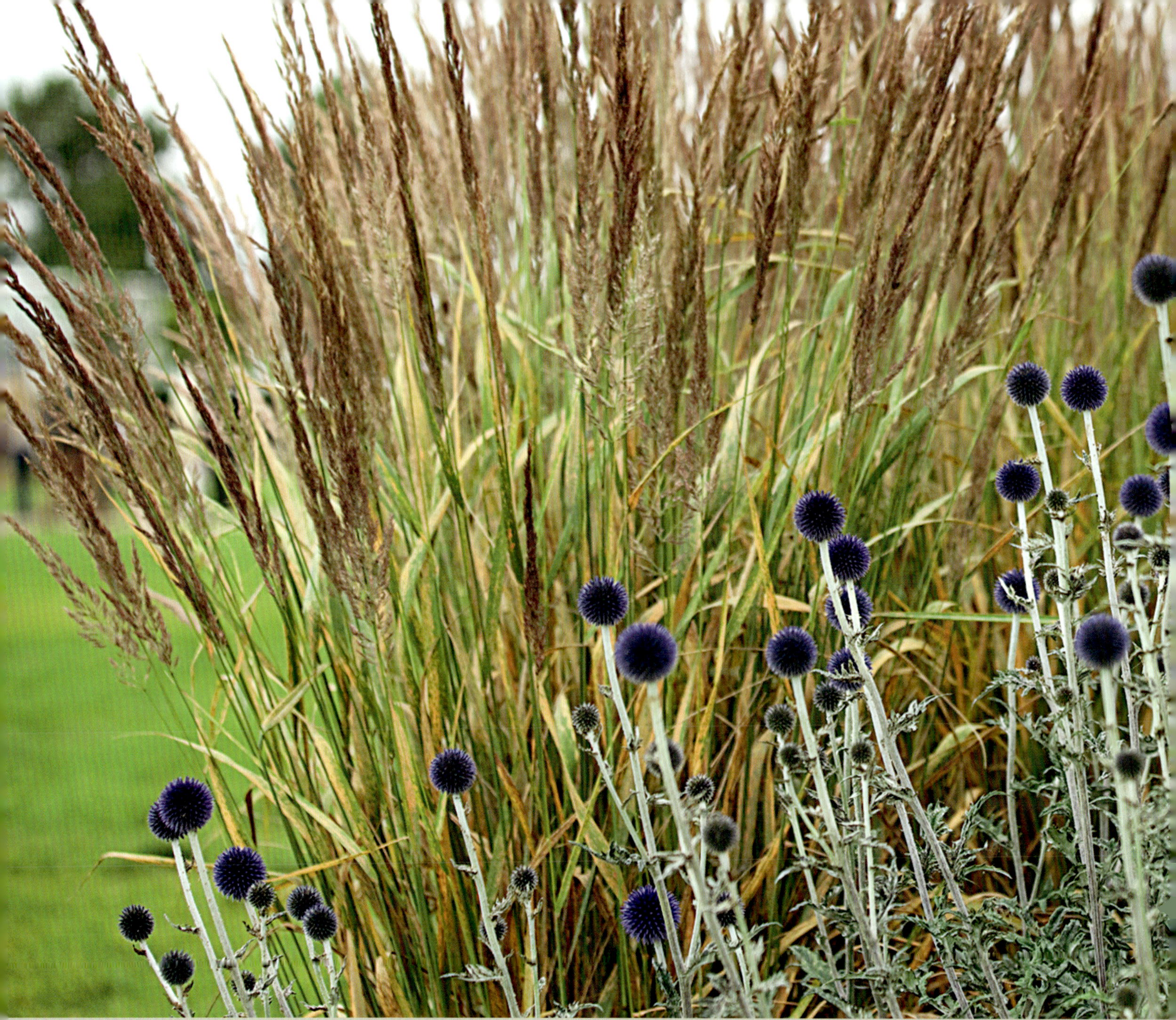

Vor allem auf Gartenschauen spiegelt sich die Vielfalt des aktuellen Staudensortimentes wider und dieses scheint ständig umfangreicher zu werden. Für solche großen Projekte lohnt es sich immer wieder, rechtzeitig auf die Suche nach neuen Pflanzen zu gehen.

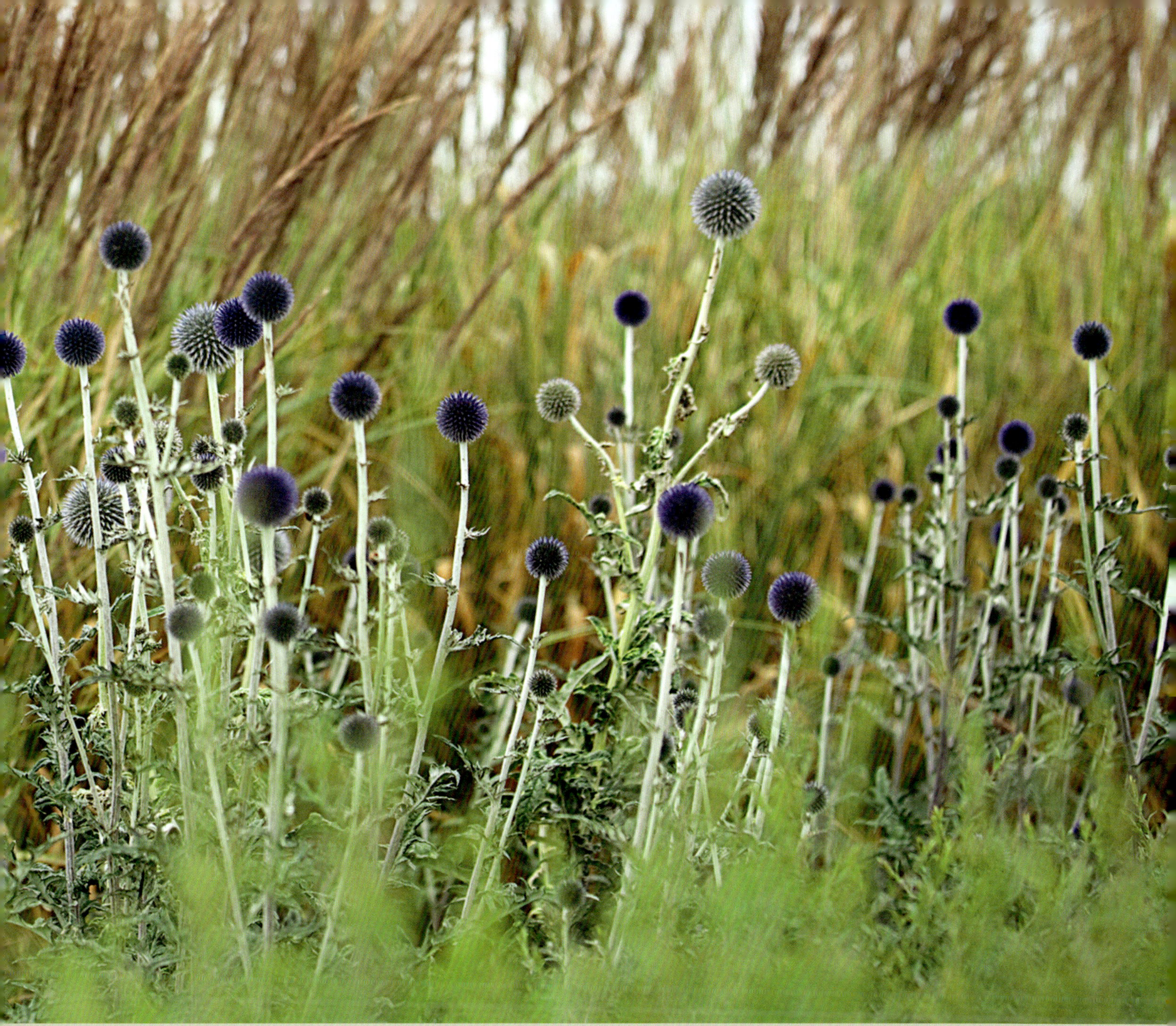

Meine Projekte

*Mit Pflanzen möchte ich kräftige Akzente setzen.
Ich verspüre immer wieder große Lust,
den Charakter eines Ortes entweder zu verstärken
oder auch zu verändern.*

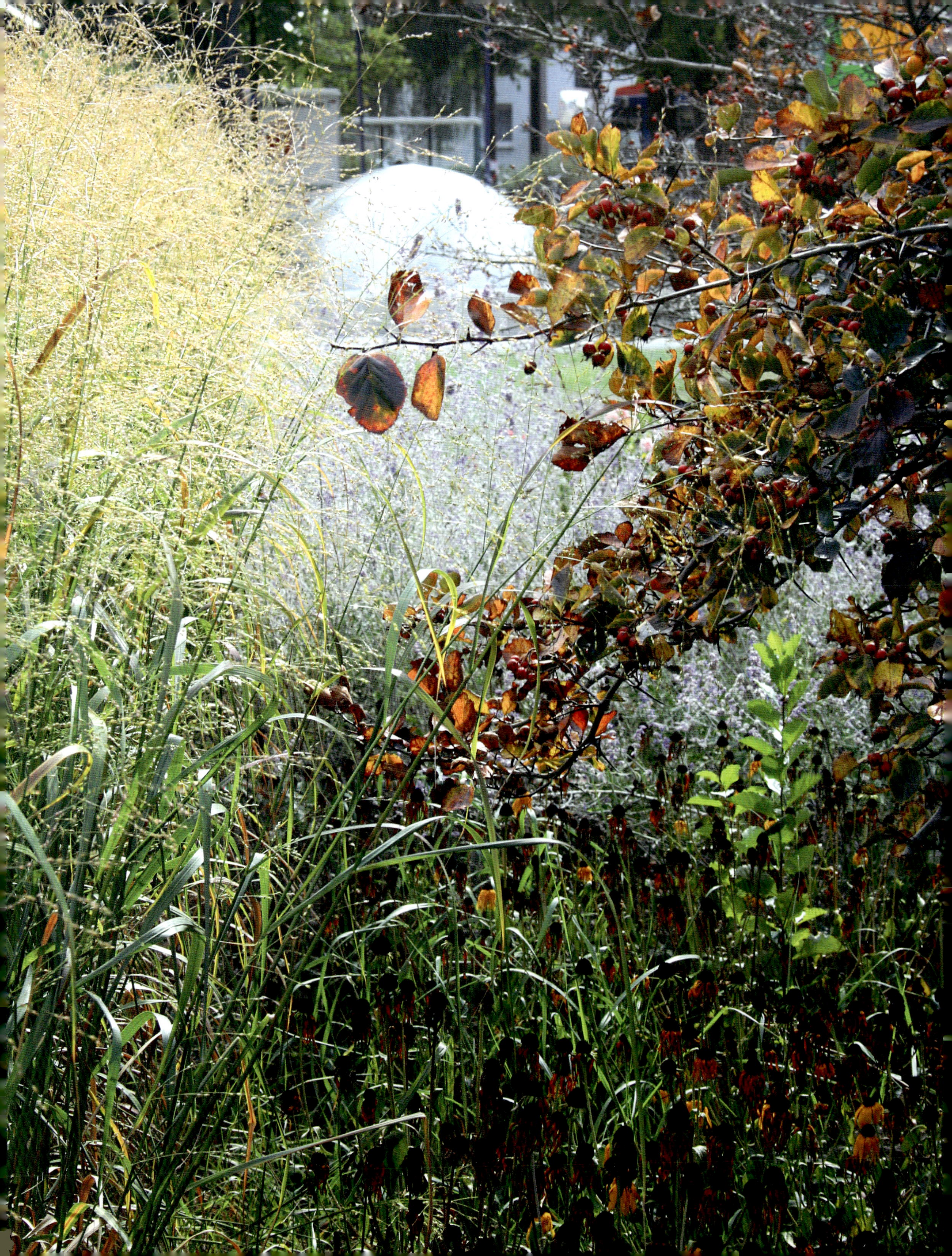

Pechauer Platz in Magdeburg

Dauerblüte mitten in der Stadt

Das Gelände des ehemaligen Fort 11 kannte ich seit Langem. Eine Straßenbahnlinie bildete eine Schienenschleife um den Platz. Nach Niederlegung der Erdwälle hatte es eine schöne Topografie erhalten, eine ovale Form wie ein Stadion, allerdings mit einer leichten Senke in der Mitte. Sie bot sich ideal als großflächiger Spielrasen an.

Goldruten aus Amerika

Zur Gliederung der seitlichen Beetflächen suchte ich ganz besondere Gehölze aus. Bäume und Sträucher mit einer auffallenden Rinde, ungewöhnlicher Blüte und lang anhaltendem Fruchtschmuck wie *Sorbus serotina* und *Prunus*-Arten. Dazu plante ich einen Anteil immergrüner Laubgehölze wie die Lorbeer-Glanzmispel *Photinia davidiana* var. *davidiana* oder den Prager Schneeball *Viburnum × pragense* ein, um auch im Winter und im zeitigen Frühjahr eine abwechslungsreiche Wirkung zu erzielen. Zwiebelblumen wie Narzissen ließ ich in großen Mengen zwischen die Stauden pflanzen. So war gewährleistet, dass der neue Pechauer Platz zu jeder Jahreszeit etwas zu bieten hat. Für die

Die Ausgangssituation

Planungszeitraum: 1996–1998

Fertigstellung: 1998

Größe des Pechauer Platzes: 12.000 m²

Größe der Staudenflächen: 3.000 m²

Vorgaben: Diese Planung gehörte zu meinen ersten Arbeiten mit Stauden. Nach der Wende im Jahre 1989 und der Wiedervereinigung herrschte unter uns Landschaftsarchitekten, aber auch in den Grünflächenämtern, eine Art Aufbruchstimmung. Magdeburg hatte gerade den Zuschlag für die Bundesgartenschau 1999 bekommen, sodass in der Stadt insgesamt ein „blumenfreundliches“ Klima in den zuständigen Ämtern herrschte. So durfte ich mein Konzept, eine große Pflanzung in sonniger Lage, verwirklichen. Das war ein großes Glück für mich.

Große Blütenflächen von Sonnenhut werden durch höhere Gräser, zum Beispiel Ruten-Hirse, und durch markante Gehölze, wie Weißdorn, räumlich gegliedert. Auf diese Weise lassen sich interessante Durchblicke gestalten.

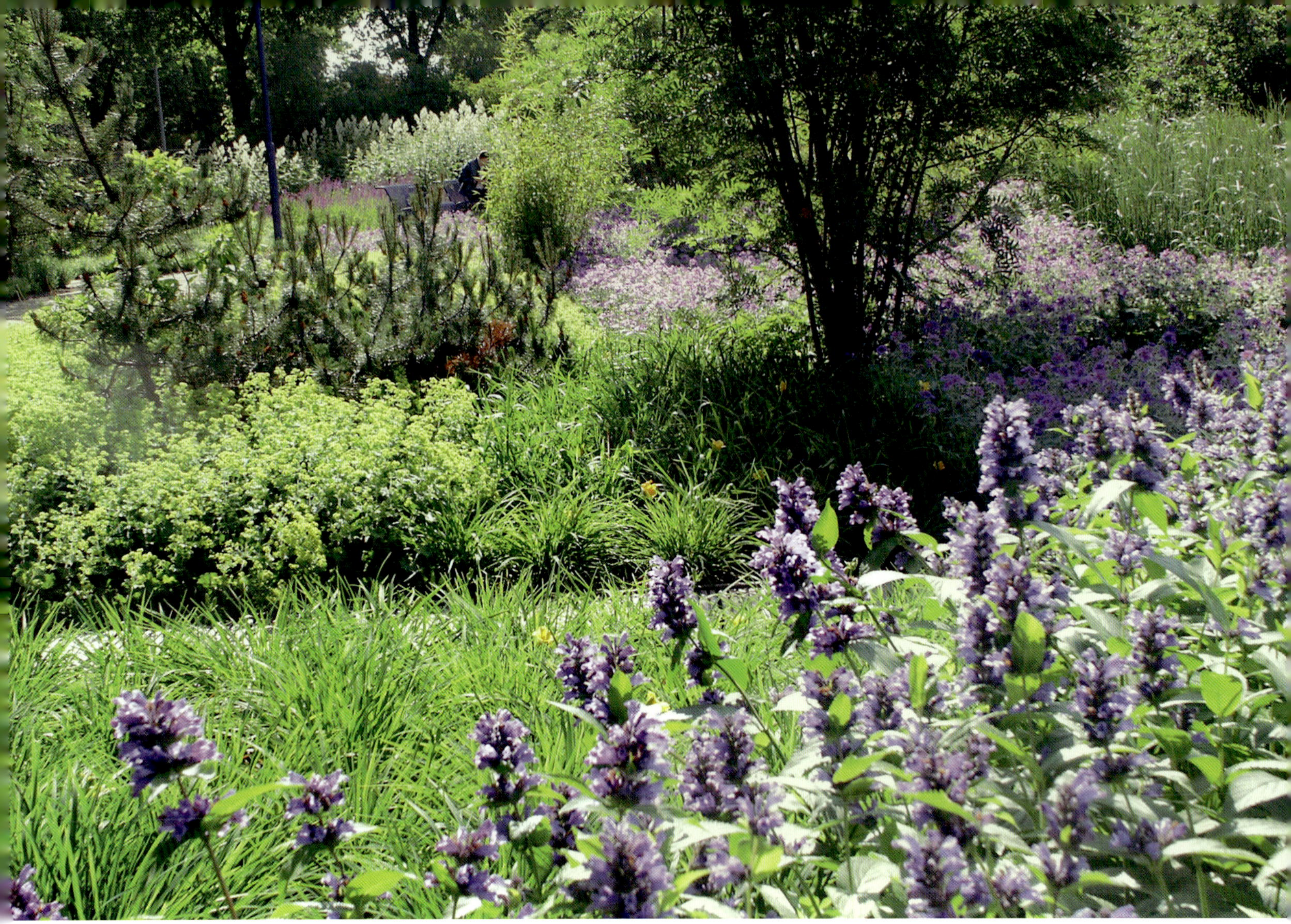

Steppen-Salbei (*Salvia nemorosa*), Katzenminze (*Nepeta sibirica*) und Storchschnabel (*Geranium*) sorgen im Juni und Juli für üppige Blütenfülle in Blau.

Staudenpflanzung wählte ich altbewährte und neue Arten sowie Gräser aus. Wucherblume (*Tanacetum macrophyllum*), Johanniswolke (*Aconogonon speciosa* und *A. weyrichii*) und Brandkraut (*Phlomis russeliana*) gehörten neben vielen anderen dazu. Außerdem ordnete ich Bärenklau (*Acanthus hungaricus*) zusammen mit Gräsern flächig an. Diese Staude ist sehr langlebig und bildet bis heute prächtige Bestände auf dem Gelände.

Während eines früheren Besuches bei Wolfgang Oehme in den USA lernte ich eine neue Goldruten-Art kennen, *Solidago speciosa*, die mir gefiel. Sie hat gesundes, großes Laub, eine dicke rispenartige Blüte und einen dekorativen, wolligen Fruchtstand. Christian Baltin in Wolfsburg ließ sich das Saatgut schicken und vermehrte diese Art, damit ich sie vorsehen und pflanzen lassen konnte. Inzwischen hat sie sich hier als sehr langlebig bewährt.

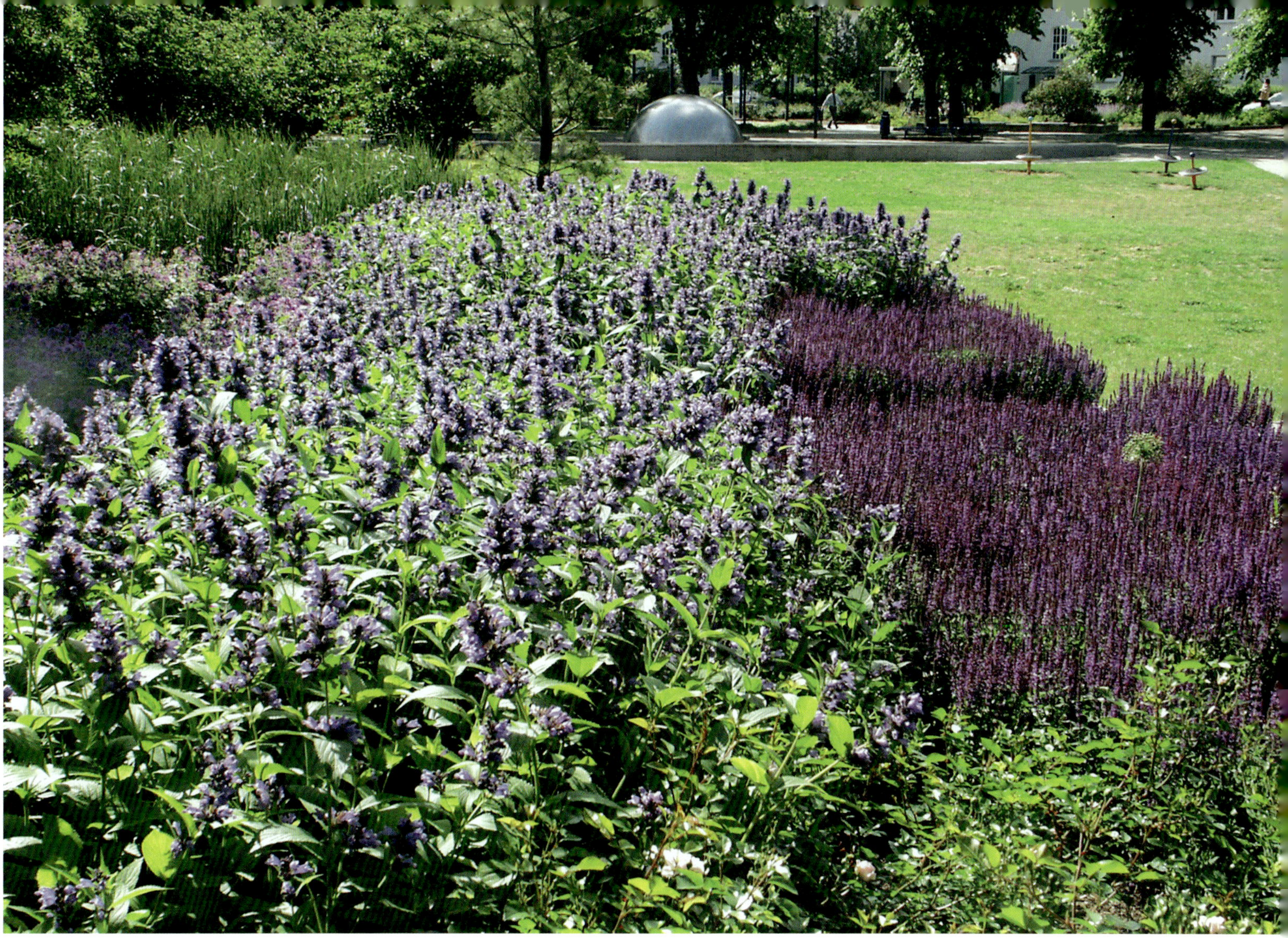

Die ausgedehnten Pflanzflächen ziehen sich wie breite, violette Bänder am Rande des Platzes entlang. Blickpunkt im Hintergrund ist der Springbrunnen.

Ein Steg für alle Fälle

Eine weitere Gliederung der Pflanzung übernahmen insgesamt sechs Holzstege, die vom umlaufenden Weg durch die breiten Beete bis hinunter in die tiefer liegende Rasenfläche führten. Ich legte sie so in die Beete, dass Sichtachsen entstanden, die beide symmetrischen Beete optisch miteinander verbanden. Insbesondere Kinder erkannten schnell ihren Wert als Sitzfläche, Wegeabkürzung, für eine Modenschau oder sonstige Spiele. Erwachsene nutzen diese bequemen Wege, um Pflanzen genauer betrachten zu können. Für die Pflegekräfte sind sie geradezu unerlässlich, denn die Pflanzung hat immerhin eine Größe von 3.000 m².

Ein wichtiger Gesichtspunkt für mich ist immer die anschließende Pflanzenpflege. Da ausreichende finanzielle Mittel zur Verfügung standen und die Fläche ungewöhnlich groß war, entschieden wir uns für den Einbau einer automatischen Tröpfchenbewässerung. Leider war das System anfällig und wurde schließlich abgeschaltet. Dadurch änderte sich stellenweise die Bepflanzung. Seitdem pflegt der städtische Betrieb Stadtgarten und Friedhöfe Magdeburg die Anlage, füllt Lücken und pflanzt bei Bedarf entsprechende Stauden nach, damit der Charakter der Pflanzung erhalten bleibt. Für mich ist es gut zu wissen, dass dieser Platz, der mir sehr am Herzen liegt, in guten Händen ist.

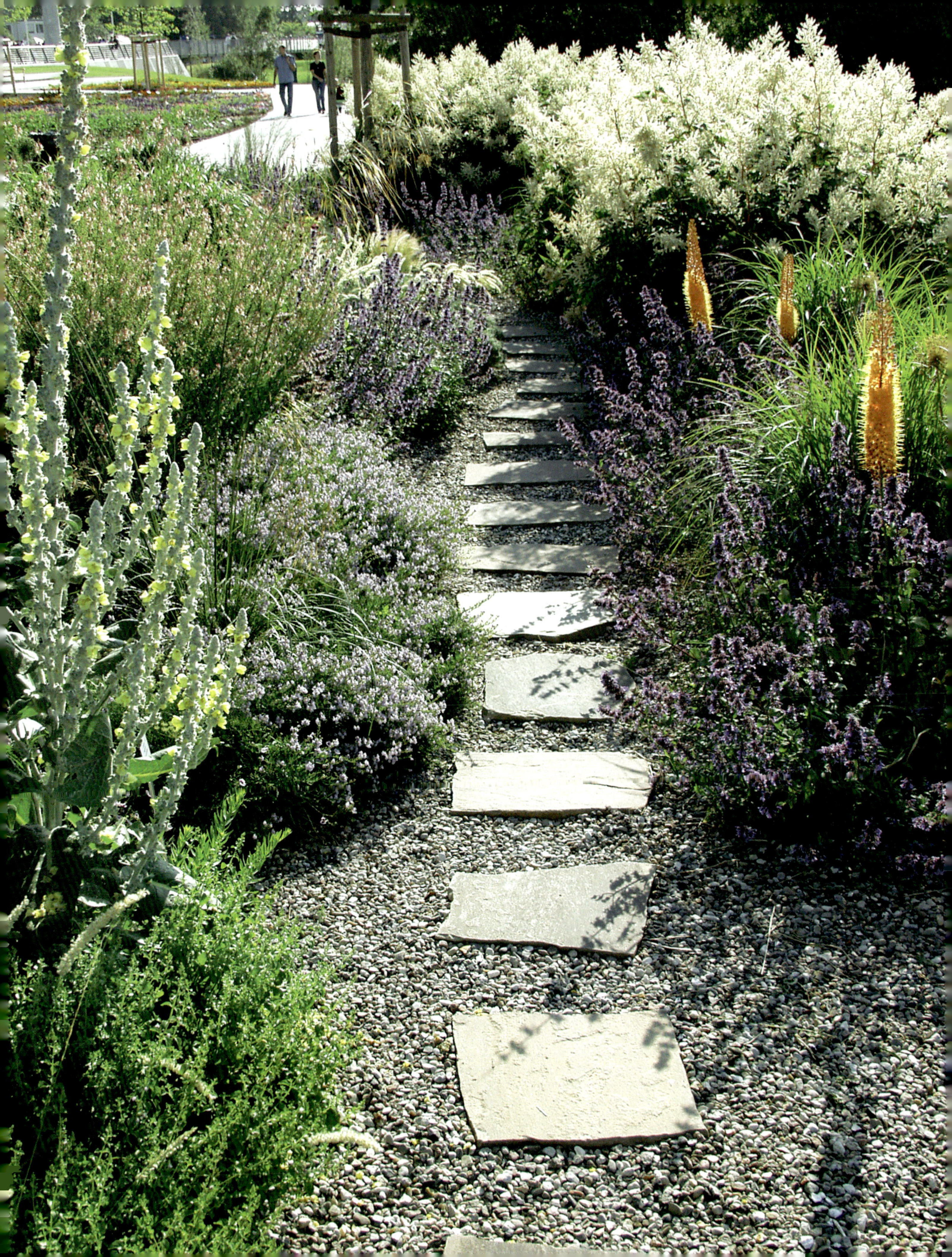

Internationale Gartenschau Rostock 2003

Neue Pflanzen am Meer

Diese Gartenschau war ein Meilenstein in meiner beruflichen Arbeit. Obwohl ich bereits für die Gartenschau 1999 in Magdeburg arbeitete, war diese Arbeit etwas ganz Besonderes und eine ganz andere Dimension. Als ich die Ausschreibung für diese Planungsaufgabe las, dachte ich nicht im Traum daran, hier arbeiten zu können. Obwohl ich kaum Gartenschauerfahrung besaß, bewarb ich mich. Mein Engagement, mit neuen Pflanzen im öffentlichen Grün zu experimentieren, hatte wohl den Ausschlag gegeben, dass ich für diese Gartenschau engagiert wurde.
Ich war fassungslos, ich durfte 6.000 m² nach meinen Vorstellungen bepflanzen.

Ein Traum wird wahr: vier Themengärten

Als ich die Landschaft um die Warnow-Flussniederung zum ersten Mal sah, war ich fasziniert von den weitläufigen Schilfbeständen, glitzernden Tümpeln und kleinen Seen. Das gesamte Areal sollte behutsam verändert werden, ohne die Atmosphäre zu zerstören. Hier wollte ich den Gärtnereien, die sich an dem Wettbewerb beteiligt hatten, eine Plattform für ihre Pflanzen bieten. Anregend fand ich bereits ihre neuesten Kataloge und Sortimentslisten. In Vorbereitung auf meine Planung besuchte ich mehrere Gärtnereien und hatte dadurch eine gute Vorstellung der angebotenen Pflanzen.

Die Ausgangssituation

Planungszeitraum: 2001–2003

Fertigstellung: 2003

Ausstellungsdauer: April – Oktober 2003

Größe der Staudenflächen: 6.000 m²

Vorgaben: Meine Aufgabe war es, das Leistungsvermögen und Profil mehrerer Gärtnereien darzustellen sowie Pflanzen-Neuheiten zu präsentieren. Als Aussteller bewarben sich 20 Staudengärtnereien und fünf Hobbyzüchter, vorwiegend aus dem nördlichen Deutschland. Die Bodenvorbereitung erwies sich als äußerst kompliziert. Während der Bauzeit gab es die typischen mit Großbaustellen verbundenen Schwierigkeiten: Schwere Fahrzeuge fuhren andauernd über das Gelände und kneteten den Boden zu einer undurchlässigen Masse. Keine gute Voraussetzung für eine gelungene Pflanzung. Tiefenlockerung und eingebaute Dränagen brachten glücklicherweise eine Verbesserung und Entwässerung des Bodens und ich konnte meine vier Themengärten, die sich allesamt in sonniger Lage befanden, gestalten. Heute ist dieses Gelände ein gut besuchter Freizeitpark für die angrenzenden Rostocker Wohngebiete Groß Klein und Schmarl.

Ein schmaler Kiespfad führt durch den großen Gräser- und Kiesgarten. Links und rechts des Weges wachsen Katzenminze (*Nepeta × faassenii*), Reiherschnabel (*Erodium*), Leinkraut (*Linaria*) und Johanniswolke (*Aconogonon speciosa*). Königskerze (*Verbascum olympicum*) und Eremurus setzten vertikale Akzente.

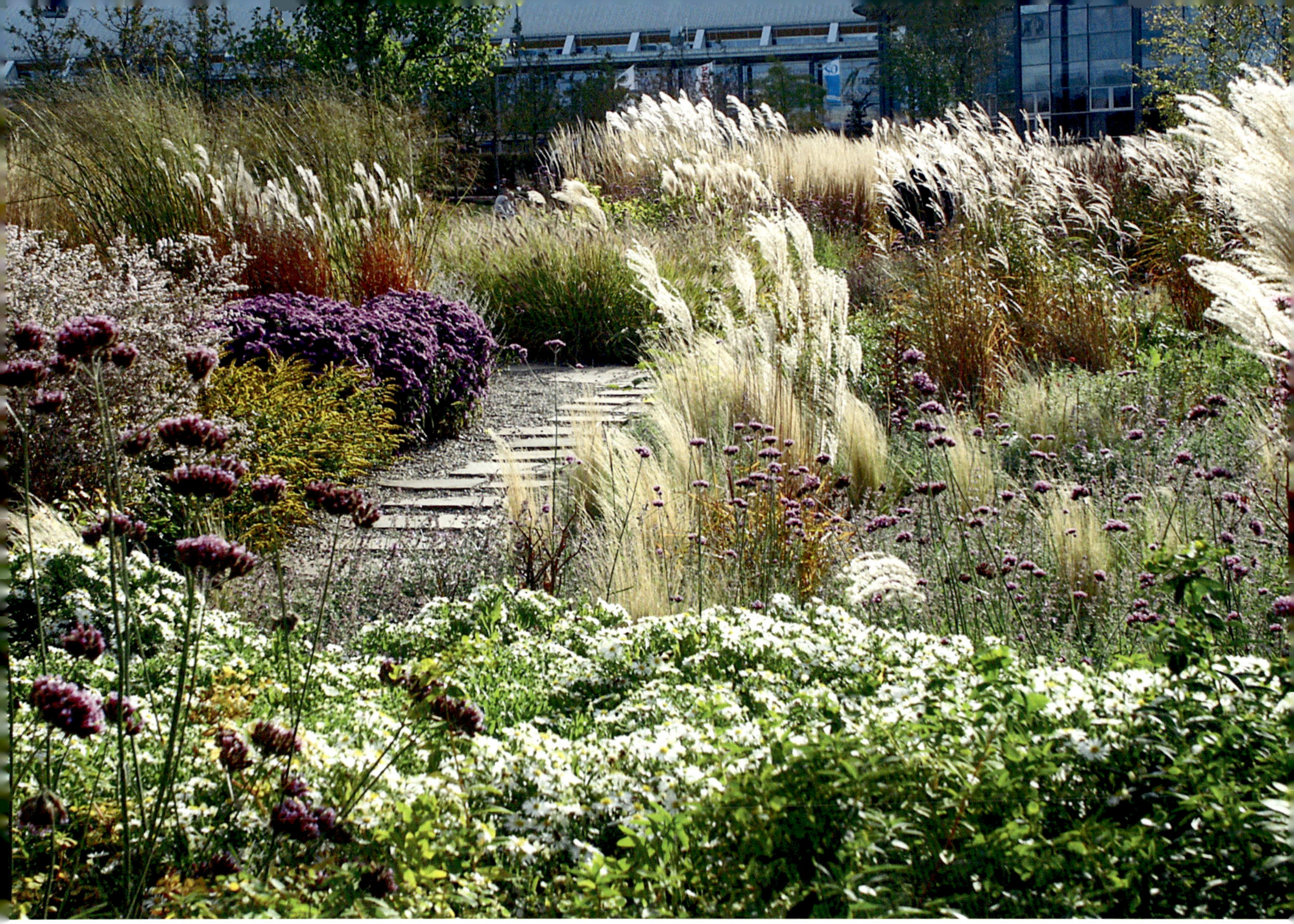

Im Herbst dominieren die Gräser. Das Chinaschilf *Miscanthus sinensis* 'Malepartus' als Leitpflanze zieht sich durch die herbstliche Blütenlandschaft und verbindet die Herbstblüher wie Eisenkraut (*Verbena bonariensis*), Astern und Goldrute (*Solidago sphacelata* 'Golden Fleece') miteinander.

Meine Überlegungen für die vorgegebenen Areale diskutierte ich mit den Auftraggebern. Das Ergebnis waren die Namen der vier Themen, die ich pflanzlich mit Leben füllte: „Gräser und ihre Begleiter", „Senkgärten", „Die Farben des Himmels" und „Aus der Werkstatt der Natur".

Gräser und ihre Begleiter

Ich habe das Thema in die Niederung am „Schmalen Bach" platziert, weil sich Gräser mit den angrenzenden Schilfbeständen gut vernetzen würden. Gräser in ihrer spielerischen Leichtigkeit assoziieren den Begriff von Wind, Meer und Dünen. Die Lage und Profilierung folgte der Topographie des Geländes. Allerdings hatte ich die Befürchtung, dass Brackwasser aufgrund der Kapillarwirkung in die Pflanzerde gelangen könnte. Es würde für viele Pflanzen das Aus bedeuten. Als Gegenmaßnahme empfahl uns ein Bodengutachter folgenden Aufbau: Eine 10 cm kapillarbrechende Schicht aus Grobkies, darauf eine geotextile, also durchlässige Filtermatte und abschließend 30 cm Pflanzerde. Wir veranlassten diese Empfehlung. Zum Glück funktionierte daraufhin die Dränage auf dem von Bautätigkeit geschundenen Untergrund, der Boden wurde entwässert und meine Pflanzungen konnten sich gut entfalten.

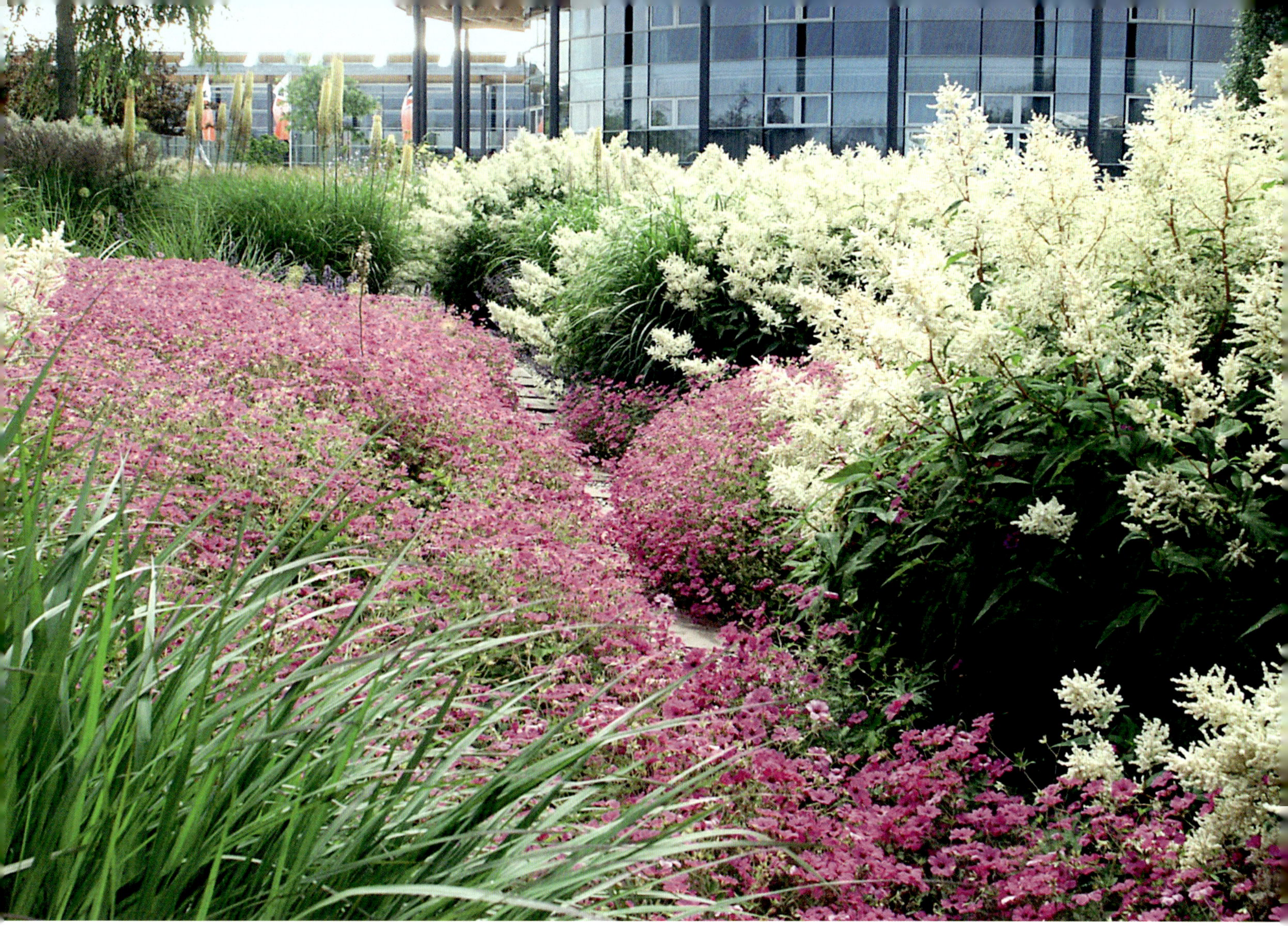

Der kräftige Farbton der Storchschnabel-Sorte *Geranium* × 'Patricia' steht den cremefarbenen Blütenrispen der Johanniswolke (*Aconogonon speciosa*) gegenüber.

Es hat für mich etwas sehr Sinnliches, in fantasievolle Landschaften aus Gräsern und Stauden einzutauchen. Hier lassen sich die Pflanzen ganz aus der Nähe betrachten, man kann sie fühlen und riechen. Schön ist es, wenn zu diesem Zweck die Gräserpflanzung durch Pfade gegliedert werden kann. Das ist auch praktisch, weil sich die großen Flächen besser pflegen lassen. Für die schmalen Wege ließ ich polygonale Schrittplatten aus Sandstein verlegen. Die Plattenfugen und Wegränder erhielten eine Deckschicht aus dem gleichen Kies wie die Mulchdecke. Dadurch ergab sich ein nahtloser Übergang von Wegen und Pflanzflächen.

Die Pflanzung bestand aus mehreren Gräserarten. Da sie erst spät im Frühjahr austreiben, entschied ich mich, sie mit Großstauden zu ergänzen. Von der damals noch relativ unbekannten Staude Johanniswolke (*Aconogonon speciosa*) pflanzte ich 200 Stück. Als ich das Wolfgang Oehme erzählte, meinte er spontan, ich hätte 1.000 Stück pflanzen sollen! Dennoch, durch die mächtige Gestalt der Stauden schaffte ich eine reizvolle Wirkung und die Pflanzung wurde spannungsreich gegliedert. Ich pflanzte flächig oder in großen Gruppen auch Reiherschnabel (*Erodium*-Hybride), Leinkraut (*Linaria* 'Peachy') und interessante Katzenminzen-Sorten wie 'Breamdean' und 'Dawn to Dusk'.
Für die Planung dieses Gräsergartens erfuhr ich eine außergewöhnliche Ehrung aus den USA: Mir wurde der Landscape Design Award der PPA (Perennial Plant Associates) zugesprochen.

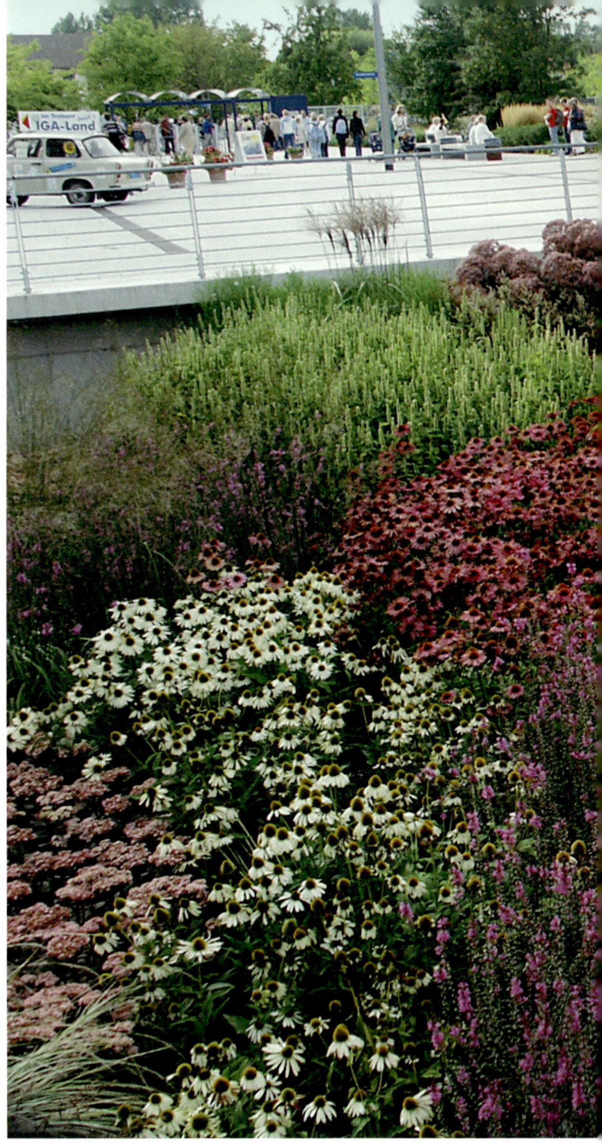

Ich finde es sinnlich, in üppige Pflanzenlandschaften einzutauchen.

Schmale Wege führen durch die Beete. So lassen sich die Pflanzen aus der Nähe betrachten, fühlen, riechen und mit allen Sinnen erleben, wie hier Storchschnabel (*Geranium* × 'Patricia'), Salbei (*Salvia verticillata* 'Purple Rain') und Eberraute (*Artemisia arborescens* 'Powis Castle').

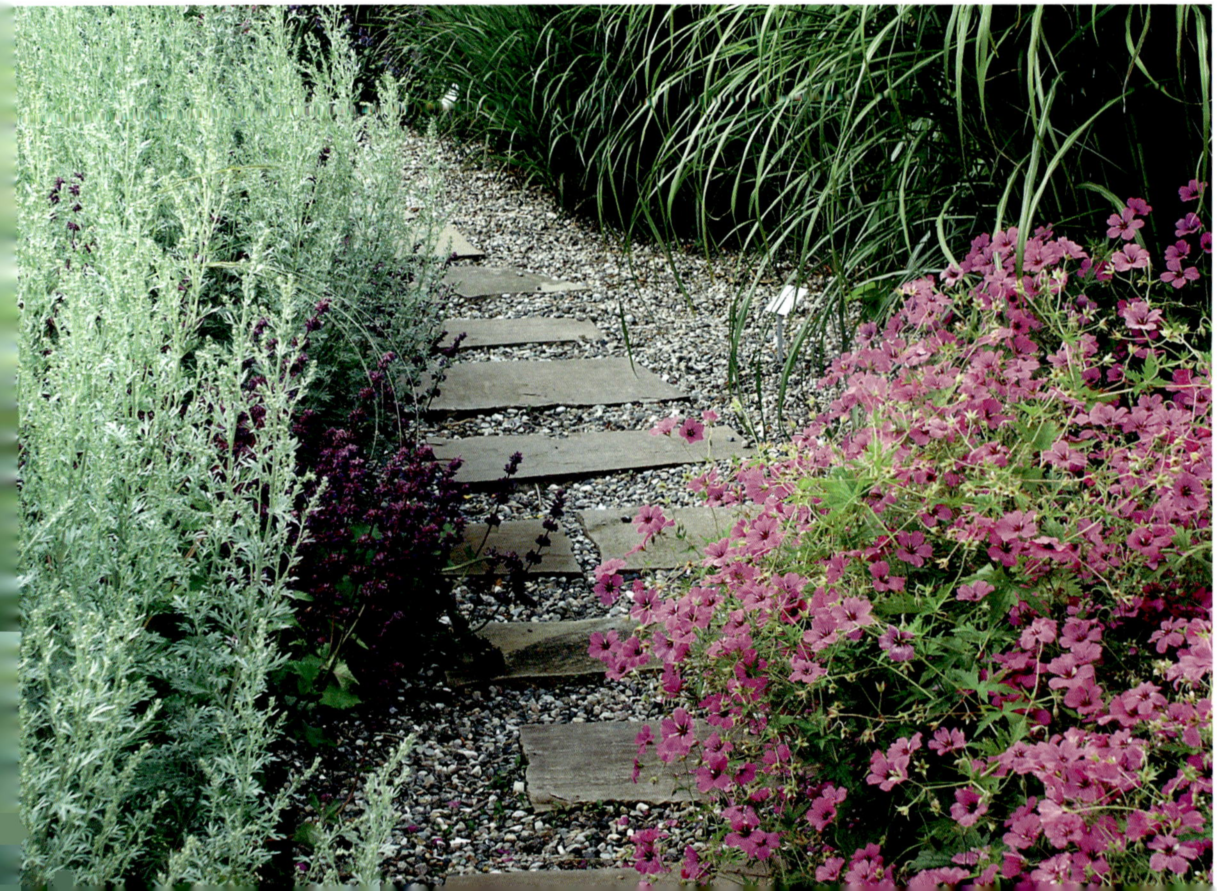

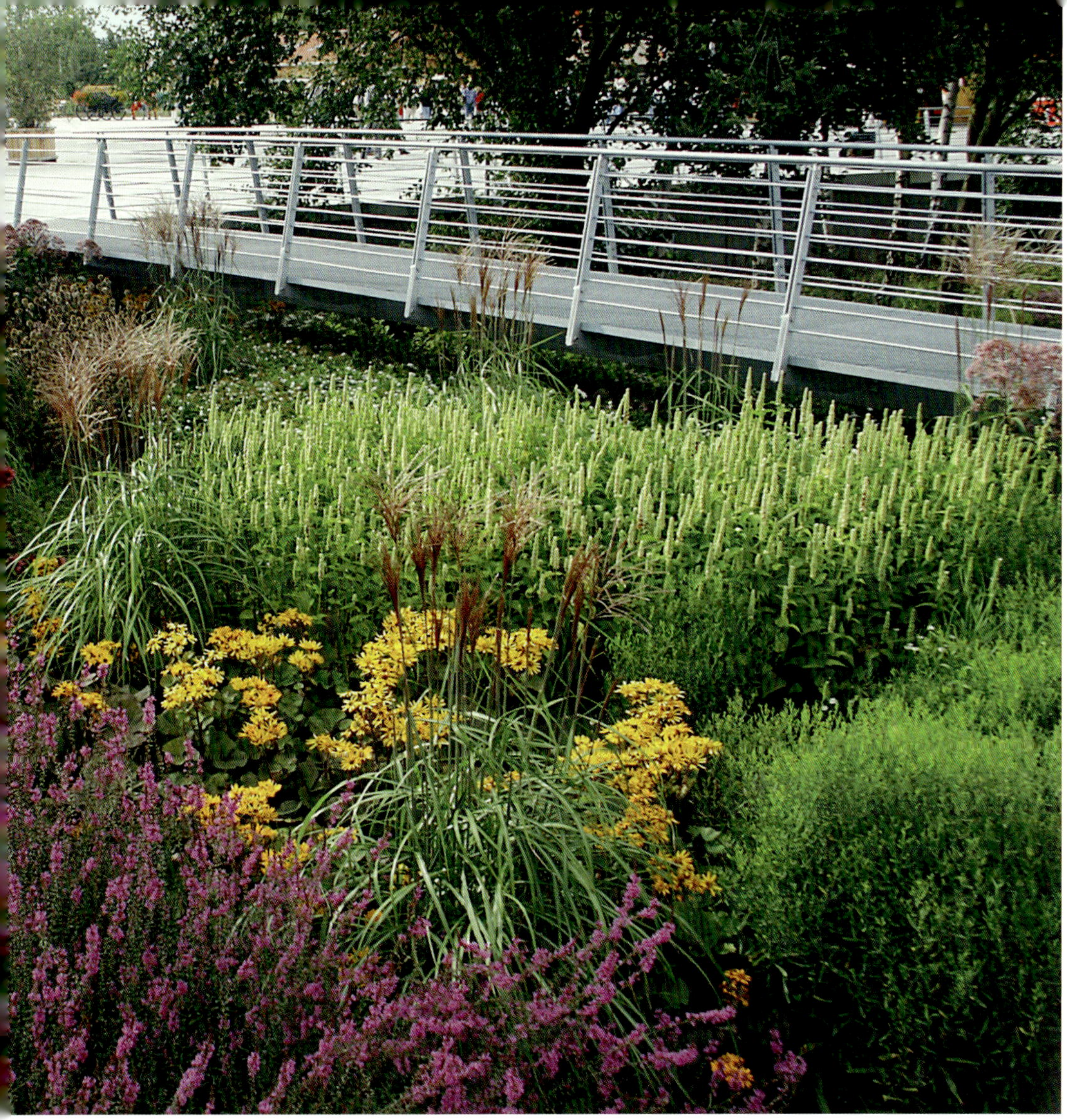

Großstauden von oben zu betrachten ist ein eher seltenes Vergnügen. Auf der IGA Rostock war es durch die vertiefte Lage der Gärten möglich.

Senkgärten

Das Thema des Senkgartens hatte einen prominenten Standort gleich am Haupteingang bekommen. Wie eingestanzt lagen sechs „Baumfenster" mitten im großen Platz am Haupteingang. Diese Gärten, mit einer Größe von etwa bis zu 100 m², waren bis zu 3 m tief. Der Blick in diese Senkgärten zeigte den ursprünglichen Geländeverlauf. Die Flächen sollten mit Stauden und Gräsern bepflanzt werden. Elemente wie Treppen, Sitzstufen und eine Brücke vermittelten schöne Eindrücke von Architektur und ihrer professionellen Begrünung. Durch diese verschiedenen Baulichkeiten konnten die Senkgärten unterschiedlich erlebt werden. Mal konnte man über eine Brücke gehen, eine Treppe hinabsteigen oder sich gemütlich auf den Stufen ausruhen und erlebte die Pflanzungen aus einer jeweils anderen Perspektive. Wie aber lassen sich sonnige und schattige Situationen, die hier entstanden, optisch zusammenfassen? Ich kombinierte einfach schattenverträgliche Pflanzen wie Schönaster (*Kalimeris incisa*), *Aster ageratoides*, Stauden-Clematis (*Clematis heracleifolia*) und Japangras (*Hakonechloa macra*) mit weiteren Astern, *Geranium*-Arten, Blut-Weiderich (*Lythrum salicaria*) und Wasserdost (*Eupatorium rugosum* 'Braunlaub'). Dadurch entstand eine großzügige Gesamtlösung in der Sonne und im Schatten.

Die Farben des Himmels

Eine andere Pflanzfläche grenzte unmittelbar an eine Rosenpflanzung. Da das Gelände an einem Hang platziert war, stellte ich mir vor, dass er optisch in den Himmel überleitet. Wolken, in allen Formen und Farben bis hin zur Gewitterstimmung, wollte ich hier thematisch bearbeiten. Ich betrachtete die Fläche als ein gesamtes Beet, wodurch eine großzügige, wegeübergreifende

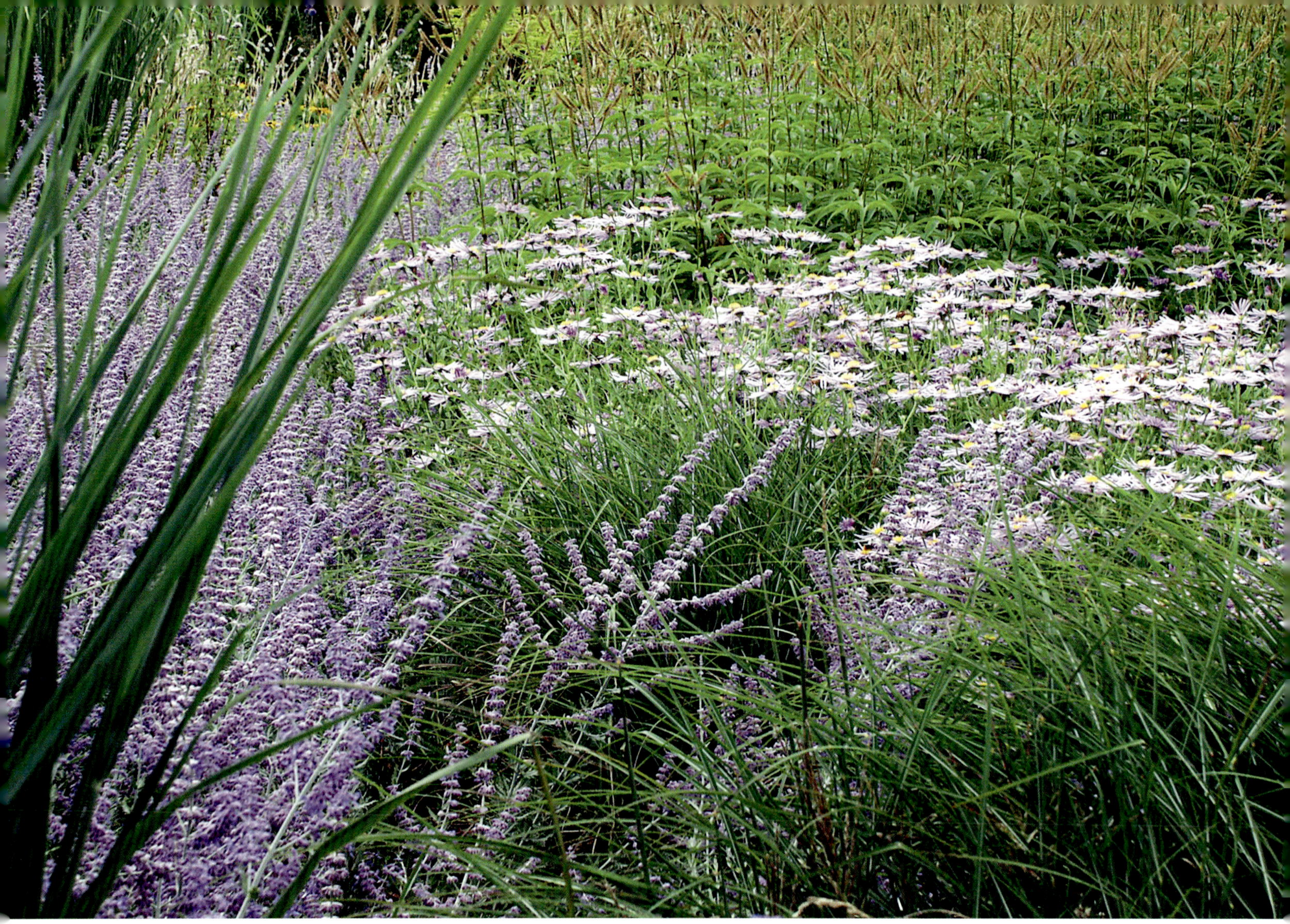

Am Rosenhang pflanzte ich „Die Farben des Himmels". Mit Blüten in Weiß und Blau bis Violett wollte ich dieses Thema gestalten: Blauraute (*Perovskia abrotanoides*) zog sich in langen Schwaden durch die Pflanzung, kombiniert mit *Aster frikartii* 'Mönch' und Ruten-Hirse (*Panicum* 'Cloud Nine').

Pflanzung entstand. Am Fuß des Hanges begann ich mit weißen Pflanzen, die ich farblich ins Wasserblaue übergehen ließ. Hier pflanzte ich Amerikanische Bergminze (*Pycnanthemum muticum*), Herbst-Anemone (*Anemone japonica* 'Honorine Jobert') und Helmkraut (*Scutellaria incana*). Fließende Übergänge in Mittelblau schuf ich mit Katzenminze (*Nepeta × faassenii* 'Six Hills Giant'), Kandelaber-Ehrenpreis (*Veronicastrum virginicum*) und Salbei-Sorten. Mit Storchschnabel (*Geranium* × 'Patricia') und Malven (*Alcea* 'Parkrondell') wurde die Pflanzung rötlich wie ein Abendhimmel. Das Rückgrat der Pflanzung bildeten lang gezogene Schwaden aus Blaurauten (*Perovskia abrotanoides*), die mit Gräsern und höheren Stauden betont wurden.

Aus der Werkstatt der Natur

Das war das vierte Thema meiner Arbeit auf der Gartenschau in Rostock. Auf einzelnen aufeinanderfolgenden Beeten ordnete ich Pflanzen mit unterschiedlichen Blütenformen wie Dolden, Rispen und Schleier an. Meine Überlegung war einfach: Auf einem Beet zeige ich jeweils drei verschiedene Blütenformen. Auf der jeweils folgenden Fläche kommt eine neue Blütenform hinzu und eine andere scheidet aus. Dadurch werden die drei Felder überspannt und die einzelnen Flächen miteinander vernetzt. Zur Gliederung der Stauden setzte ich Chinaschilf *Miscanthus sinensis* 'Malepartus' ein. Ich liebe nun mal Chinaschilf!

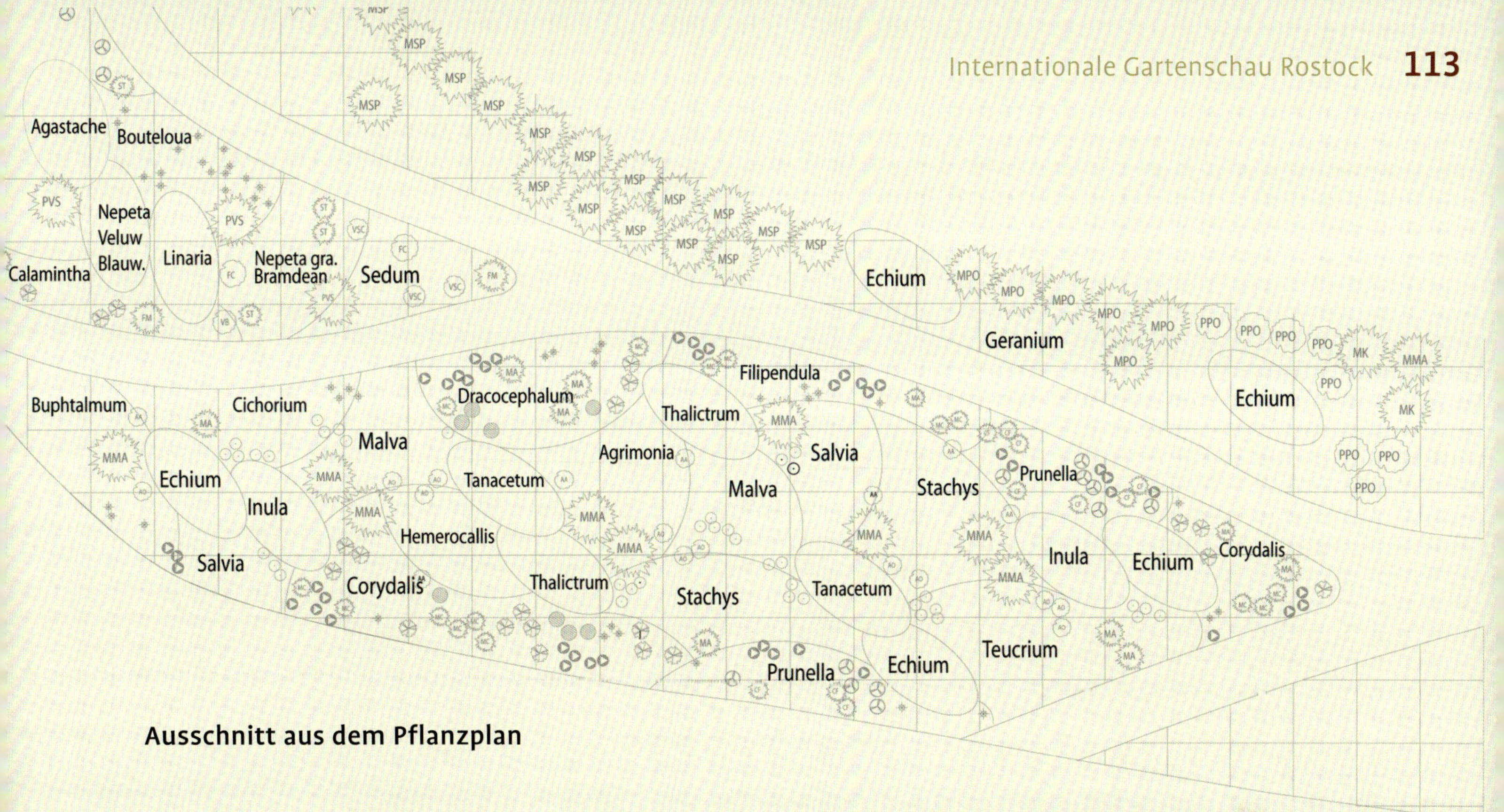

Ausschnitt aus dem Pflanzplan

- *Agastache foeniculum* 'Alabaster', Anis-Ysop
- *Agrimonia eupatoria*, Kleiner Odermenning
- AO *Alcea officinalis*, Stockrose
- AA *Angelica archangelica*, Engelwurz
- *Bouteloua gracilis*, Haarschotengras
- *Buphtalmum salicifolium*, Weidenblättriges Ochsenauge
- *Calamintha nepeta* subsp. *nepeta*, Amerikanische Bergminze
- CF *Carex flava*, Gelb-Segge
- *Cichorium intybus*, Wegwarte
- *Corydalis lutea*, Lerchensporn
- *Dracocephalum ruyschiana*, Nordischer Drachenkopf
- *Echium vulgare*, Gewöhnlicher Natternkopf
- FC *Ferula communis*, Riesenfenchel
- *Festuca mairei*, Atlas-Schwingel
- FM *Filipendula vulgaris*, Kleines Mädesüß
- *Geranium sanguineum*, Blut-Storchschnabel
- *Hemerocallis lilioasphodelus*, Wiesen-Taglilie
- *Inula helenium*, Echter Alant
- *Knautia arvensis*, Acker-Witwenblume
- *Linaria-Hybride* 'Peachy', Leinkraut
- *Linum perenne*, Stauden-Lein
- *Malva moschata*, Moschus-Malve
- *Meum athamanticum*, Bärwurz
- MMA *Miscanthus sinensis* 'Malepartus', Silber-Chinaschilf
- MPO *Miscanthus sinensis* 'Positano', Silber-Chinaschilf
- MSP *Miscanthus sinensis* 'Silberpfeil', Silber-Chinaschilf
- MA *Molinia arundinacea*, Rohr-Pfeifengras
- MC *Molinia caerulea*, Blaues Pfeifengras
- *Nepeta grandiflora* 'Breamdean', Katzenminze
- *Nepeta-Hybride* 'Veluws Blauwtje', Katzenminze
- PVS *Panicum virgatum* 'Strictum', Ruten-Hirse
- PPC *Persicaria polymorpha*, Knöterich
- *Prunella vulgaris*, Gewöhnliche Braunelle
- *Pulsatilla vulgaris*, Kuhschelle
- *Salvia pratensis*, Wiesen-Salbei
- *Sedum telephium* 'Dusky Pink', Fetthenne
- *Stachys officinalis*, Echter Ziest
- ST *Stipa tenuissima*, Federgras
- *Tanacetum corymbosum*, Straußblütige Wucherblume
- *Teucrium scorodonia*, Salbei-Gamander
- *Thalictrum aquilegifolia*, Akeleiblättrige Wiesenraute
- *Thalictrum flavum*, Wiesenraute
- VB *Verbascum bombyciferum*, Seidenhaar-Königskerze
- VSC *Verbascum-Hybride* 'Southern Charm'
- *Verbascum nigrum*, Schwarze Königskerze

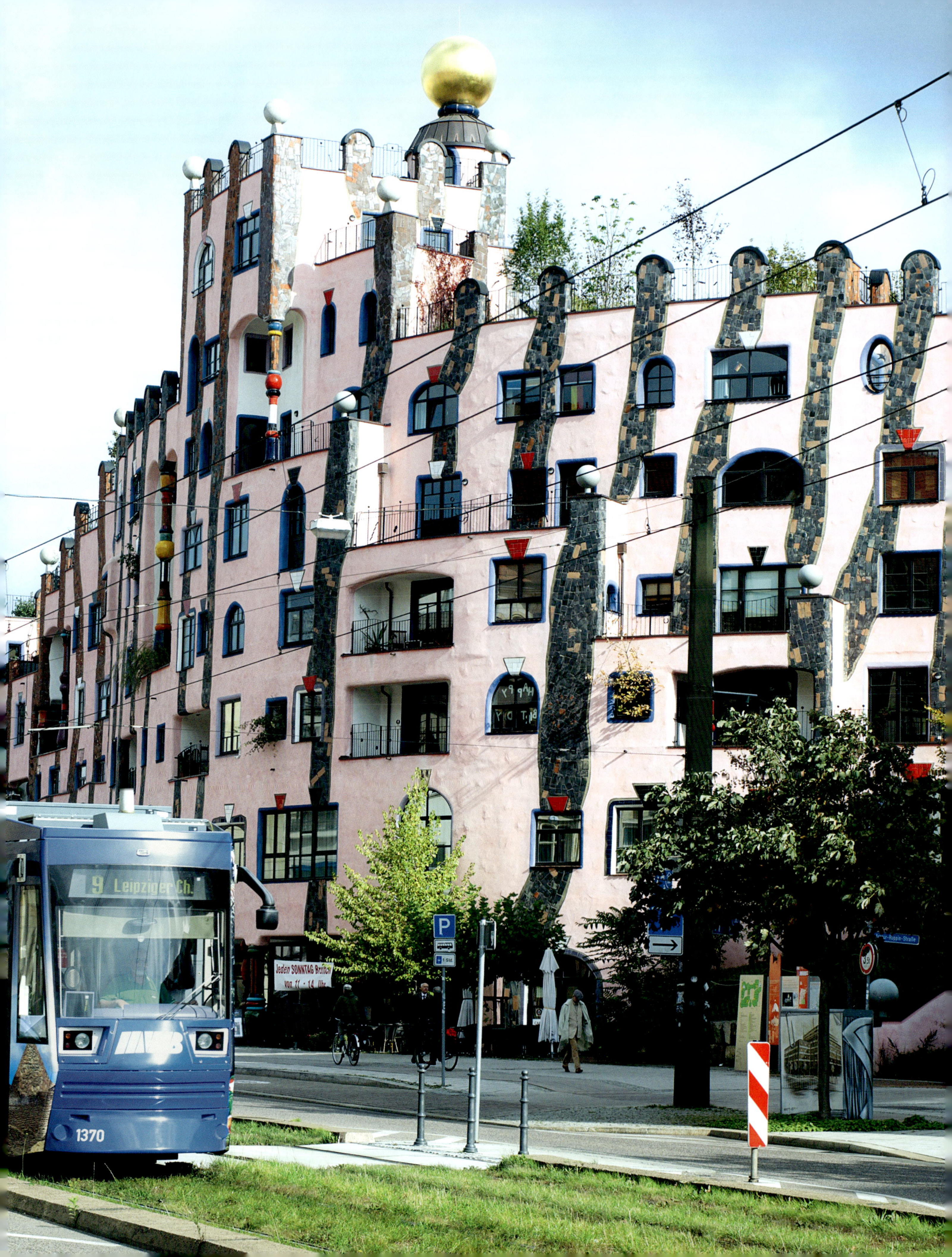
9 Leipziger Ch.
1370

Dachgarten in Magdeburg

Die Grüne Zitadelle von Magdeburg

Die Grüne Zitadelle von Magdeburg – diesen Titel gab der österreichische Künstler Friedensreich Hundertwasser diesem Projekt noch selbst. Zunächst sollte auf dem Grundstück ein Plattenbau umgestaltet werden, doch dies wurde verworfen und es entstand ein Neubau, eine „Oase für Menschlichkeit und für die Natur im Meer von rationellen Häusern", so der Hausherr. Es war das letzte Vorhaben, das der Meister bearbeitet und dessen Planung er noch abgeschlossen hat. Drei Jahre nach seinem Tod wurde mit dem Bau begonnen.

Arche Noah auf dem Dach

Schon aus der Ferne lassen sich die goldenen Kugeln auf den Türmen ausmachen, die auf das besondere Bauwerk aufmerksam machen. Besonders ist es auf jeden Fall, denn Bäume wachsen aus farbig umrandeten Fenstern und das 5.000 m² große Dach der Zitadelle überzieht ein grüner Teppich, bestehend aus Wald und Wiese. Für mich war die Bepflanzung eine herausfordernde Aufgabe, denn Hundertwasser folgte bei seinen Überlegungen der These, dass der Mensch der Natur das Terrain zurückgeben soll, das er ihr genommen hat. Aus der Vogelperspektive dürfte man nur Grün sehen. Deshalb die Begrünung des Daches.

„Gehasst – gebaut – geliebt" hieß eine Ausstellung bevor die grüne Zitadelle gebaut wurde. Genauso kam es dann ... Heute ist das bunte, auf neun Etagen begrünte Haus eine viel besuchte Sehenswürdigkeit der Stadt.

Die Ausgangssituation

Planungszeitraum: 2003–2005

Fertigstellung: 2005

Größe der Dachfläche: 5.000 m²

Vorgaben: Es war der Wunsch des visionären Künstlers Friedensreich Hundertwasser (1928–2000), dass die Bewohner des Hauses in Magdeburg den Passanten ein Stück Natur zurückgeben. Dafür gab es am und im Bau besondere Vorkehrungen: In den Wohnräumen war in abgetrennten Becken Wurzelraum vorgesehen, in denen Bäume wurzeln können. Heute sind solche Living-Walls oder Grünen Wände voll im Trend. Hundertwasser war ein Pionier auf diesem Gebiet. Viele seiner Projekte zur Begrünung der Städte, seine Konzepte zur Wiederherstellung natürlicher Kreisläufe und seine Aktionen zu ökologisch bewusstem Handeln finden sich heute in diesen aktuellen Bestrebungen wieder. Die Anforderungen an meine Planung waren genauso anspruchsvoll wie dieses architektonische Kunstwerk. Insbesondere mein Mann Joachim, mit dem ich viele Jahre das Büro teilte, meisterte manche knifflige Anforderung. Dazu zählten die Entwässerung der Hofflächen auf der Tiefgarage, deren Gefälleverhältnisse sich als ziemlich kompliziert erwiesen, oder der Kindergarten auf dem sonnig gelegenen Dach, der erst dann eine Betriebserlaubnis bekam, als genügend Fläche zur Verfügung stand.

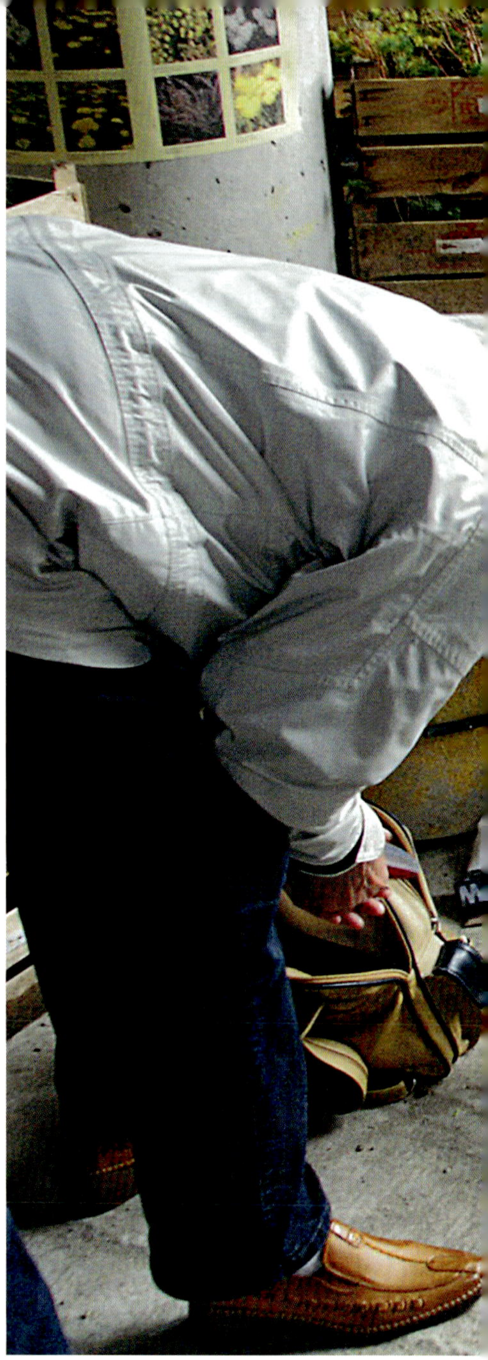

Die Artenauswahl an Gehölzen war enorm umfangreich. Ahorn, Pappeln, Apfelbäume wuchsen neben Magnolien und Tulpenbäumen. Gleichgültig, ob sie das Klima auf dem Dach vertragen oder nicht. Stirbt ein Baum ab, entsteht Raum für andere Gehölzarten, deren Samen durch Vögel hinaufgetragen oder durch Wind herangeweht werden. Das ist ganz natürlich. Deshalb verwarf ich meinen ersten Pflanzplan, den ich nach Richtlinien und Empfehlungen der Baumschulen ausgearbeitet hatte, und überlegte mir einen neuen Entwurf – im Sinne von Friedensreich Hundertwasser.

Original Hundertwasserpflanzen

Neben dem Gehölzpflanzplan entwickelte ich eine Konzeption für eine Staudenwiese. Bei deren Umsetzung kam es zum Eklat auf dem Dach. Ich hatte eine Wiese aus fertigen Stauden geplant, um den Mietern gleich nach Fertigstellung etwas schön Blühendes vor ihren Fenstern anzubieten. Meine mehrmals vorgelegten Pläne fanden stets Zustimmung, weshalb ich die Gärtnerei beauftragte. Aber als die ersten Pflanzen geliefert und bereits zum Teil in der Erde waren, gab es eine Begehung auf dem Dach in Gegenwart des künstlerischen Nachlassverwalters, der ausführenden Firma für Garten- und Landschaftsbau und der Presse. Zu meiner Überraschung ordnete der Nachlassverwalter an, umgehend alle Stauden zu entfernen – mit der Begründung: „Das ist hier keine englische Staudenrabatte!“ Es gab keinen Kompromiss. Die Sache war öffentlich, ein Zurückrudern unmöglich. „Architekten sollen nicht planen. Ihre Aufgabe ist es, das Projekt im Sinne des Künstlers umzusetzen ...“, so der künstlerische Nachlassverwalter von Friedensreich Hundertwasser.

Hundertwassers Leitgedanke war es, dass alles wachsen darf, was der Wind durch Samen heranträgt. Eine Ansaat von Blumen sei allerdings erlaubt. Deshalb habe ich die Blumenwiese nun säen lassen. Aber die bestellten 9.000 Pflanzen standen in Kisten auf der Baustelle und wurden nicht mehr gebraucht. Was tun? Die

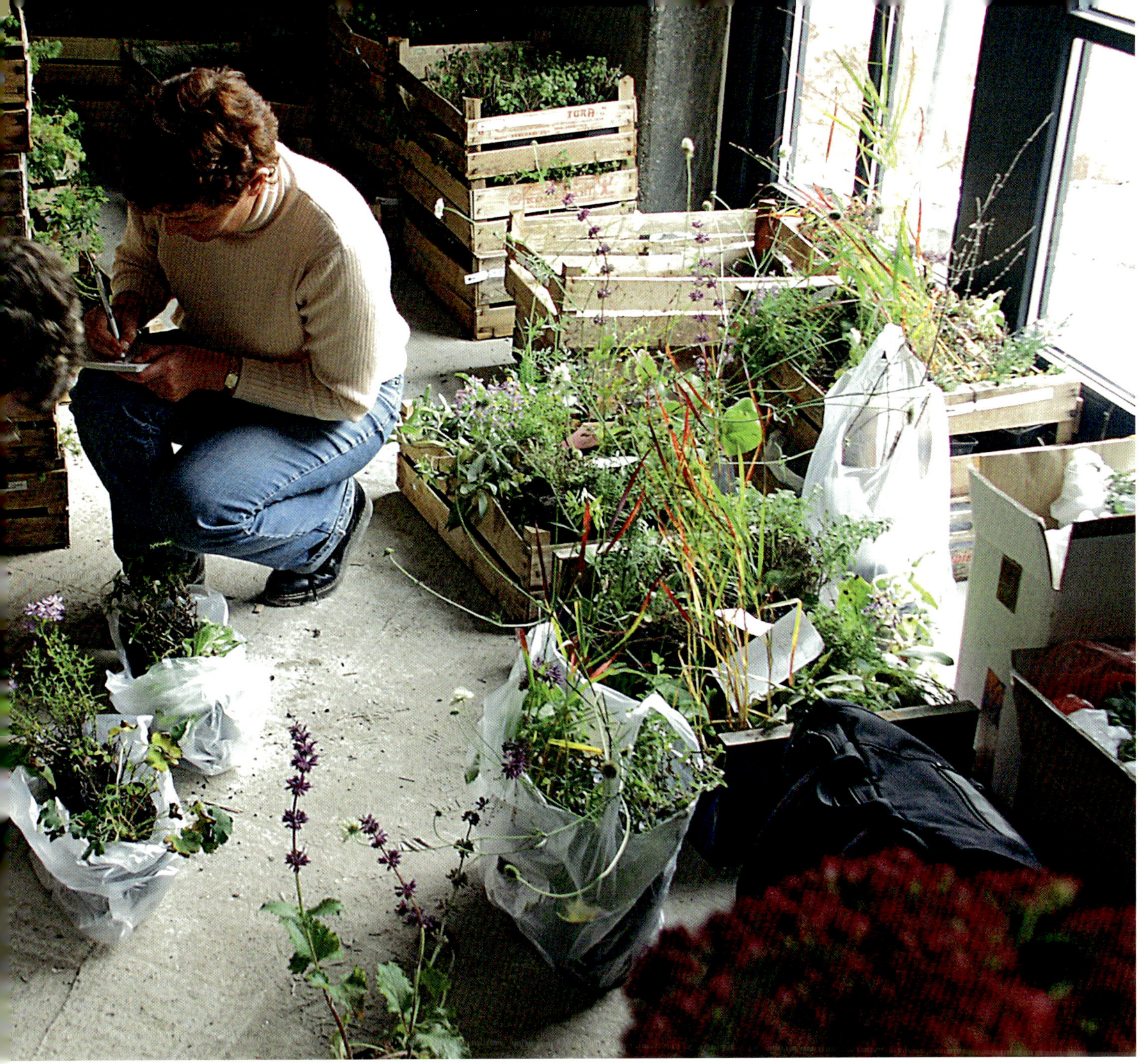

Die Nachfrage nach den Original Hundertwasserpflanzen mit Zertifikat war groß. Gemeinsam mit befreundeten Kolleginnen verkauften wir für den Lohn eines guten Essens die Pflanzen. Diese Aktion blieb mir bis heute in ganz besonderer Erinnerung.

Marketing-Abteilung des Hauses hatte einen grandiosen Vorschlag: Die Stauden wurden zum Eröffnungstag der Grünen Zitadelle angeboten. Sie waren ja inzwischen Original Hundertwasserpflanzen! Ich fertigte Plakate mit den Staudenporträts an, um besser beraten zu können. Weitere Verstärkung war erforderlich. Meine Freundinnen, selbst aus grünen Berufen, sowie meine kleine Tochter Theresa halfen beim Verkauf – Stückpreis: 3 Euro mit gedrucktem Zertifikat. Am Tag der Eröffnung drängten die Menschen in den Verkaufsraum und kauften und kauften, bis am Abend nur noch wenige Pflanzen übrig waren. So wurde aus einem Ärgernis noch ein Highlight!

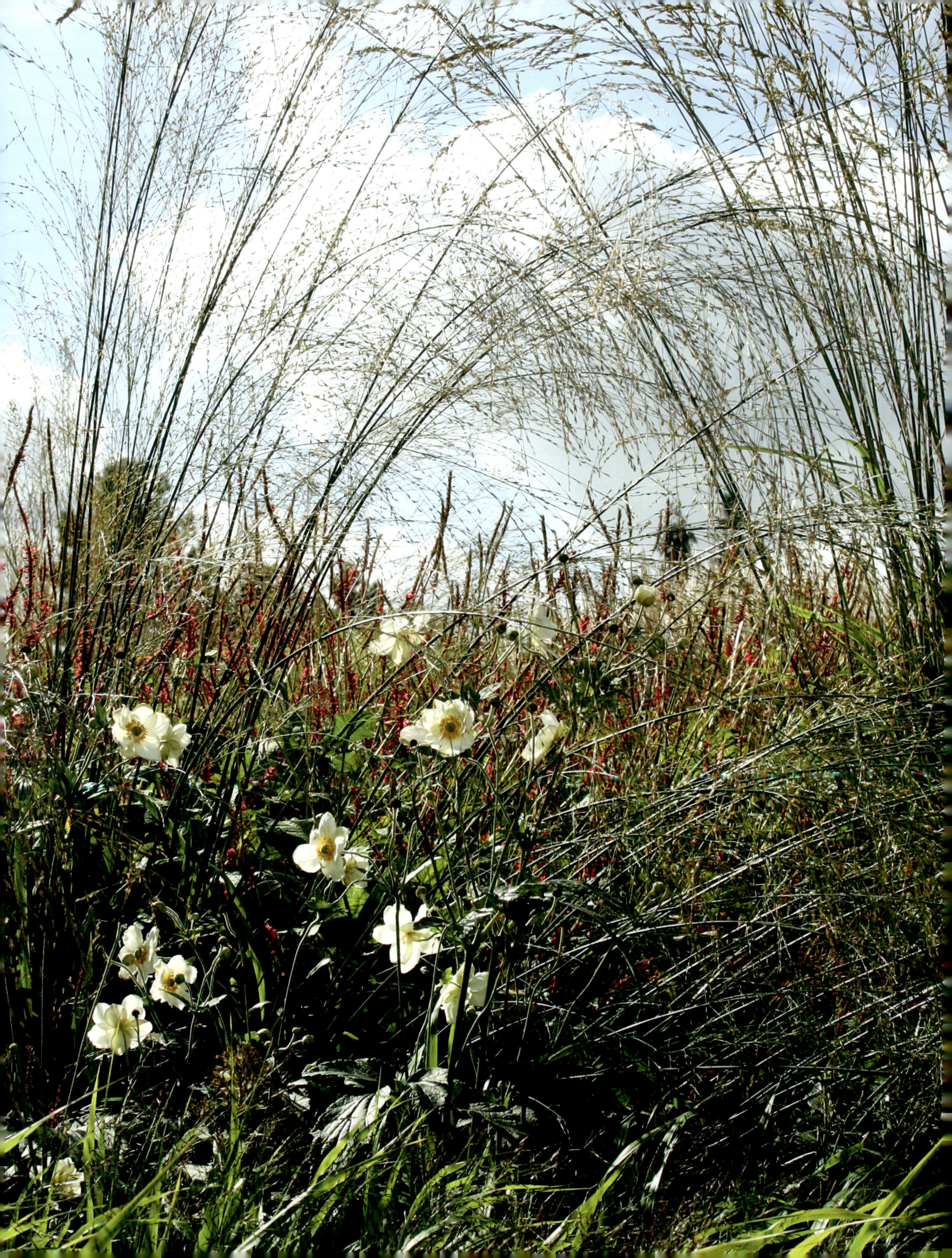

Bundesgartenschau Gera Ronneburg 2007

Mal farbenfroh, mal fast natürlich wild

Dem Umfeld entsprechend hatte ich zwei völlig andersartige Pflanzkonzepte zu entwickeln – unterschiedlicher konnte meine Aufgabe für die Bundesgartenschau in Thüringen nicht sein. Mein Plan für den innerstädtischen „Hofwiesenpark" in Gera waren Beete voller Farbenpracht mit opulenter Blütenfülle. In Ronneburg, etwa 10 km von Gera entfernt, mit der Weite der „Neuen Landschaft" fand ich Natürlichkeit und Großzügigkeit als Leitgedanken passend.

Der Hofwiesenpark in Gera

Hier wollte ich verschwenderisch und prachtvoll mit Farben umgehen. Mein „Beetstaudengarten", der sich um die Hecken des Veranstaltungsovals schlängelte, hatte die Farben eines Regenbogens. Der Bereich war in lang gezogenen Einzelflächen aufgeteilt. Ich suchte aus den Sortimentslisten spezialisierter Staudengärtnereien Pflanzen aus und plante Kombinationen unter dem Aspekt des jahreszeitlichen Wandels. Diese Beete spiegelten das Profil der jeweiligen Gärtnerei bestmöglich wider. Sie waren jedoch vor allem in mein Farbkonzept eingebunden.

Fingerspitzengefühl verlangte die Planung des „Irisgartens". Ich wollte dieser Gattung mit den fulminanten Blüten einen speziellen Garten

Die Ausgangssituation

Planungszeitraum: 2004–2006

Fertigstellung: 2006

Ausstellungsdauer: April – Oktober 2007

Größe der Staudenflächen: 10.000 m²

Vorgaben: Es gab Ausstellungsbereiche in zwei Städten. Kern der Schau waren der „Hofwiesenpark", also die Parkanlagen in Gera, und die „Neuen Landschaften", die renaturierten Uranerzbergbauflächen rund um Ronneburg. Auf der Grundlage des Entwurfes des Büros von Kokenge.Ritter für den Hofwiesenpark und des Büros fagus-FachGesellschaft für Umweltplanung und Stadtentwicklung, Markkleeberg, für die Neue Landschaft, entstand zunächst das Ausstellungskonzept für alle gärtnerischen Beiträge gemeinsam mit dem Büro Knoll Ökoplan. Die detaillierte Planung der meist sonnigen Flächen wurde in einer Arbeitsgemeinschaft, bestehend aus den Landschaftsarchitekturbüros Knoll Ökoplan, Willnecker + Siegmann, Petra Wiedemann und meinem Büro erarbeitet. Wir waren für die Stauden und einen Teil des Wechselflors zuständig.

Zarte Gräser, wie das Pfeifengras *Molinia arundinacea* 'Transparent', in Kombination mit der Herbst-Anemone *Anemone japonica* 'Honorine Jobert' läuten das herbstliche Finale auf der Bundesgartenschau ein.

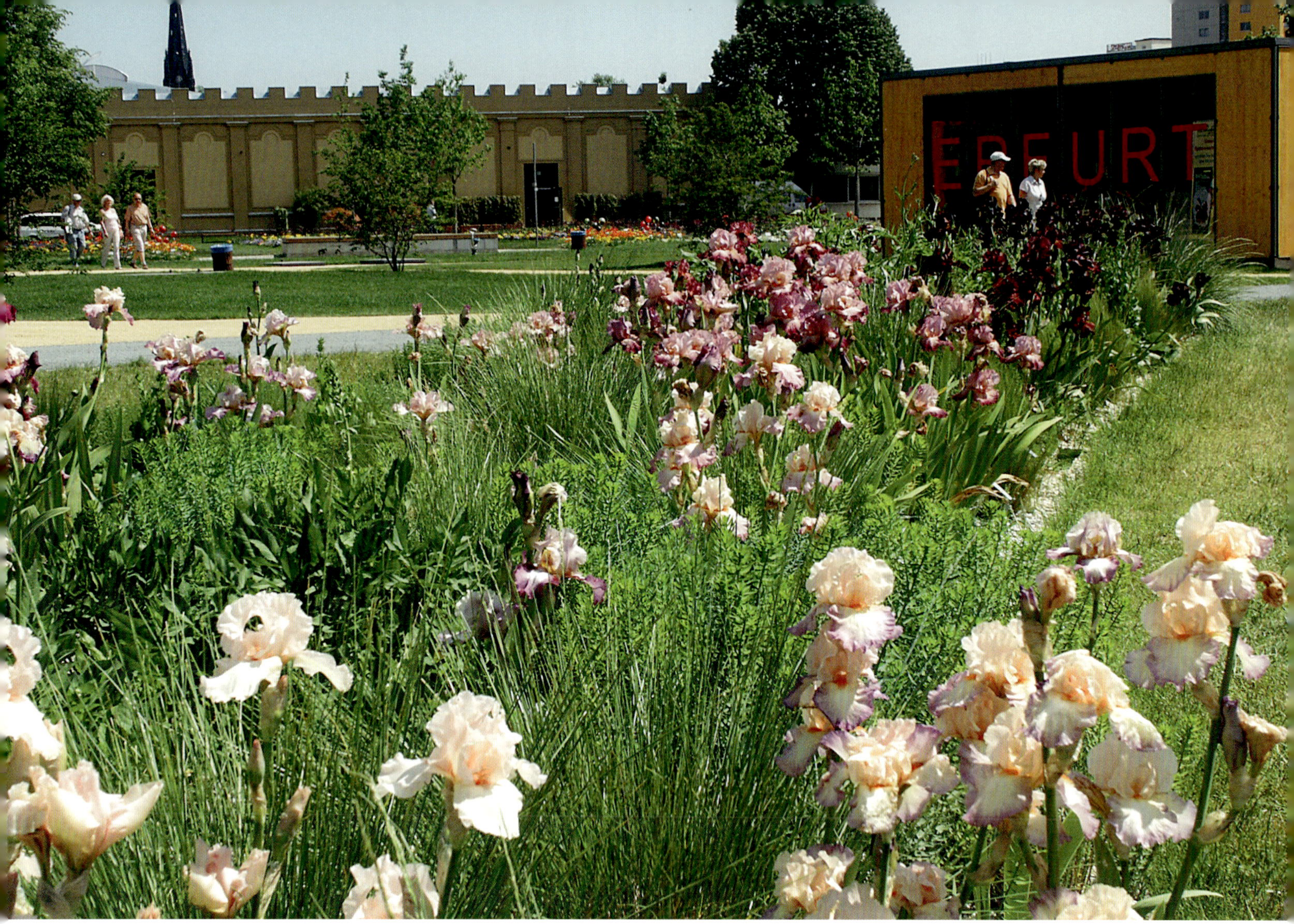

Die Irisblüte ist prächtig und opulent. Besonders dann, wenn Iris in großer Zahl gepflanzt wurden. Deshalb blühten im Juni und Juli zeitgleich keine Begleitstauden. Die „Rosé-Töne“ waren eines von drei Farbbeeten.

widmen, obwohl ich keine Erfahrung mit der Sortenvielfalt dieser Stauden besaß. Da es verschiedene Arten mit sehr unterschiedlichen Standortwünschen gibt, wurden mehrere Beete in einer neu angelegten Senke entsprechend den Höhenlinien platziert: die Trockenheit liebenden Iris-Arten nach oben, diejenigen, die Feuchtigkeit brauchen, nach unten. Ich suchte längere Zeit nach einem Konzept, das mir gefiel. Die Blüten entfalten ja im Frühling und Frühsommer, etwa von April bis Juni, eine immense Wirkung. Aber was kommt danach? Die Beete sollten schließlich bis Oktober anziehend sein. Die Lösung: Attraktiv wäre es, die Iris nach Blütenfarben zu gruppieren und sie durch eine einheitliche Begleit-

Nach der Blüte der Iris änderte sich der Charakter der Pflanzung und es entstand ein Kiesbeet mit Edeldistel (*Eryngium planum*), Wolfsmilch (*Euphorbia seguieriana* subsp. *niciciana*) und Silberährengras (*Achnatherum calamagrostis*).

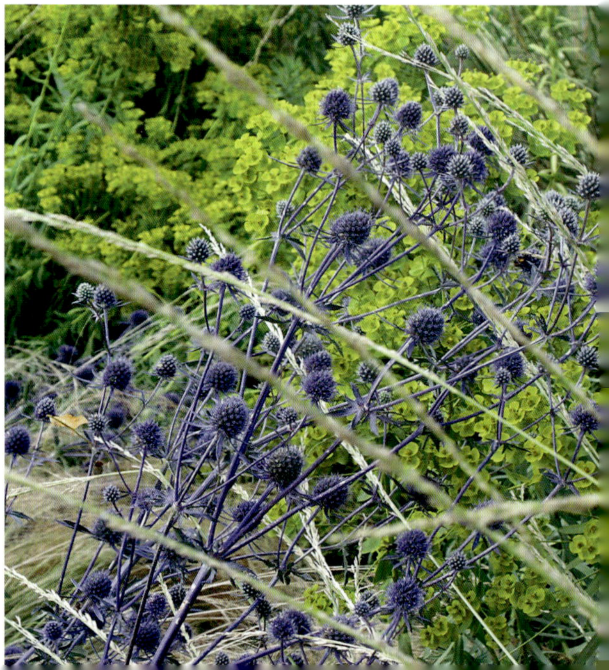

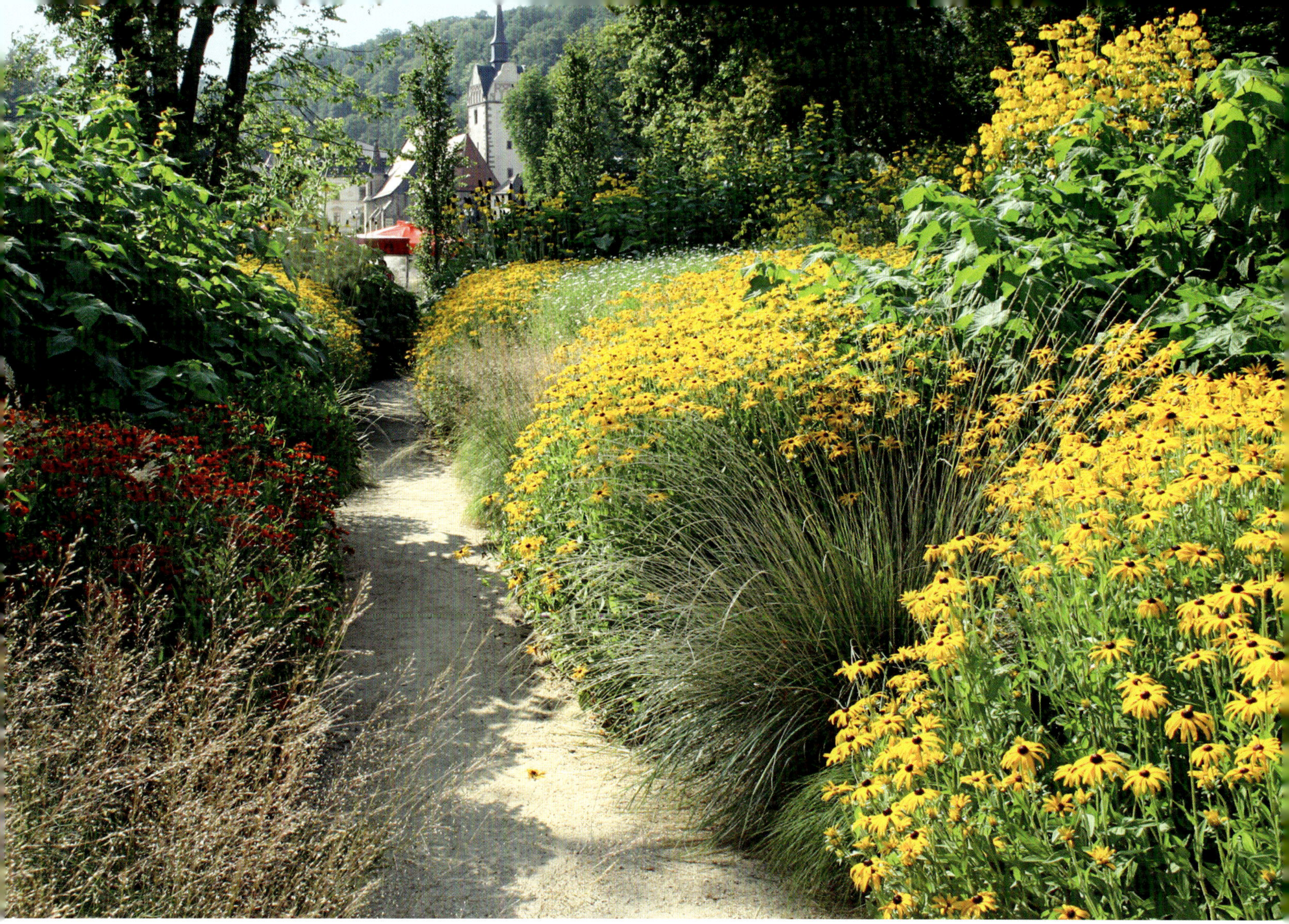

Im Beet „Sonnenkinder“ blühte es in warmen Farben. Auf schmalen Pfaden konnte man die Bepflanzung aus Sonnenhut (*Rudbeckia fulgida* var. *deamii*), Ochsenauge bzw. Telekie (*Telekia speciosa*), Alant (*Inula racemosa* ‘Sonnenspeer’), Sonnenbraut (*Helenium*), Schönaster (*Kalimeris incisa*) und Mädchenauge (*Coreopsis tripteris*) genießen.

pflanzung zu ergänzen. Es gibt eine unglaubliche Farbenvielfalt, aus der ich eine Auswahl von fast 100 Iris-Sorten traf. Mein Plan war, dass die Begleitpflanzen erst nach den Iris blühen, also ab Ende Mai, Anfang Juni. Vorher sollten sie lediglich eine grüne Untermalung für die majestätischen Blüten sein.

Nach dem spektakulären Auftritt der Iris würden die bislang zurückhaltenden Begleitstauden ein mediterranes Flair schaffen. Besucher, die ein zweites Mal im Sommer kamen, erkannten den „Irisgarten“ kaum wieder. Verschiedene Pflanzen wie Reiherfedergras (*Nasella tenuissima*), Atlas-Schwingel (*Festuca mairei*), die kleine weiße Aster (*Aster ptarmicoides*) oder die Amerikanische Bergminze (*Calamintha nepeta* subsp. *nepeta*) überdeckten das welkende Irislaub und ihre knollenartigen Rhizome, ohne sie zu bedrängen.

In der Nähe des Kirchenpavillons stellte ich mir für mein gleichnamiges Beet „Sonnenkinder“ Blüten aus sonnig warmem Gelb mit Orange und kühlem Weiß vor. Ich entschied mich für Korbblütler in Kombination mit Gräsern. Mit ihren Sonnenblüten brachten die Pflanzen eine freundliche Note ins Beet. Tonangebend waren damalige Neuheiten wie der orangefarbene Scheinsonnenhut (*Echinacea* ‘Sunrise’ und *E.* ‘Sunset’), flächig kombiniert mit der Rasenschmiele (*Deschampsia caespitosa* ‘Goldschleier’). Mächtige Gruppen von Scheinhanf (*Datisca cannabina*)

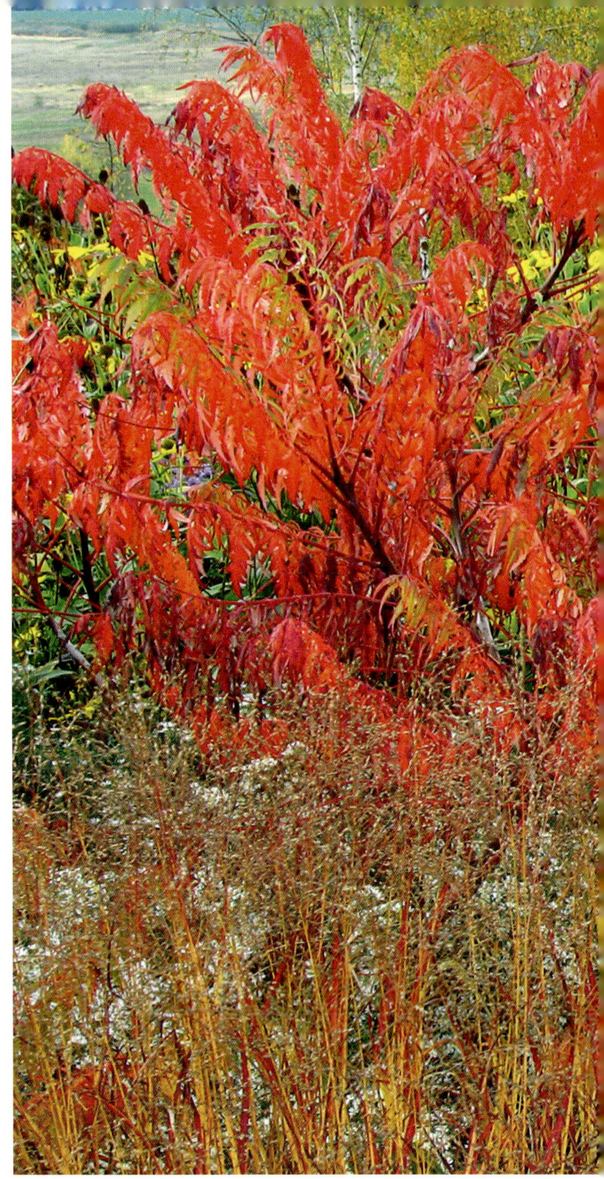

bildeten fantastische Akzente, die in die angrenzenden Schattenbereiche überleiteten.

Ich werde oft nach Pflanzen für schattige Lagen und schlechte Bodenverhältnisse gefragt. In der Senke des trockenen Mühlgrabens bot sich für mich die Gelegenheit, solche Arrangements zu demonstrieren. Es gab wechselnde Übergänge von sonnigen und schattigen Bereichen. Immer wieder empfinde ich eine solche Situation als Ansporn, denn sie erfordert umfangreiche Kenntnisse, um den Charakter einer Pflanzung homogen zu gestalten. Die Pflanzenauswahl ist schwieriger, weil die Situation oft mit Trockenheit und Wurzeldruck verbunden ist. So kommen nur Lebenskünstler infrage. Blüten können im Schatten zwar kleine Lichtpunkte schaffen, sind jedoch weniger prächtig wie die der sonnenliebenden Pflanzen. Dagegen haben Schattenpflanzen meist wunderschönes Laub, mit dem ich gern gestalte. Blätter gibt es in fantastisch unterschiedlichen Formen und Größen, in Grün- und Brauntönen. Ich genieße wechselnde Lichtverhältnisse, wenn die Sonnenstrahlen durch das Blätterdach funkeln und das imponierende Laub von Silberkerzen (*Cimicifuga*) und Rodgersien (*Rodgersia*) leuchten lassen. Die ganz schwierigen baumnahen Plätze habe ich mit kleinen Wucherern, wie Mandel-Wolfsmilch (*Euphorbia amygdaloides* 'Robbiae'), Elfenblume (*Epimedium × peralchicum* 'Frohnleiten') und Aster (*Aster ageratoides*) begrünt. Sie schließen sich mit ihrem robusten Wurzelsystem ganz dicht um die Baumstämme. Dadurch entstand eine sehr natürliche Wirkung, die allerdings etwa zwei Jahre brauchte.

Neue Landschaft in Ronneburg

Von Beginn an erlebte ich hier den gigantischen Wandel einer verwüsteten und massakrierten Landschaft. Mit riesiger Technik wurden unvorstellbare Erdmassen bewegt. Bei jedem Besuch musste ich mich neu orientieren. In einer für mich atemberaubenden Zeit formte sich eine völlig neue Landschaft. Es war großartig, daran beteiligt zu sein. Meine pflanzliche Antwort auf diese neue Landschaft wollte ich experimentell und innovativ unter Verwendung wenig bekannter Wildarten und Gräser in großzügiger Anordnung gestalten.

Gerade zurück von einer Reise nach Amerika war ich voller Ideen und Inspirationen. Zum Beispiel bot sich eine Prärielandschaft für das weitläufige Gelände des ehemaligen Urantagebaureviers an. Ich fand es reizvoll und beschäftigte mich näher mit dem Thema. Bei meiner Planung verwendete ich bewährte Arten, wie Duftnessel (*Agastache*), Indianernessel (*Monarda*), Sonnenhut (*Rudbeckia*), aber auch ganz neue Pflanzen. In sechs verschiedenen Pflanzenteppichen, die auf dem sonnenexponierten Hang angeordnet waren, plante ich Varianten. Gemischte Pflanzungen sollten in kühlen und warmen Tönen verschiedene Blühaspekte im jahreszeitlichen Wandel und eine wiesenhaft natürliche Wirkung vermitteln. Aber auch Übergänge und Verläufe großflächiger Pflanzungen

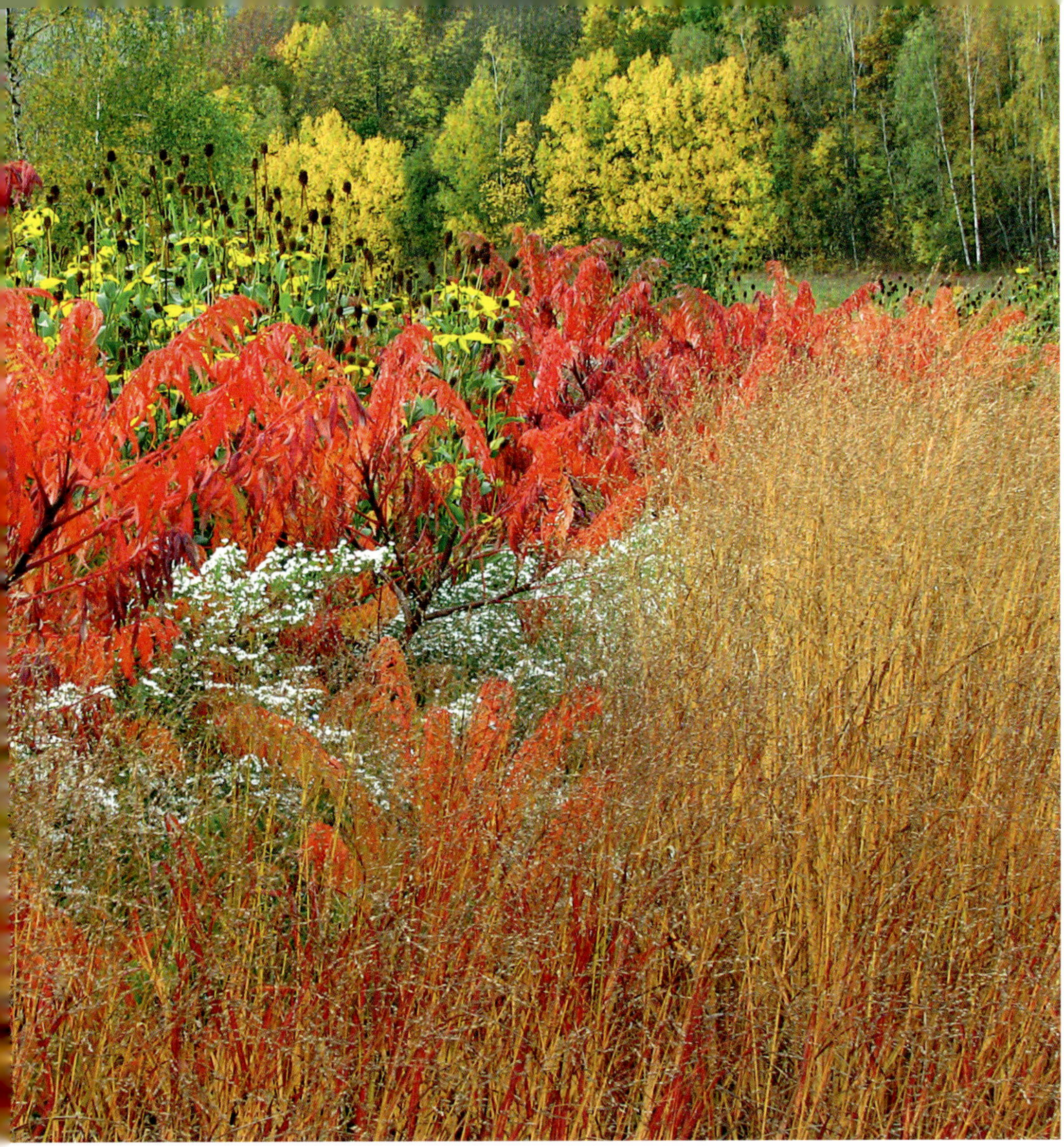

Das Beet mit einem gepflanzten Raster aus Essigbäumen (*Rhus coppalina*) und Ruten-Hirse (*Panicum virgatum* 'Hänse Herms'), *Aster ericoides* und Sonnenhut (*Rudbeckia nitida* 'Herbstsonne') war einer von sechs Pflanzenteppichen zum Thema Prärie.

mit dem allmählichen Verweben von Blütenstauden und Gräsern waren Programm.

Auf einer Tagung in Weinheim ging es um das Thema Prärie. Angeregt durch das in einem Vortrag vorgestellte Konzept des Coppicing (nach Dr. James Hitchmough, Sheffield), hatte ich ebenfalls die Idee, Gehölze, die jährlich bodennah geschnitten, also auf den Stock gesetzt werden, mit herbstblühenden Präriestauden zu durchweben. Ich entschied mich für Essigbäume (*Rhus coppalina*). Hierdurch entstand ein blühender Pflanzenteppich mit einem fantastischen Indian-Summer-Effekt.

Am Haupteingang platzierte ich meine „Wildstaudenpflanzung". Sie sollte in das neu entstandene großzügige Gelände überleiten und sich in der Dimension der Pflanzung widerspiegeln. Durch Überschneiden und Auflösen einzelner Pflanzenarten erzielte ich naturhafte Eindrücke und durch die große Masse auch eine gewisse Klarheit – mal großräumig angeordnet, mal unterschiedlich kombiniert. Hier habe ich den noch weitgehend unbekannten Scheinsonnenhut *Echinacea tennessiensis*, Rosmarin-Weidenröschen (*Epilobium dodonaei*) und die Amerikanische Bergminze (*Pycnanthemum virginianum*) mit Blauraute (*Perovskia atriplicifolia*) zusammengestellt. Die zarten Violett- und Blautöne verbanden sich zu einer kühlen, frisch pudrigen Kombination.

Eine andere, für mich besondere Zusammenstellung, war die Verwendung der gerade aktuellen Purpursonnenhut-Sorten *Echinacea purpurea* 'Sunset' und 'Sunrise' sowie der bewährten weißen *Echinacea purpurea* 'Alba', kombiniert mit Wolfsmilch (*Euphorbia seguieriana* subsp. *niciciana*) und dem Lampenputzergras (*Pennisetum orientale* 'Tall Tails'). Dieses Pflanzenensemble erinnerte mich an einen Fruchtcocktail.

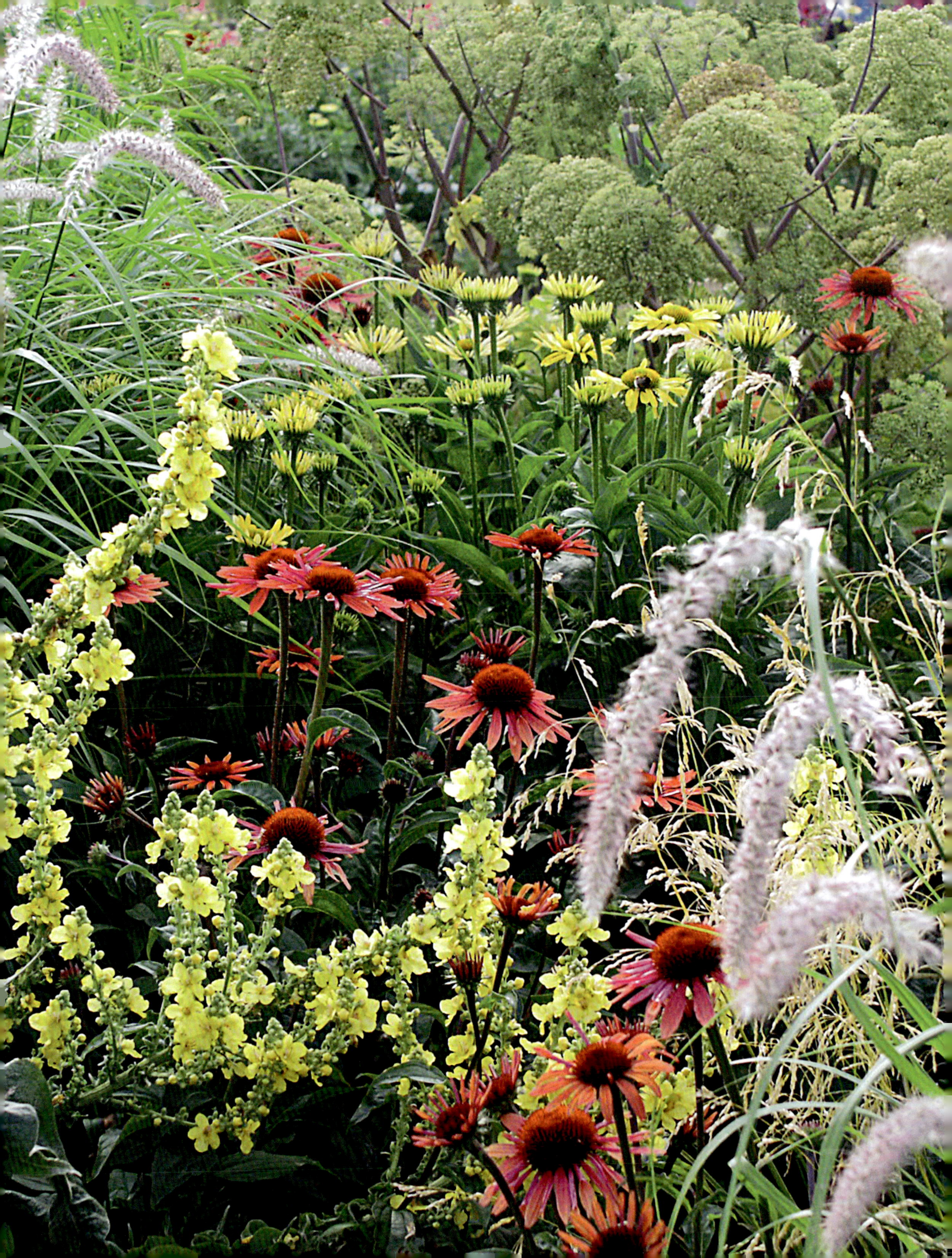

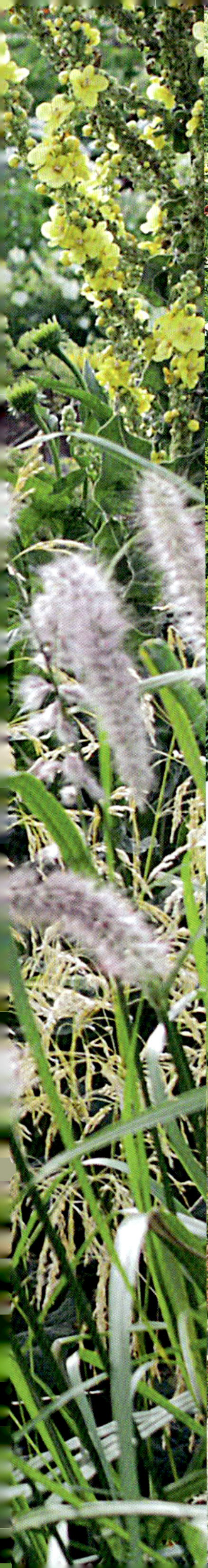

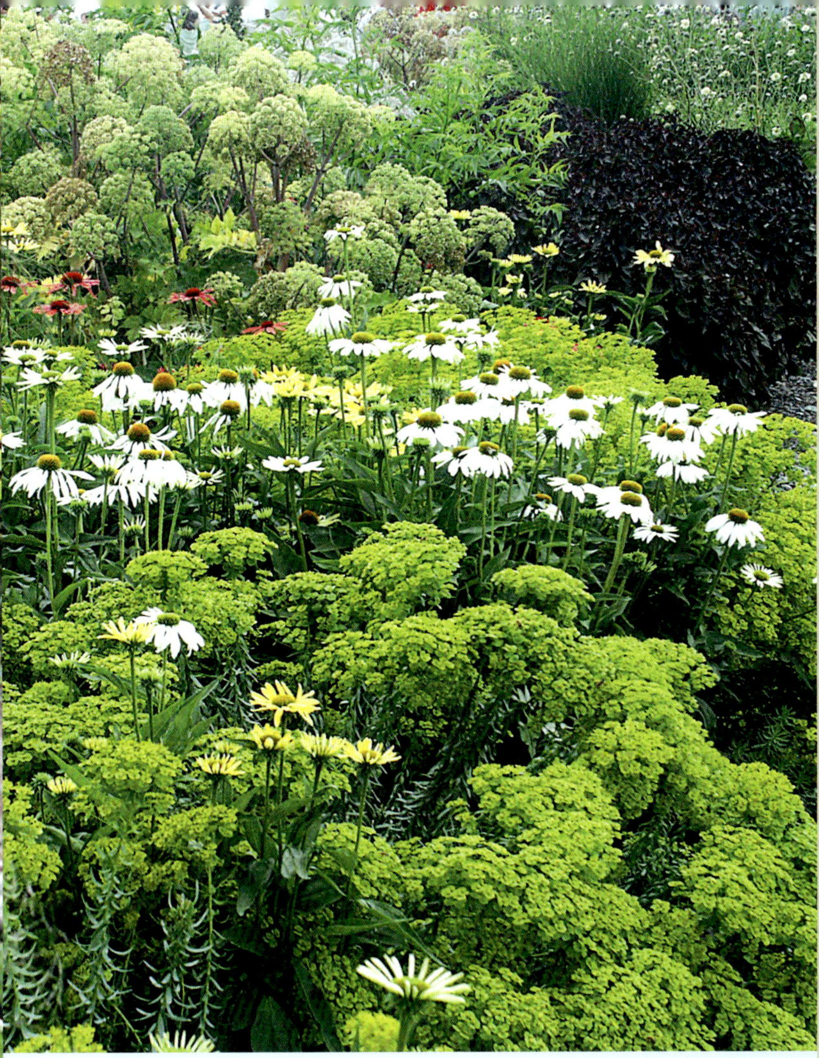

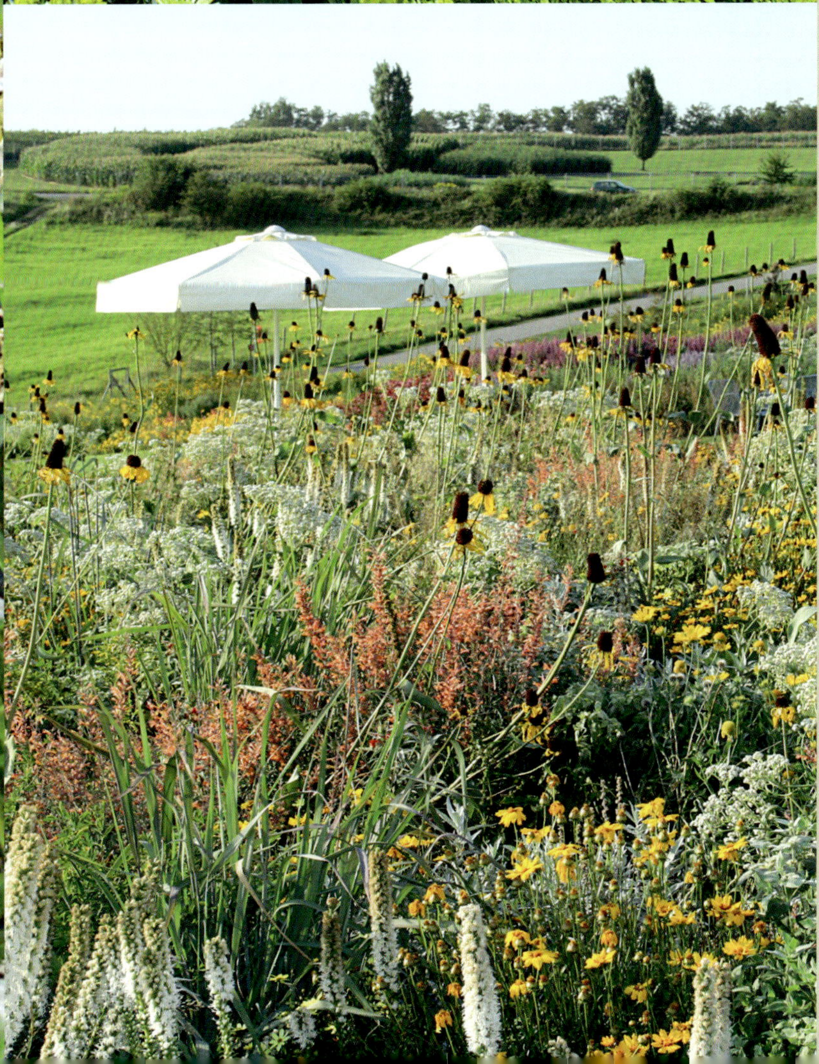

Links: Mein gepflanzter „Sommercocktail“ in fruchtigen Farben war eine Mischung aus neuen *Echinacea*-Sorten wie 'Sunset' und 'Sunrise', Königskerze (*Verbascum olympicum*) und dem Lampenputzergras (*Pennisetum orientale* 'Tall Tails') mit seinen hohen gebogenen Blütenwalzen.

Rechts oben: Wolfsmilch (*Euphorbia seguieriana* subsp. *niciciana*), die weiße Scheinsonnenhut-Sorte *Echinacea purpurea* 'Alba' und andere Wildstauden waren regelrecht miteinander verwoben. Im Hintergrund wuchs die heimische Engelwurz (*Angelica archangelica*).

Rechts unten: Die gemischte Pflanzung in sonnigen Farbtönen, zusammengestellt aus Prachtscharte (*Liatris spicata* 'Floristan Weiß'), Sonnenhut (*Rudbeckia maxima*), Mexiconessel (*Agastache aurantiaca*) und Mädchenauge (*Coreopsis tinctoria*), bewirkte eine warme Ausstrahlung.

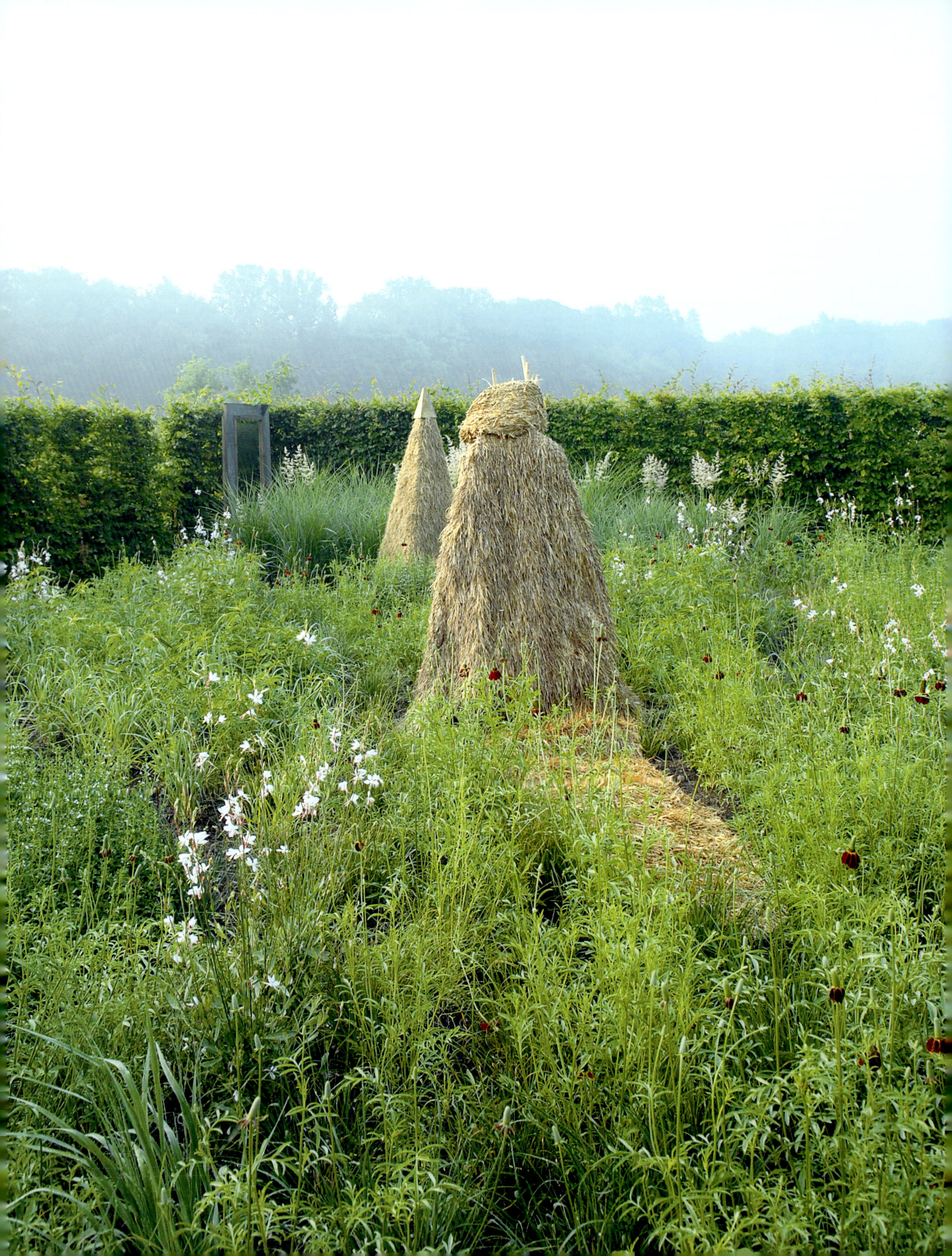

Schaugarten in Ippenburg

Märchenhafte Gräser

Die Einladung von Viktoria von dem Bussche, der Initiatorin des bekannten Festivals im Park von Schloss Ippenburg, einen ihrer Künstlergärten zu planen, hatte mich sehr gefreut. Ich sagte gerne zu, weil mir der Ort gefiel und ich das Thema spannend fand. Es lautete: Märchen, Mythos und Magie. Darin steckte jede Menge Spielraum, den ich für meine Lieblingspflanzen, die Gräser, nutzen wollte.

Geliebtes Schilf als Sommermärchen

Ich stellte mir ein Märchen vor, und zwar das der Gräserkönigin, das ich in diesem Garten erzählen wollte. Das Reich der Gräserkönigin offenbarte eine faszinierende Welt. Grazile Erscheinungen voller Anmut, Transparenz und filigraner Leichtigkeit waren angetreten, um die Heimkehr ihrer Königin zu feiern. Das gesamte Gräservolk war versammelt und verneigte sich vor ihrer Majestät. Ein prächtiger Mantel umhüllte ihren zarten Körper. Mit Würde und Eleganz schritt sie durch ihr Reich. Das Gräservolk wog sich vor Freude im Wind.

Um meine Märchen-Idee in die Realität umsetzen zu können, sprach ich die Magdeburger Künstlerin Anne Facius an. Ich war fasziniert von ihren facettenreichen, natürlichen Skulpturen, Bildern und Grasteppichen. Halme, Blüten und Stängel verdichten sich bei ihr auf dem Webrahmen zu faszinierenden Unikaten. Ich stellte

Die Ausgangssituation

Planungszeitraum: 2006

Fertigstellung: 2007

Ausstellungsdauer: Frühjahr – Herbst 2007

Größe des Schaugartens: 120 m²

Vorgaben: Das Gartenfestival Gartenlust & Landvergnügen ist Ende Mai alljährlich ein wahres Großereignis innerhalb der Gartenszene, wenn im Park von Schloss Ippenburg in Bad Essen Aussteller das ganze Spektrum von Pflanzen und Gartenaccessoires anbieten. Ein bevorzugtes Ziel von Besuchern sind die originellen Schaugärten, die von eingeladenen Landschaftsarchitekten, Künstlern und Designern geplant wurden. Zwei Dinge waren für mich besonders: zum einen die kollegiale Nachbarschaft mit den Beiträgen anderer renommierter Gartendesigner wie Christopher Bradley-Hole aus London, den Franzosen Eric Ossart und Arnaud Maurières und der Niederländerin Jacqueline van der Kloet; zum anderen die Lage der Schaugärten innerhalb einer Art Heckenlabyrinth. 2 m hohe Buchenhecken umsäumen und trennen die ganz unterschiedlichen sonnig gelegenen Gärten voneinander. So wirkte jeder Entwurf ganz individuell für sich und war von einem grünen Rahmen eingefasst.

Die Künstlerin Anne Facius aus Magdeburg webte diesen Mantel aus Ruten-Hirse (*Panicum virgatum*) mit einer vier Meter langen Schleppe. Ein wunderbares Kunstwerk, das in mühevoller Winterarbeit entstand.

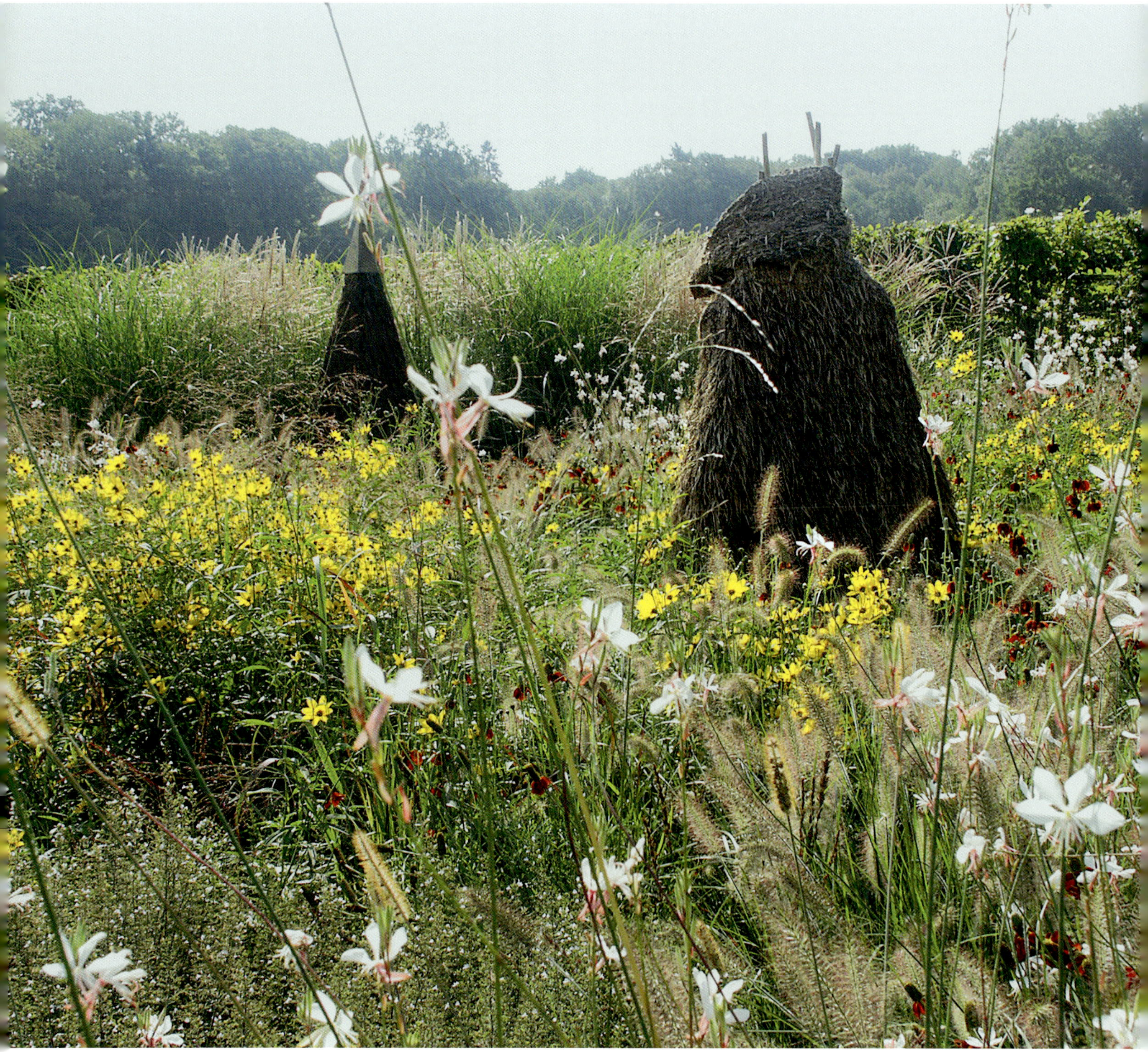

Die Gräserkönigin in ihrer Wiese, umgeben von Gräsern und Stauden wie Präriesonnenhut (*Ratibida columnifera* fo. *pulcherrima*), Hohem Mädchenauge (*Coreopsis tripteris*) und Prachtkerze (*Gaura lindheimeri*).

mir eines ihrer Objekte als zentrale Figur im Garten vor. Sie hatte Spaß, an diesem speziellen Gartenprojekt mitzuarbeiten und entwickelte gleich eigene Vorstellungen. Ein gewebter Gräsermantel aus Ruten-Hirse (*Panicum virgatum*) für die Gräserkönigin in ihrem duftigen Reich war ihr Vorschlag. Dazu waren bergeweise Gräser erforderlich, die wir dann beide im Herbst in der Gräser-Gärtnerei Friedrich Camehl in Wahrenholz, sammelten. Anschließend webte Anne den ganzen Winter lang. Im Frühjahr war das ungewöhnliche Kunstwerk fertig. Was für eine filigrane Arbeit! Der Gräsermantel hatte immerhin eine 4 m lange Schleppe bekommen.

Das Beet plante ich mit zwei hohen, imposanten Schilfgräsern, *Miscanthus sinensis* 'Malepartus' und *M. sinensis* 'Gracillimus', die ich gruppenweise auf dem quadratischen Beet anordnete. Andere Gräser wurden flächig verwendet, wie das Ährengras (*Achnatherum calamagrostis* 'Allgäu'), die Ruten-Hirse (*Panicum virgatum* 'Shenandoah') und das Pfeifengras (*Molinia caerulea* 'Moorhexe'). Zwischen den Gräsern sorgten sommerblühende Stauden für Farbe, wie der rote Präriesonnenhut *Ratibida columnifera* und seine gelbe Schwester *Ratibida pinnata*, Prachtkerzen (*Gaura lindheimeri*) und Hohe Mädchenaugen (*Coreopsis tripteris*).

Die Königin hält Hof

Jetzt konnte die Königin mit ihrem Mantel aufgestellt werden. Ein befreundeter Magdeburger Künstler fertigte eine Brosche als Schmuckstück, um den Mantel schließen zu können. Mittendrin stand nun würdevoll die Aristokratin in ihrem Gräsermantel. Die Kurzlebigkeit ihres Umhangs, dieser mühevoll entstandenen Skulptur, war uns von Anfang an klar, da sie der Witterung ausgesetzt war und die Schleppe direkten Erdkontakt hatte. Wir sahen dies als natürlichen Prozess an. Das Reich der Gräserkönigin wuchs und wuchs und wurde immer prächtiger, während sie selbst langsam verging.

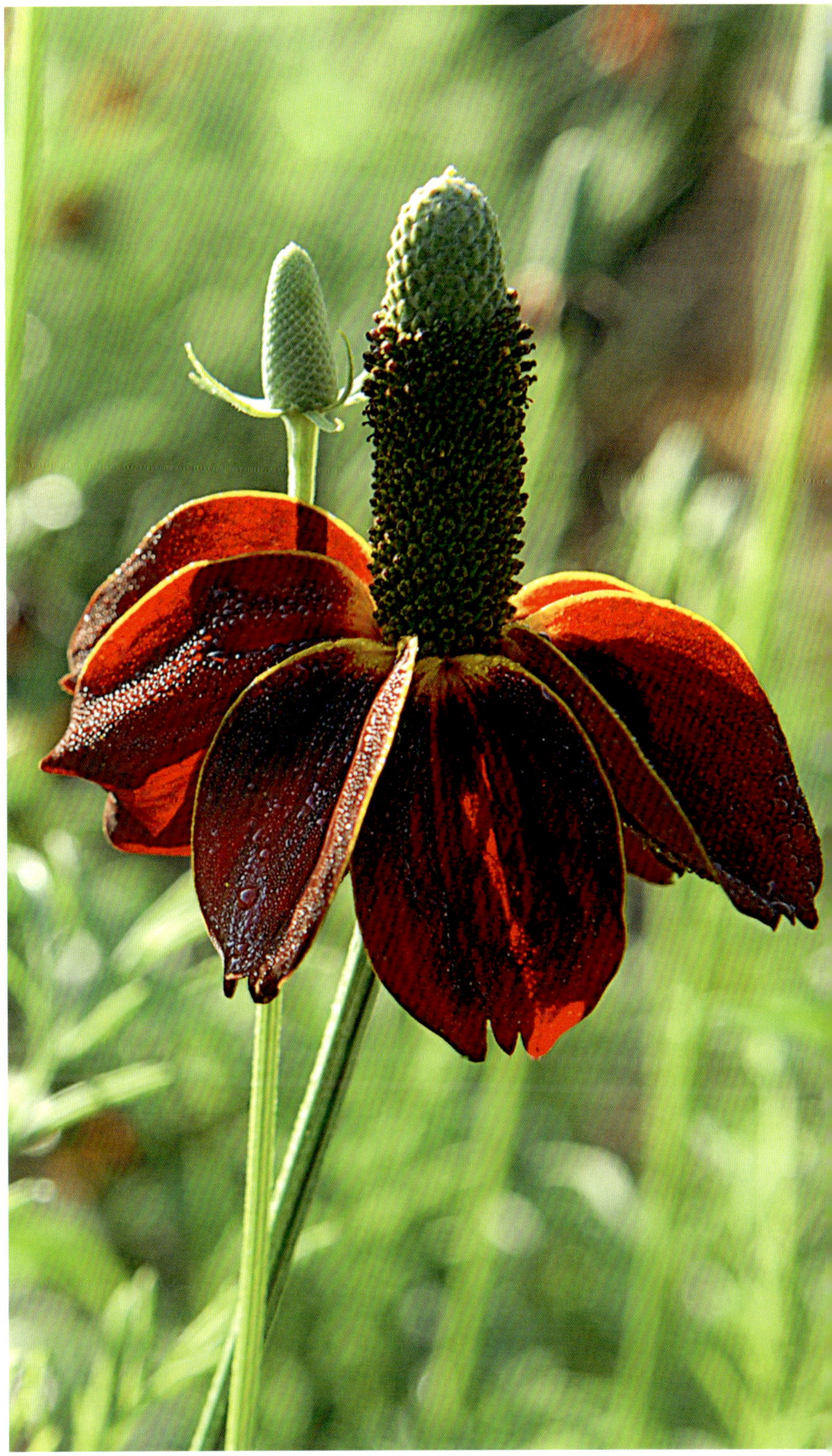

Der Präriesonnenhut *Ratibida columnifera* fo. *pulcherrima* besticht durch seine eigenartige Blütenform und seine ebenso besondere Blütenfarbe.

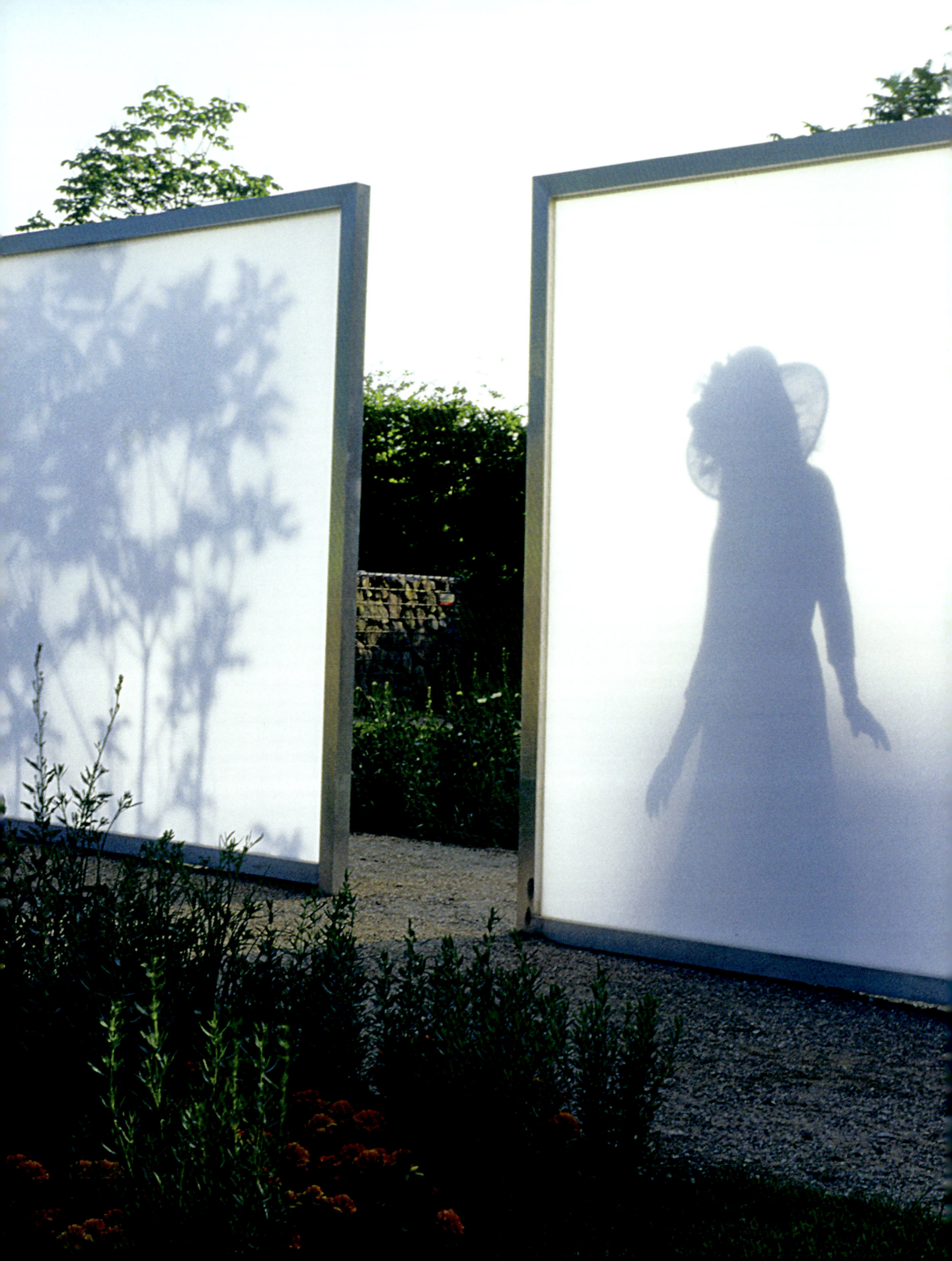

Schaugarten auf Gut Stockseehof

Ein deutsch-deutscher Garten

Bei dem Thema „Andere Länder – Andere Gärten" kam ich spontan auf die Idee eines deutsch-deutschen Gartens. Das überzeugte die Jury. Da ich in Ostdeutschland verwurzelt bin, aber viele Gärten in anderen Regionen Deutschlands kenne, fand ich es spannend, mich mit der Gartenkultur in Ost- und Westdeutschland auseinanderzusetzen.

Der Reiz des Nutzgartens

Mir war aufgefallen, dass sich die Gartenstrukturen in Ost- und Westdeutschland durchaus ähnelten, es jedoch Unterschiede in der Bepflanzung und Bewirtschaftung gab. In Ostdeutschland hatten sich die Menschen mit Obst und Gemüse aus dem Garten oft selbst versorgt, weil das Angebot in den Geschäften gering und eher zufällig war. Auch in meinem Garten wuchsen früher vorwiegend Buschbohnen, Tomaten, Kartoffeln und Möhren. Jahr für Jahr habe ich viele Gläser Letscho (ein Paprika-Tomatengemüse), grüne Bohnen und Erbsen eingekocht und jede Menge Marmelade zubereitet. Fiel die Ernte zu reichlich aus, haben wir Obst und Gemüse unter den Nachbarn getauscht.

In der damaligen Bundesrepublik gab es ebenfalls solche Nutzgärten, doch prozentual weitaus weniger. Typisch für die Gärten waren Rasen mit Zierbäumen, Sträuchern, immergrüne Gehölze

Die Ausgangssituation

Planungszeitraum: 2006–2007

Fertigstellung: 2007

Ausstellungsdauer: Sommer 2007

Größe der Schaugartens: 100 m²

Vorgaben: Seit mehr als zehn Jahren ist Anfang Juni die Gartenmesse Country Fair Park & Garden in Stocksee nahe Plön ein beliebter Treffpunkt für Garteninteressierte in Norddeutschland. Sie findet auf Gut Stockseehof statt, einem landwirtschaftlichen Betrieb. Diese Messe bietet als besonderen Schwerpunkt den Wettbewerb „Kleine Gärten – Small Gardens". Im Jahr meiner Beteiligung lautete das Thema: „Andere Länder – Andere Gärten". Die Größe aller Schaugärten war vorgegeben und betrug meist 10 × 10 m. Die Lage der Gärten war sonnig. Da das Budget nicht hoch war, musste alles von Firmen aus der Region geleistet werden. Das war für mich schwierig, da ich (von Sachsen-Anhalt aus) weder mit Zulieferfirmen noch mit Firmen für Garten- und Landschaftsbau in Schleswig Holstein vertraut war. Ich hatte Glück. Gärtnerei Hennings aus Vierhusen erwies sich als sehr kompetent und hilfsbereit und ermöglichte als kooperativer Partner die Existenz dieses Gartens.

Transluzente Trennwände steigern die Neugierde auf den jeweiligen Garten nebenan – von beiden Seiten aus. Das lud förmlich dazu ein, in den anderen Gartenraum hinüberzugehen.

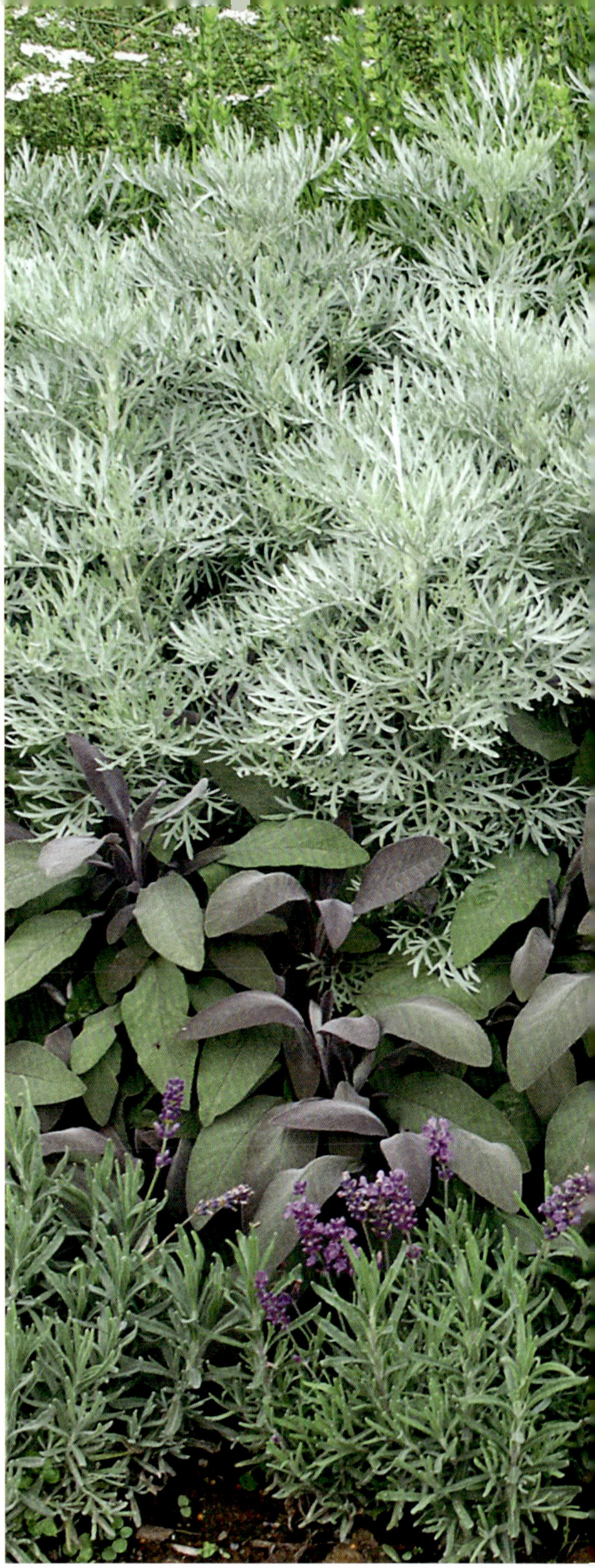

und Rosen, also im weitesten Sinne Zierpflanzen aller Art. Nach der Wiedervereinigung im Jahr 1989 passte sich die Entwicklung im Osten schnell den westlichen Verhältnissen an. Da machte ich keine Ausnahme: Auch bei mir hat sich der Obst- und Gemüseanteil auf ein bescheidenes Kräuterbeet reduziert. Allerdings besteht mein Ziergarten heute aus Gräsern und Stauden – ohne Rasen (werfen Sie einen Blick in meinen Garten ab Seite 170). Der Grund für die Umgestaltung der Gärten liegt auf der Hand: Heutzutage können wir zu jeder Zeit alles frisch kaufen – auch aus biologischem Anbau.

Geheimnisvolle Spannung

Meinen deutsch-deutschen Garten habe ich in zwei Räume gegliedert, die durch eine transluzente, diagonal angeordnete Wand getrennt wurden. Die Sicht auf den gegenüberliegenden Bereich wurde dadurch stark eingeschränkt. Alles erschien diffus und beflügelte die Fantasie. Nur schemenhaft ließ sich ahnen, was sich im jeweils anderen Teil verbarg. Das Gefühl geheimnisvoller Spannung wurde gesteigert, wenn sich dahinter Menschen oder Zweige bewegten. So wurde die Frage provoziert: Wie sieht der Garten nebenan aus?

Der Garten nebenan

Durch eine schmale Öffnung in der Wand konnte man in den anderen Teil hinübergehen. Es eröffnete sich ein überraschend anderes Bild. Beides war zu entdecken: Gemeinsamkeiten ebenso wie Unterschiede. Obwohl die Gärten eine ähnliche Aufteilung hatten, wuchsen auf der „westlichen“ Seite ausschließlich Zierarten, wie Sonnenhut (*Rudbeckia fulgida* var. *deamii*), Lampenputzergras (*Pennisetum alopecuroides*), Prachtkerze (*Gaura* lindheimeri) oder die Bart-Iris (*Iris barbata*). Auf der anderen, der „östlichen“ Seite dominierten neben einigen Blumen, wie Astern, vor allem Bohnen, Salat, Spargel, Erdbeeren und Krause Petersilie, also ein praktischer Garten mit hohem Nutzen.

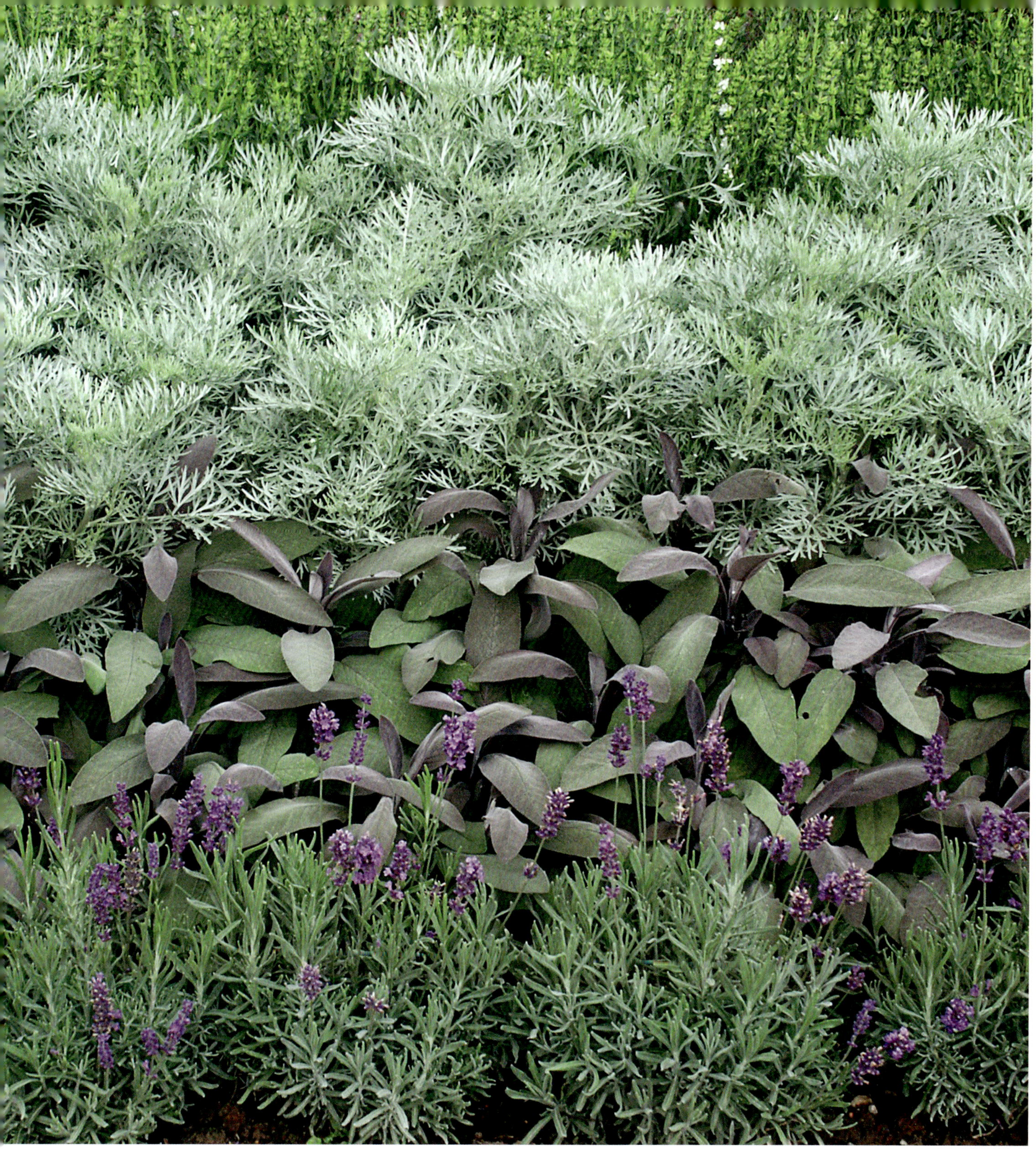

Kräuter im Gemüsebeet hübsch aufgereiht: Ysop (*Hyssopus officinalis*) im Hintergrund, davor Wermut (*Artemisia arborescens* 'Powis Castle'), dann eine Salbei-Sorte mit rötlich violett überhauchtem Laub (*Salvia officinalis* 'Purpurascens') und schließlich Lavendel (*Lavandula angustifolia*) im Vordergrund.

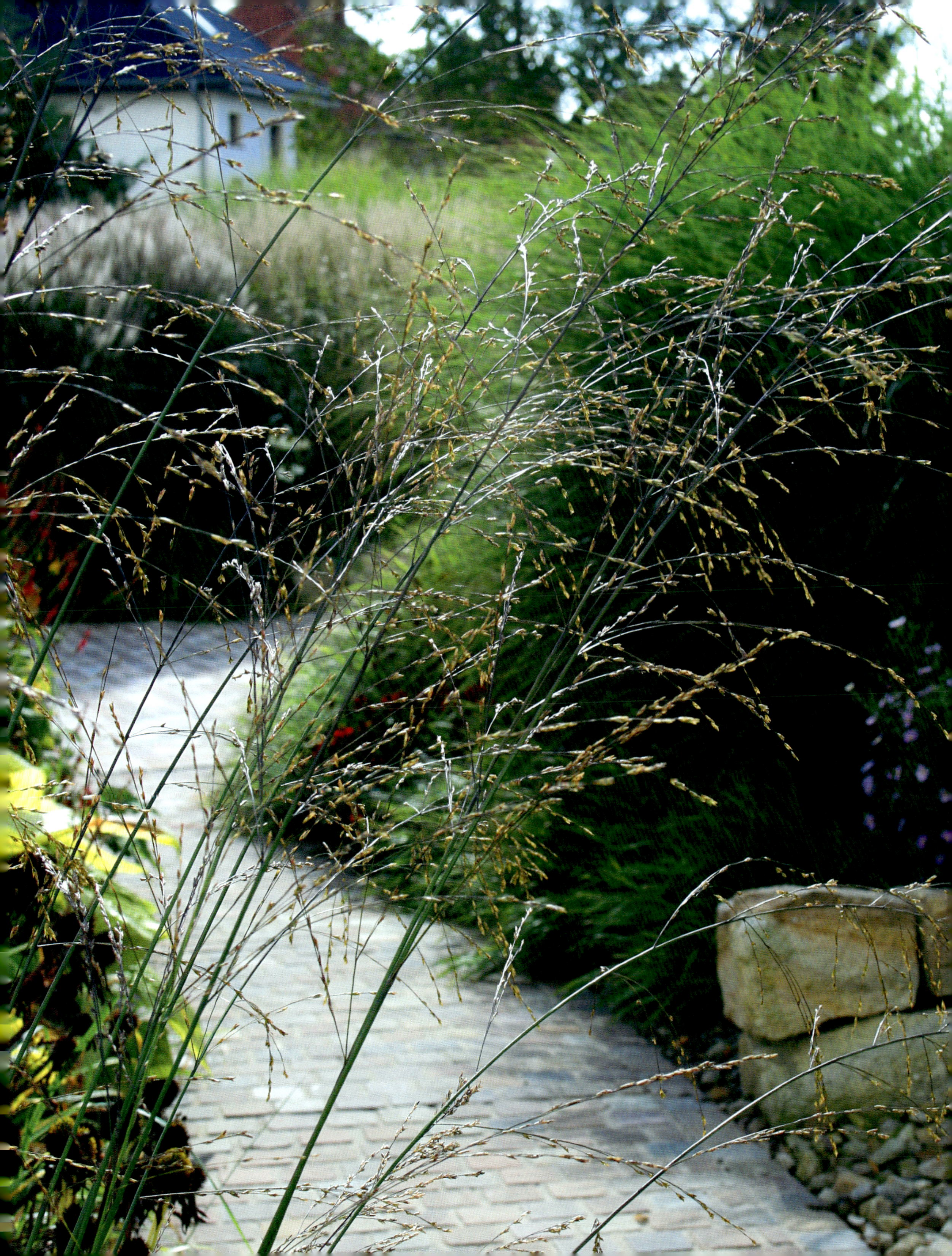

Privatgarten in Burg, Sachsen-Anhalt

Fast ein Urlaubsparadies

Die Lage des Anwesens gefiel mir auf Anhieb. Von einem Plateau, auf dem sich früher eine Brauerei befand, eröffnete sich ein imposanter Blick über Burg, der Stadt der Türme. Das neu gebaute Wohnhaus vermittelte eine zeitgemäße Architektursprache und strahlte dennoch südliches Flair aus. Das wollte der Bauherr auch auf den Garten übertragen.

Als erstes auf Spurensuche

Am Rande des Grundstücks erhob sich ein großer, etwa 6 m hoher Hügel mit einem Eingang auf der Nordseite. Als wir die verrostete Tür öffneten, kam ein Ziegelgewölbe zum Vorschein. Eine Treppe führte in einen feuchten Raum – der ehemalige Eiskeller, in dem Stangeneis und Bier gelagert wurden. Der Bauherr ließ den Eiskeller erneuern, der Hügel blieb erhalten. Nun lag es an mir, diese Anhöhe harmonisch in ein Gesamtkonzept einzufügen.

Stauden und Gräser begleiten die Wege durch den Garten. An den Kreuzungspunkten ergeben sich immer wieder neue Ausblicke und stimulierende Perspektiven.

Die Ausgangssituation

Planungszeitraum: 2007

Fertigstellung: 2008

Größe des mediterranen Gartens: 160 m²

Größe des Gräsergartens: 500 m²

Vorgaben: Aufgrund einer Empfehlung lernte ich Heiko Neumann kennen, einen sympathischen, aufgeschlossenen Auftraggeber. Er vertraute meinem Urteil und ließ sich auf meine pflanzlichen Experimente ein. Mit solch einem Bauherren auf einem großen Areal zu planen, war für mich eine schöne Erfahrung.
Das Grundstück war in zwei sehr verschiedene Bereiche eingeteilt, die allesamt sonnig exponiert waren: Zum einen gab es den wuchtigen Hügel des Eiskellers, der in die Gesamtgestaltung des Gartens einzubinden war; zum anderen ging es um die Zufahrt und die Flächen um das Haus. Der „provenzalische Garten" entstand eher aus Zufall: Die Dinge nahmen ihren Lauf, als mein Auftraggeber fragte, wo man größere mediterrane Gehölze in der Umgebung kaufen könne. Wir besuchten eine Gärtnerei, wo ihm das Herz aufging. Er kaufte Olivenbäume, alte knorrige Weinstöcke und diverse Oleander und gab ein beachtliches Budget für seine pflanzliche Leidenschaft aus. Das waren seine einzigen Vorlieben und besonderen Wünsche. Ansonsten war er in seinen Vorstellungen eher offen und hatte Vertrauen in meine Ideen.

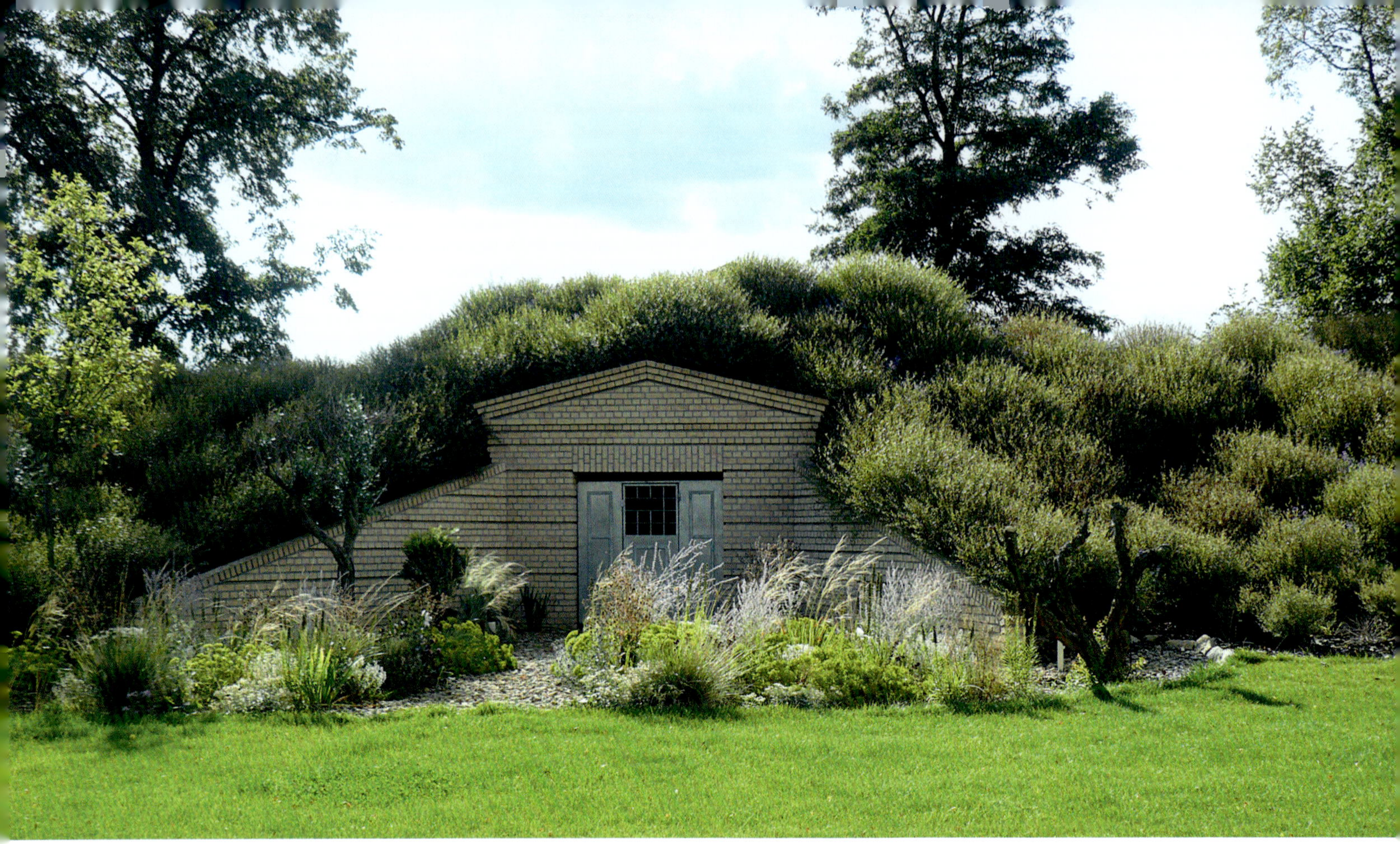

Ein Eiskeller im Garten ist ungewöhnlich. Inszeniert wurde dieses Kleinod aus alter Zeit mit einer Bepflanzung, die eine sommerlich mediterrane Stimmung schafft. Damit wirkt der Kiesgarten ganz anders als die Zufahrt zum Haus.

Garten mit mediterraner Atmosphäre

Die Urlaubserinnerungen meines Bauherren an provenzalische Lavendelfelder und seine Kauflust in einer Gärtnerei für mediterrane Gewächse gaben den Anstoß, dem Hügel südliche Konturen zu verleihen. Zwerg-Purpur-Weide (*Salix purpurea* 'Nana') und Bartblume (*Caryopteris clandonensis*) pflanzte ich in Streifen, sodass diese die Anhöhe wie in ein mediterran anmutendes Kleid hüllten. Dieses Design bildete den Hintergrund für den Kiesgarten, den ich vor dem Eingang des Eiskellers plante.

Prächtige Bart-Iris ziehen nun jedes Jahr im Mai ihre blühenden Bänder durch die vorderen Partien des Kiesgartens. Blau-, Violett- und Gelbtöne dominieren hier (siehe auch Seite 52). Das Riesen-Federgras (*Stipa gigantea*) lässt seine goldenen, bis 1,80 m hohen Ähren tanzen. Aromatisch duftende Halbsträucher wie die Blauraute (*Perovskia abrotanoides*) und mediterrane Kräuter wie Salbei, Thymian und Ysop verströmen ihre ätherischen Öle aus jeder Blattpore. Den gesamten Boden ließ ich 5 cm stark mit Kies bedecken, wie eine Mulchschicht. So bleibt die Erde länger feucht.

An der Gartenseite des Hauses schließt sich die große Holzterrasse an. Hier ist ein knorriger Olivenbaum mit gefühlten 100 Jahren der Star, der von Oleander in verschiedenen Farben umschwärmt wird.

Gräsergarten in modernem Design

In dem zweiten Bereich habe ich mit vielen Gräsern eine völlig andere Stimmung geschaffen. Ich kombinierte sie mit großen Gruppen von Blütenstauden und entwickelte so eine klare, aber sehr üppige Pflanzenlandschaft.

Die Seiten entlang der Zufahrt vom Eingang zum Haus habe ich mit einem langen Band aus Japangras (*Hakonechloa macra*) bepflanzt. Nach einem zwar späten Austrieb überzeugt

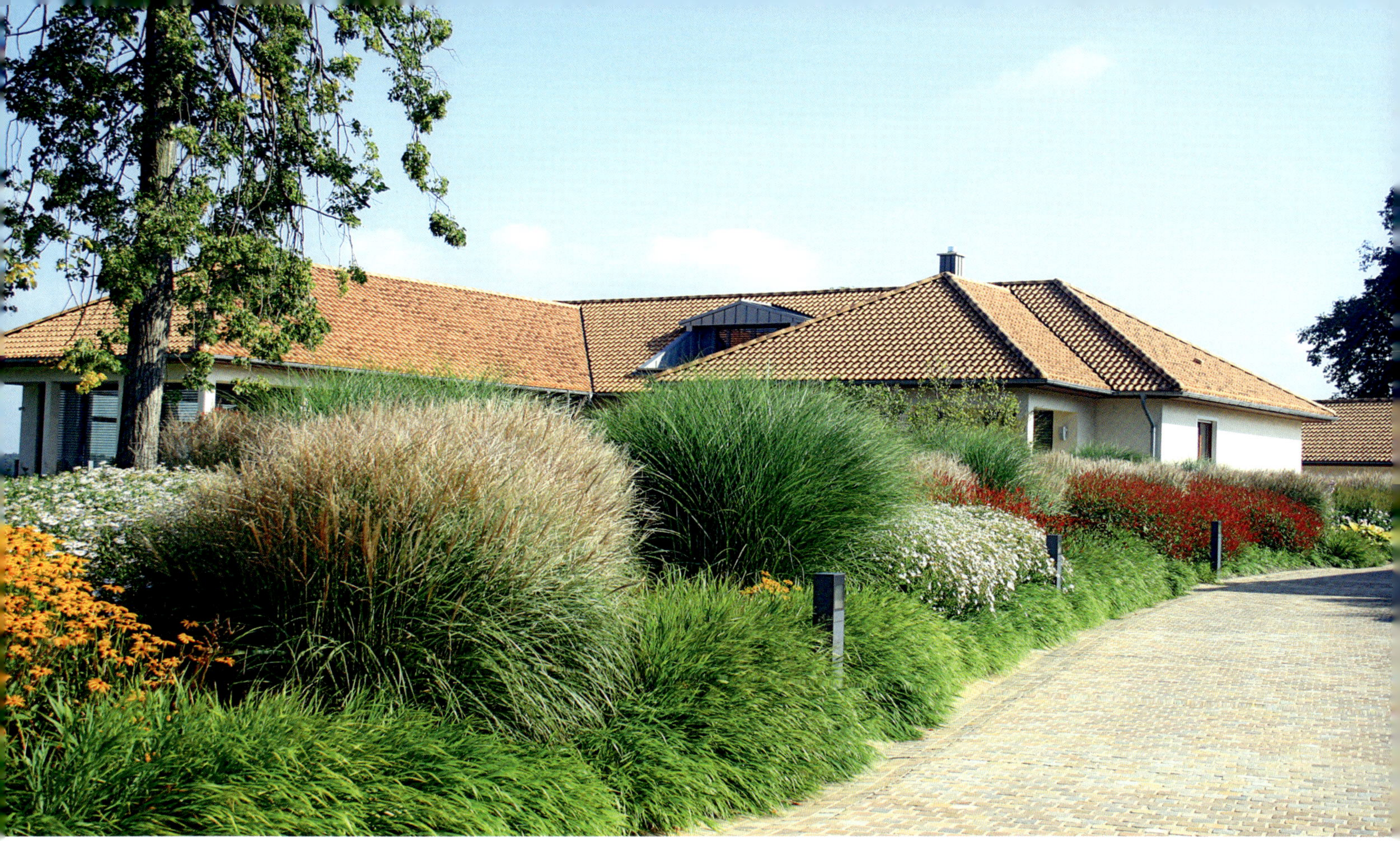

Die geschlossene Wirkung entsteht durch einen Saum aus Japangras (*Hakonechloa macra*), dem dichten Laub vom Kerzen-Wiesenknöterich (*Bistorta amplexicaulis*) und den Chinaschilf-Horsten (*Miscanthus sinensis* 'Gracillimus').

es vom Sommer bis zum nächsten Frühjahr durch seine stets stabile Form. Als eine höhere, zweite Ebene habe ich feinhalmiges Chinaschilf (*Miscanthus sinensis* 'Gracillimus') verwendet. Sein Wuchs ähnelt ein wenig dem Japangras. Ich habe es in rhythmischen Gruppen eingesetzt, sodass zusammen mit *Hakonechloa* ein kräftiges und zugleich grazil anmutendes Pflanzengerüst entsteht.

Nun folgte der facettenreichste Teil der Planung. Für ein lückenloses Blütenpotpourri wählte ich Blütenstauden mit ausdrucksstarken Farben und Blütenformen, die lang anhaltend blühen und ein ansehnliches Laub haben. Dazu gehören im Frühjahr und Frühsommer zahlreiche Zier-Lauch-Kugeln in Weiß und Purpurrot (*Allium* 'Mount Everest' und *A. atropurpureum*). Sie scheinen schwerelos über die frisch austreibenden Stauden zu schweben. Nach der Blüte wird das vergehende Laub verdeckt. Zwischen den höheren Gräsergruppen im Hintergrund erheben sich die zarten, hohen Blütenwolken des Wiesenknopfs (*Sanguisorba tenuifolia* 'Albiflora') und der Wiesenraute (*Thalictrum rochebrunianum*). Die markanten Blüten des Hohen Sonnenhutes (*Rudbeckia maxima*) und die Blütenspitzen des Kandelaber-Ehrenpreis (*Veronicastrum virginicum*) sind ein besonders schöner Blickfang.

Im Sommer bildet die Taglilie (*Hemerocallis* 'Crimson Pirate') mit der Dreiblattspiere (*Gillenia trifoliata*) eine raffinierte Allianz, denn das warme Rot der trichterförmigen Taglilienblüten findet sich in den roten Stängeln der Dreiblattspiere wieder. Ihre feine weiße Blütenwolke umgibt die größeren roten Blüten, sodass hier ein aufregender Kontrast entsteht. Im Herbst erheben sich die weißen Schalen der Japanischen Herbst-Anemone (*Anemone japonica* 'Honorine Jobert') und schaffen zusammen mit der Schleier-Aster (*Aster pringlei* 'Monte Casino') eine verwunschene Kombination. Ein großer Garten mit zwei starken Themen – so bleibt das Grundstück zu jeder Zeit anregend und sehenswert.

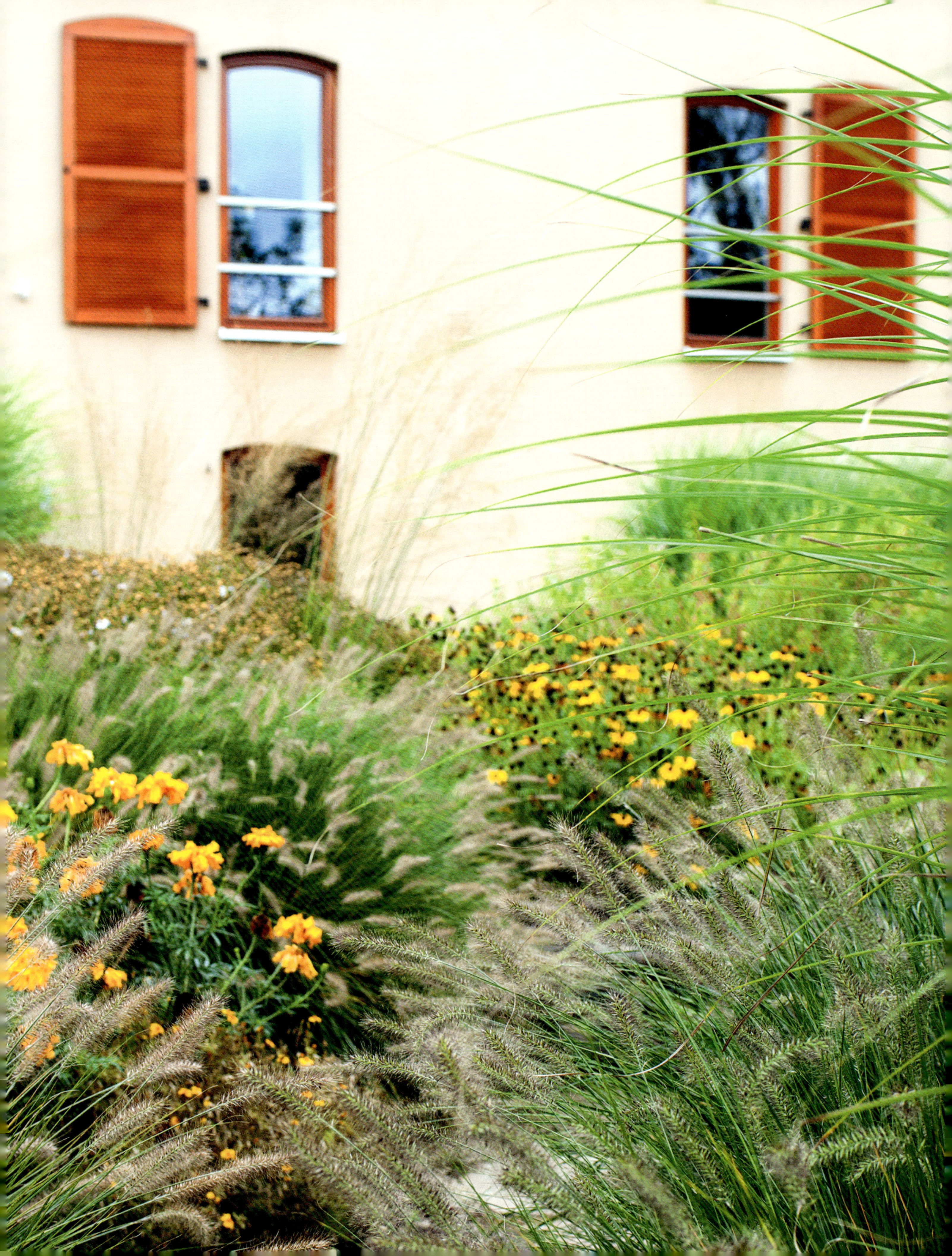

Privater Innenhofgarten in Magdeburg

Ländliches Flair am Bauernhaus

Als ich die Familie das erste Mal besuchte, war der etwa 800 m² große Innenhof noch nicht ganz fertiggestellt. Es wurden gerade Natursteinmauern errichtet, um das höhengestufte Gelände abzufangen. Ich konnte aber schon ahnen, wie der Garten einmal aussehen würde.

Mein aufmerksamer Bauherr ließ sich von mir das Konzept genau erklären, informierte sich dann selbst in Fachbüchern und im Internet. Die Pflanzung am Swimmingpool hatte ich in Höhen gestaffelt. Für den Vordergrund plante ich Bleiwurz (*Ceratostigma plumbagoides*) gemischt mit der kleinen *Aster pansos* 'Snowflurry'. Dahinter hatte ich Purpursonnenhut (*Echinacea purpurea* 'Alba'), Purpur-Fetthenne (*Sedum telephium* 'Herbstfreude') und eine früher blühende Sumpf-Wolfsmilch (*Euphorbia palustris*) vorgesehen. Als Sichtschutz wählte ich Stauden-Sonnenblume (*Helianthus orygalis*), Kandelaber-Ehrenpreis (*Veronicastrum virginicum*), Purpurdost (*Eupatorium purpureum*) und Chinaschilf (*Miscanthus sinensis* 'Malepartus').

Als alle Unklarheiten ausgeräumt waren, hatten der Bauherr und ich vereinbart, den Garten gemeinsam zu bepflanzen. Leider verzögerten sich die vorbereitenden Arbeiten bis in den November, sodass wir bei kaltem Nieselregen die Stauden pflanzen mussten. Trotzdem hatte es uns Spaß gemacht und die Pflanzen haben sich seitdem sehr schön entwickelt.

Die Ausgangssituation

Planungszeitraum: 2008

Fertigstellung: 2008

Größe der Staudenfläche: 100 m²

Vorgaben: Das Bauernhaus, das von der Architektin Sandra Oheim (ARC architektur-concept GmbH Magdeburg) in einer modernen Interpretation umgebaut wurde, hatte ein zeitgemäßes Aussehen mit gemütlicher Ausstrahlung erhalten. Das Mediziner-Ehepaar war hochgradig motiviert, ihren sonnig gelegenen Garten für ihre Familie so vielseitig wie möglich zu bepflanzen. Der Garten sollte sich der Architektur ihres nun modernen Hauses anpassen, aber keinesfalls provinziell daherkommen. Für die Sommermonate wünschten sie sich vor allem Sichtschutz von der Straße. Die Familie träumte von einem attraktiven Garten, der sich während des ganzen Jahres, auch im Winter, sehen lassen kann. Und während der Badesaison sollte der Bereich rund um das Schwimmbecken vor Einblicken geschützt werden. Schließlich gab es ein mehrstöckiges Wohnhaus direkt gegenüber auf der anderen Straßenseite.

Zarte Gräser und Blütenstauden vor dem Haus, wie das Lampenputzergras (*Pennisetum alopecuroides* 'Hameln') und der Sonnenhut (*Rudbeckia fulgida* var. *deamii*), verweben sich zu einer üppigen, natürlich wirkenden Blütendecke.

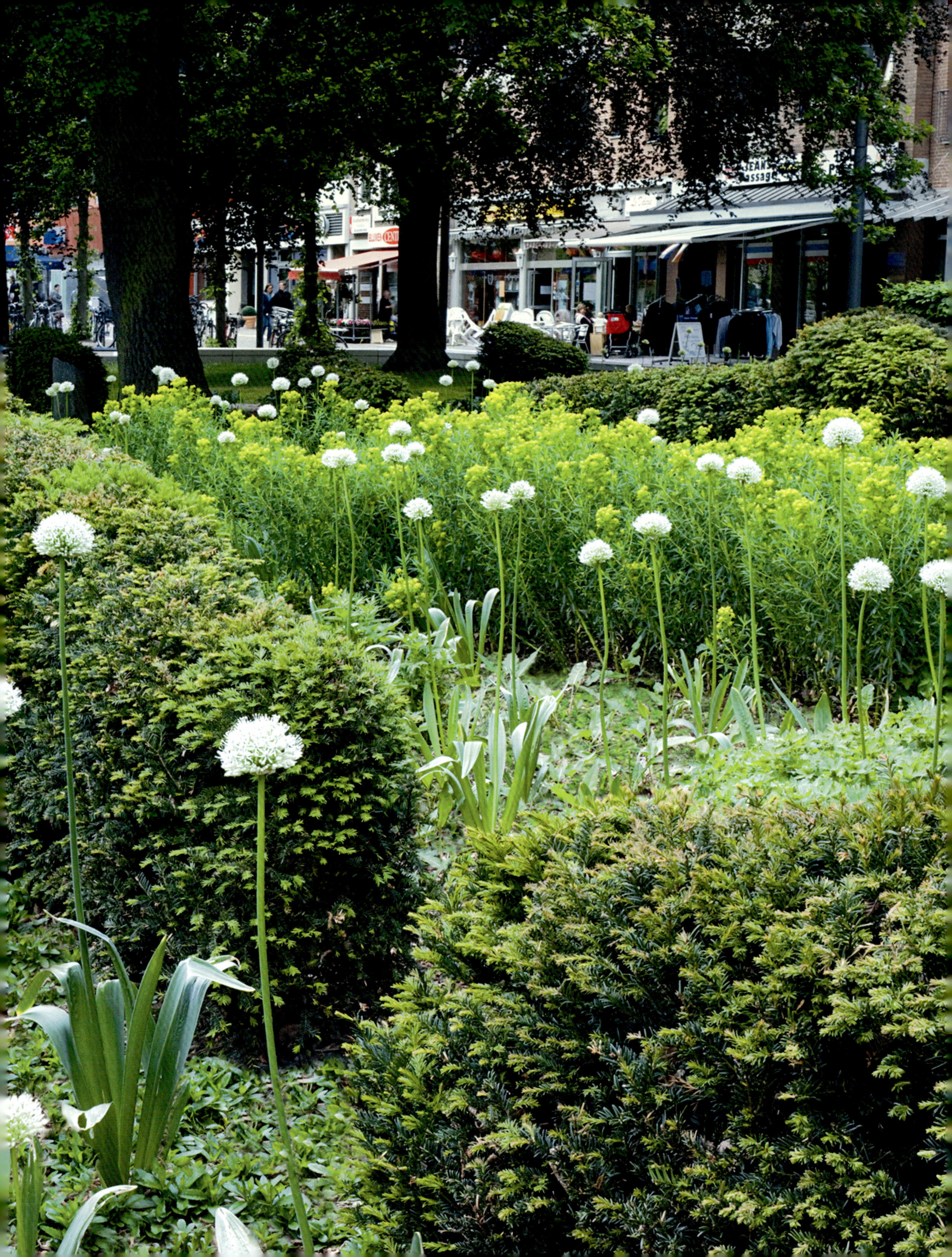

Ein grüner Stadtplatz in Ahrensburg

Dynamik vor immergrüner Kulisse

Als ich zum ersten Mal nach Ahrensburg kam, hatte ich den Eindruck, dass die Menschen hier anders ticken und ungewöhnlich engagiert sind. Es begann ein intensiver Planungsprozess, in dem ich mit Varianten arbeitete, gemeinsam mit meinen Auftraggebern diskutierte, Lösungen anbot und verwarf, Gegenvorschläge unterbreitete ... Schließlich kristallisierte sich ein Konzept heraus, das die Grundlage für meine Planung und die spätere Umsetzung bilden konnte.

Hecken in Wellen, Stauden in Mengen

Hier ist eine Pflanzung entstanden, die ich unter einem ganzjährigen Aspekt und zeitlichen Wandel betrachtete. Dabei habe ich vorrangig Pflanzen ausgewählt, die vom Austrieb bis zum Spätherbst attraktiv sind. Und was ist im Winter? Für diesen Zeitraum wurden Eibenhecken in Wellenform vereinbart. Sie waren außerdem wichtig, um den großen Flächen im Beet eine Struktur zu geben. Ich habe die Hecken versetzt angeordnet, sodass sich immer neue Durchblicke ergeben und der Betrachter beim Rundgang auf neue Pflanzenkompositionen trifft. Zwischen

Die Ausgangssituation

Planungszeitraum: 2009–2010

Fertigstellung: Frühjahr 2010

Größe der beiden Staudenflächen: 1.000 m²

Vorgaben: Das war überraschend für mich: Selbstbewusste Bürger diskutierten und rangen um die Gestaltung „ihrer" Fußgängerzone. Welch ein demokratischer Prozess in einer barocken Stadtanlage! Es war ein langwieriger Vorgang mit dem Ziel, die Bewohner trotz vielfältiger Meinungen vom Kompromiss einer gelungenen Gestaltung zu überzeugen. Federführend in der Planung, Diskussion und Moderation war im Auftrag der Stadt Ahrensburg das Büro Heimer + Herbstreit Umweltplanung aus Hildesheim.
Das Vorhaben, um das es ging, klang unkompliziert, doch das war es nicht: Mein Auftrag lautete, die Bepflanzung zweier jeweils 30 × 16,50 m großer Beete an einer verkehrsberuhigten Straße zu planen. Jedoch liegt eine Fläche in voller Sonne, die andere im Schatten. Trotzdem sollten beide Beete einen ähnlichen Charakter haben.

Die weiß blühenden Bälle des Kugel-Lauchs *Allium* 'Mount Everest' wirken besonders in der großen Stückzahl. Die Lauchkugeln schweben im Juni über die sich gerade erst entwickelnde Laubfläche.

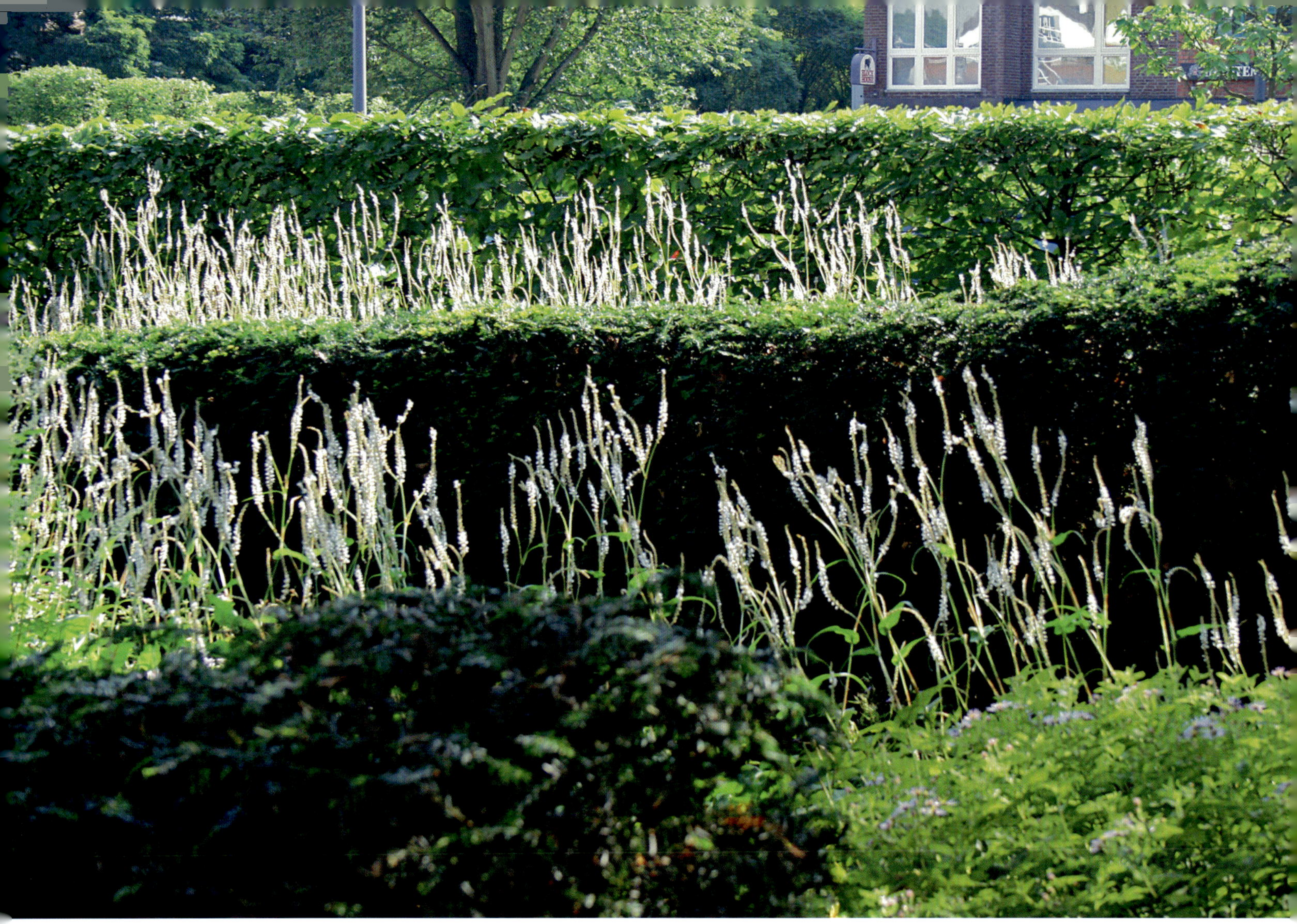

Die weißen Blüten der Kerzen-Wiesenknöterich-Sorte *Bistorta amplexicaulis* 'Alba' sind kleine Leuchtstäbe im Schatten. Sie heben sich optisch vom dunklen Hintergrund der Eibenhecken ab.

den dunkelgrünen Heckenwellen herrscht heute jede Menge Dynamik. Im Frühjahr gibt es ein Blütenmeer aus Narzissen und Zier-Lauch. Während des Austriebs wachsen und verweben sich das fein und grob strukturierte Laub und die Blüten der Stauden und Gräser zu einem Blütenteppich, der die Hecken umschmiegt.

Da der Kerzen-Wiesenknöterich (*Bistorta amplexicaulis*) in lichtem Schatten sogar noch mit Wurzeldruck zurechtkommt, habe ich ihn unter den alteingewachsenen Bäumen eingeplant. Ich kombinierte ihn mit „meinem" Japangras (*Hakonechloa macra*), Herbst-Anemone (*Anemone japonica*), Waldgeißbart (*Aruncus aethusifolius* 'Horatio'), Elfenblume (*Epimedium*-Hybride), Mandel-Wolfsmilch (*Euphorbia amygdaloides* 'Robbiae') und der robusten *Aster ageratoides*. Diese Zusammenstellung wirkt schön natürlich. Bei einer Stückzahl von sechs bis acht Pflanzen pro Quadratmeter schloss sich die Fläche schnell und bleibt nun weitgehend unkrautfrei.

Auf der sonnigen Seite habe ich neben der Sumpf-Wolfsmilch (*Euphorbia palustris*) die Schönaster (*Kalimeris incisa*) gepflanzt. Beides tolle Pflanzen, die das ganze Jahr schönes Laub und eine lange Blütezeit haben. Sie wachsen zusammen mit dem aufrechten Kandelaber-Ehrenpreis (*Veronicastrum virginicum* 'Album'), Blauraute (*Perovskia abrotanoides*) und der Waldschmiele (*Deschampsia caespitosa* 'Tardiva').

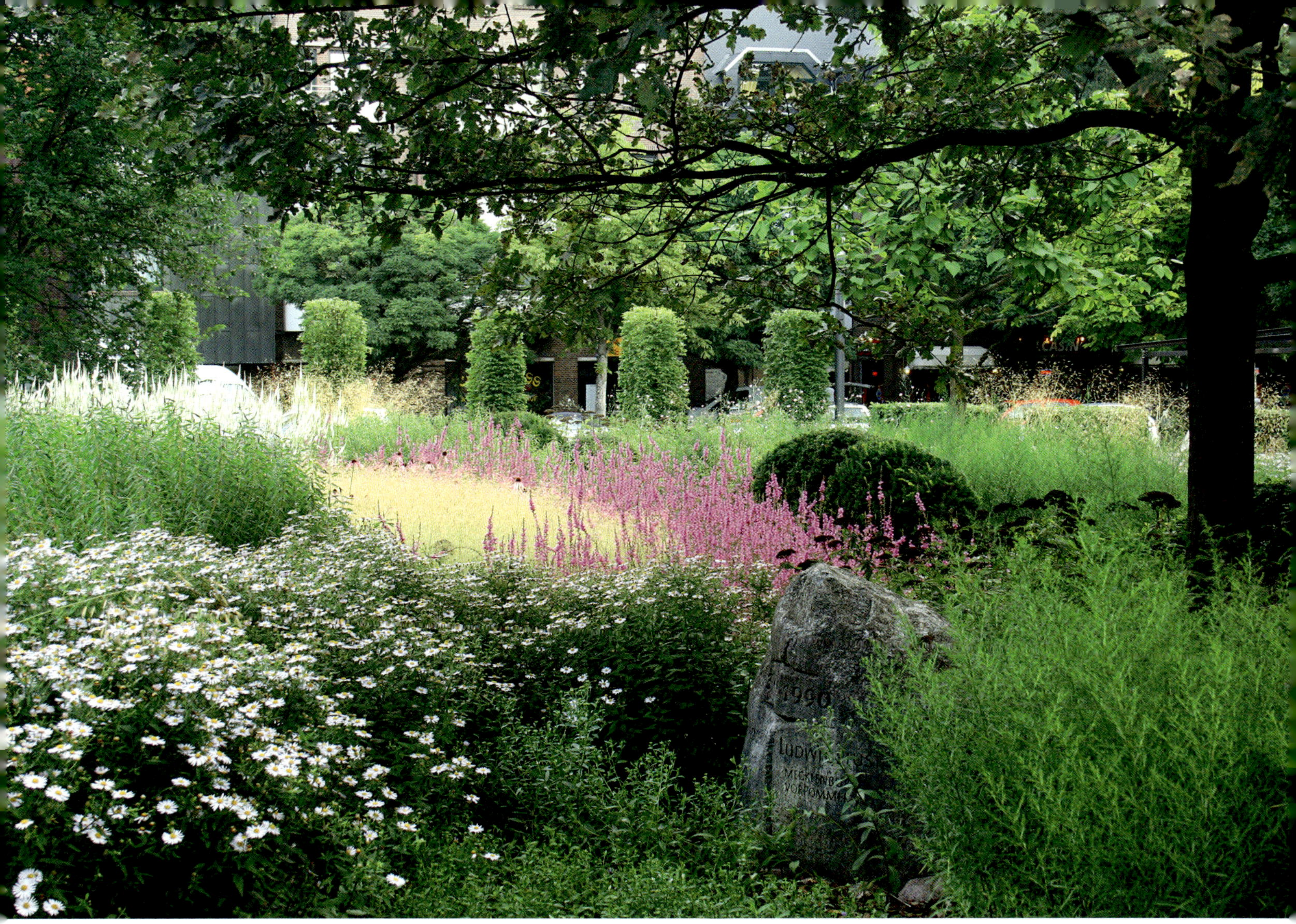

Lang gezogene Staudenbänder scheinen die Hecken geradezu zu umfließen. Rasenschmiele (*Deschampsia caespitosa*), Schönaster (*Kalimeris incisa* 'Madiva'), Sumpf-Wolfsmilch (*Euphorbia palustris*) und Blut-Weiderich (*Lythrum virgatum*) symbolisieren diesen Fluss.

Ein schwieriger Start

Bei der Realisierung meiner Pläne wurden zunächst die Eibenhecken gepflanzt, danach Stauden und Gräser. Dies bedeutete eine große Aufregung für viele Ahrensburger. Sie standen kopfschüttelnd an den Beeten. Von Geldverschwendung und Unsinn war die Rede. Ein schwieriger Start, weil sie nicht verstanden, was dort für sie angelegt wurde. Ballen an Ballen wurden die Pflanzen nach Plan gesetzt und in wenigen Monaten zu herrlich geschwungenen Linien, in Wellen geschnitten, sodass kaum zu erkennen war, dass die Hecke aus Einzelpflanzen bestand. Die Stadt pflanzte mit den Gärtnern des Bauhofes und bestellte einen sachkundigen Schnittmeister aus einer Baumschule. Er setzte meisterhaft seine Schere an.

Inzwischen ist das Bild, das ich mir vorgestellt hatte, Wirklichkeit geworden, die Pflanzung wirkt ausgewogen und die engagierten Anwohner, hoffe ich, sind versöhnt. Da das Aussehen der Beete mit der Fürsorge steht oder fällt, muss ich unbedingt erwähnen, dass ein ortsansässiger Gärtner, dessen Passion Stauden sind, die Flächen im Auftrag der Stadtverwaltung umsorgt. Die von mir geplante Pflanzung wird sich im Laufe der nächsten Jahre verändern. Ich bin mir aber sicher, dass er beherzt eingreift, die Anlage regelmäßig begutachtet und Stauden nach Bedarf begrenzt oder ergänzt. Das verstehe ich unter einer guten Staudenpflege.

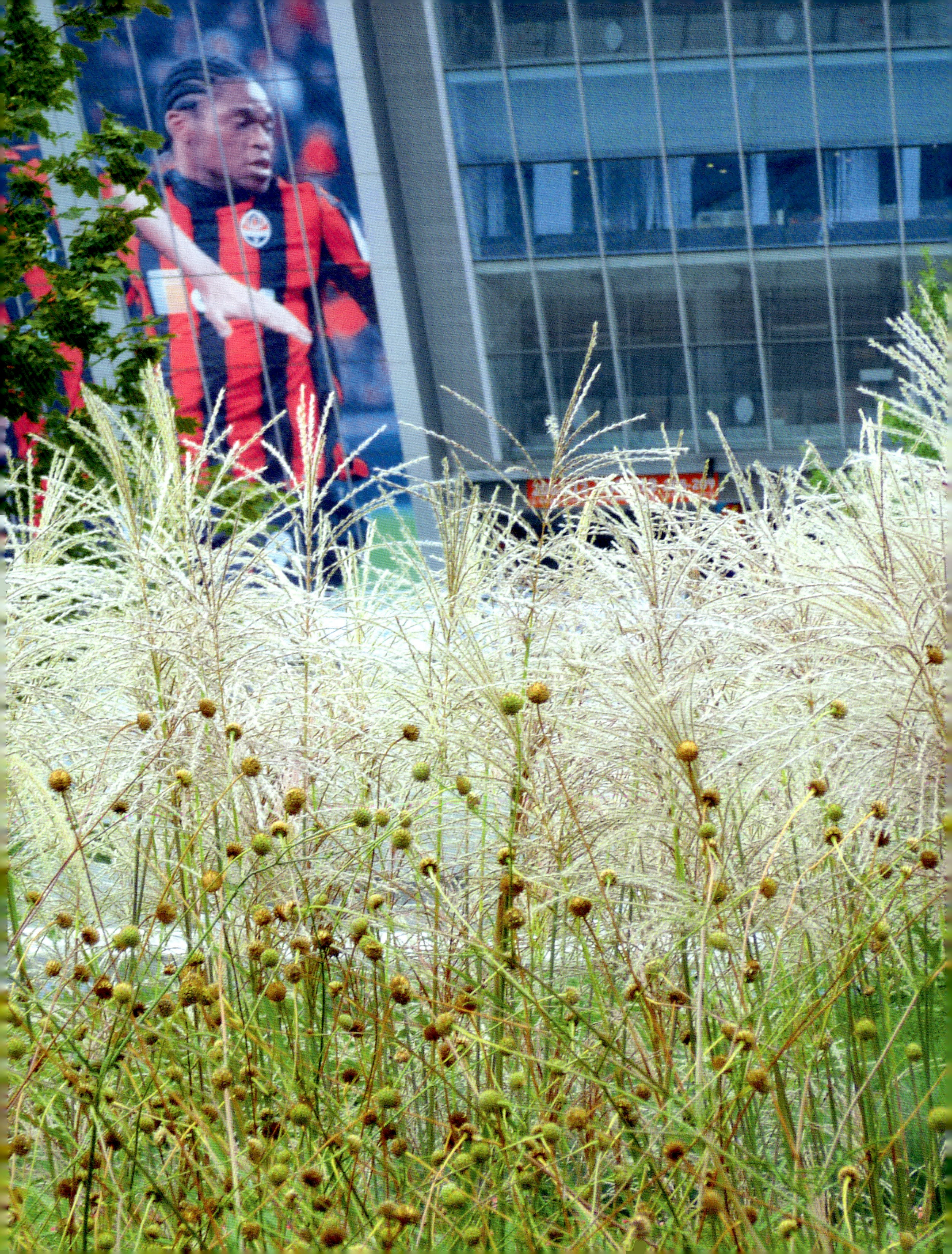

Park der Donbass Arena in Donetsk, Ukraine

Ton in Ton, aber Orange

Das war eine ungewöhnliche Aufgabe für mich: 10.000 m² Staudenfläche in den Vereinsfarben eines Fußballclubs in der Ukraine zu planen – ohne das Gelände persönlich zu kennen! Eine Dimension wie die einer Bundesgartenschau! Mit dem Büro fagus Landschaftsarchitekten aus Markkleeberg hatte ich schon einmal erfolgreich zusammengearbeitet. Nun fragten die Kollegen erneut an, dieses Mal für das Großprojekt in der Ukraine. Sie planten den gesamten Park, mich wollten sie mit der riesigen Staudenpflanzung beauftragen. Ich nahm das reizvolle Projekt an.

Es muss in Orange blühen!

Zunächst überlegte ich mir, die großen Flächen zu unterteilen, um sie besser erschließen zu können. Ich fügte 1,20 m breite Hauptwege längs durch die Pflanzflächen ein und 80 cm schmale Seitenwege. Wo sie sich kreuzten, ergaben sich willkommene Plätze für Sitzbänke. Mir gefiel der Gedanke, ganz versunken zwischen den Großstauden sitzen zu können. Um die immer noch sehr großen Beete überschaubar zu machen, teilte ich sie in größere, dem Maßstab angemessene Teilflächen ein, um später die Pflanzenarten dafür festzulegen. Danach traf ich nach dem strengen Farbkonzept meine Pflanzenauswahl. Entsprechend den Vereinsfarben sollte hier alles in Orange blühen. Die Baumarten, die rund um das Stadion gepflanzt wurden, waren bereits

Die Ausgangssituation

Planungszeitraum: 2008

Fertigstellung: 2010

Größe des gesamten Parkgeländes: 30 ha

Größe der Staudenflächen: 10.000 m²

Vorgaben: Die Fußball-Europameisterschaft 2012 wurde in Polen und der Ukraine ausgetragen. Einige Gruppenspiele sowie ein Viertel- und ein Halbfinale fanden in Donetsk statt. Dafür wurde von 2006 bis 2009 ein hochmodernes Stadion für 50.000 Zuschauer gebaut, die Donbass Arena (Architekten: ArupSport/Arup Associates). Seine klassische Form erinnert an einen Edelstein, der besonders schön in der Dunkelheit funkelt. Diese besondere Ausstrahlung wurde auch durch landschaftliche Elemente umgesetzt, indem konzentrische Baum-Ellipsen das Stadion wie eine Aura umgeben (Landschaftsarchitekten fagus, Markkleeberg). Die Bäume unterstreichen die Bedeutung des Fußballclubs Shakhtar Donetsk als Bauherr und Betreiber des Stadions.
Aus den Planunterlagen ging die Lage der Staudenbete hervor, die ich zu bepflanzen hatte. Fünf lang gestreckte Beete in sonniger Exposition lagen wie an einer Perlenschnur aufgereiht am Hauptweg, der sich um das Stadion schmiegte.

Für die Ausmaße der Arena und der weitläufigen Umgebung war der Einsatz großer Gräser und Stauden wie Chinaschilf (*Miscanthus sinensis*) und Giraffenskabiose (*Cephalaria gigantea*) notwendig. Sie setzten maßstäblich großartige Akzente.

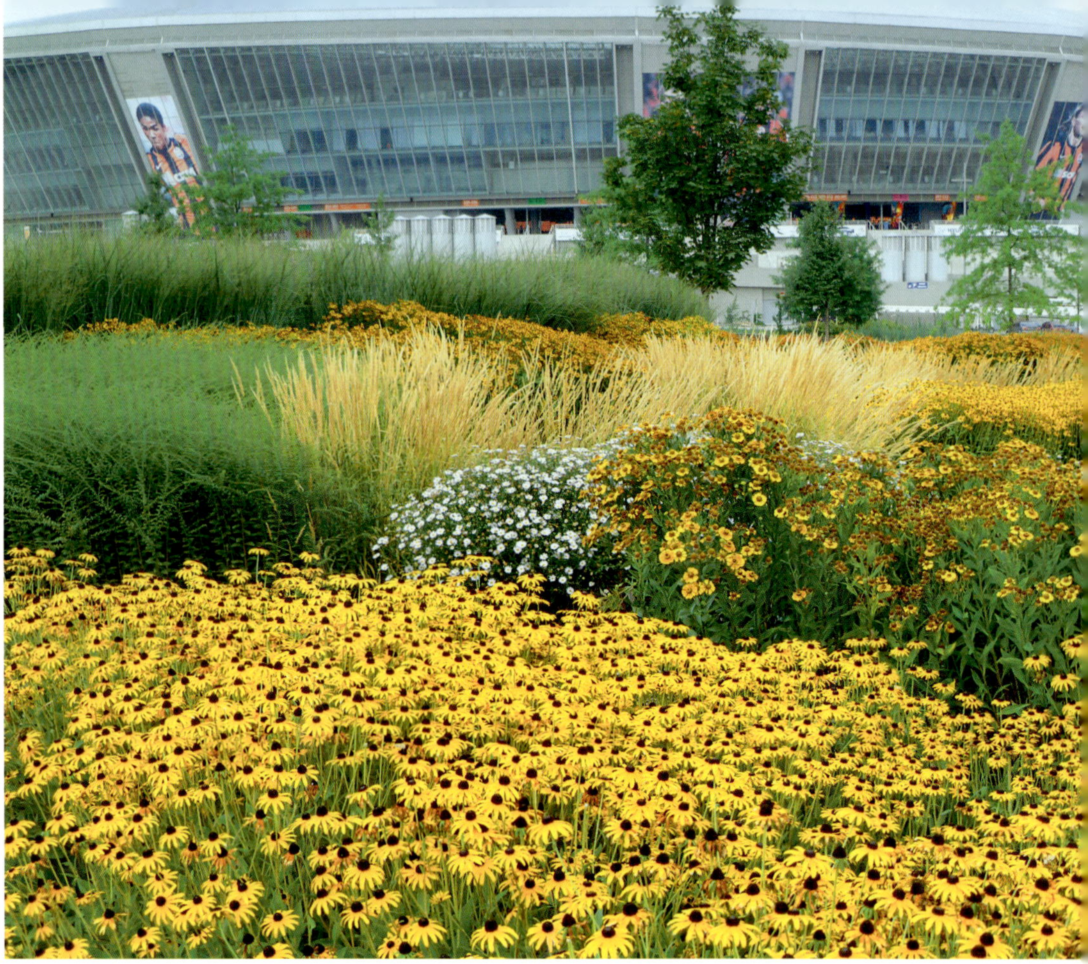

Sonnenhut (*Rudbeckia fulgida* var. *deamii*), verschiedene Sonnenbraut-Sorten (*Helenium*), Schönaster (*Kalimeris incisa*) und Gräser, zum Beispiel Ruten-Hirse (*Panicum virgatum*), schmiegten sich um das Stadion. Wege und kleine Plätzen in den Pflanzflächen machten diese Staudenkombination in Gelb und Orange von Nahem erlebbar.

auf diesen Farbwunsch hin ausgesucht worden: Ahorn (*Acer pseudoplatanus* 'Olmstedt') mit orangegelbem Herbstlaub, Sumpf-Eiche (*Quercus coccinea*) mit rot leuchtendem Herbstlaub und Vogelkirsche (*Prunus avium* 'Plena'), gefüllt weiß blühend, aber mit orangegelbem Blätterkleid im Herbst. Nun überlegte ich, wie viele Staudenarten und -sorten infrage kämen, um dieses Pflanzenkonzept zu ergänzen. Die Ausbeute war spärlich und die farblich geeigneten Pflanzen zu zierlich. Ein Park dieses Ausmaßes erforderte hohe Stauden. Deshalb kam mir ein Kompromiss in den Sinn: Das erweiterte Farbspektrum von Gelb, Rot und Orange bot mehr Möglichkeiten.

Große Dimensionen verlangen entsprechende Antworten

Es gibt eine Fülle von Großstauden, wie die Gattung *Helenium* (Sonnenbraut), die sich für diesen Ort gut eignen. In Kombination mit sich rot färbenden Gräsern würde mir ein umfangreiches Pflanzenpotenzial zur Verfügung stehen. Da die klimatischen Verhältnisse unseren gemäßigt kontinentalen Temperaturen ähnlich waren, konnte ich aus dem Vollen schöpfen. Ich schuf große Flächen von Felberich (*Lysimachia ciliata* 'Firecracker'), Sonnenblume (*Helianthus orygalis* und *H. mollis*), Sonnenbraut (*Helenium* 'Baudirektor Linne', 'Kanaria', 'Rauchtopas', Rubinzwerg' und 'Moerheim Beauty'), der Sonnenbraut-Wildart (*Helenium hoopesii)*, Giraffenskabiose (*Cephalaria gigantea*), Goldrute (*Solidago rugosa* 'Fireworks'), Sonnenhut (*Rudbeckia subtomentosa* und *R. fulgida* var. *deamii*), Mädchenauge (*Coreopsis tripteris*) und Gräsern wie Ruten-Hirse (*Panicum* 'Hänse Herms') und verschiedenen Chinaschilf-Sorten (*Miscanthus sinensis* 'Malepartus' und 'Graziella').

Meine Frage, wie die Stauden in die Ukraine geliefert werden sollten, war von den Kollegen schnell beantwortet worden. Immerhin kam die stattliche Zahl von 60.000 Stauden zusammen! Die Baumschule Lorberg in Tremmen lieferte die Gehölze und dazu die von mir bei der Gärtnerei Baltin bestellten Stauden. Ein Anbauvertrag sicherte, dass die Pflanzen in derart großer Stückzahl auch verfügbar waren. So konnte es im Park bald orange und gelb blühen.

Ausschnitt aus dem Pflanzplan

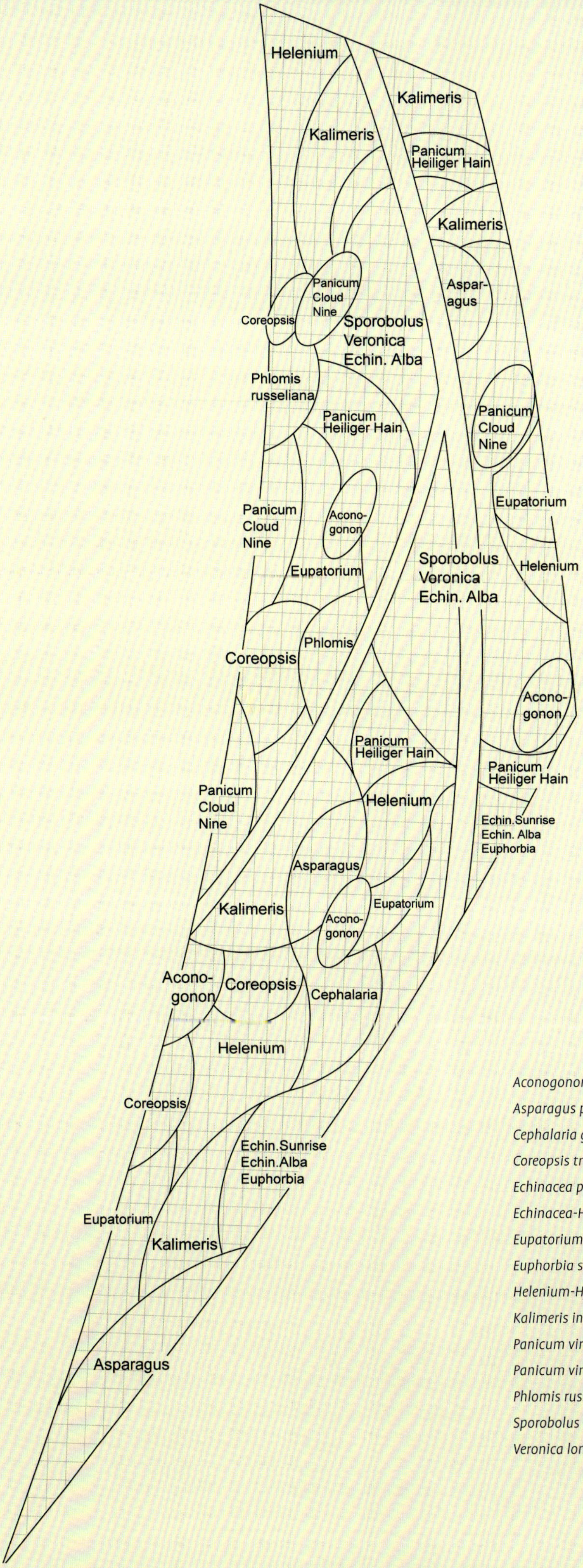

Aconogonon speciosa, Johanniswolke
Asparagus pseudoscaber 'Spitzenschleier', Spargel
Cephalaria gigantea, Giraffenskabiose
Coreopsis tripteris, Mädchenauge
Echinacea purpurea 'Alba', Scheinsonnenhut
Echinacea-Hybride 'Sunrise', Scheinsonnenhut
Eupatorium rugosum 'Chocolate', Wasserdost
Euphorbia seguieriana, Steppen-Wolfsmilch
Helenium-Hybride 'Rubinzwerg', Sonnenbraut
Kalimeris incisa 'Madiva', Schönaster
Panicum virgatum 'Cloud Nine', Ruten-Hirse
Panicum virgatum 'Heiliger Hain', Ruten-Hirse
Phlomis russeliana, Brandkraut
Sporobolus heterolepis, Tautropfengras
Veronica longifolia 'Schneeriesin', Ehrenpreis

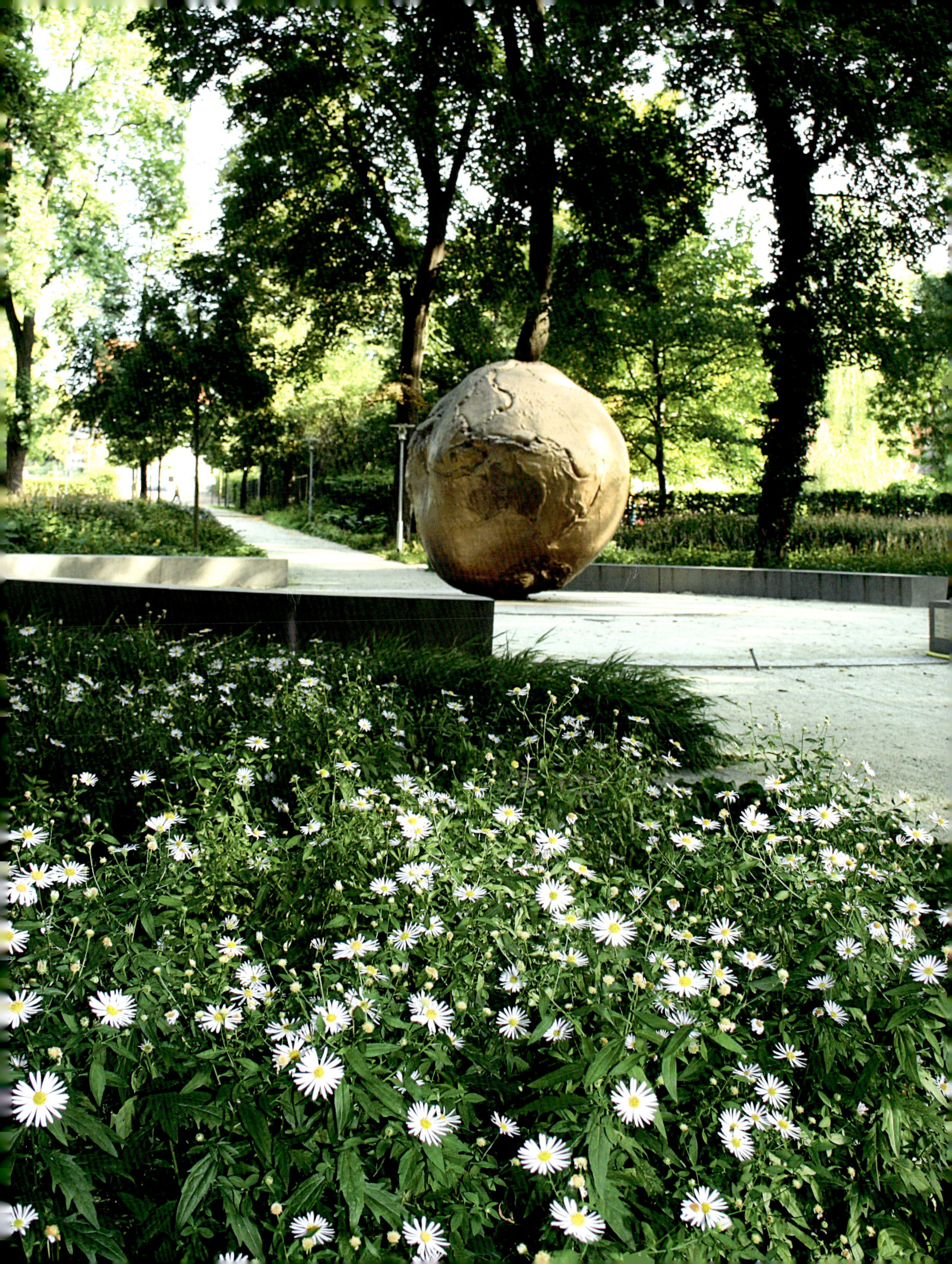

Landesgartenschau Aschersleben 2010

Robustes für den Schatten

Längst sind Landesgartenschauen nicht nur Blümchenschauen, erst recht nicht für kleinere Gemeinden. Die Kommunen nutzen heute alle Möglichkeiten, ihr Stadtbild zu verbessern – was in Aschersleben besonders gut gelang. Die neu gestalteten Parkanlagen durchziehen das alte Städtchen wie ein grünes Band.

Den Mittelpunkt des Stadtparkes bildete meine opulente Schattenpflanzung mit einer Beetaufteilung nach den zwölf Tierkreiszeichen, zurückgehend auf die Phythothek von Adam Olearius. Das bedeutete zum Beispiel für den Widder eine Pflanzung in feurig roten Farben, für den Stier Erdbezogenheit mit Pflanzen in erdigen Laubfarben. Das Sternzeichen Löwe wurde als lebhaft feurige Pflanzung in Orange und Gelb mit Weiß beschrieben. Diese Themen sollten im Schatten realisiert werden! Ich verzweifelte fast. Die einzigen sonnigen Beete waren den Sternzeichen Fische und Wassermann vorbehalten.

Für meine Planung der Schattenpartien brauchte ich robuste Pflanzen. Ich verwendete neben vielen anderen Kerzen-Wiesenknöterich (*Bistorta amplexicaulis* in Sorten), Ochsenauge (*Telekia speciosa*), Wald-Erdbeeren (*Fragaria vesca*) und Japangras (*Hakonechloa macra*), aber auch feuchtigkeitsliebende Rodgersien, Silberkerzen (*Cimicifuga*) und Astilben. Das Ergebnis war, trotz mancher Hürden, sehr zufriedenstellend und schön.

Die Ausgangssituation

Planungszeitraum: 2008–2009

Fertigstellung: 2010

Ausstellungsdauer: April – Oktober 2010

Größe der Staudenflächen: 5.000 m²

Vorgaben: Das Büro sinai, Freiraumplanung + Projektsteuerung, Berlin, hatte den Wettbewerb für die geplante Landesgartenschau gewonnen und beauftragte mich für die pflanzlichen Themen. Ihr sehr ambitioniertes Konzept hatte mit Adam Olearius (1699–1771), dem Ascherslebener Universalgelehrten aus dem 17. Jahrhundert, zu tun. Meine Aufgabe umfasste mehrere Themen, von denen ich hier die Phythothek im Stadtpark beschreiben möchte. Die Phythothek ist eine Pflanzensammlung, sortiert nach den Tierkreiszeichen. Jedes Tierkreiszeichen wurde charakterisiert und drückte sich teilweise über Farben aus. Diese Ordnung nach Sternbildern entsprach der Phythotek am Hof von Schleswig-Gottorf, die Adam Olearius dort angelegt hatte. Die Bepflanzung im Stadtpark war eine Herausforderung, die mich jedoch nach und nach faszinierte. Die Pflanzflächen lagen allesamt im Schatten und im Wurzelbereich alteingewachsener Bäume.

Der Ascherslebener Globus des Berliner Künstlers Oliver Störmer bildet den Mittelpunkt der gepflanzten Phythothek im Stadtpark. Pflanzen charakterisierten die zwölf Tierkreiszeichen und fanden ihren Platz in vorwiegend schattiger Lage.

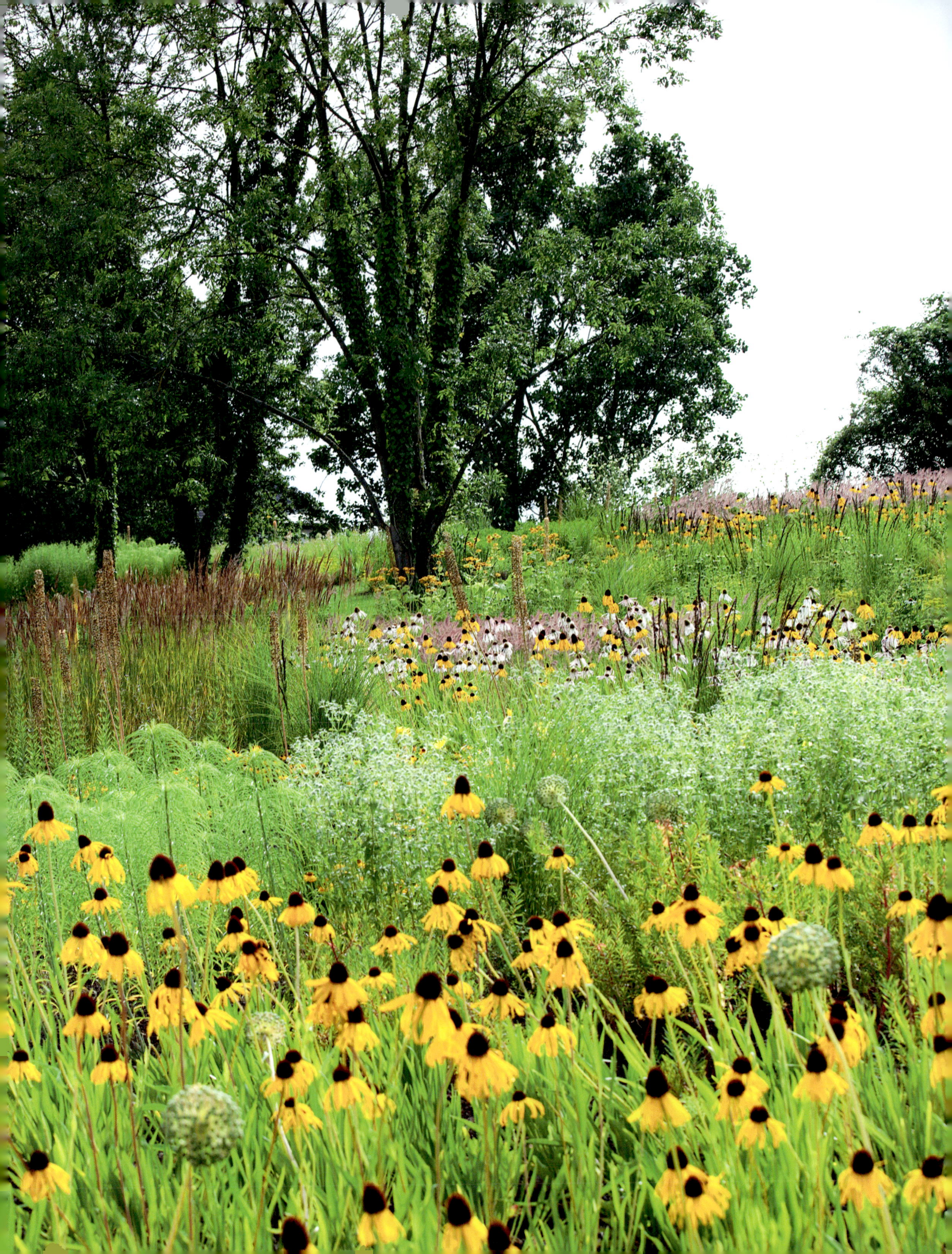

Bundesgartenschau Koblenz 2011

Pflanzenparade auf dem Exerzierplatz

Darauf freute ich mich besonders: Endlich eine Planung in einem milden Weinbauklima zu übernehmen, auch wenn es hier ziemlich militärisch zuging. Dadurch bot sich für mich die seltene Gelegenheit, weniger frostharte Pflanzen auszuprobieren, wie das Lampenputzergras *Pennisetum orientale* 'Karley Rose' und Bartfaden (*Penstemon coccineus*). Innerhalb des Gesamtkonzeptes hatte ich mehrere Bereiche zu planen, wie den „Präriehang" und das „Eichenboskett".

Präriestauden für einen Hang

Zunächst ging es um einen großflächigen Hang, den ich weitgehend mit blutroten Stauden bepflanzen sollte. So stellte sich der Generalplaner die Pflanzung vor. Aber es erwies sich schnell, dass die entsprechende Auswahl in dieser Farbe zu klein sein würde. Deshalb entstand im Verlauf der weiteren Bearbeitung ein neues Konzept: das der Präriestauden. Darin verwendete ich nicht nur typische Präriepflanzen, sondern kom-

Die Ausgangssituation

Planungszeitraum: 2009–2010

Fertigstellung: März 2011

Ausstellungsdauer: April – Oktober 2011

Größe der Staudenflächen: 6.300 m²

Vorgaben: Das Gelände um die historische Feste Ehrenbreitstein in Koblenz, an der Moselmündung in den Rhein gelegen, sah aus wie ein Exerzierplatz: flach, ohne Baum und Strauch, vollsonnig. Die Idee des Büros rmp Stephan Lenzen Landschaftsarchitekten war es, die Militärgeschichte aufzugreifen und als Leitthema für den zentralen Entwurf umzusetzen. So entstanden die Areale mit dem „Freien Schussfeld" und dem „Gedeckten Gang". Um diesem Konzept gerecht zu werden, wurden alle Themengärten wie eine Perlenschnur an den äußeren Rand des Geländes gruppiert.

Blütenzellen in warmen Farbkombinationen überspannen den Präriehang. Sich wiederholende Gruppen, beispielsweise aus Scheinsonnenhut (*Echinacea paradoxa*), Lampenputzergras (*Pennisetum orientale* 'Karley Rose') und Prärieminze (*Pycnanthemum virginicum*), geben den Rhythmus vor.

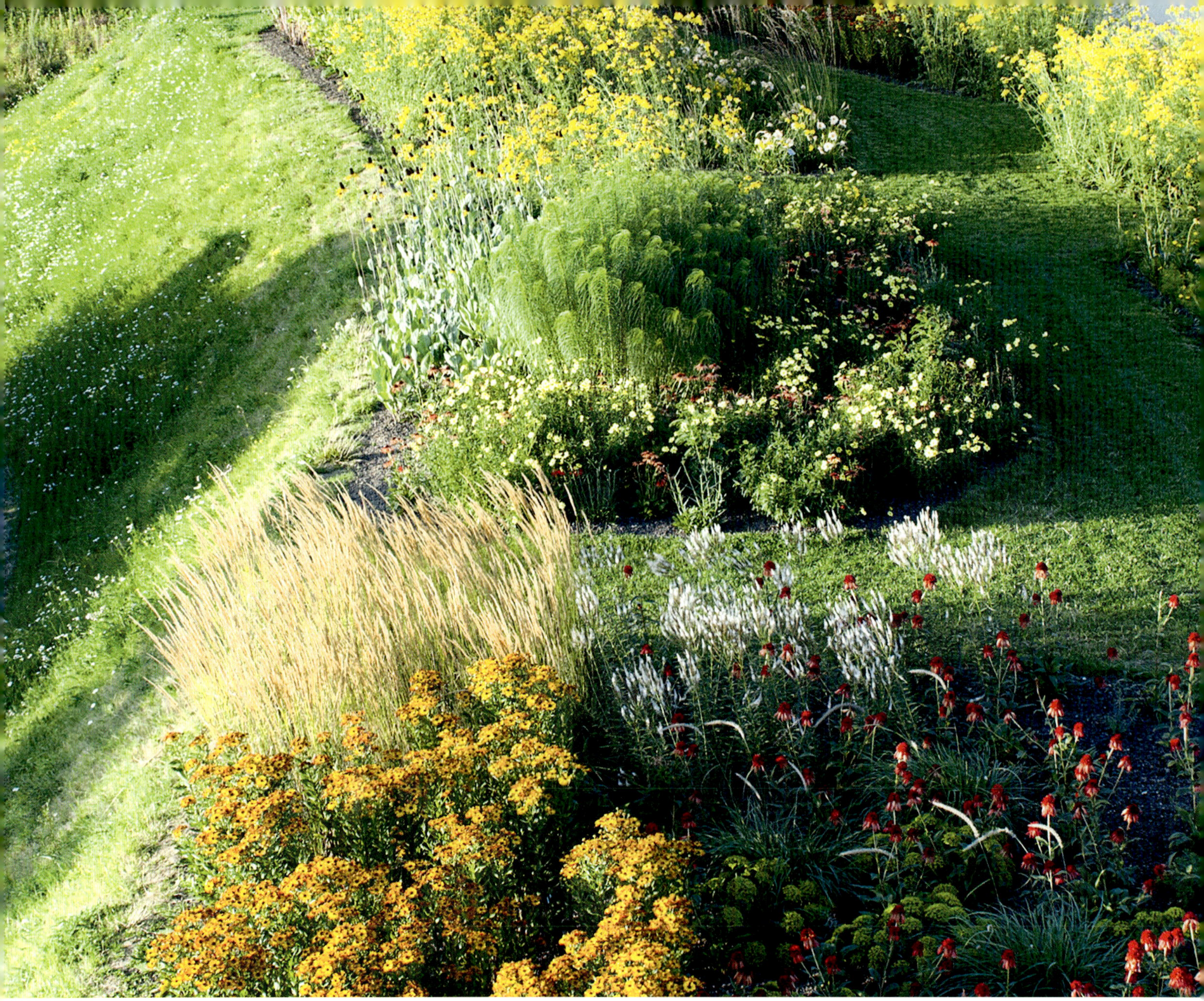

binierte sie mit anderen Stauden und Gräsern. Ich liebe Ruten-Hirse (*Panicum*), besonders die Sorte 'Heiliger Hain'. Dieses Gras sollte in großen Schwaden die Pflanzflächen durchziehen. Es sieht immer toll aus, weil es standfest ist und mit 80 cm Höhe etwas niedriger bleibt als die anderen Sorten. Seine typischen Merkmale sind das blaugrüne Laub, deren Spitzen sich später rot färben, und die sich im Spätsommer entwickelnde Blütenwolke. Dazu habe ich Stauden wie die hohe Giraffenskabiose (*Cephalaria gigantea*) gruppiert. Über den robusten, dichten Laubbüschen erschienen grazile, schwefelgelbe Skabiosenblüten, die im Frühsommer in Richtung Himmel schwebten. Ich verwendete aber auch verschiedene Arten und Sorten von Mädchenauge: Die neuere Züchtung *Coreopsis* 'Full Moon', *Coreopsis tripteris*, die standfeste, fast 1,80 m hohe Büsche bilden kann, und *Coreopsis auriculata* 'Zamphir' bildeten schöne pflanzliche Allianzen. Auch Sonnenbraut (*Helenium*) in vielen Sorten wie 'Baudirektor Linne', 'Kanaria', 'Kupferzwerg', 'Rauchtopas' und 'Rubinzwerg', die Wildarten *Helenium bigelovii* und *Helenium hoopesii* und verschiedene Sonnenhüte (*Rudbeckia*) sowie Scheinsonnenhüte (*Echinacea*) passten ebenfalls in mein Konzept.

Die Idee der Planer beinhaltete, die Pflanzflächen so anzulegen, dass die Beetflächen wie eine vergrößerte Zellenstruktur wirken. So entwickelte ich blühende Rabatten mit begehbarem Rasen dazwischen. Das ermöglichte den

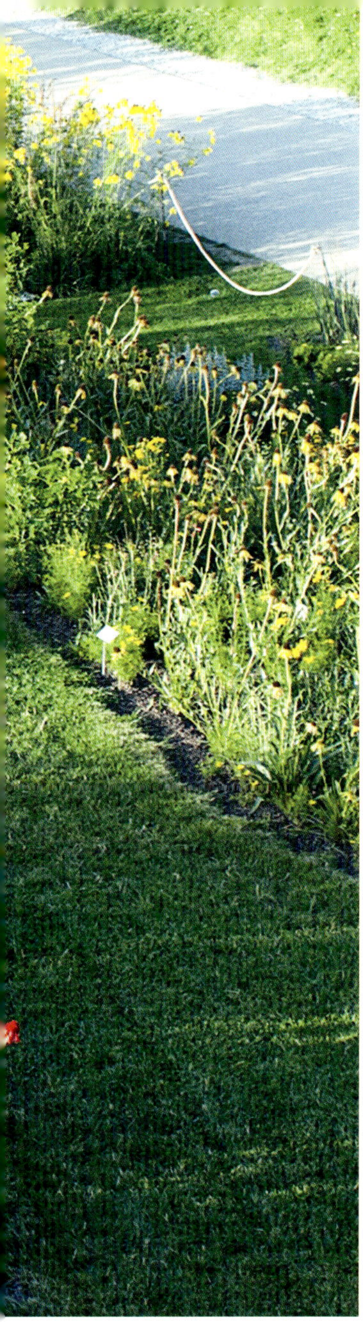

Der Blick von oben offenbart dem Betrachter die Struktur der Beete. Die Rasenwege zwischen den Zellen hatte ich geplant, um die Pflanzen aus der Nähe betrachten zu können.

Eine subtile Verwebung der Stauden entsteht durch das Kombinieren von Scheinsonnenhut (*Echinacea paradoxa*) und Bartfaden (*Penstemon barbatus* var. *coccineus*).

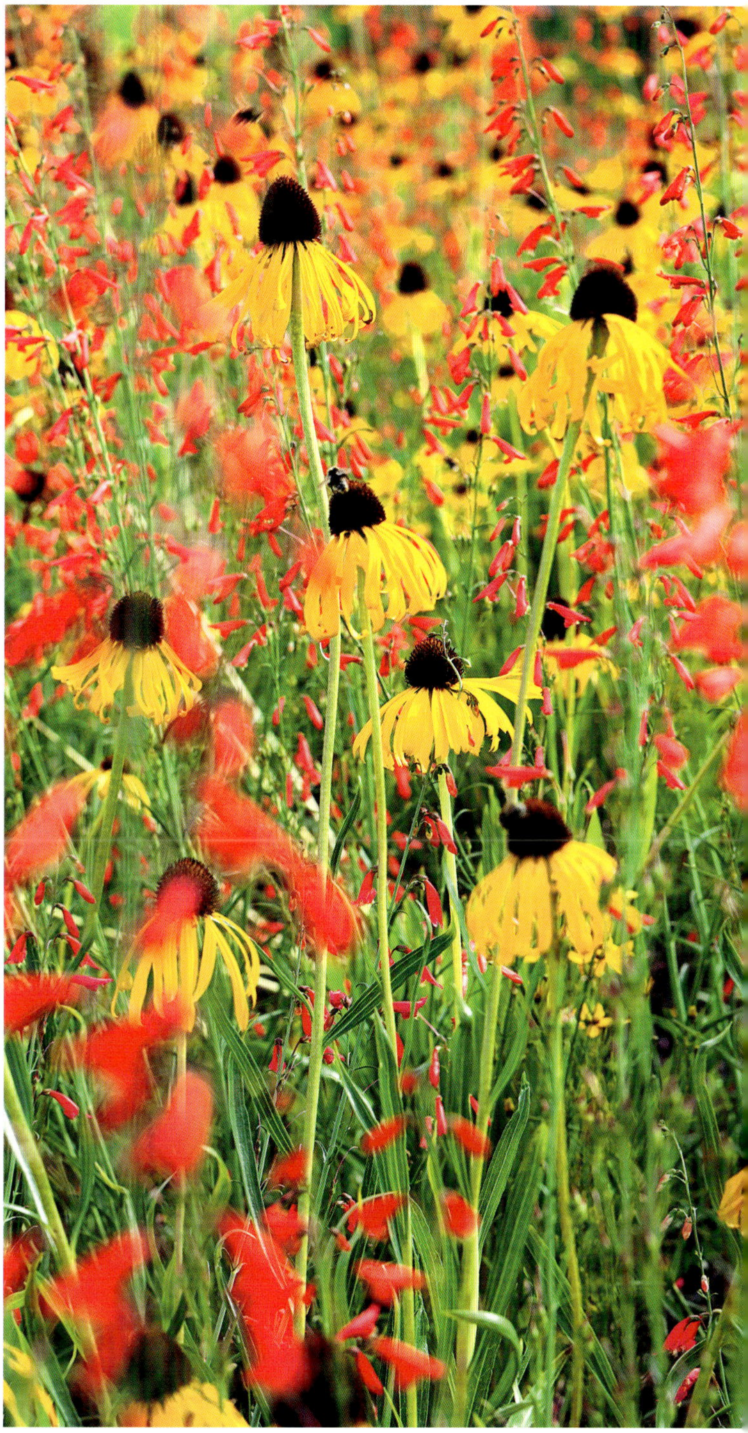

Besuchern theoretisch, die Blütenkombinationen ganz aus der Nähe zu betrachten. Nur war das Gelände aufgrund einer Regelung der Besucherströme für das benachbarte Aussichtsbauwerk meist abgesperrt. Dennoch imponierte die Fläche auch aus der Ferne. Wie ein Blütengewebe, das die Schräge in sonnigen Farben mit Stauden und zarten Gräsern überspannt, gefielen die einzelnen Pflanzenzellen im Ganzen. Ich setzte außerdem große Gruppen der Weidenblättrigen Sonnenblume (*Helianthus salicifolius*). Mit ihren mächtigen und doch filigran wirkenden Laubbüschen erhoben sie sich wie ein sprudelnder Wasserfall aus den Beeten. Hierbei war mir das Laub wichtig, nicht unbedingt ihre Blüten.

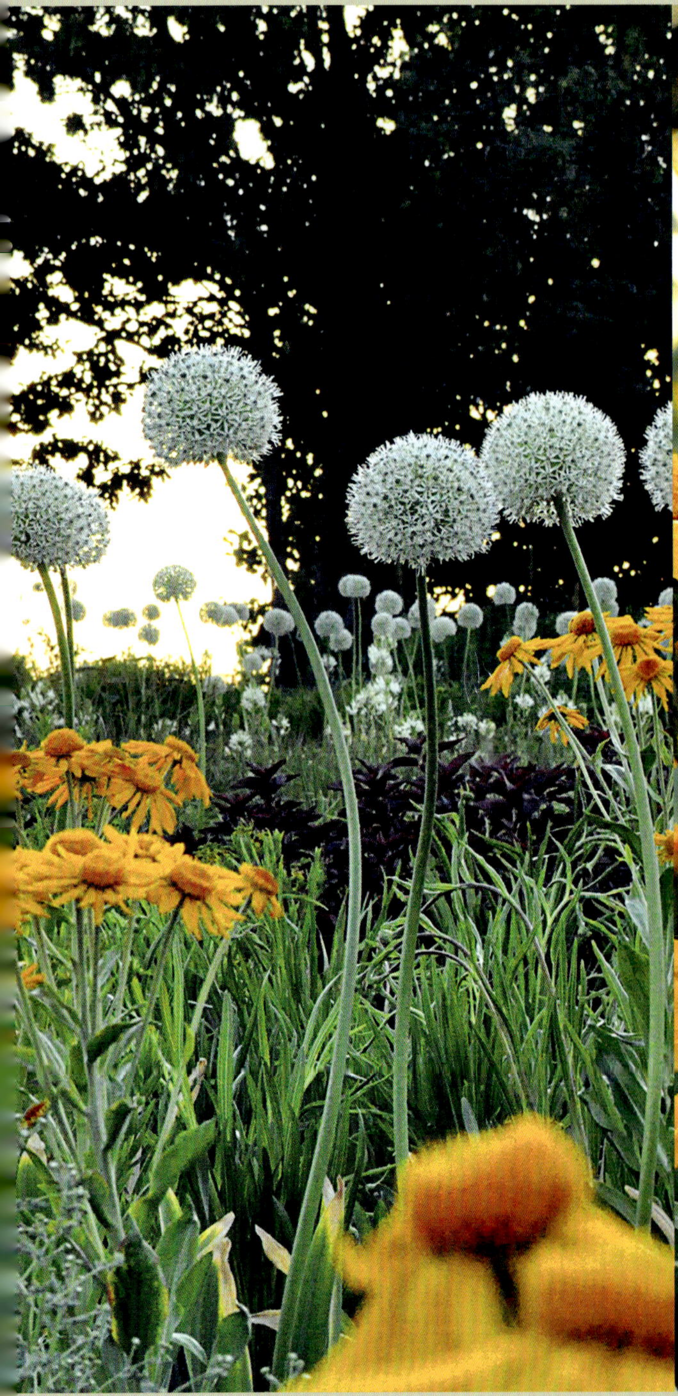

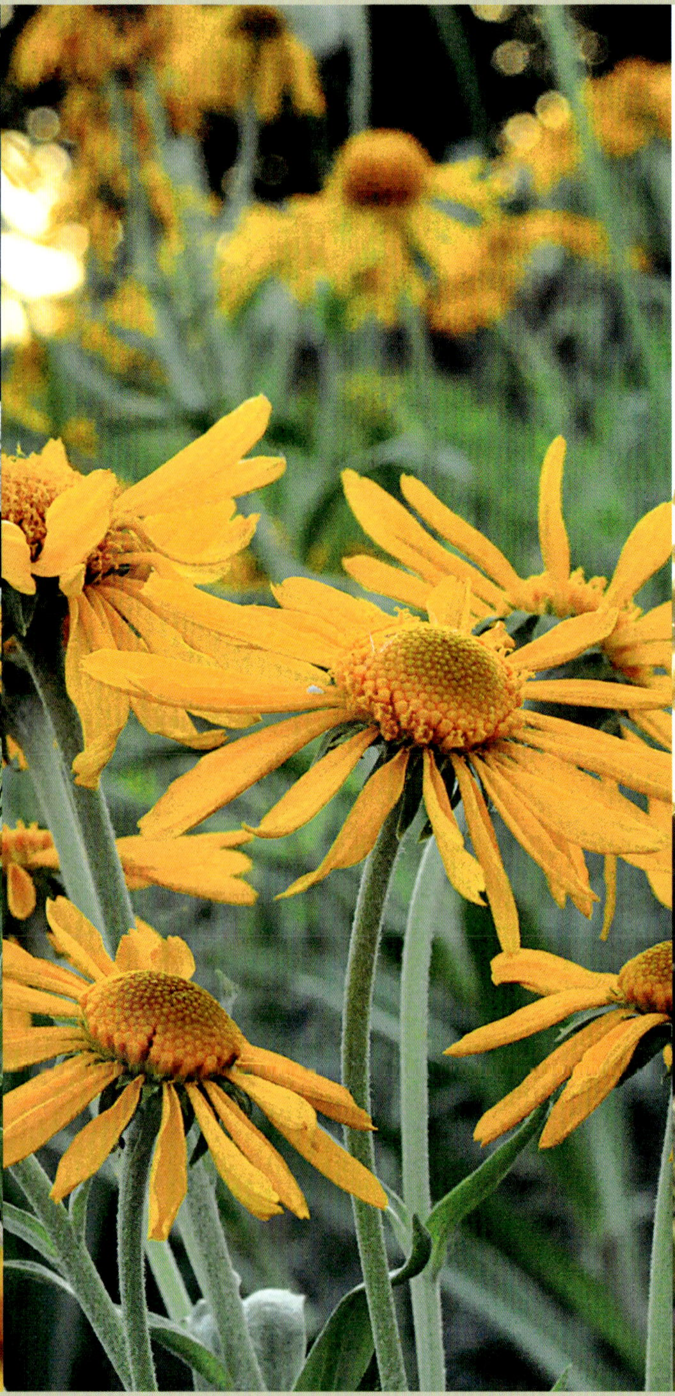

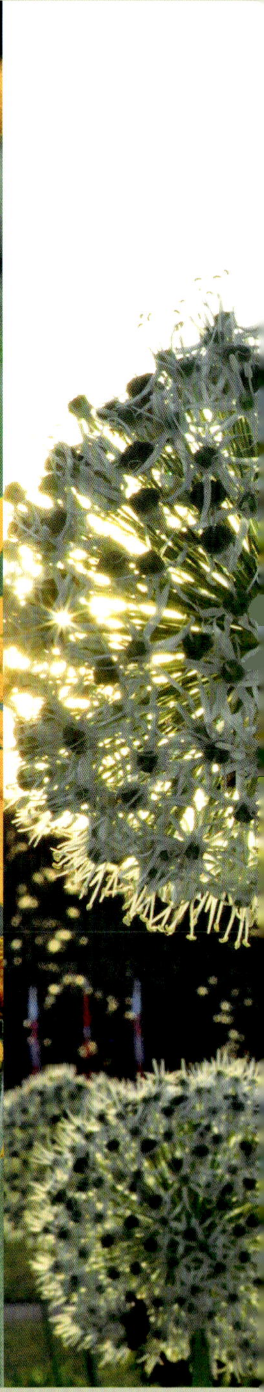

Die weißen Blütenbälle des Zier-Lauchs *Allium* 'Mount Everest' überziehen im Frühsommer die großen Flächen.

Die Sonnenbraut (*Helenium hoopesii*) blüht früh mit einer orangegelben Blüte.

Die Zierlauch-Sorte 'Mount Everest' von Nahem. Jede Blütenkugel für sich ist ein Kunstwerk.

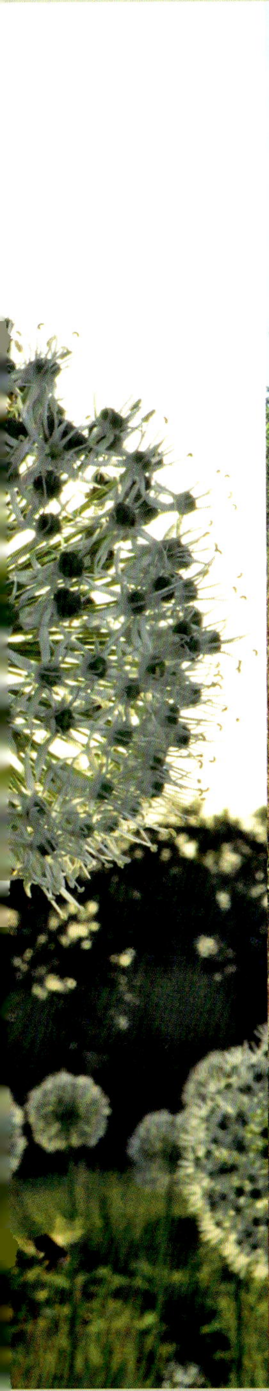

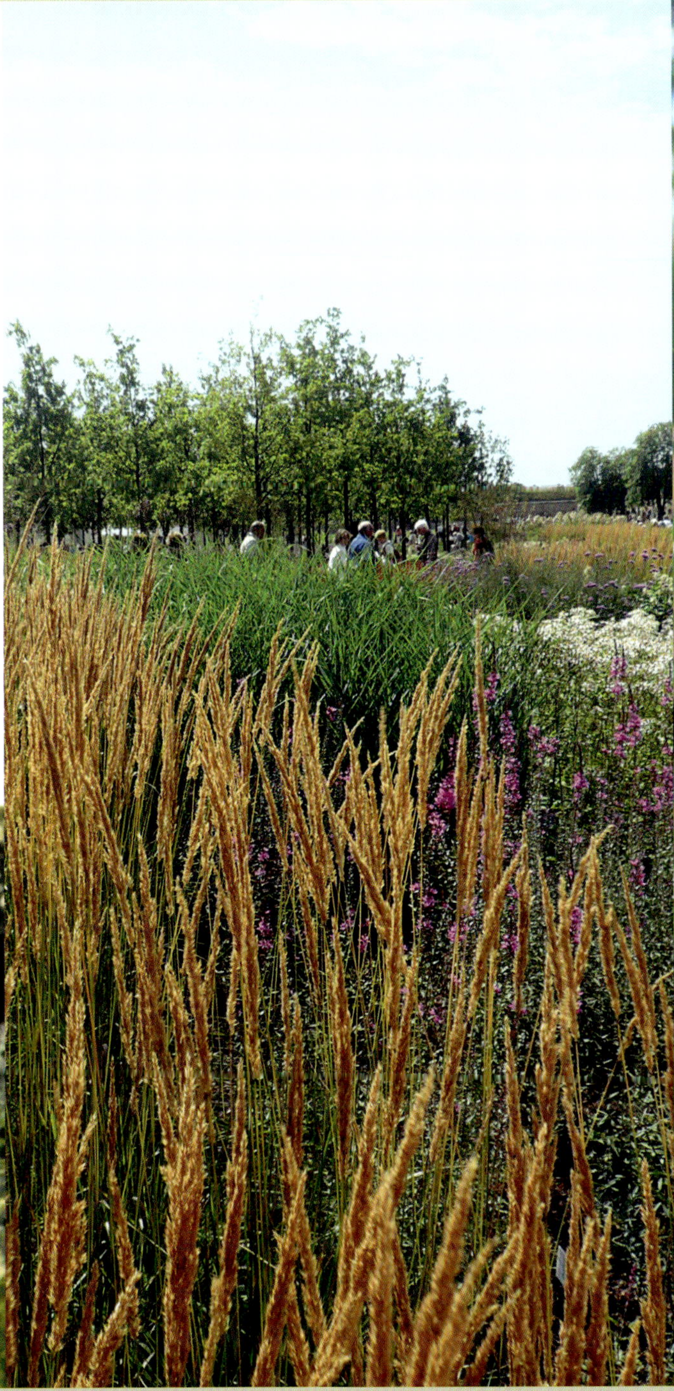

Große Gruppen vom Reitgras (*Calamagrostis acutiflora* 'Karl Foerster') setzten mit ihrem Honigton einen warmen Kontrast zu den Blütenstauden in meist kühlem Farbspektrum.

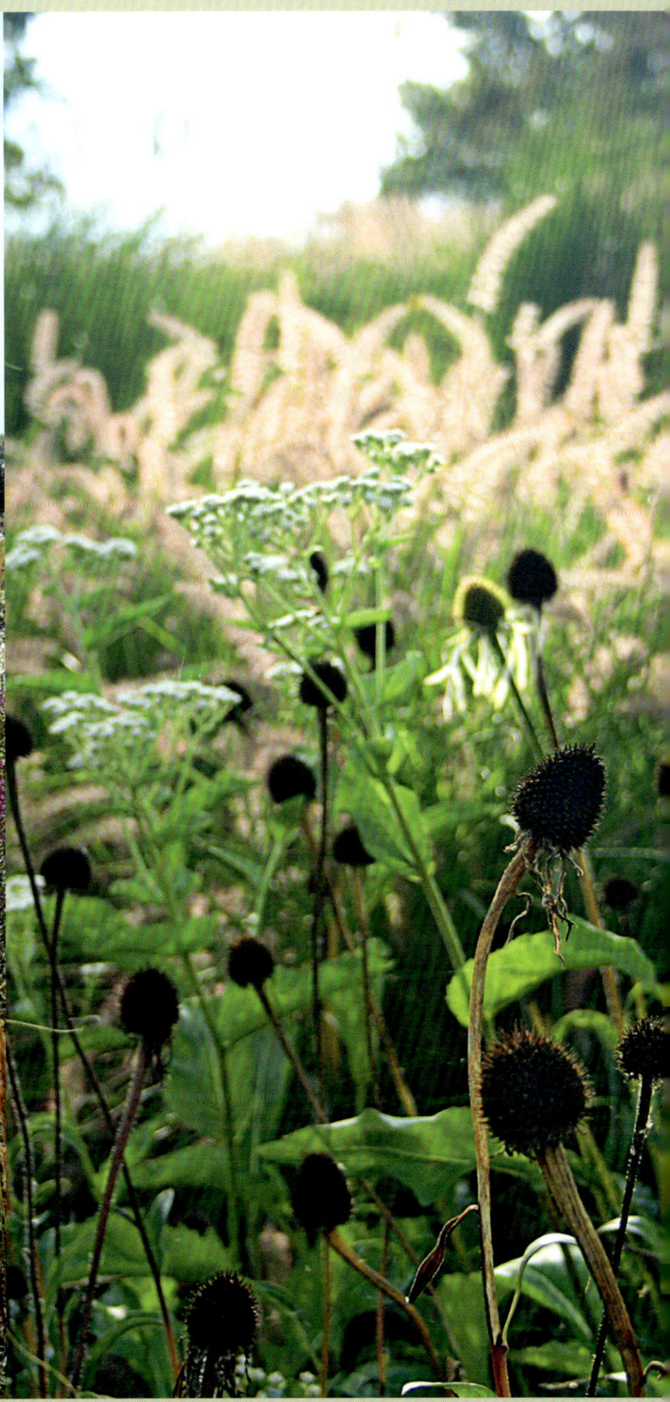

Die Blütenstände von *Echinacea paradoxa*, Prärieampfer (*Parthenium integrifolium*) und Lampenputzergras (*Pennisetum orientale* 'Karley Rose') wirken noch lang nach ihrem eigentlichen Höhepunkt.

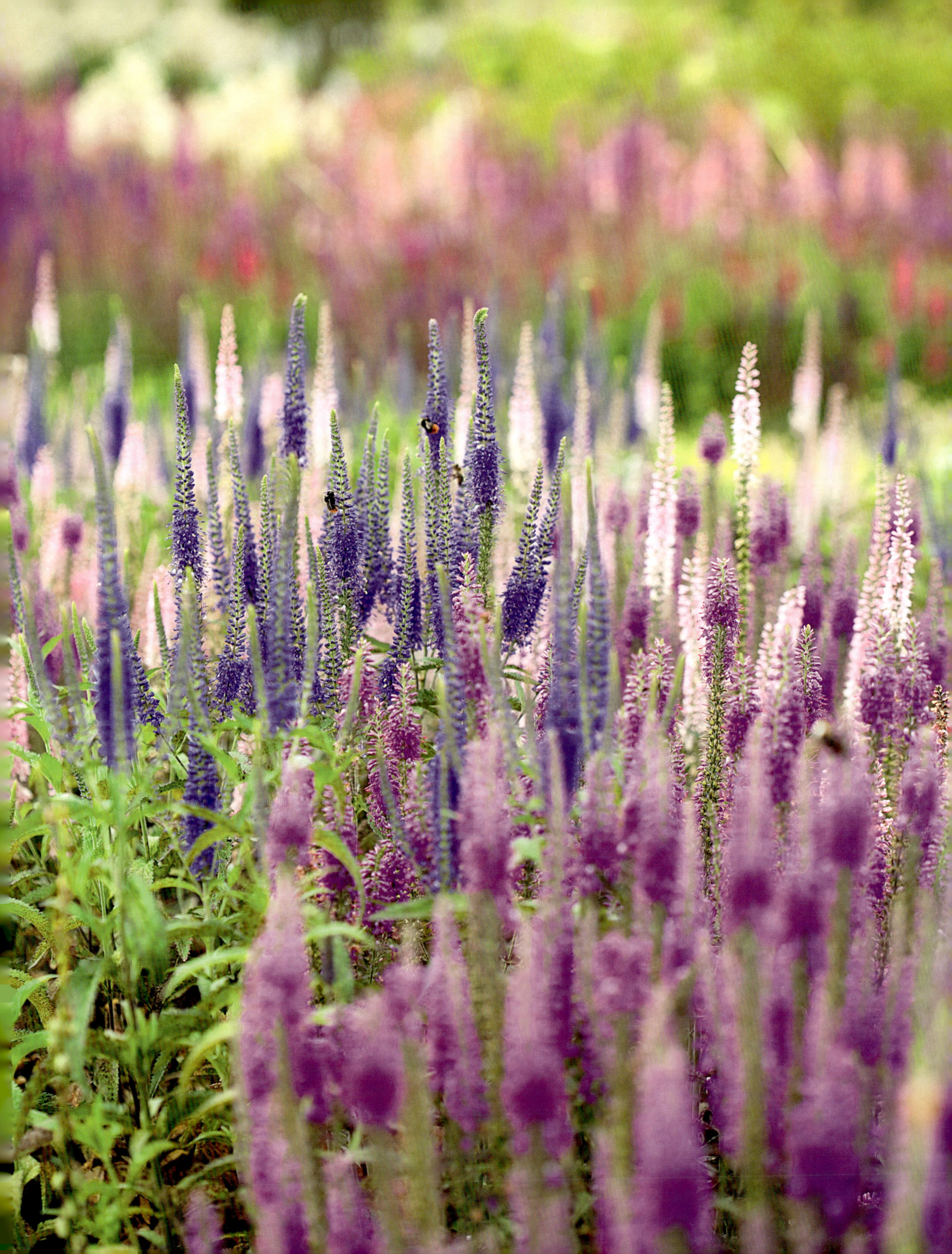

Stauden wie Lanzen und Hellebarden

Für den Themenbereich „Eichenboskett“ wippten vor meinem Auge Lanzen und Speere im Gleichschritt über das ehemalige preußische Festungsgelände. Dies brachte mich dazu, für die Beete vor der mächtigen Kulisse des Eichenbosketts florale Lanzen zu pflanzen. Es gibt eine Vielzahl von Stauden und Gräsern mit einem vertikalen, schlanken Wuchs. Ich fand eine breite Palette im meist kühlen Farbspektrum, wie Blut-Weiderich (*Lythrum salicaria*) und Ruten-Weiderich (*L. virgatum*), Ehrenpreis (*Veronica longifolia*) und Salbei (*Salvia nemorosa*). Ich stellte mir vor, dass diese Lanzen und Speere die eher locker und schleierartig wachsenden Arten, wie Storchschnabel (*Geranium*), Aster und Amerikanische Bergminze (*Pycnanthemum muticum*) durchbrechen. Mal pflanzte ich die Stauden und Gräser einzeln in großen Gruppen, manchmal verwob ich mehrere Sorten und Arten, sodass die Flächen in einem schönen Ton-in-Ton-Effekt leuchteten. Ich plante mehrere Gruppen aus Salbei und Blut-Weiderich ein. Wiederholungen entstanden durch große Gruppen des Reitgrases (*Calamagrostis acutiflora* 'Karl Foerster'). Ich setzte sie in großzügigen, geschwungenen Gruppen in die Pflanzung. So entwickelten sich optisch einzelne Räume, die sich durch die Wiederholung zu einem großen Ganzen fügten. So konnte man auf breiten oder auch schmalen Wegen die Pflanzung durchqueren und es eröffneten sich dabei überraschend neue Eindrücke. Denn durch die Dominanz der Gräser leiteten sie optisch durch die Pflanzung und verbanden die einzelnen Splitterflächen miteinander. Besonders schön empfinde ich es, wenn solche Gräsergruppen sich im Hochsommer in einen warmen Honigton verfärben. Dann entwickelt sich ein reizvoller Farbkontrast zu den sonst eher kühlen Farbtönen wie Weiß, Rosé, Magenta, Rot und Blau. Diese Pflanzen hatte ich unter dem Aspekt einer möglichst ganzjährigen Blühtezeit ausgewählt.

Im Frühjahr nach der Eröffnung erstrahlten Tulpen und anschließend Präriekerzen (*Camassia quamash*) sowie weißer Zier-Lauch (*Allium* 'Mount Everest'). Später folgten Storchschnabel (*Geranium*-Arten), Johanniswolke (*Aconogonon speciosa*), Salbei (*Salvia nemorosa*), Wiesenraute (*Thalictrum rochebrunianum*), Anis-Ysop (*Agastache foeniculum*) und Kandelaber-Ehrenpreis (*Veronicastrum virginicum*). So entstand eine fantastische Blühfolge, bis Astern und Herbst-Anemonen das Finale im Spätsommer krönten.

Links: Wenn ich verschiedene Sorten von nur einer Staudenart in einer Beetfläche zusammengestellt habe, entstehen wunderbare Bilder. So ergeben die gepflanzten „Lanzen“ des Ehrenpreises (*Veronica longifolia*) eine traumhafte Ton-in-Ton-Kombination.

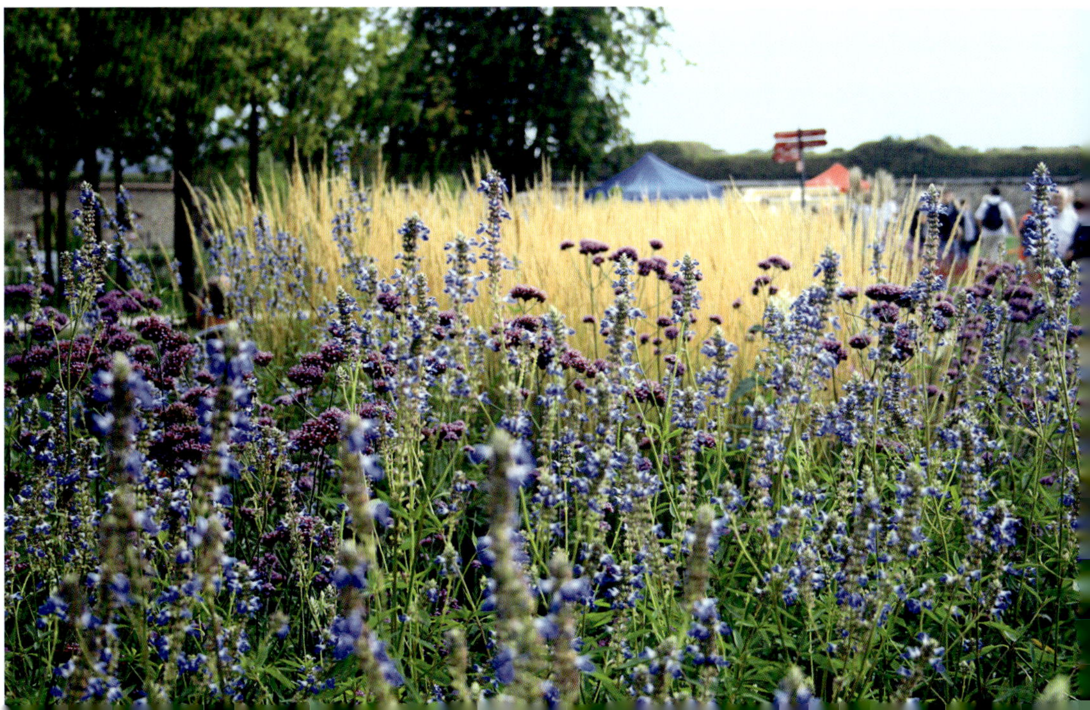

Rechts: Der warme Ton des Reitgrases (*Calamagrostis acutiflora*) dämpft die Leuchtkraft der starken Blütenfarben vom kräftig blau blühenden Salbei *Salvia azurea* und dem Eisenkraut (*Verbena bonariensis*). Das blaue Zelt im Hintergrund war reiner Zufall …

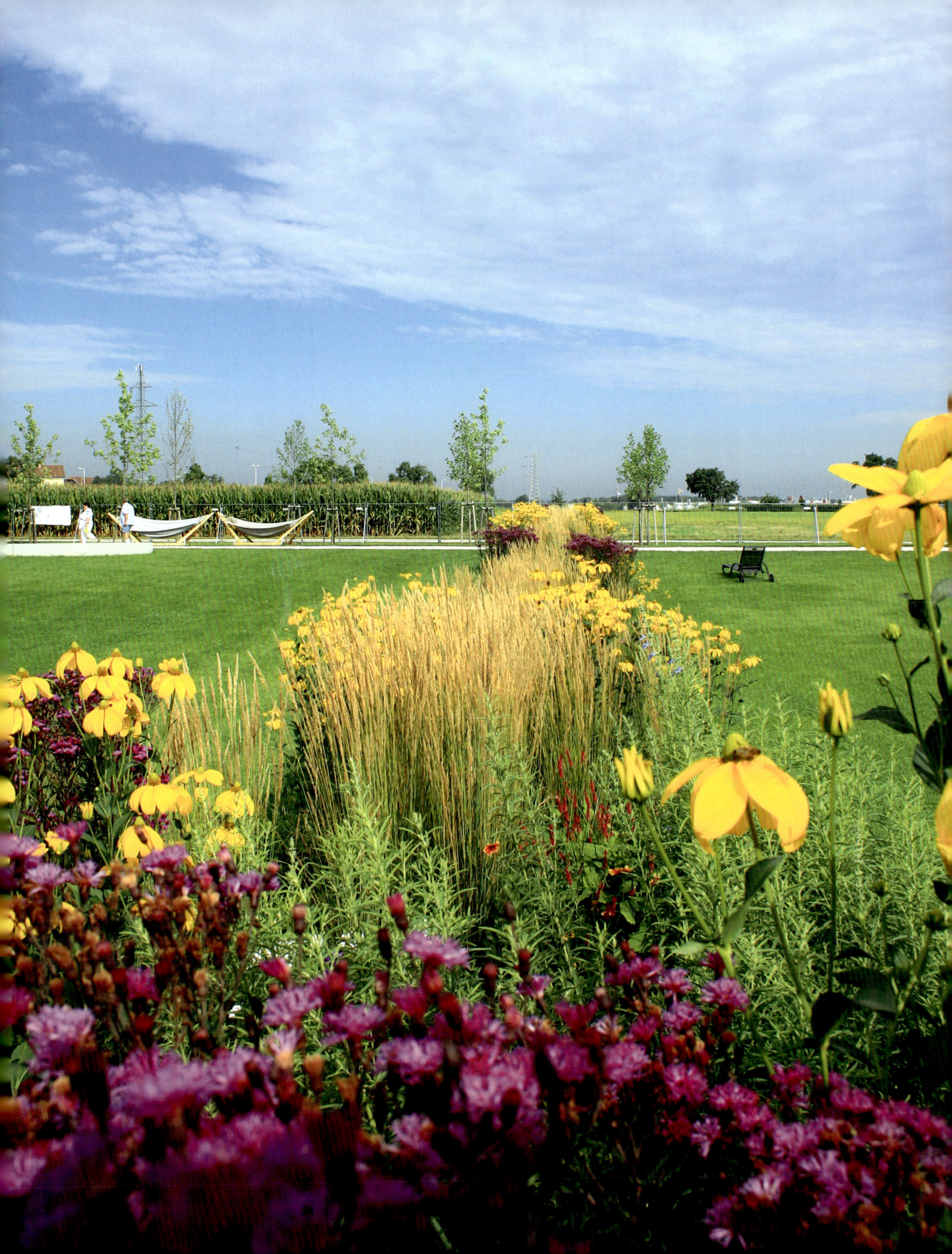

Landesgartenschau Ansfelden, Österreich 2011

Gärten in neuen Tönen

Als der Geschäftsführer der Gartenschau mich anrief, ob ich an einer Planung interessiert sei, war ich begeistert und sagte spontan zu, denn eine Pflanzung nach einem Thema voller Musik war neu für mich. Während der Planung erlebte ich mich selbst wie eine Dirigentin, die ihr pflanzliches Orchester durch die Jahreszeiten lenkt.

Den Auftakt bildete das Thema „Goldene Ouvertüre". Warme, freundliche Gelbtöne aus Mädchenauge (*Coreopsis*), Sonnenhut (*Rudbeckia*), Wiesenraute (*Thalictrum*) und Giraffenskabiose (*Cephalaria*) leuchteten dem Besucher schon von Weitem entgegen.

Das Thema „Die Romantische" habe ich nach der 4. Symphonie Bruckners benannt. Um dem Charakter des Verträumten Ausdruck zu verleihen, wählte ich Pflanzen mit zarten, schleierhaften Strukturen, wie Rohr-Pfeifengras (*Molinia arundinacea* 'Transparent') und Wiesenknopf (*Sanguisorba tenuifolia* 'Albiflora'), Montbretie (*Crocosmia* 'Lucifer') und Prariekerze (*Gaura lindheimeri*), aus.

Bei den langen ausgedehnten Beetstreifen des nächsten Gartens namens „Streichquartett" war meine Idee, Reitgras (*Calamagrostis acutiflora* 'Karl Foerster'), Ruten-Hirse (*Panicum virgatum*), Lampenputzergras (*Pennisetum alopecuroides* 'Hameln') und Diamantgras (*Achnatherum brachytrichum*) mit Stauden zu vernetzen.

Die Ausgangssituation

Planungszeitraum: 2009–2010

Fertigstellung: 2011

Ausstellungsdauer: April – Oktober 2011

Größe der Staudenflächen: 1.500 m²

Vorgaben: „Symphonie in Grün" lautete das Leitmotiv der Landesgartenschau, die ganz auf die Symphonien von Anton Bruckner (1824–1896) abgestimmt war. Damit erwies die Stadt ihrem großen Sohn die Reverenz. Das Gesamtkonzept stammte von Otmar Stöckl, Zell an der Pram, Österreich. Es sollten zwei Parkteile durch vielfältige pflanzliche Themen vernetzt werden: das Fachschulgelände Ritzlhof und der neu geschaffene Naherholungspark Krems. Die Fachschule als Ausbildungsstätte für die grünen Berufe Oberösterreichs stellte einen Teil ihres 20 ha großen Geländes in meist sonniger Lage zur Verfügung. Die Besucher sollten dann wie an einem blühenden „roten" Faden durch die Gartenschau geleitet werden.

Bei der Planung berücksichtigte ich nicht nur die Pflanzenkombinationen im Beet. Ich wollte die Pflanzung gefühlvoll in das gesamte Gelände einfügen. Schmale Streifen, kleinteilig bepflanzt, würden in einer weitläufigen Umgebung kleinkariert wirken.

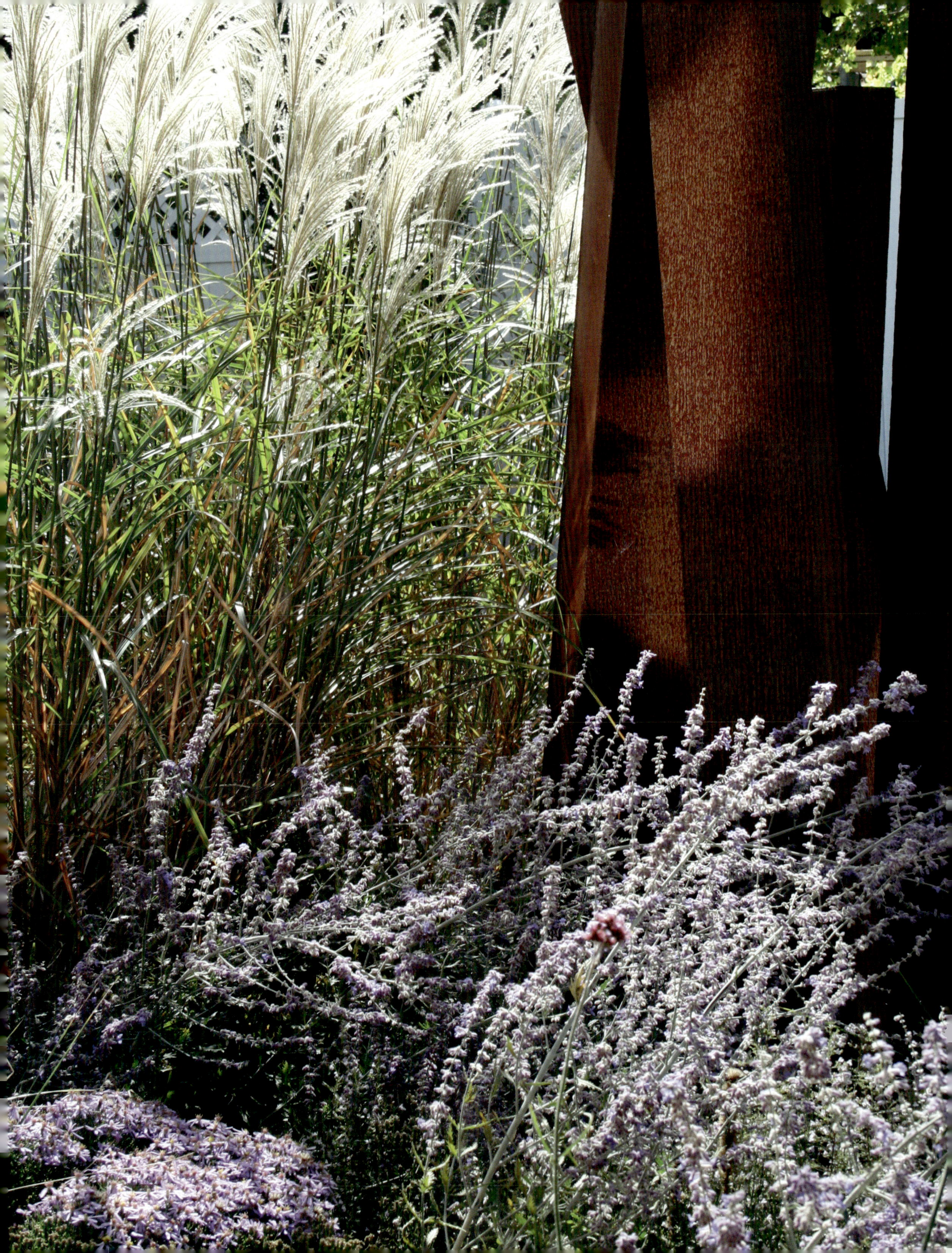

Privatgarten von Familie Schnoor in Burg

Sommerglück im Vorgarten

Rasenflächen in ihrer grünen Sanftheit findet man in nahezu allen Gärten. Doch wenn der Platz sehr klein ist, ist der Pflegeaufwand im Verhältnis zur Nutzung viel zu hoch. Das war der Grund, dass sich Familie Schnoor entschloss, ihren Garten zu ändern – und mich zu engagieren.

Wachgeküsst – ein Rasen wird zu einer Oase mit Urlaubsflair

„Es ist zu schade, dass wir diese kleine Fläche nicht besser nutzen können", war die einhellige Meinung. Rund um das moderne Wohnhaus gab es nur schmale Rasenstücke mit einer Randbepflanzung aus Sträuchern und einigen Stauden. Das war Grund genug, mit einem befreundeten Architekten beim abendlichen Glas Wein über die Möglichkeiten zu plaudern, den Garten neu zu gestalten. Das Ergebnis: ein Swimmingpool im Vorgarten, der zum Mittelpunkt des Familienlebens im Sommer werden sollte.

Meine Planung umfasste dessen Bepflanzung. Ich teilte ihn in zwei Bereiche. Direkt am Eingang schlug ich einen Kiesgarten vor, weil der Standort sonnig war. Ich fand, dass die silbrigen oder zartblauen Töne meiner Kiesgartenbepflanzung ausgezeichnet zu der azurblauen Wasser-

Die Ausgangssituation

Planungszeitraum: 2010

Fertigstellung: 2011

Größe der Staudenfläche: 100 m²

Vorgaben: Familie Schnoor plante die Umgestaltung eines bislang ungenutzten Gartenteils mit einem Swimmingpool und einer Terrasse. Als ich sie zum ersten Mal besuchte, sah ich lediglich Rasen und wenige Gehölze am Rand dieses Areals. Es blieben im Grunde zwei sonnig gelegene Bereiche, die bepflanzt werden sollten, um hier eine angenehme Gartenstimmung entstehen zu lassen. Gemeinsam überlegten wir, welche Gehölze nach der Umgestaltung bleiben, welche entfernt oder umgepflanzt werden sollten. Nachdem diese Fragen geklärt waren und die Aufteilung des Gartens feststand, machten wir uns zunächst Gedanken zur Aufteilung und Abgrenzung des schmalen Vorgartens.

Die Skulptur aus Cortenstahl war eine Idee der Bauherren und als Sichtschutz gedacht. Das rostbraune Material wirkt sehr natürlich und hervorragend in Kombination mit dem kühlen Blau der Blauraute und dem silbrigen Chinaschilf.

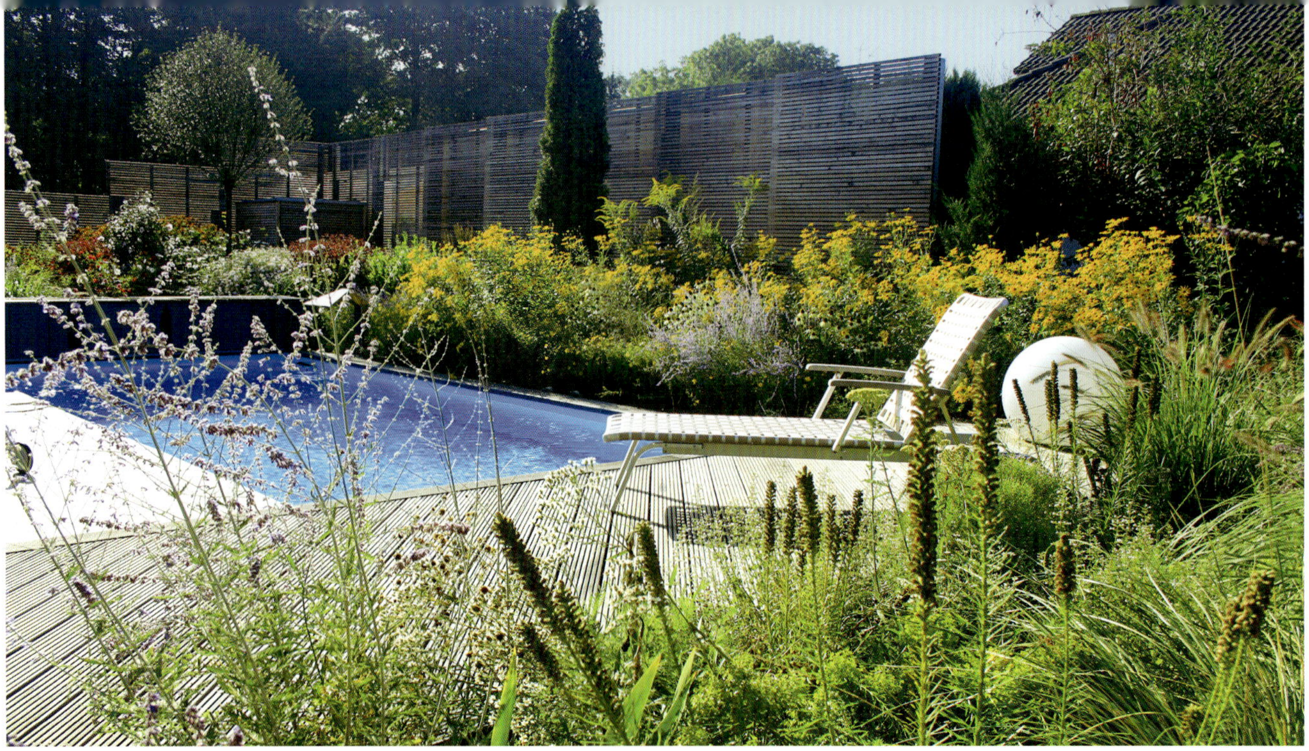

Bei der Umgestaltung des Vorgartens wurde jeder Quadratmeter optimal genutzt. Rasen gibt es nun nicht mehr, dafür viel Blütenpracht rund um den Platz am Pool.

fläche des Swimmingpools und der samtig rostigen Cortenstahl-Skulptur passen würde. Sie stand inmitten des „Steingartens", den ich mit einer 8 cm starken Kiesschicht abdecken ließ. Dies vermittelte einen mediterranen Charakter und hielt den Pflegeaufwand gering.

Inspiration Süden

Im Kiesgarten setzte ich Akzente mit größeren Gräsern wie Atlas-Schwingel (*Festuca mairei*), mit der nach Minze duftenden Blauraute (*Perovskia abrotanoides*) und dem großlaubigen Bärenklau (*Acanthus hungaricus*). Sie wurden einzeln im Beet platziert. Einzeln oder in kleine Gruppen gesetzt sorgten vertikale Pflanzen wie Prachtscharte (*Liatris spicata*) und Königskerze (*Verbascum olympicum* und *V. chaixii*) für Ordnung in der Bepflanzung. Sonnenanbeter wie Astern (*Aster ptarmicoides* und *A. sedifolius* 'Nanus'), Steinquendel (*Calamintha nepeta* subsp. *nepeta*), Oregano (*Origanum laeviagtum* 'Herrenhausen') und Wolfsmilch (*Euphorbia seguieriana* subsp. *niciciana*) füllten das Beet und garantieren auch heute noch eine unermüdliche Blüte.

Um das Gartenbild in den ersten Monaten zu verschönern, pflanzte ich Patagonisches Eisenkraut (*Verbena bonariensis*) zwischen die anderen Stauden. Fast schwerelos schwebten die kleinen, violettblauen Blütenwolken unermüdlich über die Beete und ließen schnell vergessen, dass der Garten erst vor Kurzem frisch angelegt wurde. Und damit auch im zeitigen Frühjahr, vor dem Austrieb der Stauden, keine Lücken entstehen, ließ ich eine Fülle blühender Zwiebelgewächse durch das Beet streifen.

Von Sonnenkindern umgeben

Das neue Schwimmbecken habe ich mit größeren Gruppen hübscher Sonnenkinder gesäumt wie Sonnenbraut (*Helenium* 'Rauchtopas' und 'Rubinzwerg'), Sonnenhut (*Rudbeckia subtomentosa*), Purpursonnenhut (*Echinacea purpurea* 'Alba'), Aster (*Aster tataricus* 'Jindai') und Mädchenauge (*Coreopsis tripteris* und *C. verticillata*), Salbei (*Salvia* 'Caradonna'), Kandelaber-Ehrenpreis (*Veronicastrum virginicum* 'Diana'), Brandkraut (*Phlomis russeliana*) und Ruten-Hirse (*Panicum virgatum* 'Heiliger Hain'). Sie rahmen die Wasserfläche mit leuchtenden, farbenfrohen Blütenköpfen. Aus dem Vorgarten ist nun die gute Stube im Grünen geworden. Ein Platz für alle, für die Familie und Freunde.

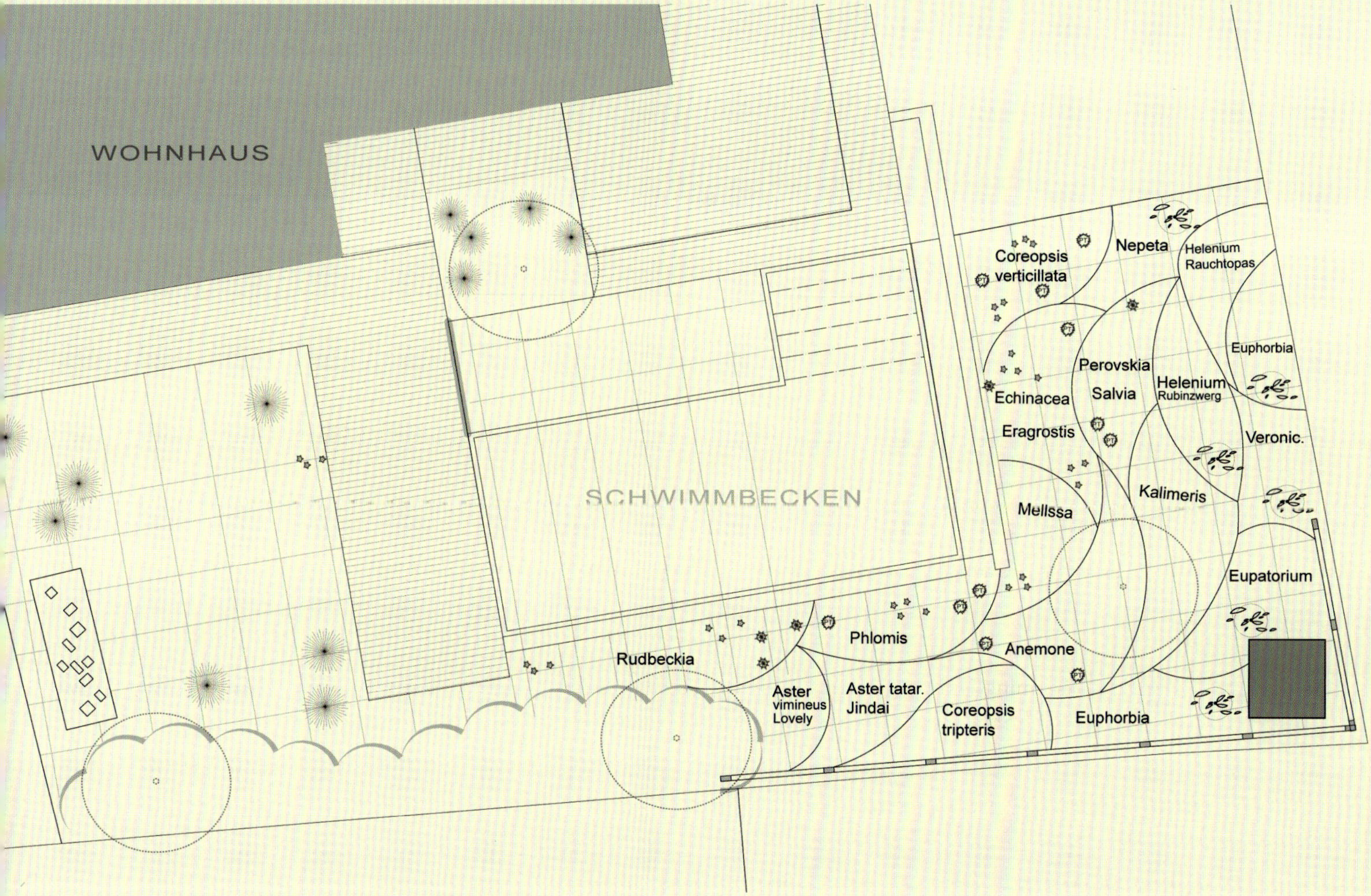

Ausschnitt aus dem Pflanzplan

Anemone japonica 'Pamina', Herbst-Anemone
Aster tataricus 'Jindai', Aster
Aster vimineus 'Lovely', Aster
Coreopsis tripteris, Mädchenauge
Coreopsis verticillata, Mädchenauge
Echinacea purpurea 'Alba', Scheinsonnenhut
Eragrostis spectabilis, Liebesgras
Eupatorium rugosum 'Chocolate', Dost
Euphorbia palustris, Sumpf-Wolfsmilch
Fargesia murieliae, Schirmbambus
Helenium-Hybride 'Rauchtopas', Sonnenbraut
Helenium-Hybride 'Rubinzwerg', Sonnenbraut
Kalimeris incisa 'Madiva', Schönaster
Melissa officinalis, Zitronen-Melisse
Nepeta faassenii 'Six Hills Giant', Katzenminze
Pennisetum orientale 'Tall Tails', Lampenputzergras
Perovskia abrotanoides, Blauraute
Phlomis russeliana, Brandkraut
Rudbeckia subtomentosa, Sonnenhut
Salvia nemorosa 'Caradonna', Steppen-Salbei
Verbascum olympicum, Königskerze
Verbena bonariensis, Eisenkraut
Veronicastrum virginicum 'Diana', Kandelaber-Ehrenpreis

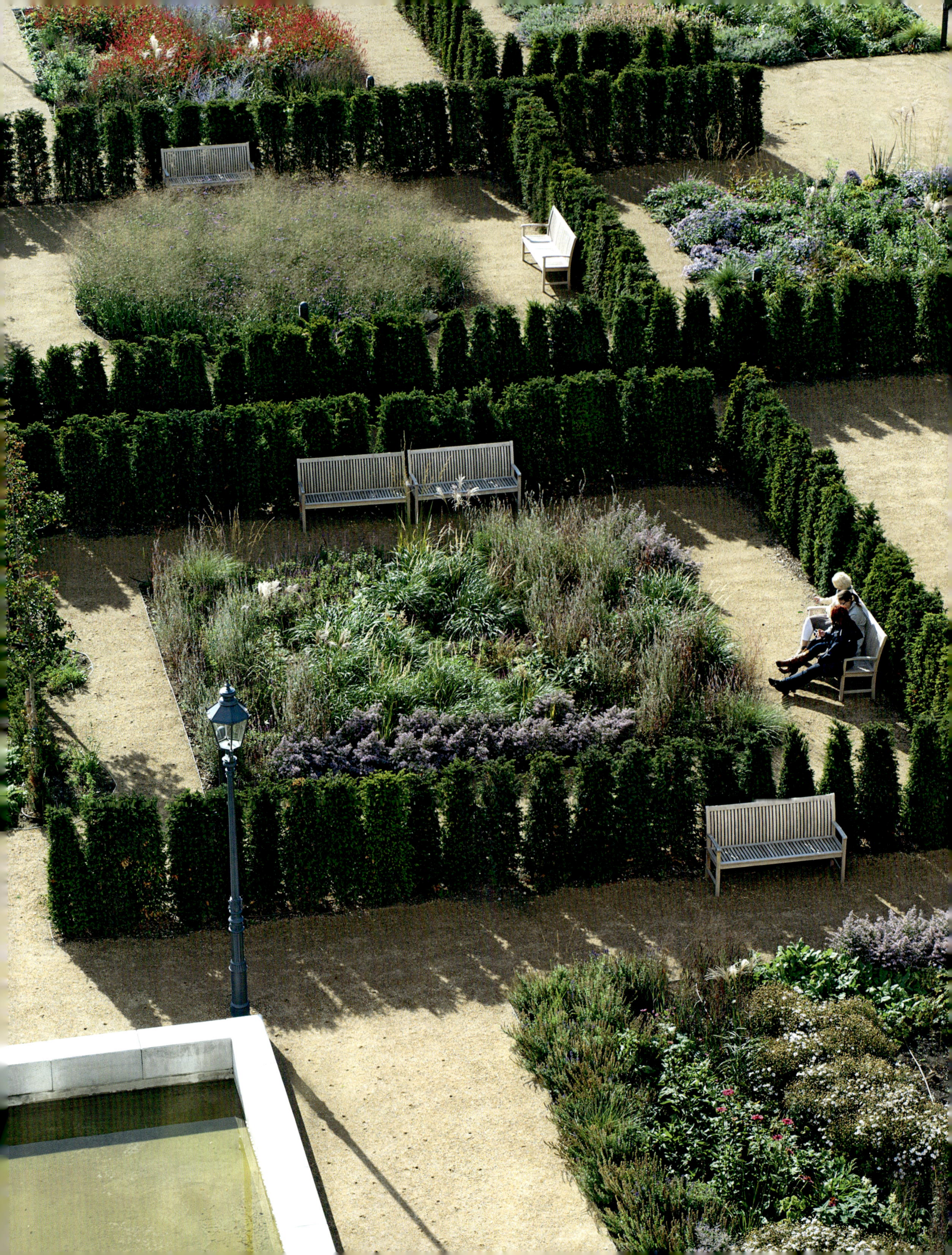

Firmengarten in Magdeburg

Ein Garten für die Mitarbeiter

An den ersten Termin im November 2008 mit Joan Schlieker, einem der drei Geschäftsführer von regiocom, meinem späteren Auftraggeber, erinnere ich mich sehr genau. Als ich die Industriebrache sah, wurde meine Vorstellungskraft sehr strapaziert. Alle Gebäude standen leer, auf den Flächen früherer Lagerhallen eroberten sich wuchsfreudige Pappeln ihr Terrain.

Einladende Gartenzimmer

Joan Schlieker steckte mich mit seiner Begeisterungsfähigkeit für sein Gartenprojekt schnell an. Der Mann hatte klare Vorstellungen und darüber hinaus Zukunftsträume. Angeregt durch die „Paradiesischen Gärten" auf dem Gelände der Bundesgartenschau 1999 in Magdeburg entstand ein Heckenlabyrinth, aus dem sich eine Raumfolge aus vielen kleinteiligen, umpflanzten Räumen ergab – alles ganz symmetrisch angeordnet. Herzstück und Mittelpunkt wurde ein Becken mit einer Wasserachse, das durch einen Wasservorhang gespeist wird. Die Achse verläuft im rechten Winkel zum beeindruckenden Hauptgebäude. Das Heckenlabyrinth schließt sich an beiden Seiten an. Von einem Gartenzimmer kann man in das nächste schlendern. Holzbänke bieten sich an, nicht nur um dort zu ruhen, sondern auch um die Pflanzen ganz aus der Nähe betrachten zu können. Das war dem Bauherren sehr wichtig.

Hecken aus geschnittenen Eiben (*Taxus*) unterteilen den Garten. So entsteht eine Raumfolge, die sich nach und nach wie ein Labyrinth erschließen lässt.

Die Ausgangssituation

Planungszeitraum: 2010–2011

Fertigstellung: Juni 2011

Größe der Staudenflächen: 1.000 m²

Vorgaben: Dieses Betriebsgelände mit der beeindruckenden Architektur hat viel erlebt. Besonders turbulent ging es zu, als hier vor 100 Jahren das Krupp Grusonwerk entstand. Während der DDR-Zeit ging es um Schwerindustrie. Nach der Wiedervereinigung 1989 wurde es ruhig, bis sich 2009 eine moderne Firma für dieses Grundstück entschied: die regiocom, ein Service- und Prozessdienstleister für Energieversorgungsunternehmen. Zuerst wurden Nutzungskonzepte für die Gebäude entwickelt, die bereits im darauffolgenden Jahr umgesetzt wurden. Heute bietet der ehemalige Fabrikkomplex Arbeitsplätze für erstaunliche 2.000 Mitarbeiter. Zeitgleich zu den Überlegungen zur Nutzung entstand das Konzept für die Außenanlagen, die ganz auf die Interessen und Wünsche der Mitarbeiter als Rückzugsraum ausgerichtet sein sollten. Die Flächengestaltung stand fest, ich sollte die Bepflanzung übernehmen. Alle Beete lagen in einem riesigen, besonnten Innenhof.

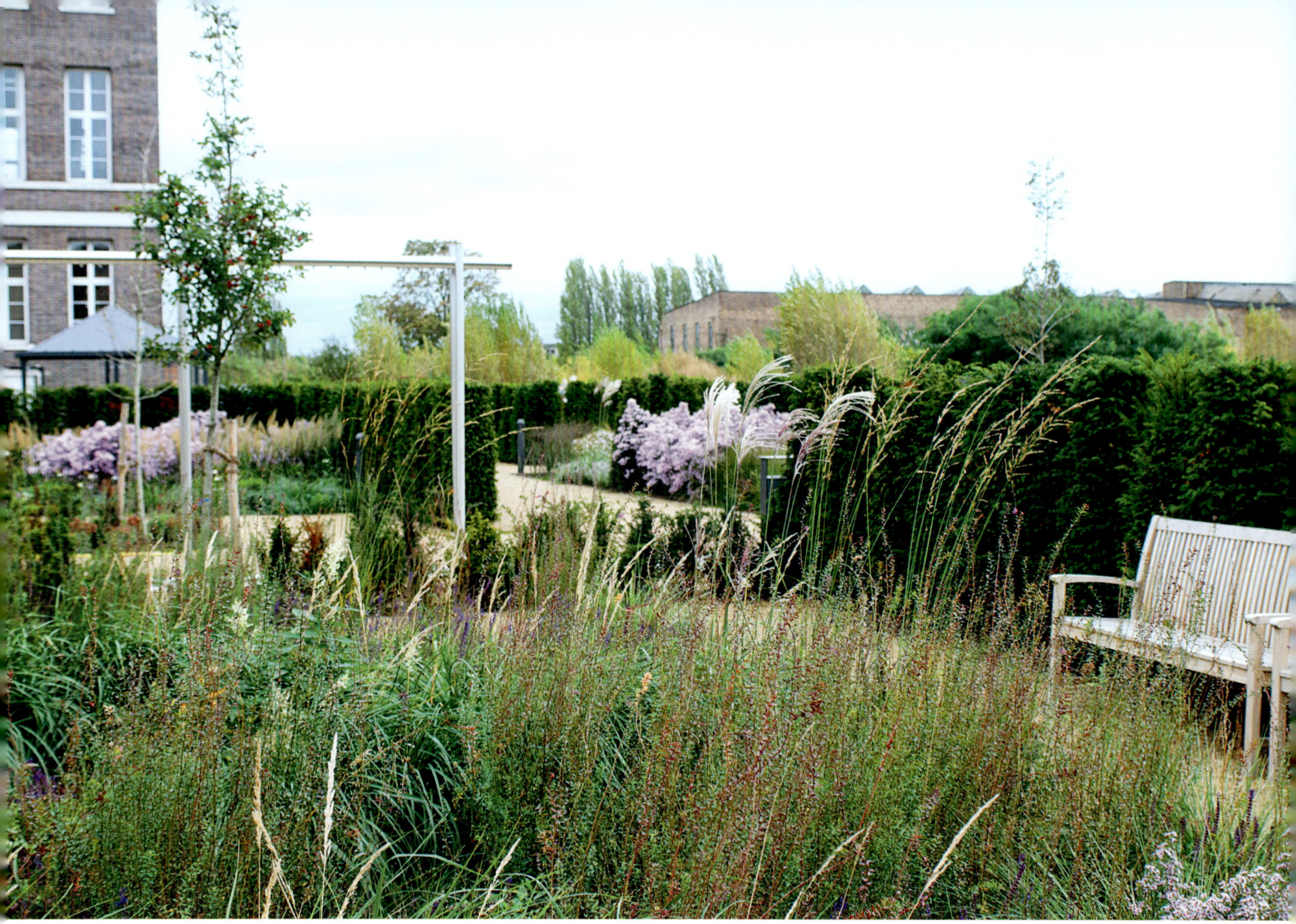

In den geradezu intimen Gartenräumen finden die Mitarbeiter Entspannung. Wo lässt sich die Mittagspause schöner verbringen?

Hier waren Visionen gefragt!

Überraschende Pflanzenkombinationen

Mein Auftraggeber entschied sich für mein Farbkonzept mit dem reizvollen Kontrast von Gräsern vor dem immergrünen Hintergrund der Eibenhecken. Arten wie das Lampenputzergras (*Pennisetum alopecuroides* 'Hameln'), Reitgras (*Calamagrostis acutiflora* 'Karl Foerster'), Japangras (*Hakonechloa macra*) und Ruten-Hirse (*Panicum virgatum* 'Heiliger Hain') setzte ich in verschiedenen Gartenräumen flächig ein. Höher werdende Arten wie das Pfeifengras *Panicum virgatum* 'Heiliger Hain' und Chinaschilf *Miscanthus sinensis* 'Gracillimus' sah ich punktuell in der Pflanzung vor. Dazwischen gruppierte ich in meist flächiger Anordnung Stauden (jeweils etwa 5 bis 7 m² pro Art), die farblich passend und zeitlich in den verschiedenen Jahreszeiten immer wieder neue Bilder ergaben. Die unterschiedlich dimensionierten Beete, 40 bis 160 m² groß, lassen sich von allen Seiten betrachten, zum Teil werden sie von Hecken begrenzt. Diese Situationen habe ich in der Höhenstaffelung der Pflanzung berücksichtigt. Der Rand ist möglichst geschlossen als Rahmen mit Storchschnabel (*Geranium*) oder Japangras bepflanzt. Zur Mitte gruppierte ich höhere Stauden, wie Scheinsonnenhut (*Echinacea*), Sonnenhut (*Rudbeckia*), *Aster*-Arten und Goldrute (*Solidago*). Beim Rundgang entstehen abwechslungsreiche Eindrücke. Jeder Garten-

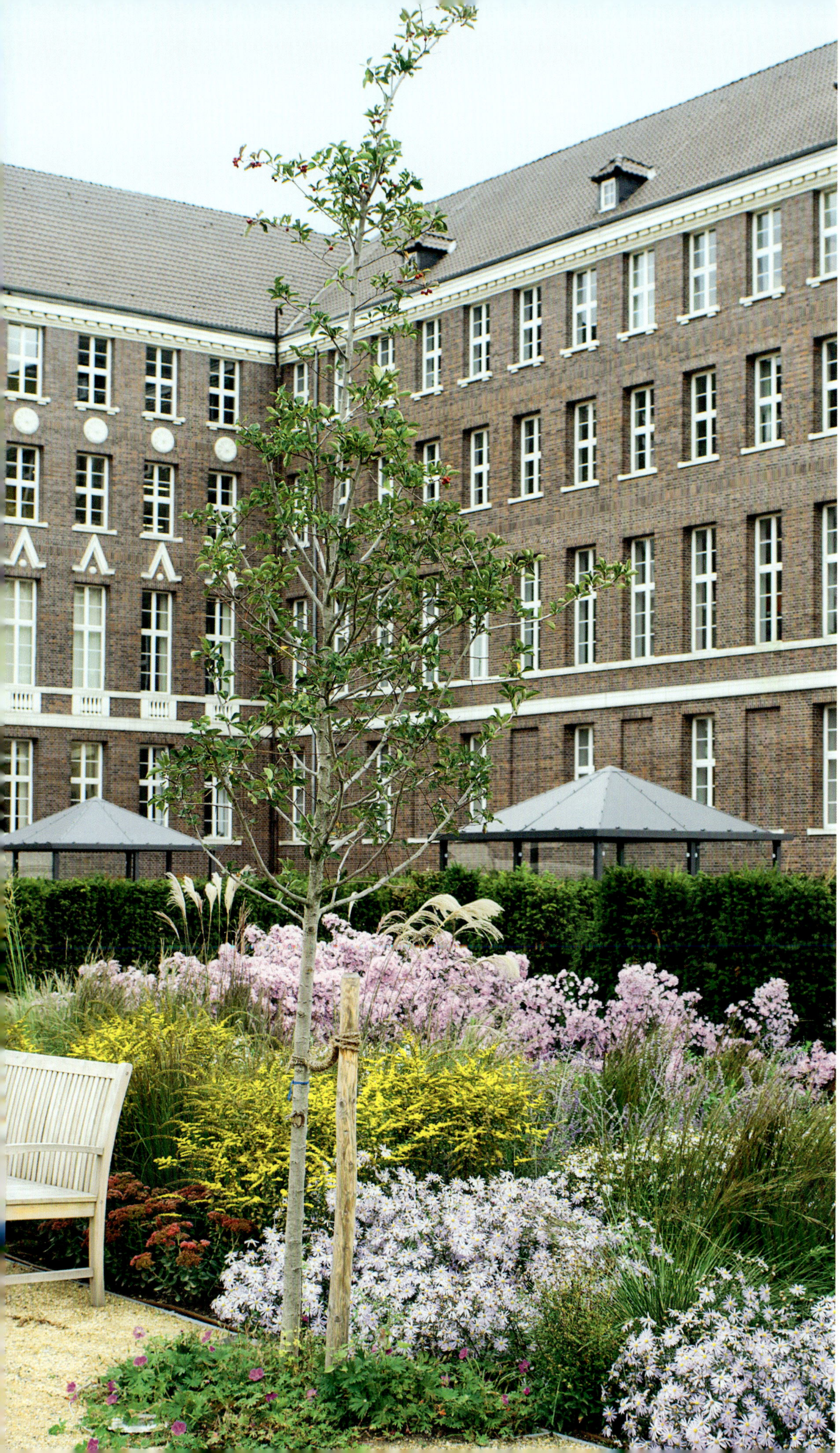

Die üppigen Blütenstauden und Gräser mildern optisch die strenge, etwas abweisende Ausstrahlung des Gebäudes.

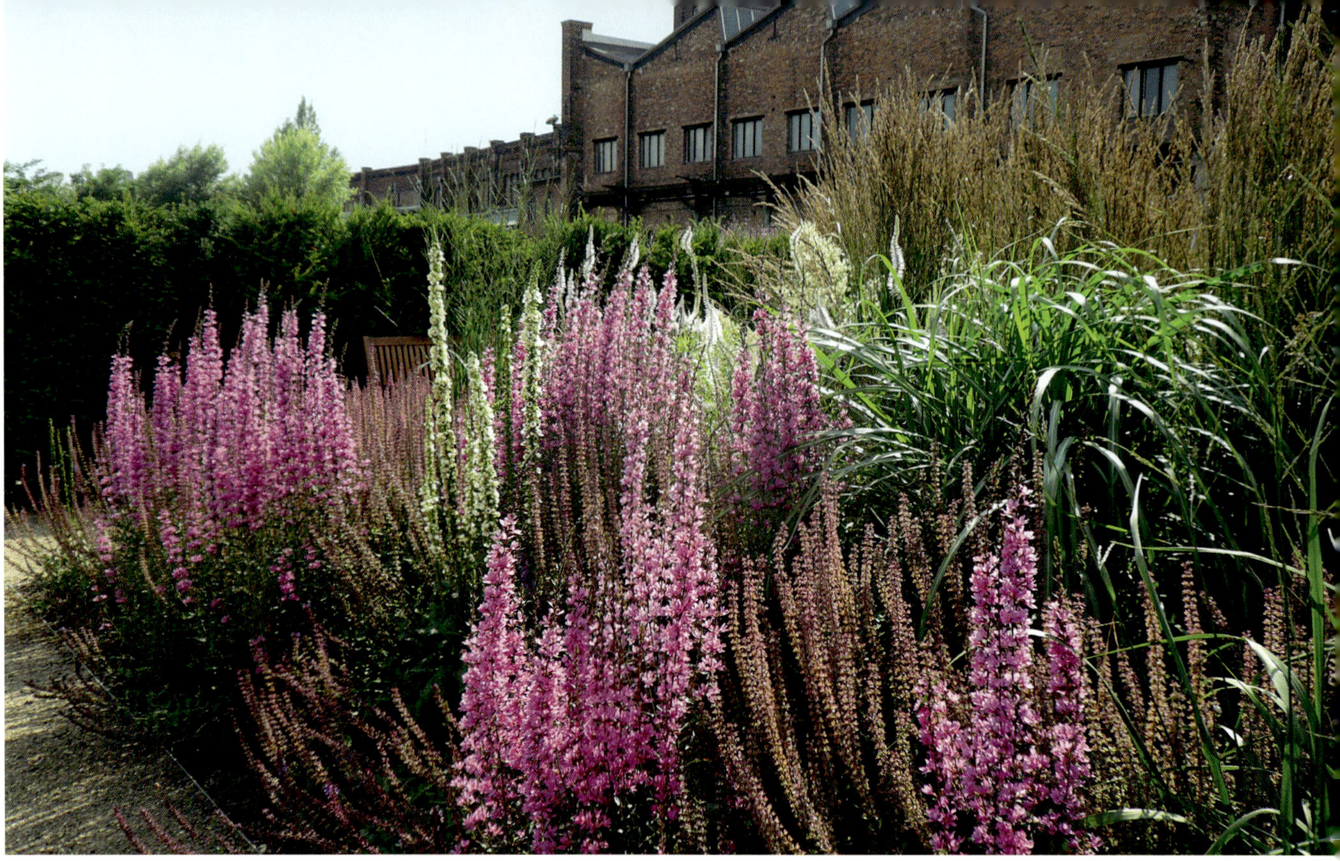

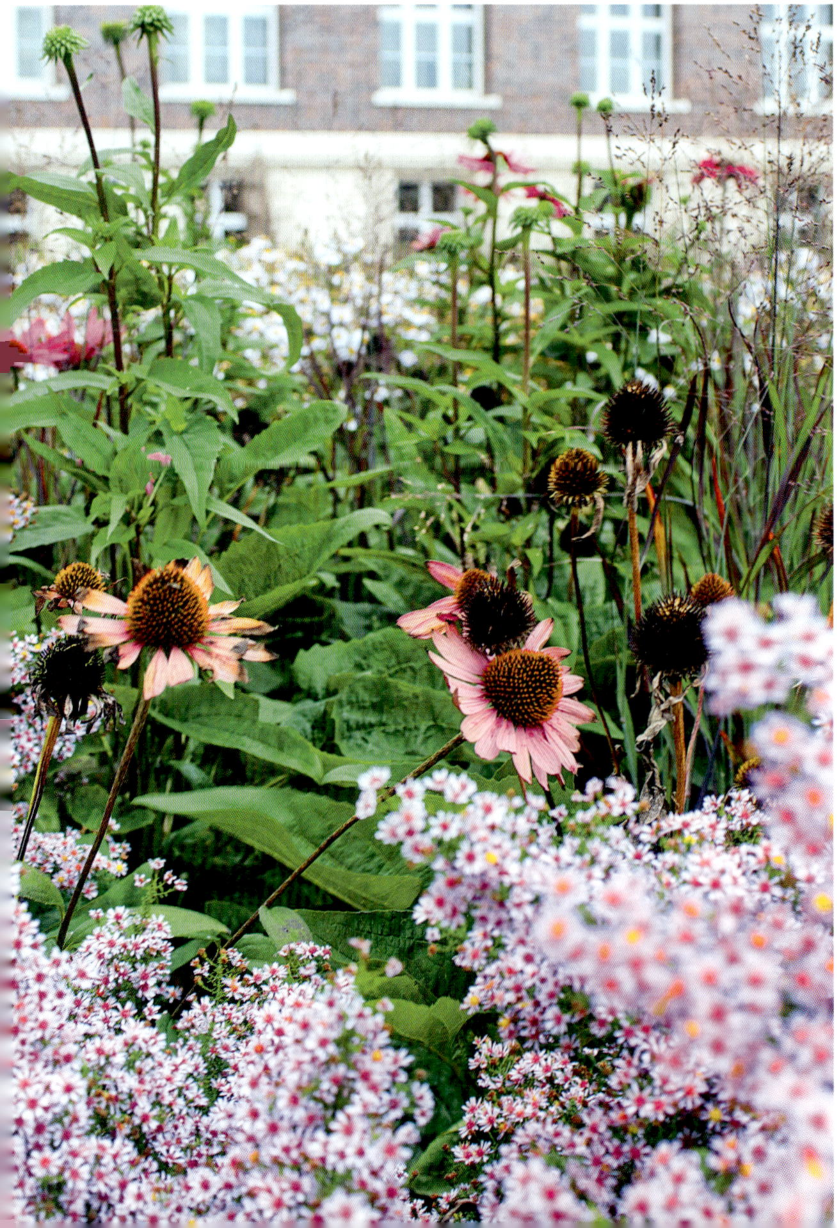

Spaziergänger können die für sie häufig unbekannten Pflanzen aus unmittelbarer Nähe betrachten, wie hier den Blut-Weiderich (*Lythrum salicaria*) und den Steppen-Salbei (*Salvia nemorosa*).

raum erhielt eine andere Bepflanzung, sodass ein Spaziergang für den pflanzlich interessierten Mitarbeiter zu einer Entdeckungsreise wird. Zum Glück war die Pflege der Außenanlagen von Anfang an geregelt, sodass die Pflanzen schnell und sicher anwuchsen. Bereits nach einem Jahr war die Fläche zu einem einladenden Schmuckstück auf dem großen Gelände geworden. Es wurde eine Tröpfchenbewässerung verlegt, die automatisch für gleichmäßige Bodenfeuchtigkeit sorgt. Mit der eigentlichen Pflege der Pflanzflächen wurde eine Fachfirma für Garten- und Landschaftsbau beauftragt. Ich wünsche mir mehr Aufgaben von Auftraggebern, die Pflanzen so mögen wie bei diesem Projekt!

Die kleine und zarte *Aster vimineus* 'Lovely' wurde mit dem Purpursonnenhut *Echinacea purpurea* 'Rubinstern' kombiniert.

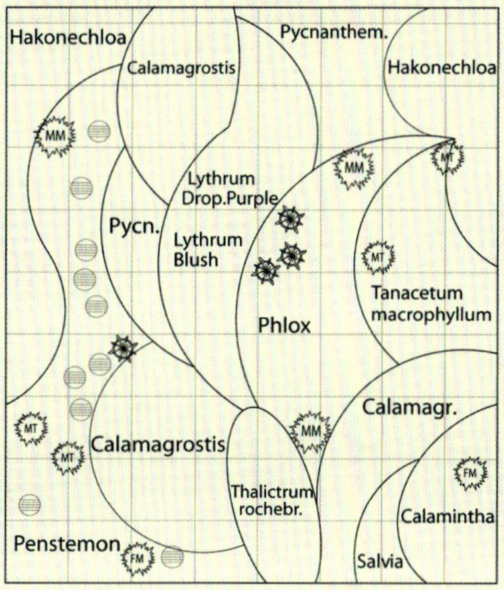

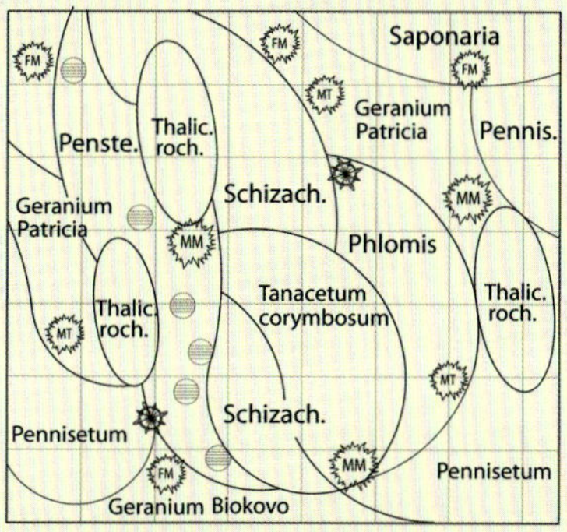

Ausschnitt aus dem Pflanzplan

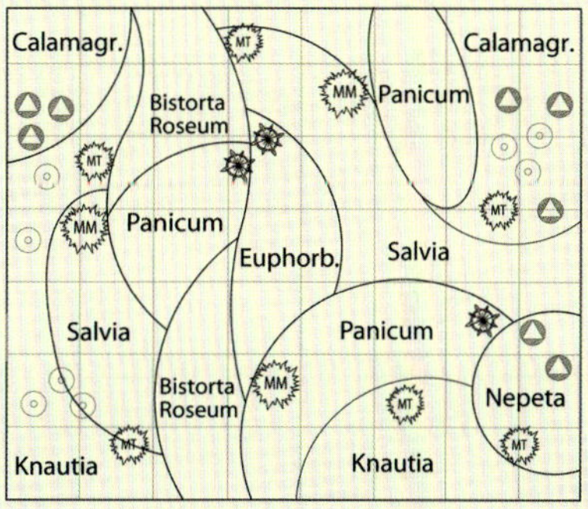

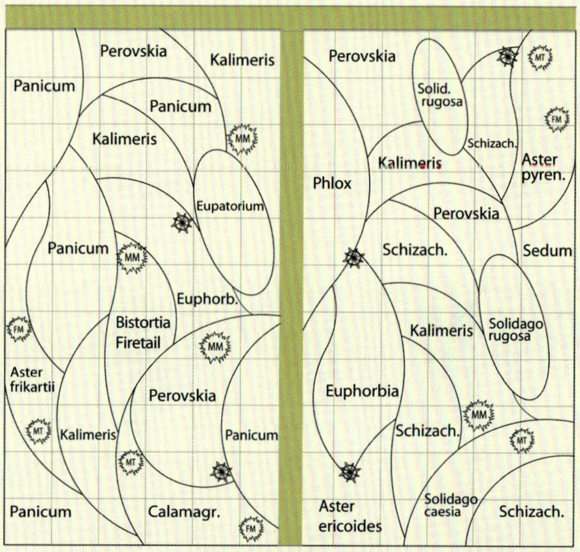

Aster ericoides 'Pink Cloud', Myrten-Aster

Aster frikartii 'Mönch', Aster

Aster pyrenaeus 'Lutetia', Pyrenäen-Aster

Bistorta amplexicaulis 'Firetail', Kerzen-Wiesenknöterich

Bistorta amplexicaulis 'Roseum', Kerzen-Wiesenknöterich

Calamagrostis acutiflora 'Karl Foerster', Reitgras

Calamintha nepeta subsp. *nepeta*, Amerikanische Bergminze

Digitalis purpurea 'Alba', Fingerhut

Eupatorium fistulosum 'Riesenschirm', Wasserdost

Euphorbia palustris, Sumpf-Wolfsmilch

FM *Festuca mairei*, Atlas-Schwingel

Geranium × *cantabrigiense* 'Biokovo', Cambridge-Storchschnabel

Geranium psilostemon 'Patricia', Armenischer Storchschnabel

Hakonechloa macra, Japangras

Iris barbata (hellblau), Bart-Iris

Iris barbata (mittelblau), Bart-Iris

Kalimeris incisa 'Madiva', Schönaster

Knautia macedonica, Witwenblume

Lythrum salicaria 'Blush', Blut-Weiderich

Lythrum virgatum 'Dropmore Purple', Blut-Weiderich

MM *Miscanthus sinensis* 'Malepartus', Silber-Chinaschilf

MT *Molinia arundinacea* 'Transparent', Pfeifengras

Nepeta faassenii 'Six Hills Giant', Katzenminze

Panicum virgatum 'Heiliger Hain', Ruten-Hirse

Pennisetum alopecuroides 'Hameln', Lampenputzergras

Penstemon digitalis 'Huskers Red', Fingerhut-Bartfaden

Perovskia abrotanoides, Blauraute

Persicaria polymorpha, Knöterich

Phlomis russeliana, Brandkraut

Phlox amplifolia, Phlox

Pycnanthemum muticum, Prärieminze

Salvia nemorosa 'Caradonna', Steppen-Salbei

Saponaria × *lempergii* 'Max Frei', Seifenkraut

Schizachyrium scoparium, Präriegras

Sedum telephium 'Herbstfreude', Fetthenne

Solidago caesia, Blaustänglige Goldrute

Solidago rugosa 'Fireworks', Raue Goldrute

Tanacetum corymbosum, Straußblütige Wucherblume

Tanacetum macrophyllum, Großblättrige Wucherblume

Thalictrum rochebrunianum, Wiesenraute

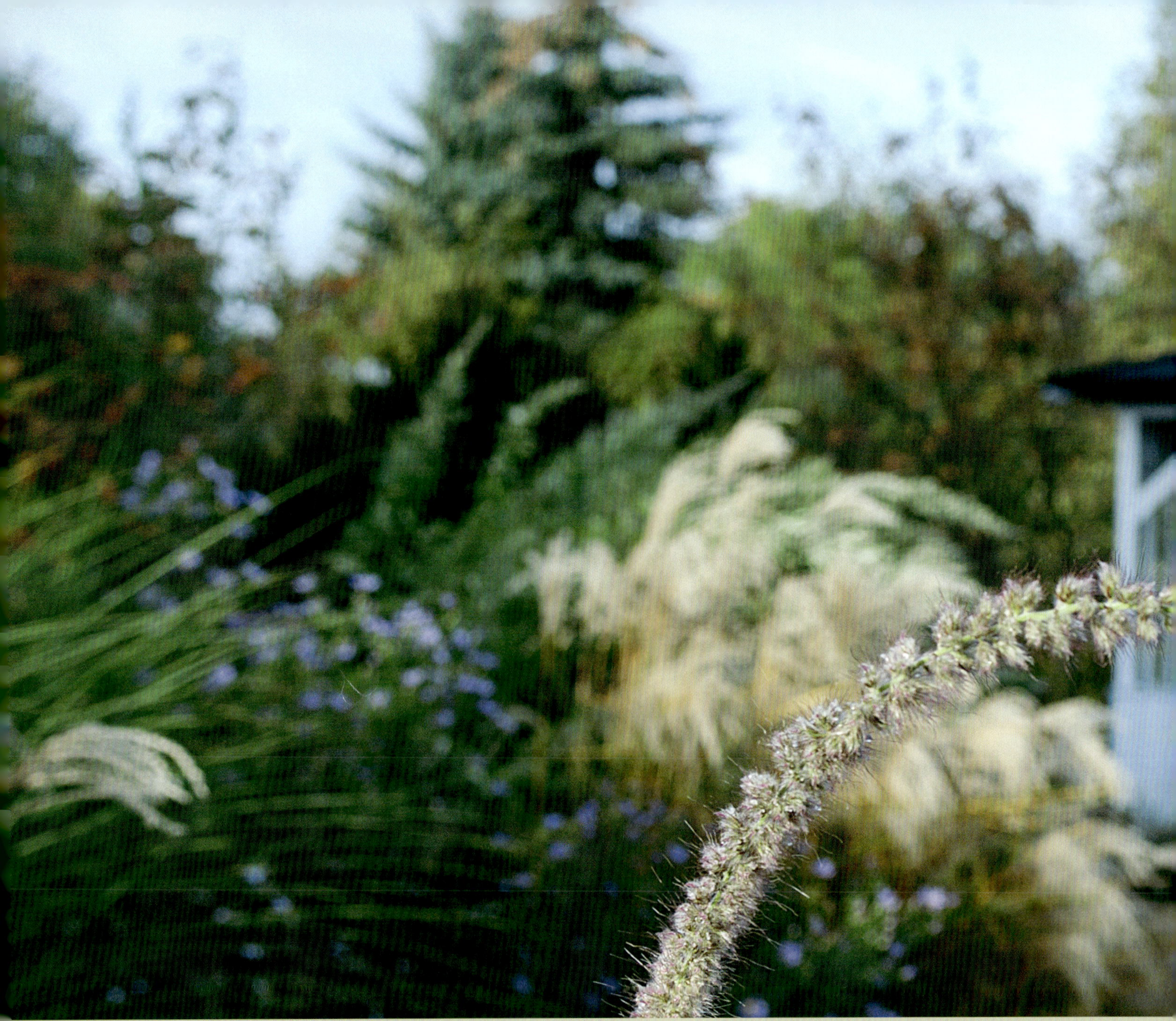

Mein ganz

Im Laufe vieler Jahre ist mein Garten zu einem verwunschenen Paradies geworden, das ich gelegentlich ein wenig korrigiere, wenn es zu dicht wird, und in dem ich neue Stauden und Gräser auf ihre Verwendung teste. Und manchmal tauche ich hier einfach ab.

Wie gut, dass ich keine Pflanzensammlerin bin!

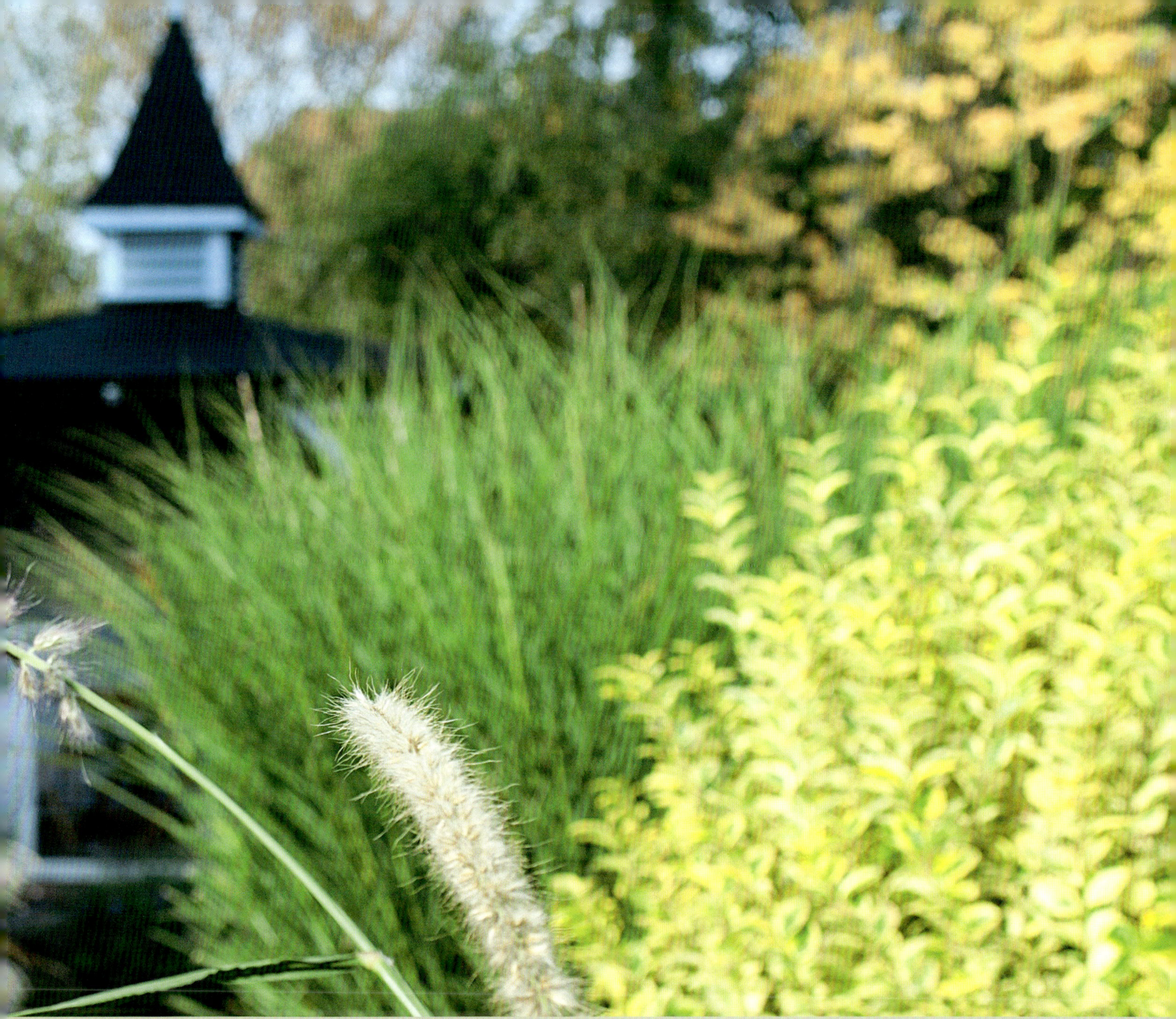

privater Schaugarten

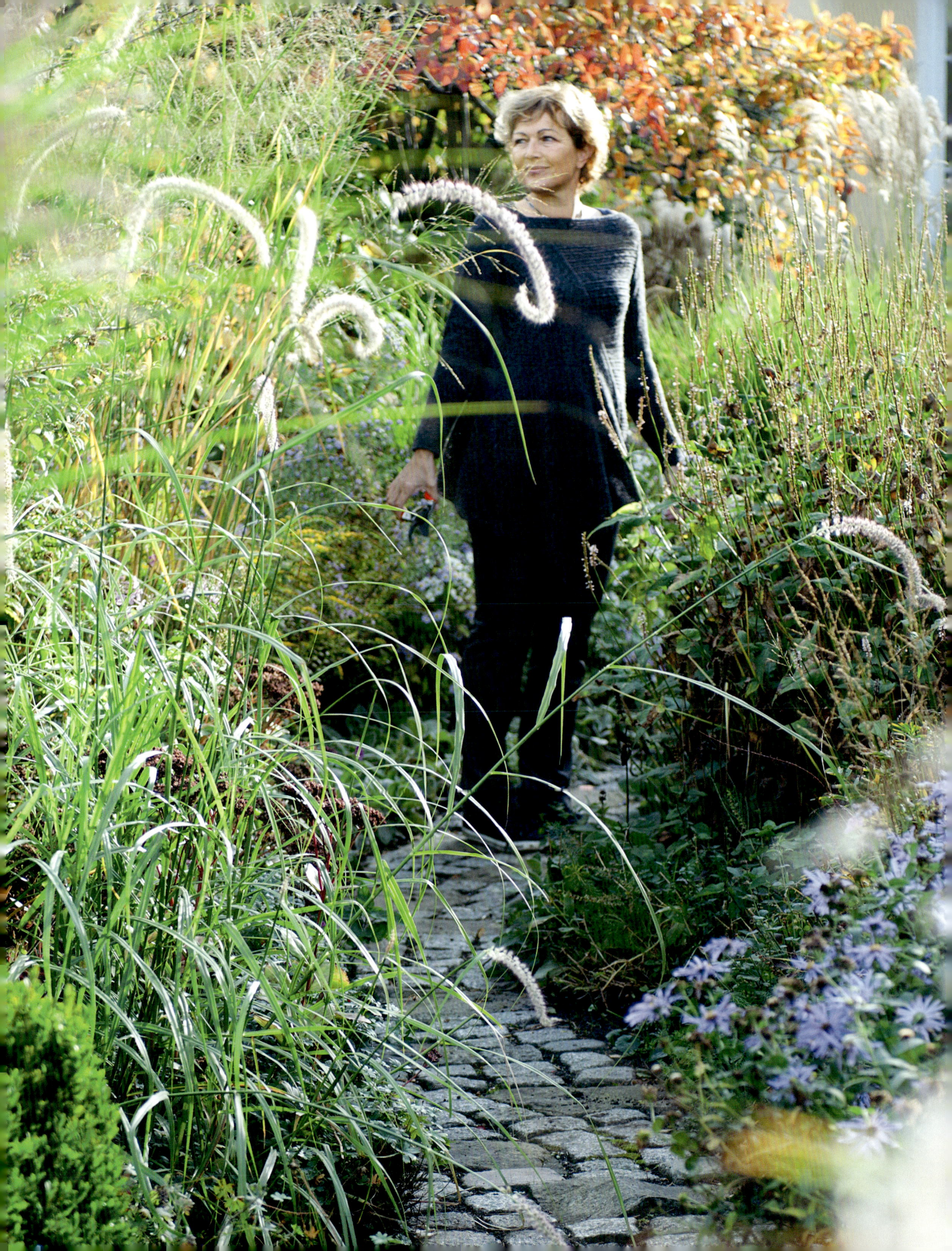

Mein Garten in Biederitz

Als ich 1982 im Alter von 21 Jahren dieses gut 600 m² große Grundstück kaufte, stand darauf ein sanierungsbedürftiges Haus aus dem Jahr 1909. Ich hatte gerade mein Studium beendet und suchte Wohnraum – der war knapp. So ein Haus bot die einmalige Chance, etwas Eigenes zu schaffen. Das dies mutig war, war mir bewusst, denn es gab ja ohne Beziehungen quasi keine Baumaterialien.

Priorität war natürlich, die Räume, die mir zur Verfügung standen, herzurichten. Damals bewohnte die ehemalige Besitzerin, eine alte Dame mit einem kleinen Hund, weiterhin die untere Etage. Mich beeindruckte, wie aufgeräumt alles war. Kein Krempel verstopfte den Keller oder den Dachboden. Sie hatte alles geregelt, um den Verwandten nach ihrem Ableben keine Umstände zu machen. Dazu gehörte auch der Verkauf des Hauses, den sie selbst organisierte. Sie hatte keinen einfachen Charakter und verfolgte mit dem Auge eines Drachens jede Art von Veränderung im und um das Haus. Deshalb beschränkte ich mich zunächst auf das Herrichten der Dachwohnung, womit ich ja auch erst einmal genügend beschäftigt war. Erst nach ihrem Tod drei Jahre später, konnte ich langsam Ideen für das Haus und auch den Garten spinnen. Es war bis dahin ein reiner Nutzgarten mit alten kranken Obstbäumen, Gemüse und Erdbeerbeeten und einem geraden Weg in der Mitte. Die Obstbäume fällte ich nach und nach, um dem Garten mehr Licht zu verschaffen. Mit jedem Spatenstich, mit jeder ausgegrabenen Wurzel und gepflanztem Strauch kam ich meiner Vorstellung von einem Garten immer näher. Ich arbeitete hart, war aber glücklich über die Veränderungen.

Das Grundstück mit den Maßen 60 × 11 m ist mit einem Reihenhausgarten vergleichbar. Wegen seiner außerordentlichen Länge und der Nähe der Nachbargrundstücke an den Seiten ist er nicht einfach zu gestalten. Viele Bauherren schildern ähnlich problematische Proportionen. Auch ich empfand dies zunächst als Nachteil, doch längst ist es anders geworden. Heute finde ich ein lang gezogenes Grundstück gestalterisch sehr reizvoll und mit einem Blick- und Endpunkt im Hintergrund geradezu ideal.

Da ich im eigenen Garten so wundervoll experimentieren kann und ich durch Wolfgang Oehme neue Impulse bekam, habe ich den Garten vor Jahren, genauer gesagt 1994, völlig verändert. Pflegeleicht sollte er sein, denn während ich meine Existenz mit einem Büro als freie Gartenarchitektin aufbaute, blieb für Arbeit im eigenen Garten zu wenig Zeit. Allerdings hat sich das bis heute, nach fast 20 Jahren, nur unwesentlich geändert.

Beim Rundgang durch meinen Garten schaue ich gern nach dem üppig wachsenden Kerzen-Wiesenknöterich (*Bistorta amplexicaulis*), dem Lampenputzergras (*Pennisetum orientale* 'Tall Tails') und der kleinen Sommer-Aster (*Aster frikartii* 'Wunder von Stäfa').

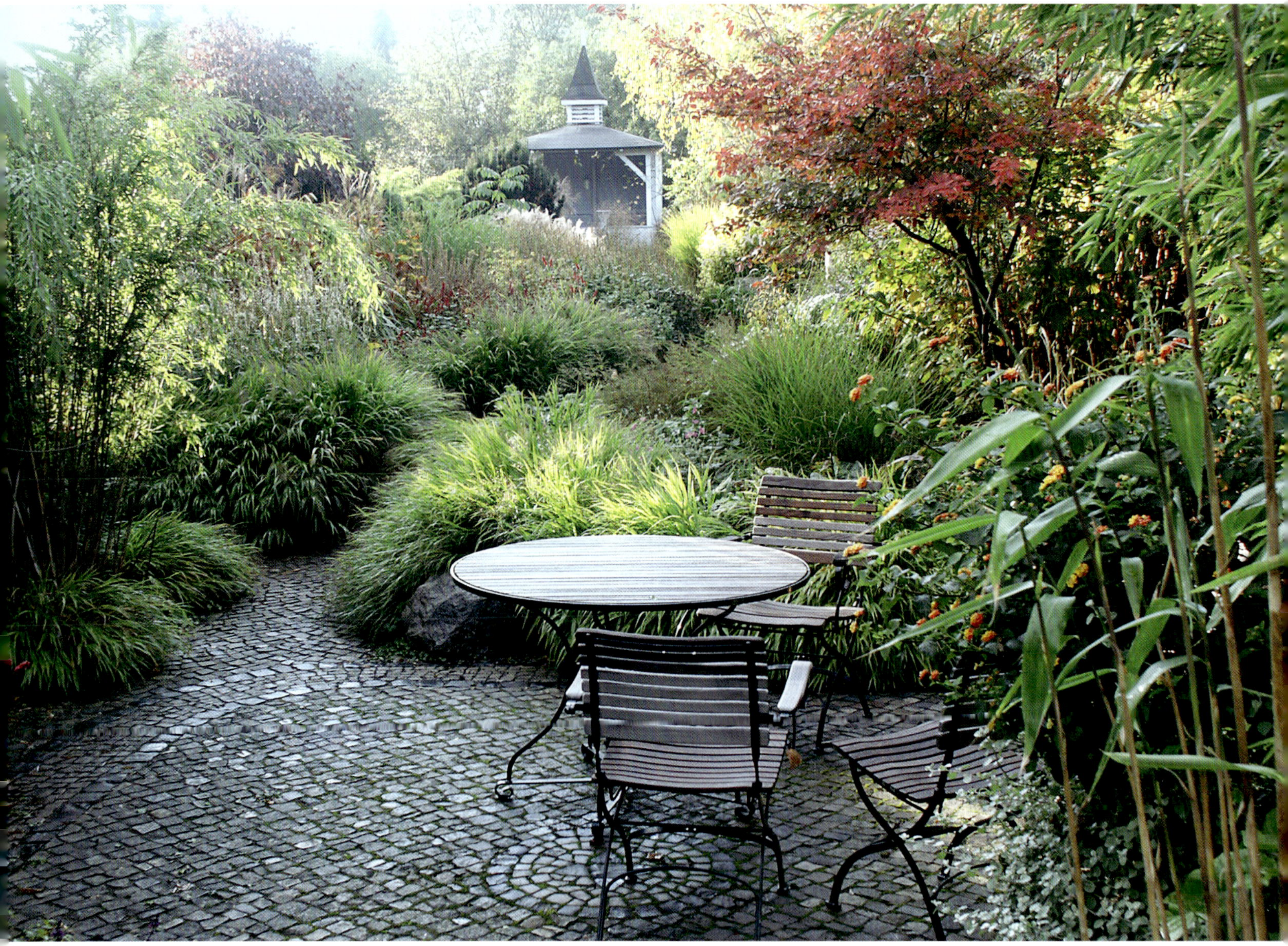

Im Garten gibt es mehrere Sitzplätze. Hier in der Nähe des Hauses ist Raum sowohl für laute Gemeinsamkeit als auch für ruhiges Alleinsein. Ganz nach Stimmung …

Viele Gartenräume gliedern das Grundstück

Unseren „Handtuchgarten“ teilte ich in verschiedene Bereiche: mehrere Sitzplätze, wo ich mit Familie und Freunden gerne zusammensitze, den Staudengarten und den Spielbereich mit einer kleinen Rasenfläche für unsere beiden Kinder. Durch diese Gliederung entstand eine Raumfolge, die vielfältige Reize bietet. Ganz gezielt setzte ich mehrere hohe Gräser in eine Blickbeziehung, sodass das gesamte Grundstück hinter dem Haus nicht mehr mit einem Blick zu erfassen ist. Dies genau war meine Absicht: Betrachter (wie mich selbst) und Besucher wollte ich durch die Planung veranlassen, sich den Gartenraum nach und nach zu erschließen. Ich möchte einfach, dass sich die Menschen Zeit nehmen, meinen und ebenso ihren eigenen Garten in Phasen zu entdecken. Sie haben daran viel mehr Freude, als wenn sie zügig hindurchgehen würden. Viel zu viele Gärten sind bis in den letzten Winkel überschaubar, sodass man die Terrasse gar nicht verlassen muss, um alles zu sehen. Bauherren befürchten häufig, dass ihr Garten in seinen Ausmaßen optisch verlieren und kleiner wirken würde, wenn er durch Gliederung oder durch Pflanzungen nicht bis zur äußersten Grenze einsehbar wäre. Deshalb verzichten sie lieber auf solche gestalterischen Mittel. Das ist bedauerlich, denn eine geschickte Gliederung kann genau das Gegenteil bewirken. Durch eine gezielte Raumaufteilung wird ein Garten sogar größer erscheinen, als er tatsächlich ist. Eine Höhenstaffelung innerhalb einer Pflanzung verstärkt diesen Effekt noch.

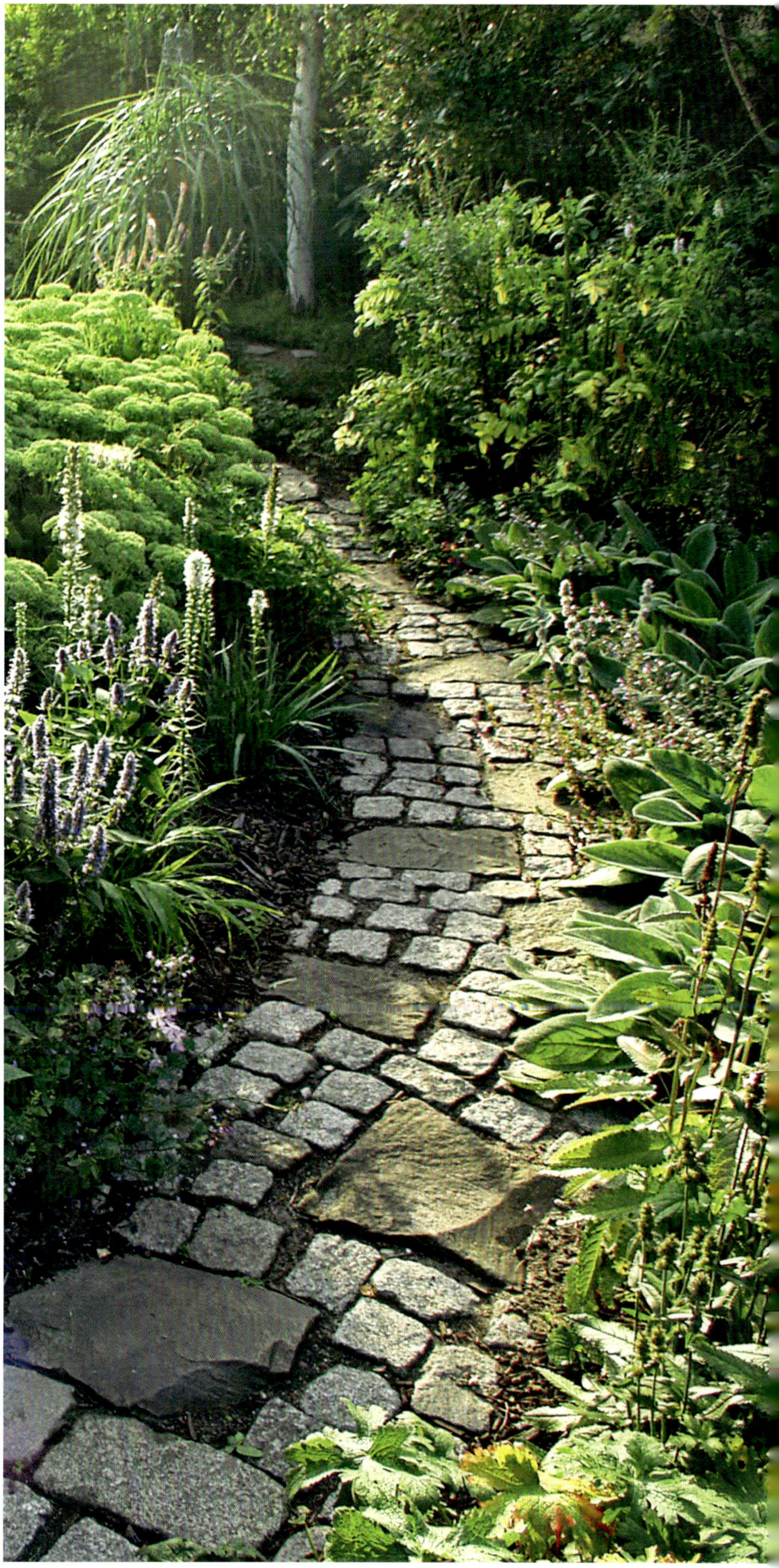

Der Weg aus Altpflaster führt in einem leichten Bogen durch den Garten und verbindet den Sitzplatz am Haus mit dem alten Pavillon am Ende des Grundstücks.

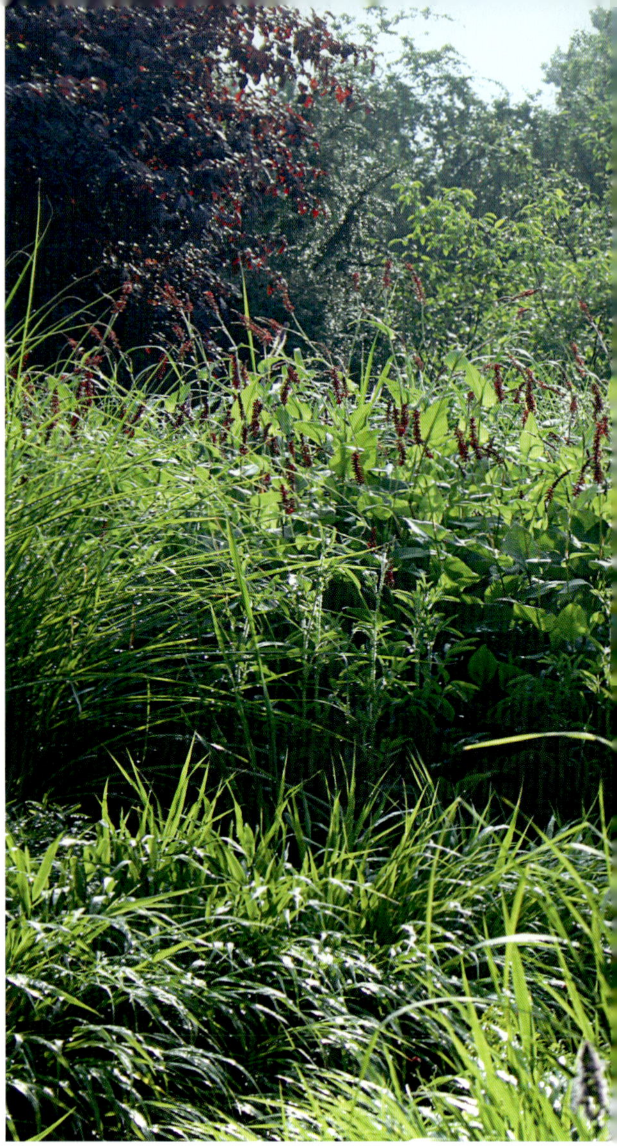

Ohne den Pavillon wäre mein Garten nicht mein Garten.

Die Bereiche innerhalb des Gartens werden durch einen schmalen Weg erschlossen. Er führt als Pfad in einem leichten Bogen durch die Pflanzung. Sein leicht gekrümmter Verlauf verhindert, dass der Garten längs geteilt wird. Zur Wegebefestigung verwendete ich gebrauchte Granit- und Kleinbordsteine. Als der Weg angelegt wurde, fand ich eine Breite von 40 cm ausreichend. Heute hätte ich ihn gern etwas großzügiger, da sich die hohen Gräser mit ihrem überhängenden Wuchs über den Weg neigen und das Hindurchgehen erschweren. Mindestens zweimal im Jahr muss ich den Weg freischneiden – und zwar ganz geschickt, damit es nicht wie abrasiert wirkt. Dazu entferne ich zum Beispiel vom Japangras lediglich die unteren Blätter.

Der schmale Weg erschließt den Garten und verbindet zugleich die verschiedenen Sitzplätze miteinander. Sie laden je nach Sonnenstand zu unterschiedlichen Tageszeiten ein. So gibt es besonnte und schattige, kleine und große Plätze. Von diesen Ruhepunkten aus lässt sich der Garten aus ganz verschiedenen Perspektiven erleben. Das war mein Plan – schade, dass ich nur zu selten Zeit finde, alle diese wirklich schönen und zum Teil versteckten Orte selbst zu nutzen.

Der kleine blaue Holzpavillon ist ein weiterer Sitzplatz und verwunschener Ort am Ende des Grundstücks. Es war Liebe auf den ersten Blick. Und wie das mit der Liebe so ist, erfordert sie viel Aufmerksamkeit und Hinwendung. Diese Kleinarchitektur aus dem Jahr 1909 stand abgeblättert und ungeliebt in der Mitte des lang gestreckten Gartens. Auch ich war zunächst erst einmal mit anderen Dingen, wie dem Renovieren der Zimmer, beschäftigt. Erst später, 2008, wurde ihm ein würdiger Platz zuteil. Er wurde von der alten weißen Farbe befreit, bekam teilweise neue Bretter. Ich strich ihn himmelblau, verlieh ihm eine dezente Bordüre Ton in Ton an den oberen umlaufenden Balken und auch das Dach wurde neu gedeckt, sodass Regen das Holz nicht zerstö-

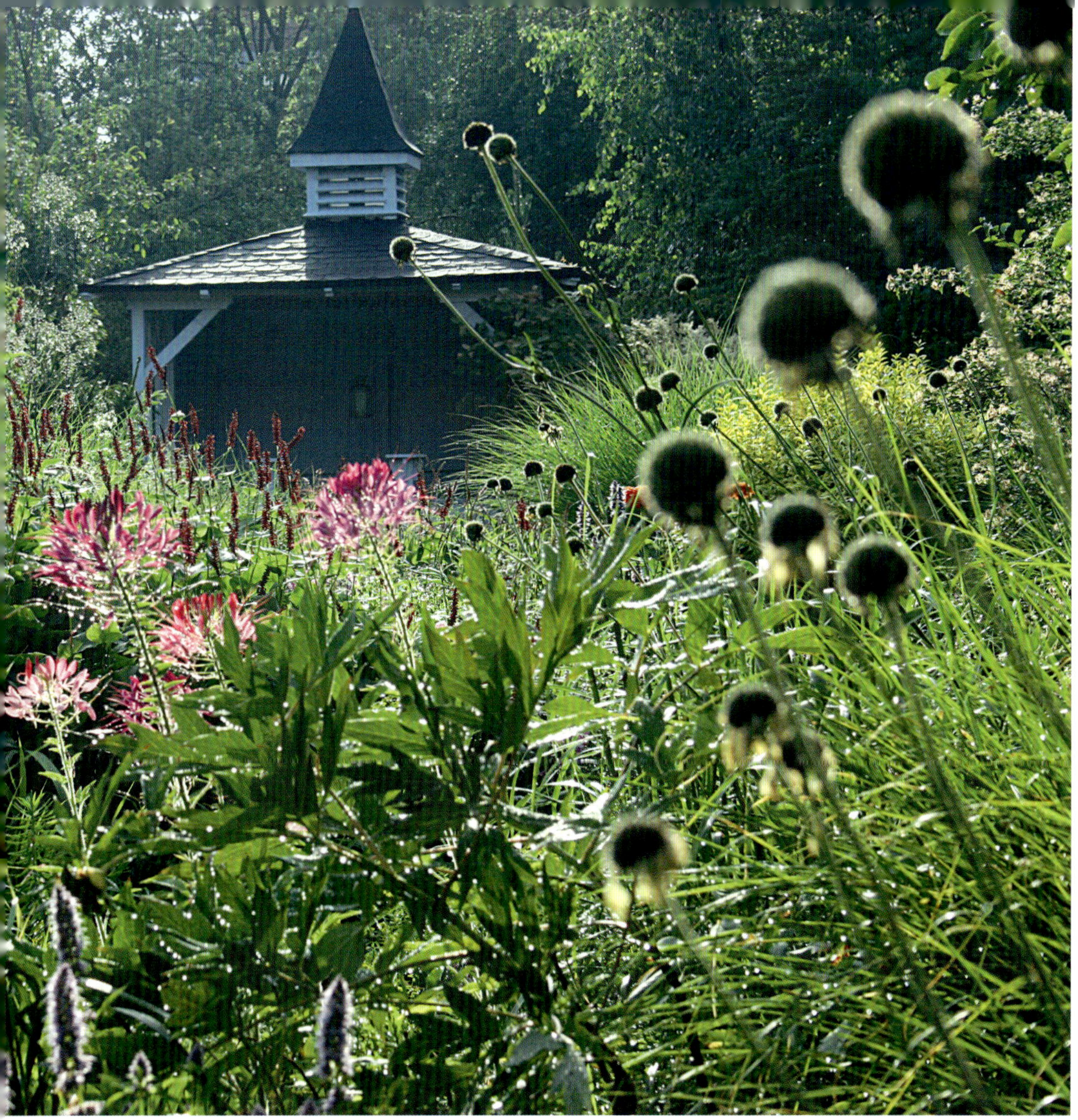

Die opulente Bepflanzung lässt nicht zu, dass die Grenzen des Grundstücks genau zu erkennen sind. Die Bäume der Umgebung werden optisch in den Garten einbezogen. Dadurch wirkt der Garten größer als er tatsächlich ist.

ren kann. So steht er jetzt in voller Pracht am Ende meines Gartens. Es ist genau dieses Bild, der Pavillon und die überbordenden Pflanzen, die meinen Garten unverwechselbar machen. Hier am Ende des Gartens eröffnet sich der Blick zurück auf das Haus und auf eine sich mit den Jahreszeiten verändernde Pflanzung.

Die Baumkulisse von nebenan gehört dazu

In meinem Garten gibt es keine größeren Bäume. Deshalb "borge" ich mir die Baumkronen der Nachbarn optisch und beziehe sie in mein Pflanzkonzept ein. Hier platzierte ich Gehölze, Stauden und Gräser so, dass die Grundstücksgrenze fast unsichtbar ist. Auf den ersten Blick lässt sich nicht ausmachen, wo mein Garten aufhört und das Grundstück des Nachbarn beginnt. Besucher, die meinen Garten nur von Fotos oder aus Abbildungen in Büchern und Zeitschriften kennen, sind oft überrascht, wie klein er tatsächlich ist. Sie hatten einen kleinen Park erwartet.

Indian Summer in Sachsen-Anhalt

Ein Gehölz hat es mir besonders angetan. Es ist die Kupfer-Felsenbirne (*Amelanchier lamarckii*). Sie hat so viele Vorzüge, dass ich sie oft in den Gärten meiner Bauherren einplane. Mit ihrer idealen Größe von bis zu 8 m, einer überbordenden weißen Blütenfülle im April und Mai, essbaren roten Früchten, einer orangeroten Herbstfärbung – und dies alles zu einem moderaten Preis – ist dieses Gehölz für mich besonders wertvoll. Meiner Meinung nach müssen es auch nicht immer die ganz seltenen Arten sein. Da ich von

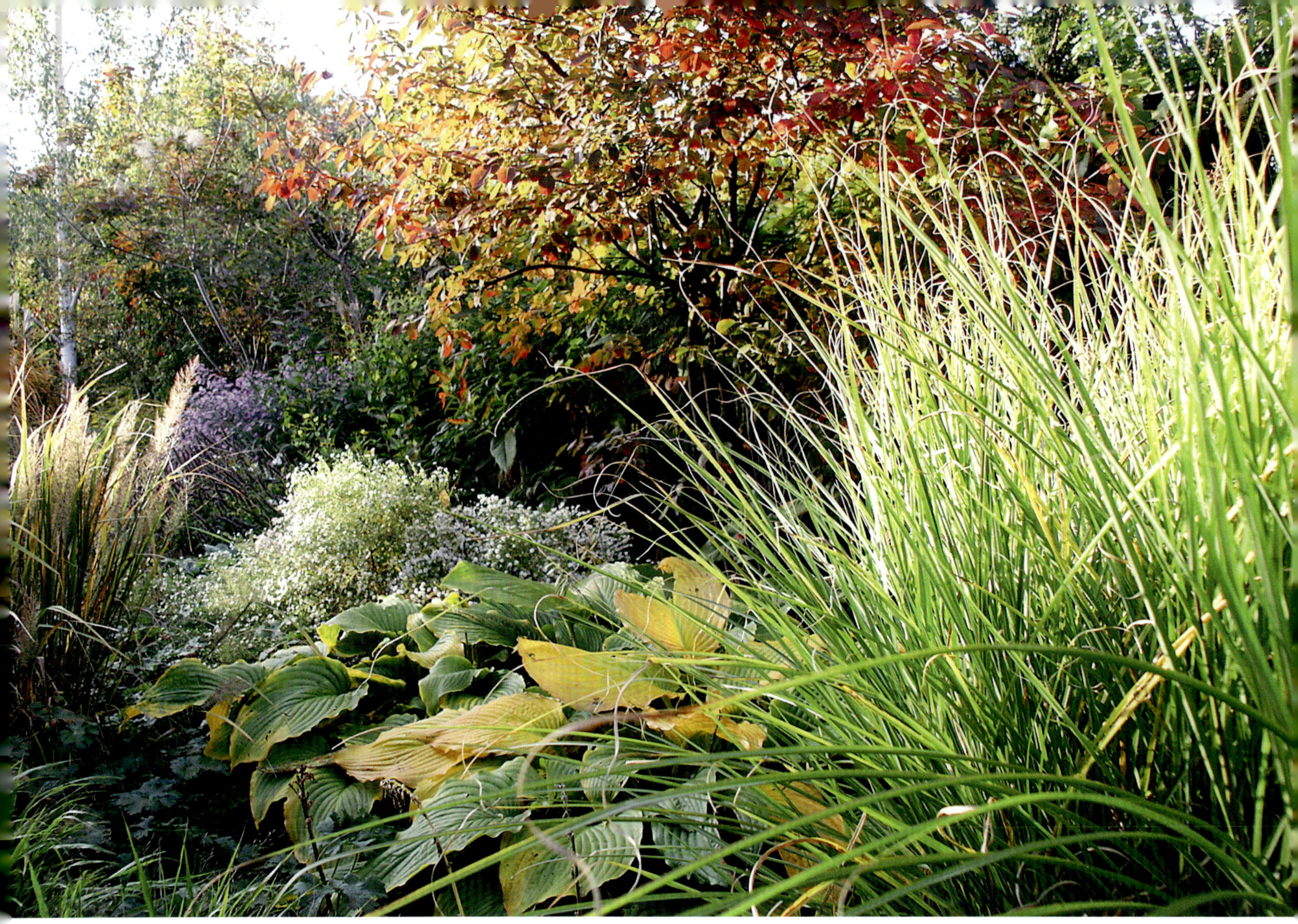

Funkien punkten jetzt mit satten Gelbtönen, während die Kupfer-Felsenbirne (*Amelanchier lamarckii*) einen orangeroten Ton anschlägt, Gräser laufen zur Hochform auf und bilden mit den Astern herbstliche Allianzen.

So sieht es nicht in jedem Herbst aus ... aber in diesem Jahr verwandelten sich die Blätter vom Chinaschilf *Miscanthus sinensis* 'Malepartus' in ein ungewöhnliches Orange.

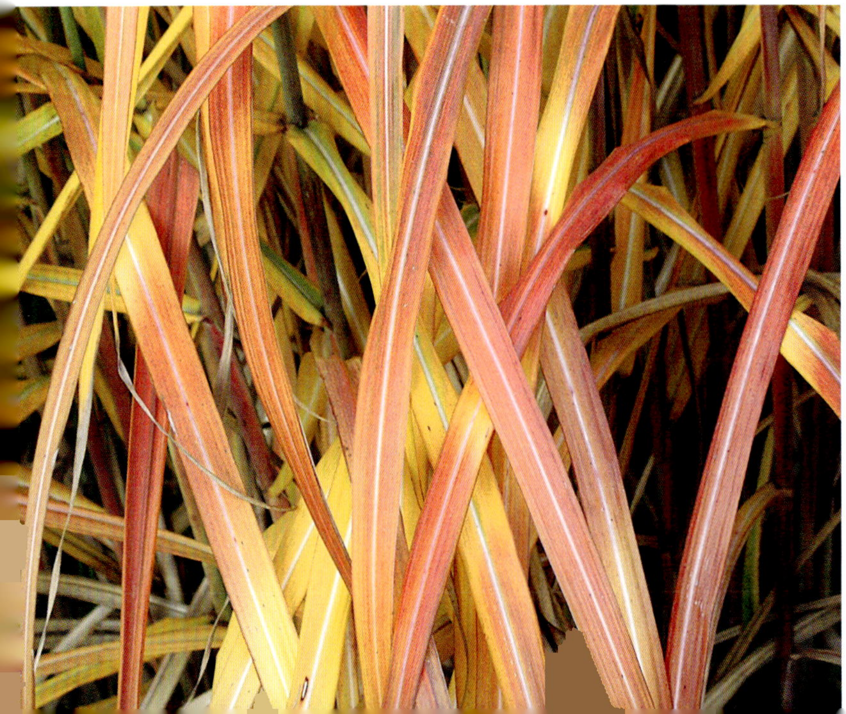

diesem Gehölz nicht genug haben konnte, pflanzte ich gleich fünf Stück in meinen Garten. Ich hatte den Fokus auf den Herbst gelegt und stellte mir diese prächtige Laubfärbung mit den silbrigen Blüten der Gräser vor. Indian Summer im Garten – ich fand das eine schöne Vorstellung und bin in jedem Herbst aufs Neue davon begeistert.

Da ich wie gesagt von den Bäumen und Sträuchern der Umgebung profitiere, pflanzte ich selbst nur einige Gehölze am Rand. So stehen dort, außer den Kupfer-Felsenbirnen, der Perückenstrauch (*Cotinus coggygria*), den ich allerdings immer radikal zurückschneide, ein Perlmuttstrauch (*Kolkwitzia amabilis*), eine Blut-Pflaume (*Prunus cerasifera* 'Nigra'), ein

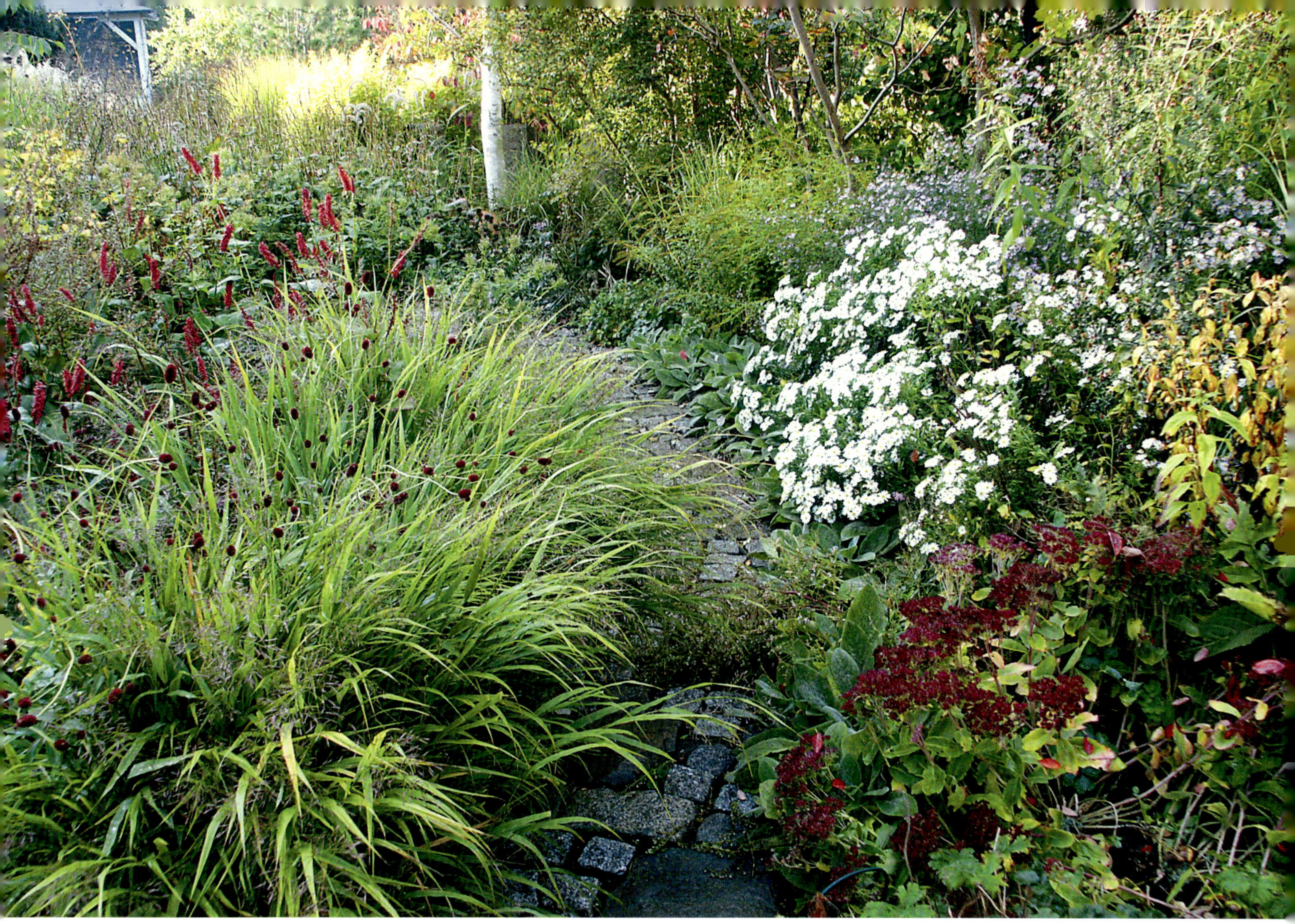

Über dem Laub des Japangrases (*Hakonechloa macra*) schweben die Blüten vom Wiesenknopf (*Sanguisorba*) und Kerzen-Wiesenknöterich (*Bistorta amplexicaulis*). Gegenüber färbt sich die Fetthenne *Sedum* × *spectabile* 'Carl' in ein spektakuläres Rot und bildet einen Kontrast zur weißen Aster.

Sieben-Söhne-des-Himmels-Strauch (*Heptacodium miconioides*), der ein sehr schöner Herbstblüher ist, dann die Säulen-Eibe (*Taxus baccata* 'Fastigiata') und wintergrüner Bambus (*Phyllostachys aureosulcata*).

Jedoch nicht nur die Gehölze erinnern an das herbstliche Finale, auch die Gräser entwickeln sich in der späten Jahreszeit zu voller Schönheit. Sie blühen fahlgelb oder silbrig und bringen mit herbstblühenden Stauden wie *Aster*-Arten, der Scheinaster (*Boltonia asteroides* 'Snowbank'), Arkansas-Scheinaster (*Vernonia crinita*), Goldrute (*Solidago rugosa* 'Fireworks') und Stauden-Sonnenblume (*Helianthus microcephalus* 'Lemon Queen') einen letzten intensiven Aspekt in die Pflanzung. Sie bilden einen schönen Gegenpol zu den farbigen Gehölzen.

Der erste Frost verändert das Bild deutlich. Die Farben verblassen und verwandeln sich in Ocker-, Braun-, und Rosttöne. Die schwarzen Knöpfchen der Giraffenskabiose (*Cephalaria gigantea*) und Indiandernessel (*Monarda fistulosa* var. *menthaefolia*), die zarten Rispen der Wiesenraute (*Thalictrum rochebrunianum*), des Kandelaber-Ehrenpreises (*Veronicastrum virginicum*), der Duftnessel (*Agastache foeniculum*) und die rostbraunen Blütenteller der Fetthenne (*Sedum*) bilden einen interessanten Strukturkontrast zu den sich färbenden Gräsern. Raureif und Schnee lassen die Konturen allerdings noch einmal hervortreten. Wenn an solchen Tagen die Sonne scheint, glitzert der ganze Garten ganz festlich vor lauter feinen Eiskristallen auf den Ästen, Blättern und Fruchtständen.

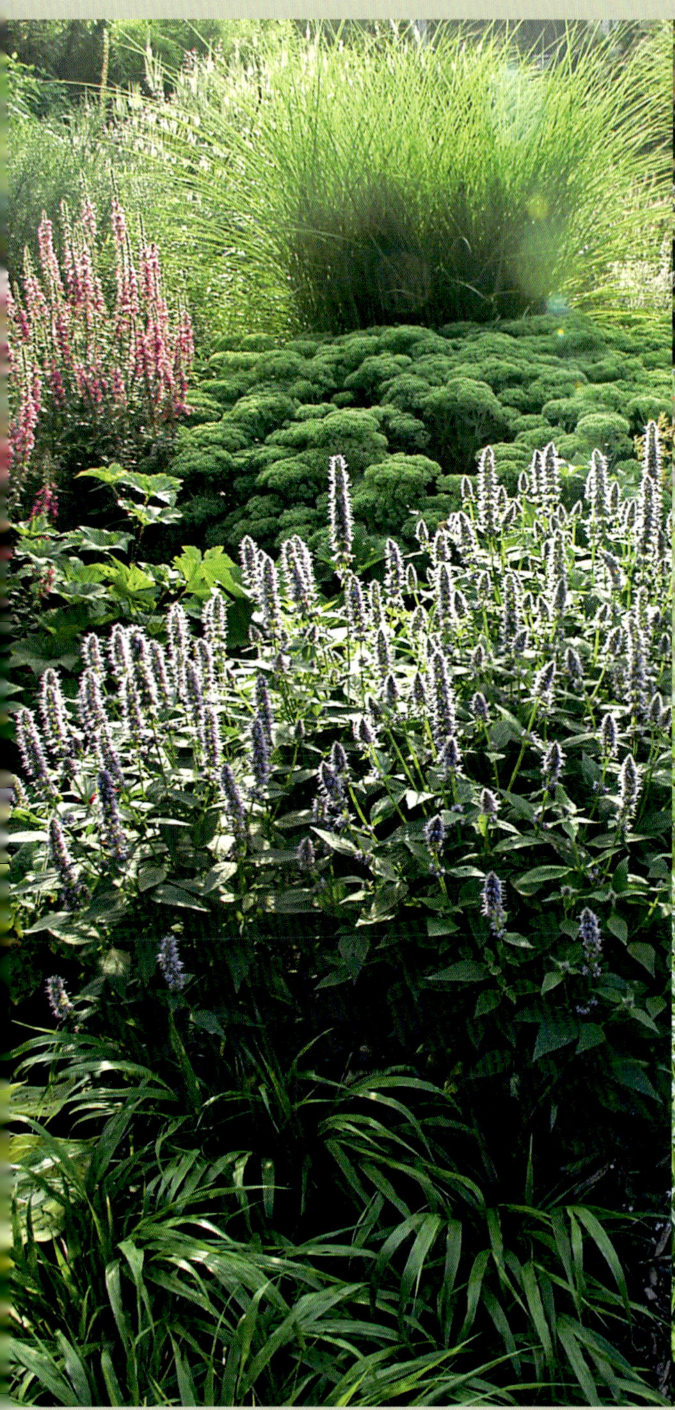

Mexiconessel (*Agastache foeniculum*), Fetthenne (*Sedum thelephium* 'Herbstfreude') und Blut-Weiderich (*Lythrum salicaria*) bilden herrlich große Gruppen im Garten.

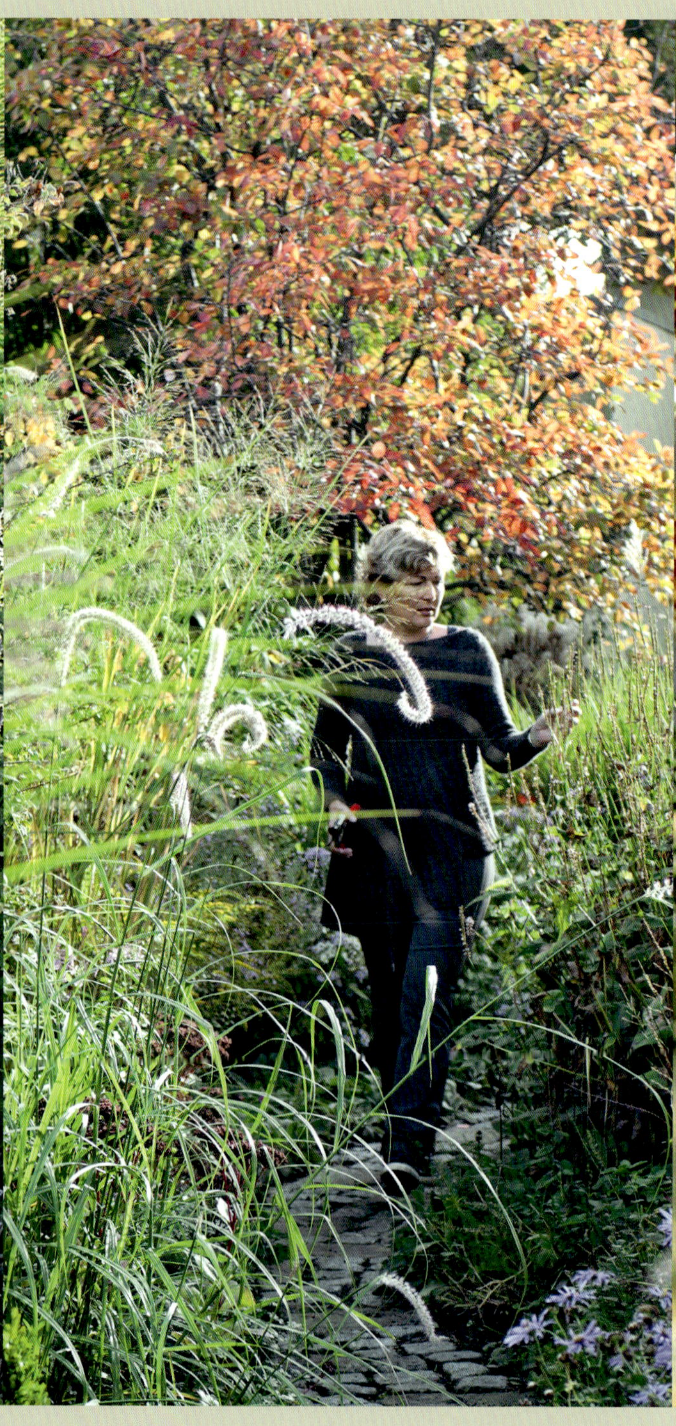

Herbstblühende Stauden, sich färbende Gehölze wie die Kupfer-Felsenbirne und silbrig blühende Gräser bringen den Herbstgarten zum Leuchten.

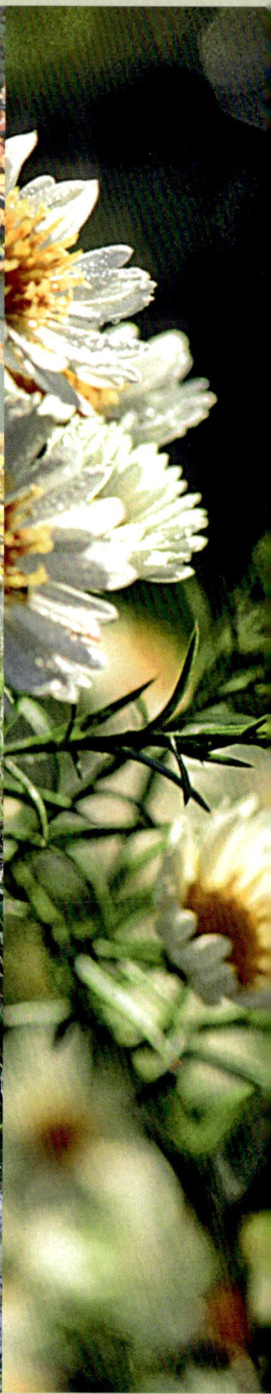

Ich verwende gern Astern, um die Herbstwochen mit Blüten zu schmücken. Dabei achte ich auf gesunde und natürlich anmutende Sorten.

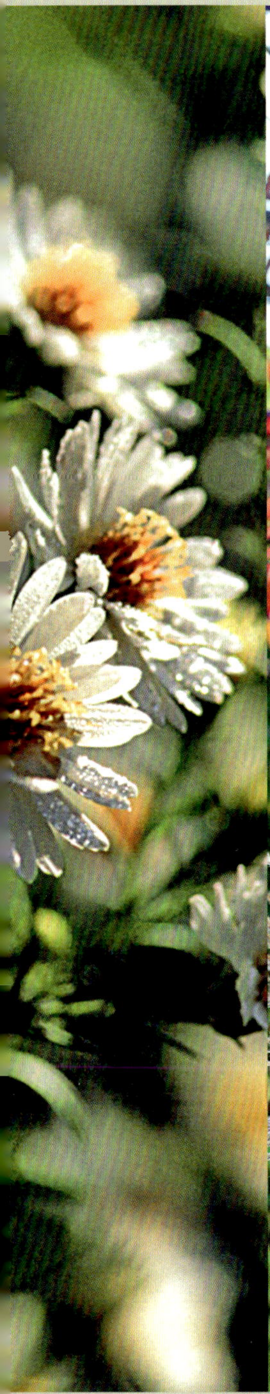

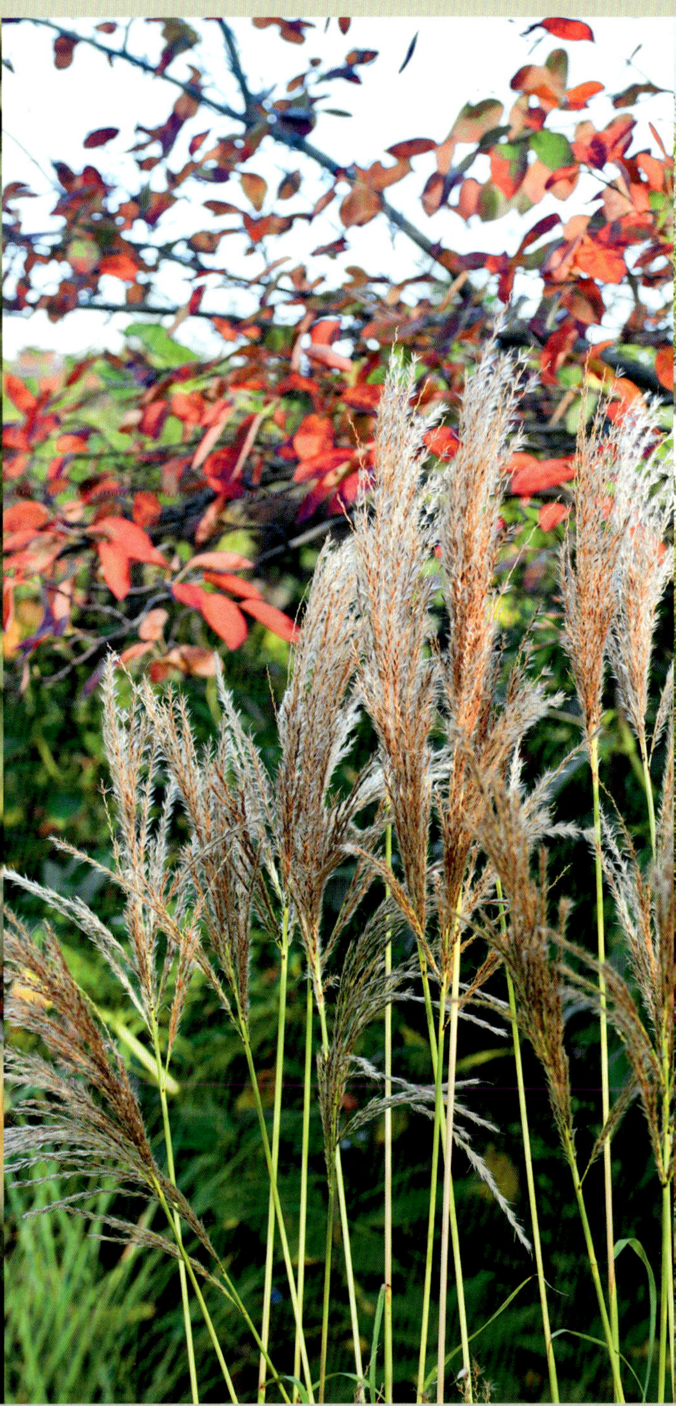

Die luftigen Blütenfahnen der Gräser und das gefärbte Laub der Gehölze lassen diesen Hauch von Indian Summer in meinem Garten entstehen.

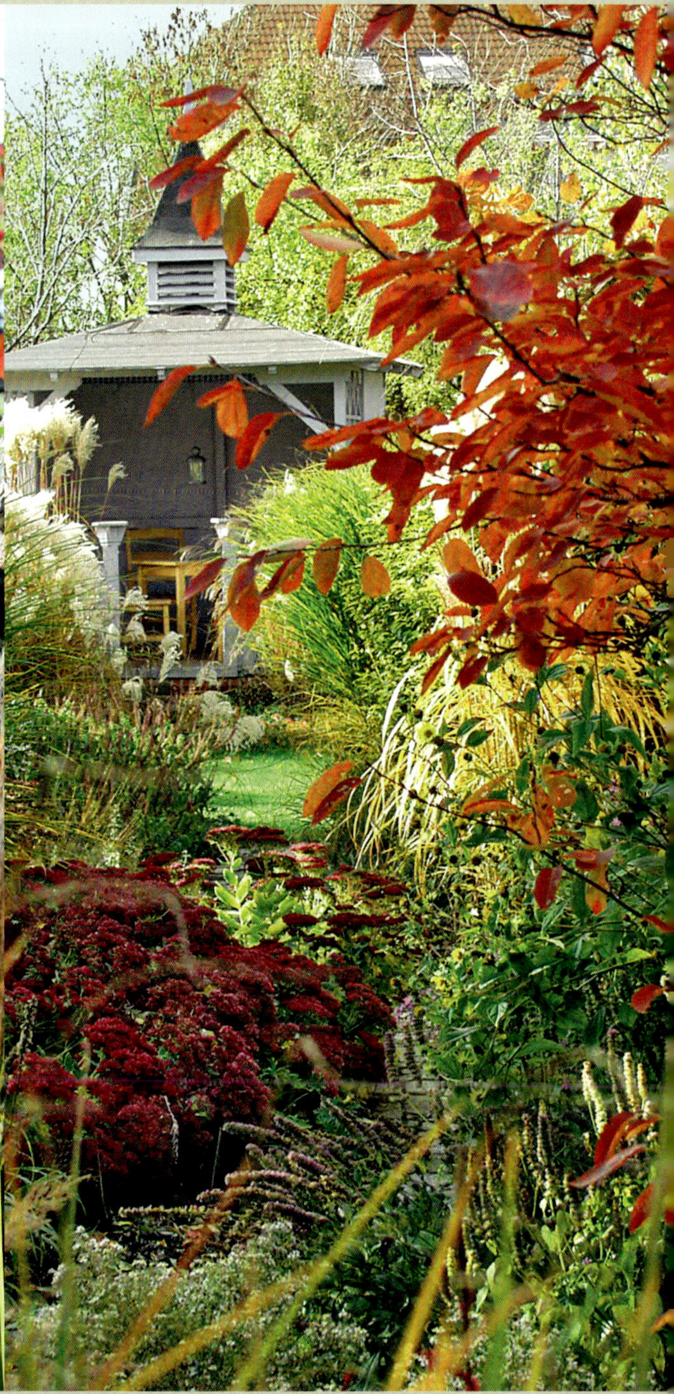

Ich mag diese „Herbstdurchblicke“ zum Pavillon: Ein paar letzte Stauden, die Kuper-Felsenbirne und meine geliebten Gräser läuten zum herbstlichen Finale.

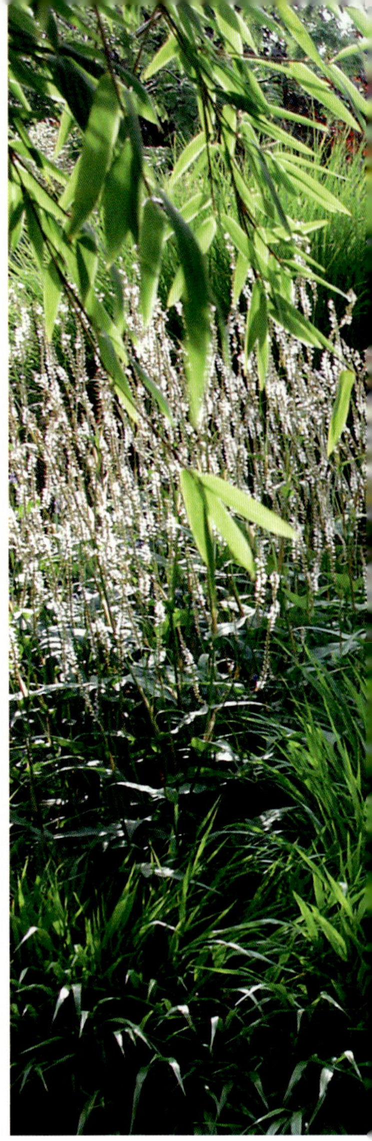

Für mich sind auch Blüten wichtig, dennoch bin ich eine bekennende Laubfetischistin.

Gartendesign voller Bewegung

Trotz der ziemlich kleinen Auswahl besonderer Stauden und Gräser, auf die ich mich ganz bewusst beschränkt habe, wirkt mein Garten sehr dynamisch. Ich wählte ausschließlich Arten mit attraktivem und robustem Laub sowie grazile Gräser. Sie bringen während des gesamten Jahres wechselnde Farben und Formen bevor.

Mich interessieren insbesondere die Struktur und Textur von Stauden und Gräsern. Pflanzen, die stets schöne und gesunde Blätter haben, sind für mich wertvoll. Ich kombiniere sie in großen Gruppen, damit dichte Pflanzenteppiche entstehen können und dadurch die Pflege leichter von der Hand geht. Lediglich im Frühling vor dem Austrieb der Blätter ist der Aufwand etwas höher, weil ich Unkräuter jäten muss.

Trotzdem brauche ich Blüten im Garten. Der Zyklus beginnt im Frühjahr mit einer Fülle von Zwiebelblumen. Auch hier verzichte ich auf Artenvielfalt und beschränke mich auf wenige Sorten in großen Gruppen. Wie gut, dass ich keine Sammlerin bin! Mein Interesse gilt nicht dem einzelnen Tupfen oder einem ungewöhnlichen Streifen auf der Blüte. Dagegen begeistert mich eine großzügige Gesamtwirkung. Die folgenden Knollen und Zwiebeln, die sich übrigens gut verwildern lassen, hatte ich für meinen Garten ausgewählt: Buschwindröschen (*Anemone blanda* 'White Splendour'), Krokus (*Crocus tommasinianus*), Perlhyazinthe (Muscari armeniacum) und verschiedene Narzissen wie *Narcissus* 'Dutch Master' und 'Golden Harvest' sowie *Narcissus triandrus* 'Hawera', Blaustern (*Scilla sibirica*) und einige Tulpen.

Entlang des schmalen Weges pflanzte ich Gruppen von niedrigen bis halbhohen Stauden und Gräsern mit schönem Laub wie Ziest (*Stachys* 'Helene von Stein' oder *Stachys macrantha* 'Superba'), *Geranium*-Arten, *Aster ageratoides* 'Ashvi' und Gräser wie Ruten-Hirse (*Panicum*

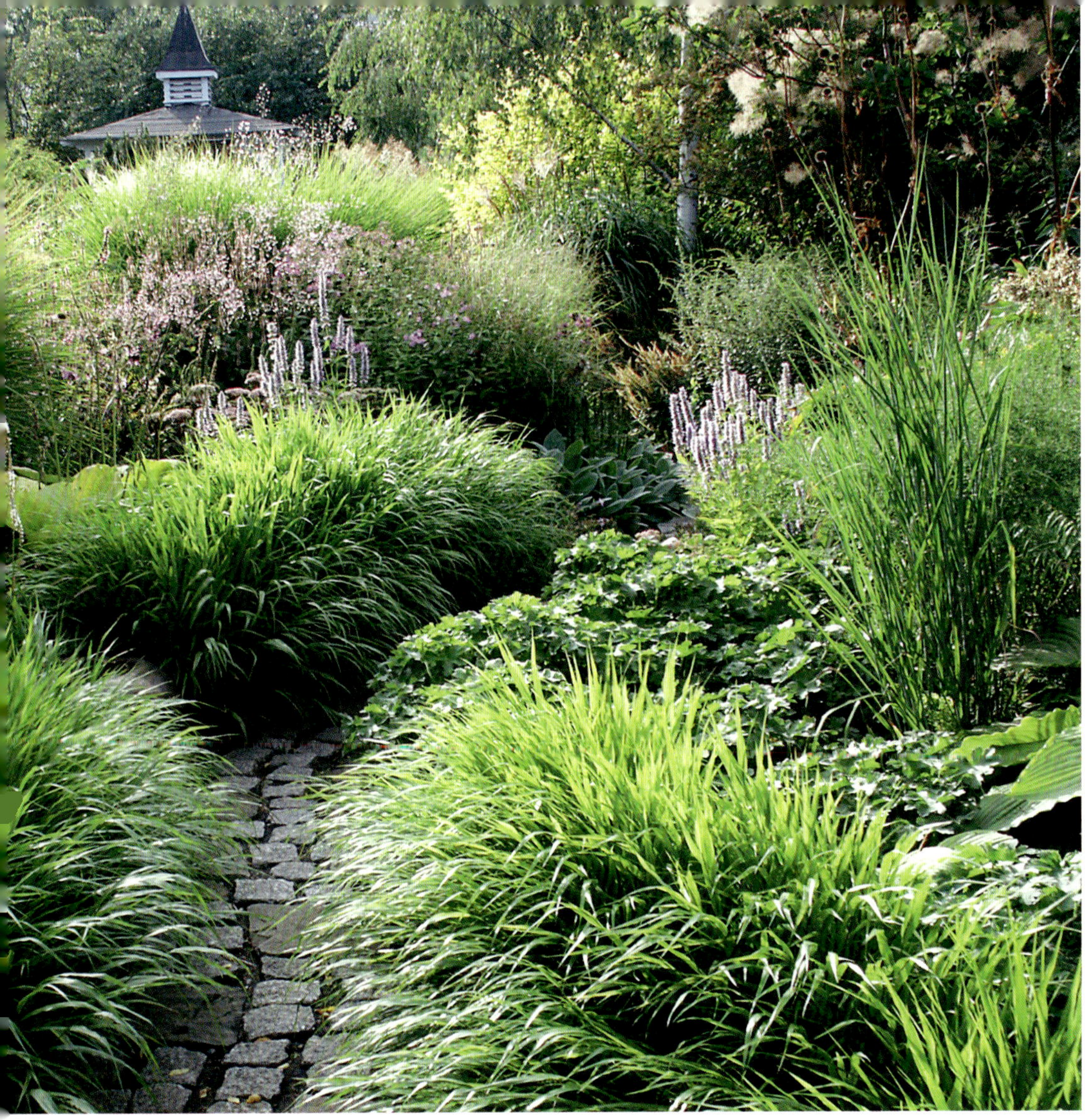

Die Chinaschilf-Sorte *Miscanthus sinensis* 'Gracillimus' akzentuiert die Beete, während das Japangras (*Hakonechloa macra*) den Pflasterweg umschmeichelt. Dadurch entstehen ein verlässlicher Rahmen und Raum für schöne Blütenkombinationen.

virgatum 'Rotstrahlbusch') und Japangras (*Hakonechloa macra*). Höhere Stauden setzte ich in den mittleren und hinteren Teil des Beetes, wo sie imposante Blütenbüsche entwickelten. Dazu gehören die Stauden-Sonnenblumen-Arten (*Helianthus microcephalus* und *H. orygalis*), Scheinaster (*Boltonia asteroides*), Arkansas-Scheinaster (*Vernonia*), Kandelaber-Ehrenpreis (*Veronicastrum virginicum*), Sumpf-Wolfsmilch (*Euphorbia palustris*) und Myrten-Aster (*Aster ericoides* 'Pink Star'). Da es aufgrund meiner Pflanzenauswahl blütenarme Zeiten im Garten gibt, habe ich mich zusätzlich für kurzlebige Stauden entschieden. Sie sorgen punktuell und auch nur für ein paar Jahre für Blütenfülle. So blühten vor ein paar Jahren Fingerhut (*Digitalis*) oder Akelei (*Aquilegia*) und vagabundierten so lange durch den Garten, bis sie keinen Platz mehr zwischen den dichter werdenden Stauden fanden. Dann verschwanden sie. Für den Sommer pflanzte ich auch Patagonisches Eisenkraut (*Verbena bonariensis*) und Duftnessel (*Agastache foeniculum*) und fügte sie einzeln zwischen größere Gruppen von Stauden. Zarte Pflanzen, die man nicht in großen Stückzahlen verwenden würde, wie die Wiesenraute *Thalictrum rochebrunianum*, finden punktuell einen Platz im Beet. Im Laufe des Wachstums ändern sich die Proportionen im Garten: Höhere Stauden- und Gräserarten treten stärker hervor und verhindern dann die Fernsicht.

Damit die Pflanzung nicht kleinteilig wirkt, was ich immer zu vermeiden suche, verwendete ich nur wenige Arten von Solitärstauden und Gräsern. Rhythmisch angeordnet durchziehen elegante Chinaschilf-Gräser (*Miscanthus sinensis* 'Gracillimus' und 'Malepartus') den Garten. Diese Horste wirken wie Skulpturen. Mir gefällt auch die Zartheit insbesondere dieser Gräser. Sie bewegen sich beim leisesten Windhauch und vermitteln den Eindruck spielerischer Leichtigkeit. Sie prägen den von mir gewünschten Charakter der Gartenräume.

Ich finde es immer wieder spannend, in Zeitschichten zu planen: Gerade habe ich noch den gesamten Garten im Blick, einige Wochen später ist er schon nicht mehr zu überschauen. Das ist doch großartig!

Man könnte fast meinen, die Johanniswolke (*Aconogonon speciosa*) ist das Gegenteil dieser Zartheit. Sie ist eine meiner Lieblingsstauden, wie ich schon mehrmals erwähnt habe, und ich verwende sie ebenfalls gern bei meinen Planungsprojekten. Mit ihrer voluminösen, wuchtigen Statur ist diese Pflanze nicht zu übersehen, trotzdem wirken ihre Blütenrispen sehr locker. Ich pflanzte sie bei mir als Solitärstaude, aber auch im Hintergrund.

Das gezielte Platzieren der meist höheren Stauden und Gräser in Gruppen oder gar in Flächen inszenieren ein Wechselspiel von Geschlossenheit und großzügiger Weite in einer ungewohnten Üppigkeit. Diese Pflanzen bilden den Rahmen und begrenzen den Raum, andererseits lenken sie den Blick in die Ferne. Die meisten Besucher meines Gartens sind von dieser Wirkung überrascht.

Experimentieren und leichtfüßig Grenzen überschreiten

In meinem kleinen Garten kann ich etwas mehr wagen als in den Gärten der Auftraggeber. So kann ich neu erstandene Pflanzen beobachten, auch ungewöhnlich kombinieren. Ich kann sehen, wie sie sich an dem einen oder anderen Standort „benehmen“. Im Fokus stehen dabei immer wieder ihre Eigenschaften: das Laub, der Wuchs, die Dauerhaftigkeit und natürlich auch die Blüte. Für mich wertvolle Pflanzen gruppiere ich dann so, dass eine pflegearme, schöne Pflanzengruppe entsteht. Das Experimentieren und Reflektieren ist Teil meiner ganz persönlichen Art zu arbeiten und verschafft mir hin und wieder einen Adrenalinschub. Denn ich stelle mir dann diese Kombinationen in den Gärten meiner Kunden vor.

Dann ist da noch die Gartenpflege. Ich bin beruflich viel unterwegs. Dennoch muss mein Garten ein Beispiel sein – möglichst eines, von dem potenzielle Kunden sagen, sie wünschen sich auch solch ein Beet oder einen Garten. Dann kann ich ihnen die pflegeleichten Kombinationen zeigen, die mir wirklich über das Jahr gesehen nicht viel Mühe bereiten. Hin und wieder schneide ich die Wege frei, zupfe höheres Unkraut heraus und habe natürlich auch eine böse Stelle mit Giersch, den ich mir beim Pflanzentausch aus einem anderen Garten eingeschleppt habe. Aber insgesamt kann ich sagen, dass ich die Gartenpflege, wie auch bei meinen Planungen, von Anfang an ernst genommen und auf ein Minimum reduziert habe. Die Pflanzengruppen wachsen dicht an dicht, sodass kein Boden zu sehen ist. Das Laub ist gesund vom Austrieb bis zum Absterben. Den gesamten Rückschnitt der Stauden und Gräser erledige ich etwa im März. Wenn sich die ersten Blätter der Frühblüher zeigen, ist der richtige Zeitpunkt gekommen, die abgestorbenen Blätter und Zweige bodentief abzuschneiden. Dann kann der Zyklus, auf den ich mich alljährlich ungeduldig freue, von Neuem beginnen.

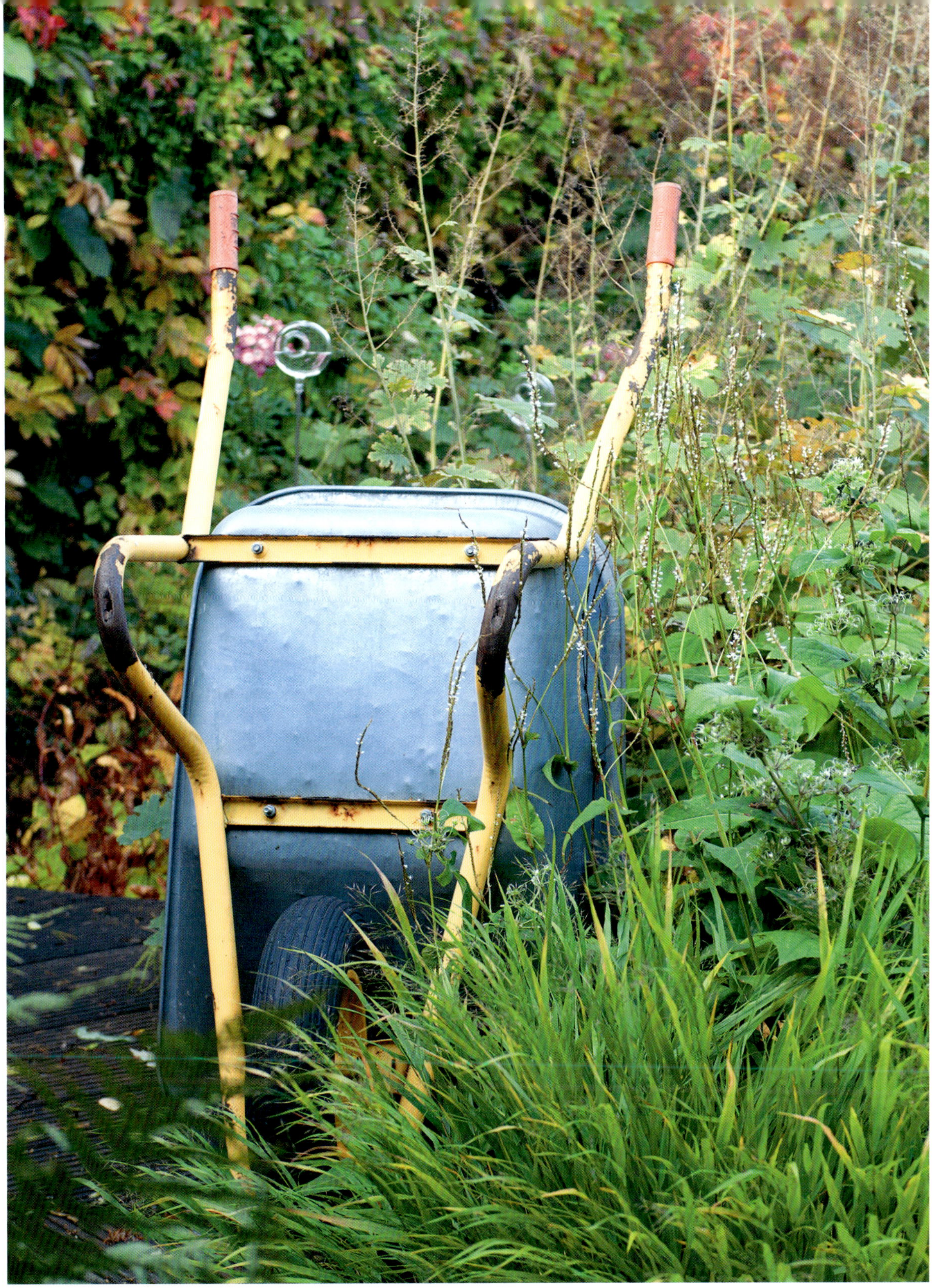

Es gibt nicht immer nur Erfolge, auch Niederlagen gehören dazu. Beides empfinde ich als einen wichtigen Erfahrungsschatz, der meinen Kunden zugutekommt.

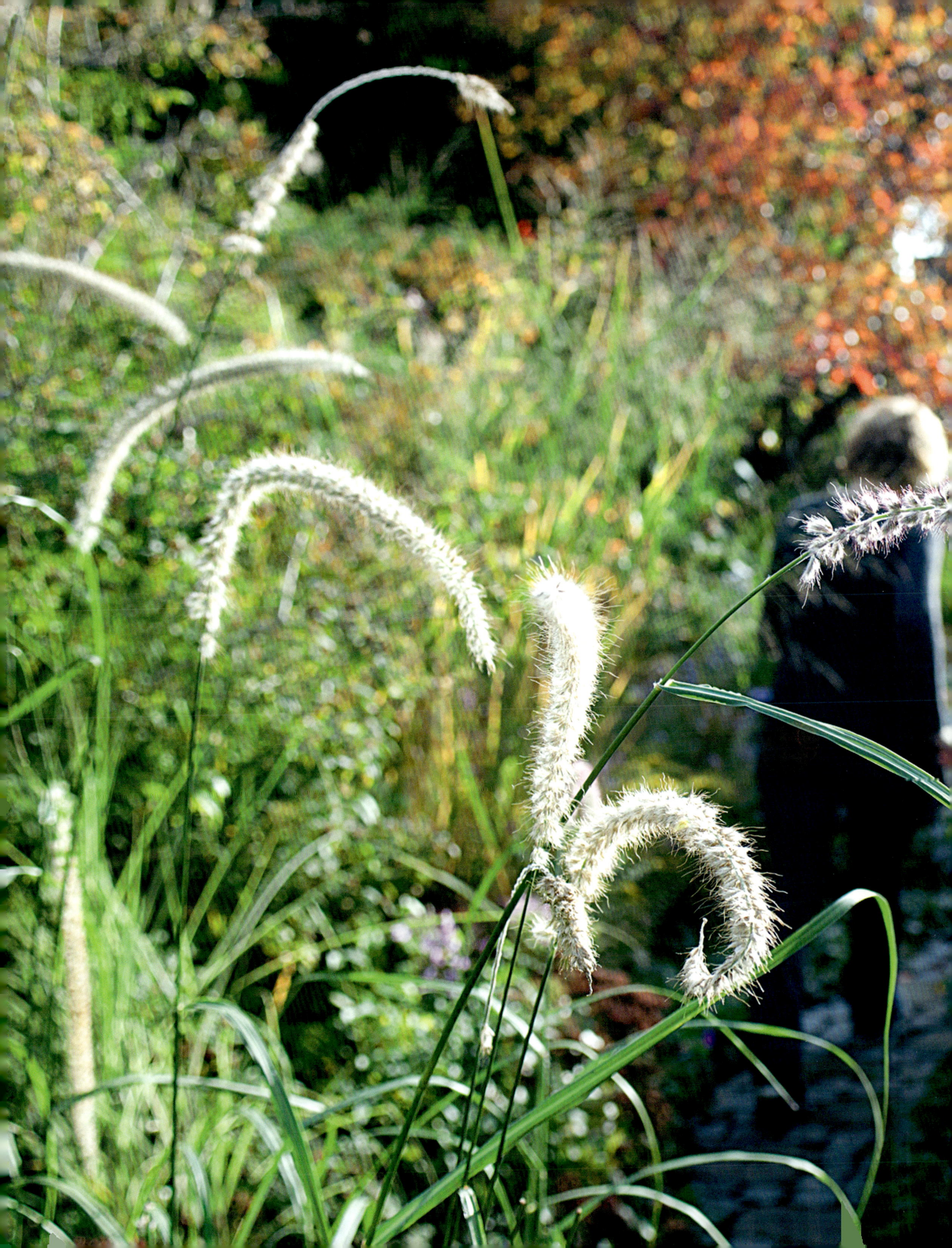

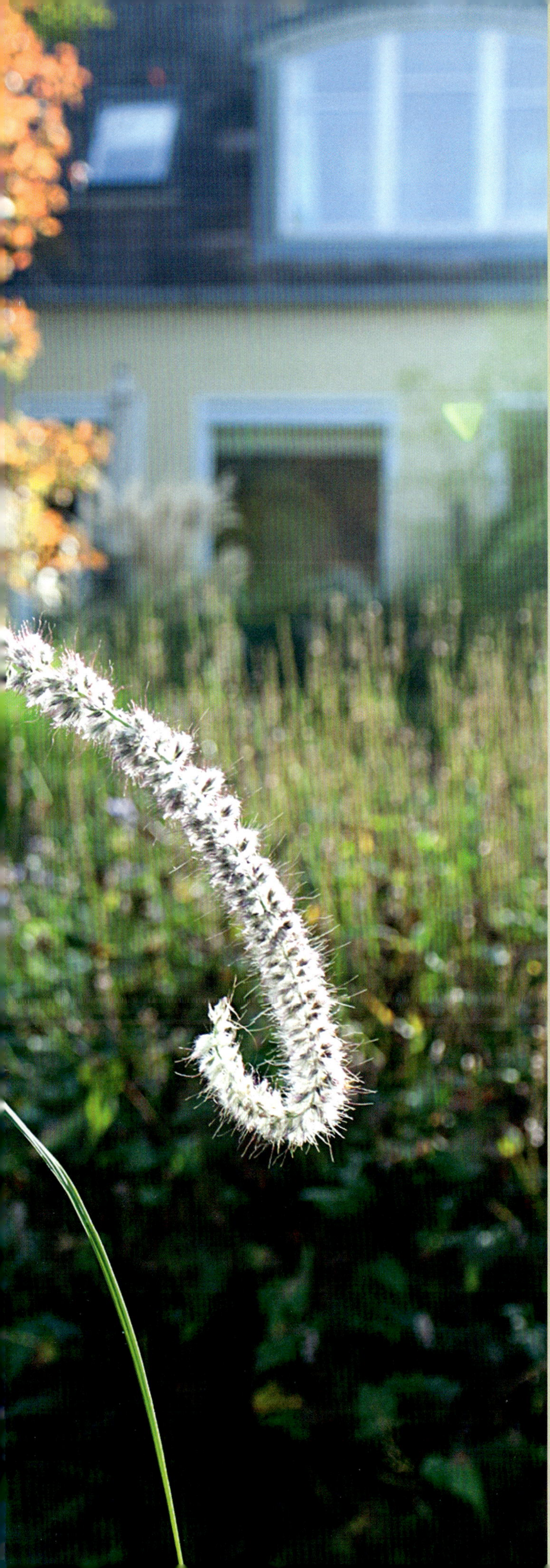

Service

Vielfältige Anregungen finden Sie in Büchern, Gärten und Gärtnereien. Bleiben Sie neugierig!

Abschließend möchte ich Ihnen ein paar Bücher empfehlen, die ich gerne zur Hand nehme. Und auch die Firmen, mit denen ich gute Erfahrungen gemacht habe, will ich Ihnen nicht vorenthalten. Viel Vergnügen beim inspirieren lassen.

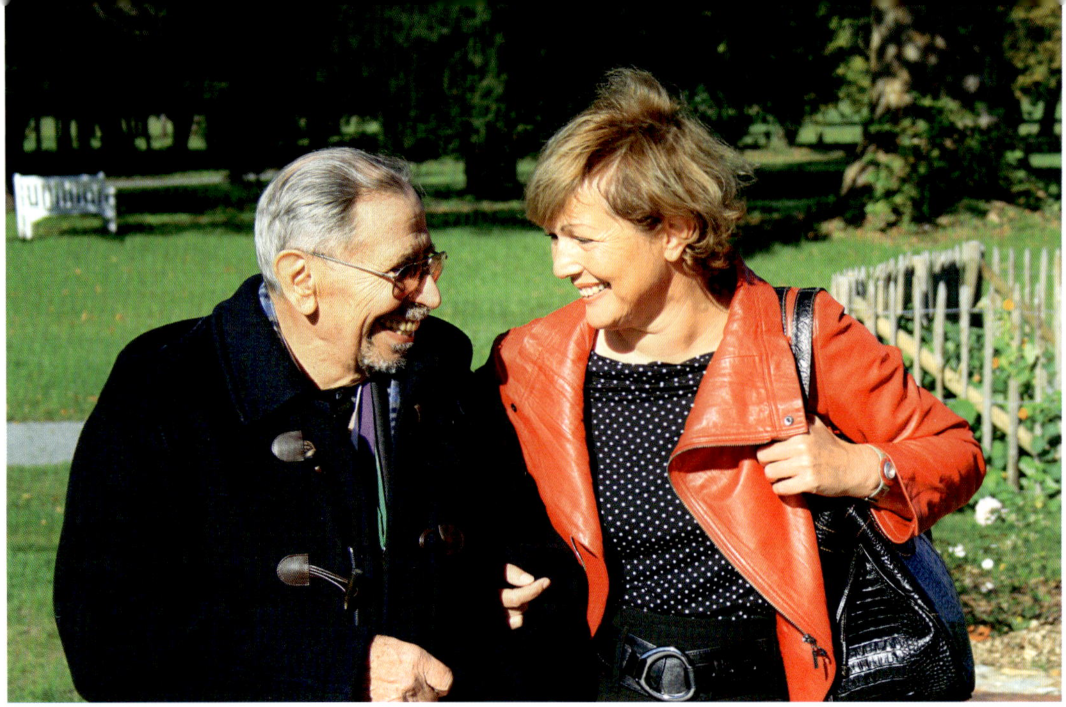

An Wolfgang Oehme

Kurz vor seinem Tod am 19. Dezember 2011 habe ich Wolfgang diese Zeilen geschrieben:

> *Mein erstes Gartenbuch werde ich sehr gerne Dir, lieber Wolfgang, widmen. Du warst lange Zeit mein liebenswürdiger Ratgeber und pflanzenverrückter Freund. Allein Deinem Einfluss verdanke ich es, dass aus dem Samenkorn der Begeisterung, das Du vor fast zwanzig Jahren in mir gelegt hast, so viele Arbeiten, so viele Gärten und Parks voller Prärie- und Wildstauden entstanden sind, die ich in diesem Buch vorstellen werde.*
> *Ich empfinde es wie einen Staffelstab, den Du mir übergeben hast. Ich würde mir wünschen, dass auch ich meine Begeisterung und Erfahrung mit „unseren" romantischen Gärten eines Tages weitergeben kann.*

Wolfgangs Partnerin Carol erzählte mir später, dass er sehr glücklich war, als sie ihm diese, meine letzte Nachricht an ihn vorlas.

Petra Pelz

Hilfreiche Adressen

Gärtnereien

Arends & Maubach
Monschaustraße 76
42369 Wuppertal
www.arends-maubach.de

Baltin Stauden
Mörser Straße 29
38442 Wolfsburg/Ehmen
www.baltin-stauden.de

Bruns Pflanzen
Johann-Bruns-Allee 1
26160 Bad Zwischenahn
www.bruns.de

Staudengärtnerei Gerhild Diamant
Mühlenweg 39
47239 Duisburg/Rumeln-Kaldenhausen
www.stauden-diamant.de

Staudengärtnerei Annemarie Eskuche
Am Söhnholz
29664 Ostenholz
www.stauden-eskuche.de

Foerster-Stauden
Am Raubfang 6
14469 Potsdam-Bornim
www.foerster-stauden.de

Flora Garten Weinreich
Neue Straße 1
39326 Wolmirstedt
www.floragarten-weinreich.de

Staudengärtnerei Gaißmayer
Jungviehweide 3
89257 Illertissen
www.gaissmayer.de

Gärtnerei Hennings
Joachim-Stäcker-Weg 2
24601 Vierhusen
www.gaertnerei-hennings.de

Gräsergärtnerei Friedrich Camehl
Im Grundfeld 5
29399 Wahrenholz/Betzhorn
www.baumschule-camehl.de

Pfingstrosen-Paradies
Stephan Tetzlaff
Kleinenbroicher Straße 85
41352 Korschenbroich
www.pfingstrosen-paradies.de

Die Staudengärtnerei
Beerfeldener Straße 28
69483 Affolterbach
www.die-staudengaertnerei.de

Vereine und Verbände

Perenne e.V.
Anja Rehse
Reimersweg 12
21077 Hamburg
www.perenne.de

BdS Bund deutscher Staudengärtner im Zentralverband Gartenbau e.V. (ZVG)
Godesberger Allee 142–148
53175 Bonn
www.stauden.de

Deutsche Bundesgartenschau-Gesellschaft (DBG)
Dürenstraße 44
53173 Bonn
www.bundesgartenschau.de

Internationale Staudenunion (ISU)
Jacob Hokema
Am Paulushaus
73527 Schwäbisch-Gmünd
www.isu-perennials.org

Staudensichtung Hochschule Weihenstephan-Triesdorf
Forschungsanstalt für Gartenbau Weihenstephan
Institut für Gartenbau
Am Staudengarten 7
85350 Freising
www.staudensichtung.de

Gärten und Parks

Berggarten Hannover
Herrenhäuser Gärten Verwaltung
Herrenhäuser Straße 4
30419 Hannover
www.berggarten-hannover.de

Botanischer Garten und Botanisches Museum Berlin-Dahlem
Freie Universität Berlin
Königin-Luise-Straße 6–8
14195 Berlin
www.botanischer-garten-berlin.com

Bad Muskau
Stiftung Fürst-Pückler-Park Bad Muskau
02953 Bad Muskau
www.muskauer-park.de

Schau- und Sichtungsgarten Hermannshof e.V.
Babostraße 5
69469 Weinheim/Bergstraße
www.sichtungsgarten-hermannshof.de

Gartenfestivals

Schloss Ippenburg
Schloßstraße 1
49152 Bad Essen
www.ippenburg.de

Park & Garden
Gut Stockseehof
24326 Stocksee
www.park-garden.de

Im Text genannte Architektur- und Landschaftsarchitekturbüros sowie Künstler

ArupSport/Arup Associates (S. 145)
www.arupassociates.com

fagus – FachGesellschaft für Umweltplanung und Stadtentwicklung (S. 119)
www.seelemann.de

Herbstreit Landschaftsarchitekten (S. 141)
www.umweltplanung.de

Knoll Ökoplan Landschaftsarchitektur (S.119)
Das Büro existiert in dieser Form heute nicht mehr.

Kokenge.Ritter Landschaftsarchitektur (S. 119)
www.kokenge-ritter.de

rmp Landschaftsarchitekten (S. 151)
Stephan Lenzen
www.rmp-landschaftsarchitekten.de

Sandra Oheim (S. 139)
Architektur
ARC architekturconzept GmbH
www.arc-md.de

sinai, Freiraumplanung + Projektsteuerung (S. 149)
Gesellschaft von Landschaftsarchitekten
www.sinai.de

Otmar Stöckl
Ingenieurbüro für Landschaftsplanung
www.freiraum-stoeckl.at

Oliver Störmer, Künstler (S. 149)
www.oliver-stoermer.de

Petra Wiedemann (S. 119)
Büro für Städtebau und Freiraumplanung
www.la-wiedemann.de

Willnecker + Siegmann Landschaftsarchitekten (S. 119)
Das Büro existiert in dieser Form heute nicht mehr.

Zum Weiterlesen

Bücher

Adams, Katharina und Pelz, Petra: Gräser im Garten – Gestaltungsideen, Pflanzenporträts und Pflege, Callwey Verlag, München, 2009.

Bradley-Hole, Christopher und Griffiths, : Garten modern – Grundlagen, Gestaltung, Wirkung, Knesebeck, München, 2008.

Darke, Rick: Enzyklopädie der Gräser. Verlag Eugen Ulmer, Stuttgart, 2010.

Foerster, Karl und Röllich, Bernhard: Einzug der Gräser und Farne in die Gärten. 7. Auflage, Verlag Eugen Ulmer, Stuttgart, 2000.

Grounds, Roger: Gräser – Faszinierende Pflanzen für den Garten, DVA, München, 2007.

Kühn, Norbert: Neue Staudenverwendung, Verlag Eugen Ulmer, Stuttgart, 2011.

Leppert, Stefan: Sein Garten – Wenn Männer Gärtner werden, DVA, München, 2012.

Leppert, Stefan: Zwischen Gartengräsern – Wolfgang Ohme und seine grandiosen Gärten in der Neuen Welt, DVA, München, 2008.

Oehme, Wolfgang und van Sweden, James: Die neuen romantischen Gärten. Moderne Gartenkunst in der Neuen Welt. Callwey Verlag, München, 1994.

Oudolf, Piet und Kingsbury, Noel: Neues Gartendesign mit Stauden und Gräsern. 2. Auflage, Verlag Eugen Ulmer, Stuttgart, 2007.

Oudolf, Piet und Kingsbury, Noel: Pflanzen Design. Neue Ideen für Ihren Garten. Verlag Eugen Ulmer, Stuttgart, 2006.

Schacht, Mascha: Gartengestaltung mit Stauden – Von Foerster bis New German Style, Verlag Eugen Ulmer, Stuttgart, 2012.

Timm, Ulrich: Exklusive Gärten – Spektakuläre Privatgärten, Becker Joest Volk Verlag, Hilden, 2009.

Timm, Ulrich: Modernes Gartendesign, Becker Joest Volk Verlag, Hilden, 2013.

Timm, Ulrich: Moderne Gartengestaltung – Das große Ideenbuch, Becker Joest Volk Verlag, Hilden, 2007.

Timm, Ulrich: Neues Design für kleine Gärten, Becker Joest Volk Verlag, Hilden, 2010.

Wesemann, Sabine und Timm, Ulrich: Gärten – Die neue Sinnlichkeit, DVA, München, 2008.

Websites und Blogs

Gartenblick
Blog der Gartenfotografin Sibylle Pietrek
www.gartenblick.blogspot.de

Namensliste der Gehölze und Stauden
www.internationalplantnames.com

Petra Pelz
www.la-pelz.de

Persicaria
Die Website für Knöterichgewächse und Co.
Torsten Matschies
www.persicaria.de

Royal Horticultural Society
Königliche Gartenbaugesellschaft in Großbritannien
www.rhs.org.uk

Bildquellen

Alle Fotos stammen von Petra Pelz, außer:

Heimers, Uwe 14, 188
Jaugstetter, Bettina 4 kleines Foto
mauritius images 88 u. re., 98 u. re.
Möhrle, Bigi 2, 7 o. re., 7 u., 10, 36, 37, 38, 39, 40, 46, 51, 67, 68, 78, 82/83, 84 u. re., 96 u. li., 114, 138, 152/153, 164, 167, 168 u., 170/171, 172, 180 Mi., 181 Mi., 185, 186/187
Perner, Norbert 88 o. re., 90 u. re., 181 re.
Pietrek, Sybille 4 großes Foto, 6 o., 7 o. li., 8/9, 21, 42/43, 44, 58, 72/73, 76, 90 u. li., 100/101, 150, 153 re., 156
Pötzsch, Marion 154 li., 154 Mi., 154/155 Mi.
Rogers, Gary 130, 140, 180/181 Mi.
Schmidt, Cassian 6 u., 23, 123 u.
Seelemann, D., fagus GmbH Markkleeberg 57, 70/71, 144, 146
von dem Bussche, Viktoria 126, 129
Winkelhorst, Magdalene 158

Zum Nachschlagen

Bibliografische Information der Deutschen Nationalbibliothek
Die Deutsche Nationalbibliothek verzeichnet diese Publikation in der Deutschen Nationalbibliografie; detaillierte bibliografische Daten sind im Internet über http://dnb.d-nb.de abrufbar.

Wollgrasweg 41, 70599 Stuttgart (Hohenheim)
E-Mail: info@ulmer.de
Internet: www.ulmer.de
Lektorat: Antje Krause, Doris Kowalzik
Herstellung: Gabriele Wieczorek
Reproduktion: timeray, Herrenberg
Umschlagentwurf: Peter Lohse, Heppenheim
Satz: Lohse Design, Heppenheim
Druck und Bindung: Offizin Andersen Nexö, Zwenkau
Printed in Germany

ISBN 978-3-8001-7683-0

Inspirationen für zeitgemäße Gartengestaltung

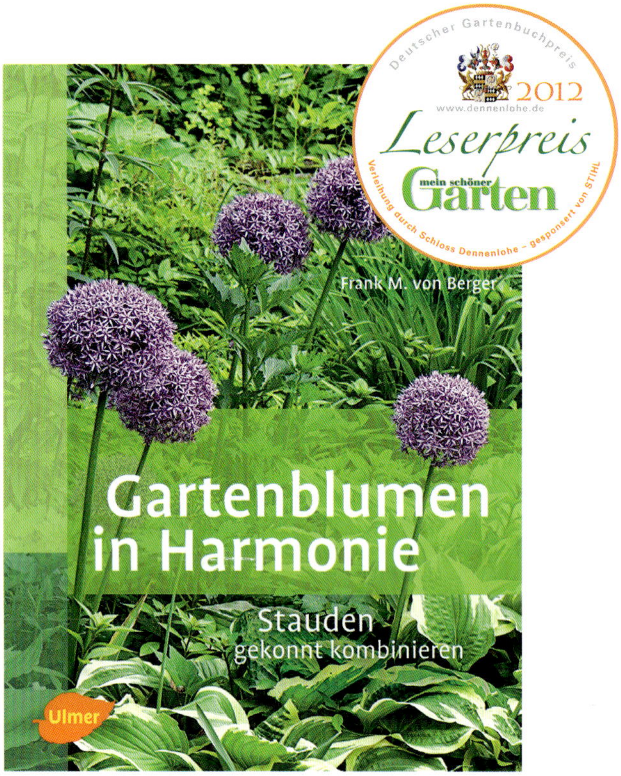

- Pflanzen nach ihren Wuchsformen harmonisch kombinieren
- In zwei Schritten zum geschmackvoll formvollendeten Beet
- Mehr als 270 Pflanzenarten und -sorten zur Auswahl

Gartenblumen in Harmonie.

Stauden gekonnt kombinieren. F. v. Berger. 2012. 144 S., 280 Farbabbildungen, 5 Zeichnungen, geb. mit SU. ISBN 978-3-8001-7663-2.

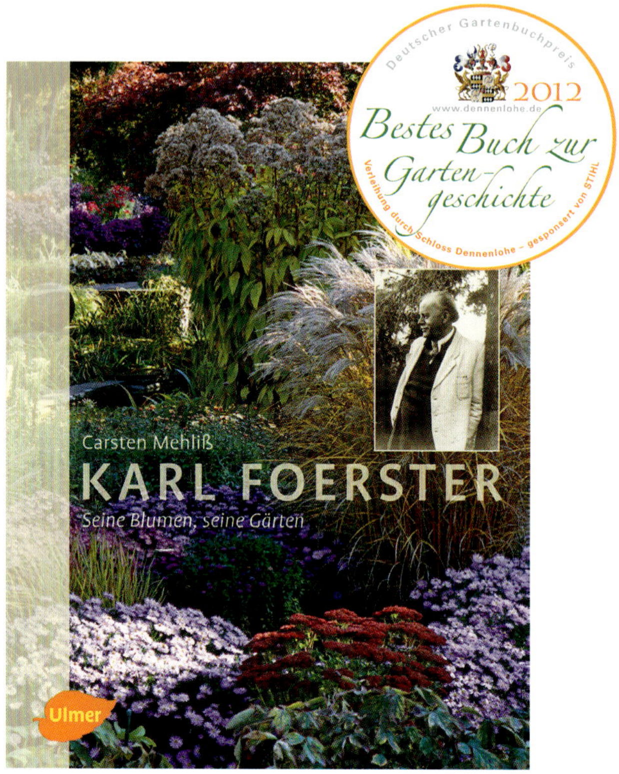

- Foersters Wirken und Schaffen als Gartengestalter und Züchter
- Historische Dokumentation wegweisender Planungen und herausragender Hausgärten mit seltenem Bildmaterial
- Wissenschaftliche Würdigung seines nachhaltigen Einflusses auf die Gartengestaltung und Staudenzüchtung

Karl Foerster. Seine Blumen, seine Gärten.

C. Mehliß. 2012. 142 S., 42 Farbfotos, 50 Schwarzweißfotos, 11 Pläne, geb. mit SU. ISBN 978-3-8001-7632-8.

Ulmer **Ganz nah dran.**